U0145009

論越南以法律途徑解決南海爭端之探討

孫國祥——著

五南圖書出版公司 印行

本書付梓獲得科技部專題研究計畫（一般研究計畫）「越南以法律途徑解決南海爭端的探討」（109-2410-H-343-005-）的支持，特此表示感謝。

本研究始於「外交部補助學者專家出國進行學術外交計畫」提供的越南學術交流的支持。

本書付梓獲南華大學 110 年度高教深耕計畫補助。

序

作者對越南南海政策與作為的研究衍伸自對南海問題的研究，包括南海相關的主題仍是作者持續不懈的研究標的。作為臺灣的對外研究，除了臺美、臺日、臺海兩岸關係之外，東海與南海議題也非常重要，而南海問題又與臺灣與東南亞的關係息息相關，無論我國政府是否有南向之類的政策。因為無論是東亞、亞太亦或印太的修辭或地理範圍指稱，都是臺灣「天然」的安生立命之處，是臺灣國關學界與實務界終身的研究事業所在。其中，越南的南海政策已經受到國際社會持續高度的關注，可為研究的支流對待。

就臺灣各界對南海問題的認識而言，長期以來圍繞以自我歷史訴求為主的方式，探討南海的許多問題成為某種程度的「不言自明」之理，導致國際法研究層面的偏弱。南海問題經過冷戰後的不斷演變，以及人類對海洋理解的持續深化，已經成為高度複雜的跨領域問題，其中司法途徑的重要性已經在菲律賓訴中華人民共和國的南海仲裁案中彰顯無遺，而臺灣在現實國際關係的嚴格制約下，重中之重可能就是國際法層面。因此，本書主要在探討越南以司法途徑解決南海問題的走向，基礎則以南海仲裁案為依據。當然，臺海兩岸學者對南海仲裁具有不同的觀點，但本書為避免出現不同的詮釋，基本皆以南海仲裁案為本，而不涉入臺灣自身立場的辯論。

本書以越南為研究對象，圍繞越南可以以司法途徑解決南海問題的方向。當然，南海問題屬於「複雜的問題」，可能無法完全以司法途徑解決之，但「司法途徑」的確在敘事方面扮演非常重要的角色。越南受到菲律賓提出仲裁的影響，也提出考慮將南海爭端訴諸仲裁，成爲本書探討的核心主題：越南如何效仿菲律賓提出仲裁庭願意受理的仲裁？根據國際法，仲裁是和平解決國際爭端方法之一，常設仲裁法院迄今已有百餘年歷史，依然肩負解決國際爭端的責任，未因設立國際法院而被取代。若越南並非以司法途徑解決劃界問題，越南司法途徑就應以仲裁為主。根據《聯合國海洋法公約》附件七成立仲裁庭仍是最重要甚至是唯一的選項，因此，本書第二章探討仲裁庭的受理與管轄，以菲律賓訴訟中國為依據。

當然，越南在南海聲索上遠遠對中國「牛舌線」（「九段線」）的批評，除了西沙群島與南沙群島曾經發生的海戰，主要衝突來源就是「九段線」，因此，即令南海仲裁案對「九段線」已有定論，但越南若以仲裁方式解決自身與中國的衝突，「九段線」仍須再一次「裁決」。因此，越南如何在南海仲裁裁決的基礎上否定「九段線」？就是本書第三章探討的重點，且主要依據仍基於南海仲裁案。

越南面對「中海油 981」鑽井平臺與「海洋地質 8 號」事件時，西沙群島與南沙群島的海洋地形地物的司法與法律地位就成為重要的考量依據，其既可與「九段線」聯繫，又可與之切割，因此，南海所有海洋地形地物的司法地位都是非常重要的訴訟標的。因此，本書第四章探討南海海洋地形地物，由於南海仲裁案已經對南沙群島做出地形地物的裁決，因此，本章亦以南海仲裁為依據。越南如何利用南沙地形地物的非島嶼裁決及其後續影響？以及在南沙海洋地形地物的裁決如何適用到其他南海海域與地形地物？

南海仲裁案涉及島礁建設等其他活動的合法性，中國在南海地區南沙群島海域的島礁建設活動所產生的環境影響引起了國際社會的廣泛關注。《聯合國海洋法公約》中並沒有對島礁建設活動的環境要求做出具體規定，卻對各國施加了保護和保全海洋環境的一般性義務、合作以及環境影響評價的義務。由於公約本身的侷限性，導致中國在南沙島礁建設中的海洋環境保護和保全的一般義務具有不確定性。因此，越南司法途徑解決南海爭端是否論及至此，也是可能延伸的議題，本書第五章探討此議題。

當然，越南政府究竟會否、何時採取司法途徑解決其與中國的南海爭端問題，顯然集中在越南政府的政治意願和提出的時機之上。因此，本書第六章的結論，仍必須探討越南內部對中國提出訴訟的討論。本書第一章是背景介紹。

總之，本書第一章即在介紹越南以「法律途徑」解決南海爭端的背景，以此作為本書研究濫觴，其中特別論及「中海油 981」與「海洋地質 8 號」事件，該等事件某種程度可以相對比擬菲律賓面對「美濟礁」與「黃岩島」事件的脈絡。對越南整體的南海聲索發展的法律途徑提出主要的脈絡。若越南提出司法途徑解決爭端的對象是中國，根據海洋法附件五提出仲裁似乎是重要甚至是唯一選項，菲律賓的經驗十分重要，係是本書第二章探討的內容，此章的說明有助於梳理與理解司法途徑的「過程鳥瞰」。當然，對越南司法途徑解決爭端的探討，不得不從「九段線」出發，本書也不例外，第三章探討「九段線」裁決的脈絡，此章節部分回答了越南稱為「牛舌線」的問題。就越南涉及西沙群島與南沙群島的聲索而言，南沙海洋地形地物的司法地位相當關鍵，不僅涉及所有聲索國家，還可能相對映射到西沙群島。因此，南海仲裁庭對南沙群島地形地物的判斷也值得深入探討，是本書第四章的內容。

越南海岸線從越中毗鄰北部灣一路南下至與柬埔寨毗鄰，綿長的海岸線也彰顯在此海域的密集活動，對海域的環境影響亦可從菲律賓訴中國仲裁案尋求相關的線索，第五章探討此相關議題，也對南海聲索國在南海的法律責任得以更明確釐清，以及國際法自身的發展趨勢。第六章是結論，無可否認，作為共產國家，越南與中國的「鄰居、朋友、同志、夥伴」關係也深刻影響越南對南海爭端的政策與立場，第六章探討越南發動司法途徑的政治因素。

畢竟，菲律賓訴中國南海仲裁已經成為越南的重要示範，仲裁程序及其內容的探討是越南以司法途徑解決南海爭端的必要與充分條件，因此，本研究是以南海仲裁案的裁決為本，進一步理解越南可能提出司法途徑的方方面面。

孫國祥

目　錄

第一章　越南以法律途徑解決與中國南海爭端之濫觴

南中國海（South China Sea, SCS；以下簡稱「南海」）[1]爭端是高度複雜性的問題，不僅涉及領土的爭端還有對海洋的重疊聲索。當前，多個國家對南海的海洋地形地物聲索擁有領土主權。[2]整體而言，中華民國（以下簡稱「臺灣」）、中華人民共和國（以下簡稱「中國」）和越南長期針對南沙群島（Spratly Islands）聲索領土主權。菲律賓對屬於卡拉揚島群（Kalayaan Island Group, KIG）內的南沙群島之海洋地形地物聲索領土主權。馬來西亞對數個海洋地形地物聲索領土主權，以及汶萊達魯薩蘭國（以下簡稱「汶萊」）聲索一個位於 200 海里以內的礁石。[3]「九段線」（nine-dash line, NDL）與印尼北納土納海（North Natuna Sea）有重疊之處。[4]臺灣、中國和越南分別聲索西沙群島（Paracel Islands）；臺灣、中國和菲律賓分別聲索黃岩島（Scarborough Shoal；民主礁）。[5]領土爭端又與周邊的各種海洋權利爭端息息相關，諸如：海洋空間的法律權利、海洋劃界、漁業、海床及其底土礦產資源的勘探和開發、航行和海洋環境保護。[6]因此，在南海仲裁中，對爭端性質的描述至關重要。

---

1 越南稱為「東海」（Biển Đông），菲律賓 2021 年正式稱之為「西菲律賓海」（West Philippine Sea, WPS）。

2 Ted L. McDorman, "An International Law Perspective on Insular Features (Islands) and Low-tide Elevations in the South China Sea," *International Journal of Marine and Coastal Law*, Vol. 32, No. 2 (June 2017), pp. 298, 299.

3 Robert Beckman, "The UN Convention on the Law of the Sea and the Maritime Disputes in the South China Sea," *American Journal of International Law*, Vol. 107, No. 1 (January 2013), pp. 142, 144. 此外，請參閱 Daniel J. Dzurek, "The Spratly Islands Dispute: Who's On First?" *Maritime Briefing, International Boundaries Research Unit*, Vol. 2, No. 1 (1996).

4 Aaron L. Connelly, "Indonesia's new North Natuna Sea: What's in a name?" *The Interpreter*, 19 July 2017, https://www.lowyinstitute.org/the-interpreter/indonesia-s-new-north-natuna-sea-what-s-name.

5 Robert Beckman, "The UN Convention on the Law of the Sea and the Maritime Disputes in the South China Sea," *American Journal of International Law*, Vol.107, No.1 (January 2013), pp. 144-145.

6 Ted L. McDorman, "The South China Sea Tribunal Awards: A Dispute Resolution Perspective," *Asia-Pacific Journal of Ocean Law and Policy*, Vol. 3, No. 2 (2018), p. 134.

菲律賓根據《聯合國海洋法公約》(*United Nations Convention on the Law of the Sea*, UNCLOS;以下簡稱《公約》)[7]附件七訴中國南海仲裁案(以下簡稱「南海仲裁案」)裁決已過五年。[8]但該裁決的後續效應卻持續發酵。[9]區域內外利害關係國在週年時刻都以不同的方式紀念,儼然顯示「司法途徑」的影響巨大。儘管中國試圖界定其為「廢紙」,[10]但卻花了相當的精力在不斷研究、討論與批評此數百頁的「廢紙」。因此,無論是從正面還是負面角度觀之,裁決都是重要的。[11]

事實上,南海仲裁案對各國都產生了不同程度的影響,其中,越南也被普遍認為是仲裁案部分的贏家。[12]越南仿效菲律賓向中國提出類似的仲裁,也是越南政府不同層級官員在與中國政府官員閉門或和開門會晤,以及在國際場合隱含或言明表達之事。因此,本書即在探討越南可能提出的仲裁,而河內參照或對照的對象即為南海仲裁案,越南以司法(律)途徑解決與中國的南海爭端。當然,一國提起對另一國的訴訟涉及許多面向,無法單純「就司法論司法」,遑論越南與中國有相同類似政治意識型態的「同志」國家關係,因此,越南提出訴訟的決策本身實屬不易,但在越南政府的宣誓下,此種可能性仍值得探討。

回顧越南政府在判決結果之初對裁決結果的支持,同時保持對北京的審慎態度;越南相關研究的學者專家對仲裁結果則是憂喜參半,多角度解讀仲裁案將對越南產生的衝擊;越南民眾民族主義的發酵,加劇了緊張的情緒。面對南海局勢的發展和越南國內複雜的對中態度,越南嘗試「外交、法律並重」的方

---

7 《聯合國海洋法公約》,1982 年 12 月 10 日,《聯合國條約彙編》第 1833 卷第 3 頁(以下稱為《公約》)。在本書全文中,凡提到特定條款即是指《公約》,除非另有說明。

8 PCA Case No. 2013-19, The South China Sea arbitration (Jurisdiction and Admissibility)(以下簡稱爲 The South China Sea Arbitration Award (Jurisdiction and Admissibility)),2015 年 10 月 29 日,https://pca-cpa.org/en/cases/。

9 參見 Sourabh Gupta, "The South China Sea Arbitration Award Five Years Later," *Lawfare*, 3 August 2021, https://www.lawfareblog.com/south-china-sea-arbitration-award-five-years-later.

10 Shicun Wu, "South China Sea arbitral award should be buried at dustbin of history," *Global Times*, 12 July 2021, https://www.globaltimes.cn/page/202107/1228468.shtml.

11 誠如本書審查人提出的意見指出:南海仲裁庭所做出的「Awards」,在我國稱之為「判斷」,而在中國大陸稱之為「裁決」,作者採用聯合國文書、國際媒體一般採用的中文翻譯,即「裁決」。作者在此感謝審查人也建議臺灣內部對相關術語的統一用法。

12 James Kraska, "Vietnam Benefits from the South China Sea Arbitration, National Bureau of Asian Research," 30 August 2016, https://www.nbr.org/publication/vietnam-benefits-from-the-south-china-sea-arbitration/.

針，「既合作又鬥爭」的對中態度，從政治、經濟、法律、軍事等多角度出發，採用直接、間接相互的接觸、軟硬平衡相結合的外交策略，既重視與中國的雙邊溝通，又不排除訴諸國際法律手段的可能性。

南海仲裁案訴訟期間，越南國內出現了一些效仿菲律賓將南海問題訴諸國際仲裁的主張，而且似乎制定了具體的實施方案，試圖利用國際法、國際仲裁和國際輿論在南海問題上應對中國的堅定自信。事實上，越中在南海的衝突早在 1970 年代，然而，持續的爭端並未引發法律途徑採用的相關討論。因此，本章探討越南以法律途徑的原因。本章第一節探討越南以司法途徑解決南海爭端的基本取向；第二節探討越南角度的西沙群島與南沙群島聲索；[13]第三節探討觸發越南政府可能對中國提出訴訟的兩個事件，即「中海油 981」鑽井平臺的南海部署以及「海洋地質 8 號」船的南海海洋調查；第四節探討越南對南海仲裁期間與裁決後的態度與立場；第五節探討越南司法途徑解決南海爭端的發展；第六節為本章結語。

第一節　前言：越南與海洋法

本書探討的問題是越南以「司法（律）途徑」解決南海爭端的情形、主要內容，以及提出司法解決的必要和充分條件。由於越南若以「司法途徑」解決南海爭端本身係跟隨菲律賓訴中國的路徑而來，致使越南以「司法途徑」解決南海爭端的「菲律賓經驗」益顯重要，也成為本研究的主要參照。

事實上，國家之間發生爭端時，應當以和平的方法予以解決，任何使用或者企圖使用武力或者武力威脅的途徑來解決爭端，都違反了國際法。早在 1919 年的《國際聯盟盟約》（*Covenant of the League of Nations*）和 1924 年的《和平解決國際爭端日內瓦議定書》（*Protocol for the Pacific Settlement of International Disputes*）中，國際社會就對和平解決國際爭端進行了確認。第二次世界大戰（World War II, WWII）結束後，《聯合國憲章》（*Charter of the United Nations*）將和平解決國際爭端作為其會員國必須遵守的一項原則，並對和平解

13 為了從越南立場理解越南，由越南角度的思考將引用越南對西沙群島與南沙群島的稱呼方式，即黃沙群島與長沙群島。

決國際爭端的方式和程序作了系統的規定。[14]《公約》在第十五部分的「爭端的解決」中，按照一般國際爭端的解決方法，提出了任擇性決定的程序與有拘束力裁判的強制程序。《公約》規定了以調解、仲裁、訴訟為核心的國際海洋爭端解決機制。

越南認為，作為沿海國家，越南擁有全長 3,260 公里的海岸線，也擁有包括黃沙群島（Quần đảo Hoàng Sa；西沙群島）和長沙群島（Quần đảo Trường Sa；南沙群島）兩座群島在內的數千座大小島嶼。[15]越南因此也一向重視《公約》的目標和宗旨，一向致力於落實《公約》。越南同時堅持、堅決要求並呼籲其他國家遵守《公約》規定的各項義務，進而為維護海洋法律秩序，將東海（Biển Đông；南海）建成一個和平海域，並為本地區各國帶來繁榮做出貢獻。

表 1-1　越南聲索南沙島礁名稱對照表（與本章論述相關名稱）

中文名	越文名及其中文	英文名
南海	Biển Đông（東海）	South China Sea
西沙群島	Quần đảo Hoàng Sa（黃沙群島）	Paracel Islands
南沙群島	Quần đảo Trường Sa（長沙群島）	Spratly Islands
太平島	Đảo Ba Bình（巴平島）	Itu Aba
中洲礁	Bãi Bàn Than（盤碳礁）	Ban Than Reef/Centre Cay
永興島	Đảo Phú Lâm（富林島）	Woody Island
美濟礁	Đá Vành Khăn（圍巾環礁）	Mischief Reef
仁愛暗沙	Bãi Cỏ Mây　（草藤灘）	Second Thomas Shoal
司令礁	Đá Công Đo（公度礁）	Commodore Reef
安波沙洲	Đảo An Bang（安邦島）	Amboyna Cay
柏礁	Bãi Thuyền Chài（漁船礁）	Barque Canada Reef
彈丸礁	Đá Hoa Lau（蘆花礁）	Swallow Island
席波礁	Kiệu Ngựa（驕馬灘）	Ardasier Reef

14　《聯合國憲章》第 2 條第 3 款規定：「各會員國應以和平方法解決其國際爭端，俾免危及國際和平、安全及正義。」第 33 條第 1 款規定：「任何爭端的當事國，於爭端之繼續存在足以危及國際和平與安全之維持時，應盡先以談判、調查、調停、公斷、司法解決、區域機關或區域辦法之利用，或各該國自行選擇之其他和平方法，求得解決。」

15　為了表述從越南立場出發，在本章描述越南對其島礁稱呼時，若該島礁有越南的中文稱呼，即採用越南稱呼，首次出現以括弧表明中文（臺灣）稱呼，以彰顯相互聲索的差異。

表 1-1　越南聲索南沙島礁名稱對照表（與本章論述相關名稱）（續）

中文名	越文名及其中文	英文名
南海礁	Đá Kỳ Vân（奇聞礁）	Mariveles Reef
安達礁	Đá Én Đất（安達礁）	Eldad Reef
榆亞暗沙	Bãi Thám Hiểm（探險沙洲）	Investigator Shoal

資料來源：作者整理。

作為《公約》締約國，越南依據《公約》規定擁有的對各種海洋資源享有相關權利的海域和大陸礁層，總面積近 100 萬平方公里，較越南大陸面積大 2 倍。為了塑造負責任和有善意的《公約》締約國形象，越南多年來試圖致力於尊重並全面履行《公約》規定的義務，逐步將越南國內法律體系與《公約》一致化，在其與周邊鄰國劃定各處海域及其邊界、管理和使用海洋資源過程中執行《公約》規定，同時按照保護並永續開發各種海洋資源，服務各國永續發展目標的方向與各國在符合《公約》規定的領域開展合作。

根據《公約》的規定，越南頒行了 2012 年版《海洋法》（*Law of the Sea of Vietnam; Luật Biển Việt Nam*），旨在統一管理各種海洋資源規劃、勘探、開採活動，以及各處海域、大陸礁層和島嶼，同時解決越南與鄰國在海洋發生的爭端。[16]此係將《公約》內容國內法律化過程的重要進展，為統一管理海洋、發展海洋經濟創造便利條件。在頒行《海洋法》的同時，越南國會也通過了 2015 年版《航海法》（*Vietnam Maritime Code; Bộ Luật Hàng Hải Việt Nam*），該法於 2017 年 7 月 1 日生效，有助於調整越南海上航行活動、越南海港出入制度等。[17]

越南也通過和頒布了與海洋管理和利用活動有關的其他多項法律文本，諸如 2015 年版《海洋島嶼資源環境法》（*Law on Marine and Island Resources and Environment*）、[18]2014 年版《環保法》（*Law on Environmental Protection*）、

[16] Luật số 18/2012/QH13 của Quốc hội: LUẬT BIỂN VIỆT NAM, *Luật Biển Việt Nam*, ngày 21 tháng 6 năm 2012, http://vanban.chinhphu.vn/portal/page/portal/chinhphu/hethongvanban?class_id=1&_page=1&mode=detail&document_id=163056.

[17] Luật số: 95/2015/QH13, *Bộ Luật Hàng Hải Việt Nam*, ngày 25 tháng 11 năm 2015, https://vishipel.com.vn/images/uploads/attach/B%E1%BB%99%20lu%E1%BA%ADt%20HHVN%202015.pdf.

[18] Pham Ngoc Son, "Vietnam establishes legal framework for integrated management of marine resources," *Vietnam Law and Legal Forum*, 28 August 2015, https://vietnamlawmagazine.vn/vietnam-establishes-legal-framework-for-integrated-management-of-marine-resources-4934.html.

2003年6月17日《國家邊界法》(*Law on National Border*)，以及2017年12月14日頒布的政府關於航海工程保護問題的第143號議定、2015年9月3日頒布的政府關於管理人員和相關工具在海域邊界地區進行的活動的第71號議定等。

以和平方式解決海洋爭端為越南一貫之主張，越南有效運用《公約》規定與鄰國解決爭端，劃定邊界，重視公平原則以尋求合理辦法。其中包括，越南1997年8月9日簽署了《越南與泰國在泰國灣的劃界協定》(*Agreement between the Government of the Kingdom of Thailand and the Government of the Socialist Republic of Viet Nam on the Delimitation of the Maritime Boundary between the Two Countries in the Gulf of Thailand*)，[19]2000年12月25日簽署了《越南與中國北部灣劃界協定》(*Agreement between the Socialist Republic of Viet Nam and the People's Republic of China on the Delimitation of the Territorial Sea, Exclusive Economic Zone and Continental Shelf between the Two Countries in the Tonkin Gulf*)[20]和《漁業合作協定》(*Agreement on Fishery Cooperation in the Gulf of Tonkin*)。[21]2003年6月26日簽署了《越南與印尼大陸礁層劃界協定》(*Agreement between the Government of the Socialist Republic of Vietnam and the Government of the Republic of Indonesia Concerning the Delimitation of the Continental Shelf Boundary*)。[22]上述文件的談判和簽署體現了越南運用《公約》規定，作為海域劃界相關法律實踐。在《公約》規定基礎上，越南正致力促進與中國的北部灣灣口外海域劃界和共同開發合作協議談判、與印尼的專屬經濟區劃界談判，以及與其他鄰國關於其他海洋問題的談判。

---

19 *Agreement between the Government of the Kingdom of Thailand and the Government of the Socialist Republic of Viet Nam on the Delimitation of the Maritime Boundary between the Two Countries in the Gulf of Thailand*, 9 August 1997, http://extwprlegs1.fao.org/docs/pdf/bi-22314.pdf.

20 *Agreement between the Socialist Republic of Viet Nam and the People's Republic of China on the Delimitation of the Territorial Sea, Exclusive Economic Zone and Continental Shelf between the Two Countries in the Tonkin Gulf*, 25 December 2000, https://treaties.un.org/Pages/showDetails.aspx?objid=080000028006ece3.

21 *Agreement on Fishery Co-operation in the Tonkin Gulf between the Government of the People's Republic of China and the Government of the Socialist Republic of Vietnam*, 25 December 2000, http://extwprlegs1.fao.org/docs/pdf/bi-51872.pdf.

22 *Agreement between the Government of the Socialist Republic of Vietnam and the Government of the Republic of Indonesia Concerning the Delimitation of the Continental Shelf Boundary*, 26 June 2003, https://treaties.un.org/Pages/showDetails.aspx?objid=080000028005e717&clang=_en.

與此同時，越南也一向積極鬥爭，維護包括《公約》在內的國際法。在各個國際論壇上討論南海爭端問題時，越南堅持要求各方「尊重《公約》和國際法」，將此視為解決和處理海洋島嶼相關爭端的原則。越南已經致力將上述原則納入《南海各方行為宣言》（*Declaration on the Conduct of Parties in the South China Sea*, DOC）、2012 年 7 月 20 日簽署的東協關於解決南海問題的六點原則（ASEAN's Six-Point Principles on the South China Sea）聲明及「南海行為準則」（Code of Conduct in the South China Sea, COC）草案等文件中。其中，在「南海行為準則」談判中，越南與各國一致同意以《公約》為基礎。在越南的要求下，「根據國際法、《公約》，為解決南海爭端尋求基本且持久的解決措施」內容，已被納入 2011 年 11 月 10 日簽署的《關於指導解決越中海上問題基本原則協定》（*Agreement on the Basic Principles Guiding the Resolution of Maritime Issues between Vietnam and China*）。[23]

越南認為，中國公然對南海一些地物提出主權聲索明顯是無視國際法，不尊重歷史與實踐，挑釁世界和地區的行為。而相對於越南以符合包括《公約》在內的國際法的和平方式合作解決海洋爭端與分歧的努力和一貫主張背景下，尊重並全面實施《公約》在維護本地區和平、穩定及航行自由與安全工作中更顯重要。越南希望有關各國尊重法律至上原則，攜手實施《公約》，攜手建設和平且繁榮的南海。

第二節　越南對西沙、南沙兩群島的聲索

一、越南對自身國土的主張

越南位於南海的西海岸，海岸線從北向南延伸超過 3,260 公里。在越南的 63 個省市中，有 28 個沿海省市，越南近一半的人口居住在沿海省分。越南擁有「S 形」的大陸部分，對南海的廣闊海域和大陸礁層聲索擁有主權、主權權利和管轄權。越南擁有近海和遠海的 4,000 多個大小島嶼、礁石和暗灘。其中，東北海域有 3,000 多個島嶼，北中部海域有 40 多個島嶼，其餘分別是中南

[23] "Vietnam-China agree on basic principles to resolve maritime issues," *Báo Nhân Dân*, 20 June 2013, https://en.nhandan.vn/politics/external-relations/item/1808602-vietnam-china-agree-on-basic-principles-to-resolve-maritime-issues.html.

部、西東海域的島嶼以及黃沙、長沙兩個群島。

越南擁有主權的島嶼總面積約為 1,640 平方公里，其中面積大於 1 平方公里的島嶼約有 82 個，占島嶼總面積的 92%。面積超過 10 平方公里的島嶼有 23 個，面積超過 100 平方公里的島嶼有三個。[24]

越南將島嶼和群島分為三個部分：遠洋島嶼由位於前哨的島嶼組成，是越南遠端防禦系統，安裝了前哨資訊網絡、觀察站、雷達系統、防空站等以控制和保護領土主權，包括國家的陸地、海域和領空。越南遠洋島嶼包括黃沙和長沙兩個群島以及白龍尾（Bạch Long Vĩ）、崑崙（Côn Đảo）、土珠島（Đảo Thổ Chu）等大島嶼。

中線島嶼（近海與遠洋之間的島嶼）是面積較大和擁有良好自然條件的島嶼，可以建設基礎設施服務於人民的生活和防衛工程、港口、機場等的建設發展。中線島嶼包括姑蘇島（Đảo Cô Tô）、李山（Lý Sơn）、富貴島（Đảo Phú Quý）、富國島（Đảo Phú Quốc）等以及南遊群島（Quần đảo Nam Du）。近海島嶼包括距離大陸最近的島嶼，該等島嶼有利於漁業和農業的發展，成為了船隻的避風港，其在維護沿海水域的安全和秩序方面扮演著重要的角色。該部分中的大島包括蔡巴島（đảo Cái Bầu）、吉婆（Cát Bà）、昏果（Cồn Cỏ）、竹島（Hòn Tre）、薯島（Hòn Khoai）等。[25]

越南界定黃沙群島由大約 37 個島嶼、礁石和暗灘組成的珊瑚群島，位於東經 111 度至 113 度，北緯 15 度 45 分至 17 度 15 分，地處北部灣灣口外海域，在從歐洲到亞洲東部和東北部以及亞洲國家之間的國際航道。長沙群島位於黃沙群島以南約 200 海里，由大約 138 個島嶼、礁石、暗灘和珊瑚礁組成，位於大約從北緯 6 度 30 分到 12 度，東經 111 度 30 分至 117 度 20 分，距越南慶和省金蘭市 248 海里。[26]

---

24 秋賢、翠荷、阮芳、祥安，〈東海與東海爭端現狀（第一期）〉，《越通社》，2019 年 12 月 26 日，https://zh.vietnamplus.vn/%E4%B8%9C%E6%B5%B7%E4%B8%8E%E4%B8%9C%E6%B5%B7%E4%BA%89%E7%AB%AF%E7%8E%B0%E7%8A%B6%E7%AC%AC%E4%B8%80%E6%9C%9F/106757.vnp。

25 Vân Hồng, "Vài nét có bản về các khu vực biển, hải đảo của Việt Nam trên Biển đông," *CỔNG THÔNG TIN ĐIỆN TỬ SỞ THÔNG TIN VÀ TRUYỀN THÔNG BẮC GIANG*, 11 October 2018, https://sttt.bacgiang.gov.vn/chi-tiet-tin-tuc/-/asset_publisher/RcQOwn9w7wOJ/content/vai-net-co-ban-ve-cac-khu-vuc-bien-hai-ao-cua-viet-nam-tren-bien-ong.

26 Phạm vi quần đảo được giới hạn bằng các đảo, bãi ở các cực Bắc, Nam, Đông, Tây, "UBND Huyện Hoàng Sa," *Bản Quyền Của Ủy Ban Nhân Dân Thành Phố Đà Nẵng*, https://www.danang.gov.vn/web/guest/chinh-quyen/chi-tiet?id=25825&_c=22.

表 1-2　越南界定黃沙（西沙）群島的位置四極點表

極點	越文名稱	中文名稱	地理位置	
			北緯	東經
極北	đảo Đá Bắc	北礁	17 度 06 分 00 秒	111 度 30 分 08 秒
極南	Bãi ngầm Ốc Tai Voi	嵩燾灘	15 度 44 分 02 秒	112 度 14 分 01 秒
極東	Bãi cạn Gò Nổi	（帶）西渡灘	16 度 49 分 07 秒	112 度 53 分 04 秒
端西	đảo Tri Tôn	中建島	15 度 47 分 02 秒	111 度 11 分 08 秒

資料來源：Phạm vi quần đảo được giới hạn bằng các đảo, bãi ở các cực Bắc, Nam, Đông, Tây, "UBND Huyện Hoàng Sa," *Bản Quyền Của Ủy Ban Nhân Dân Thành Phố Đà Nẵng*, https://www.danang.gov.vn/web/guest/chinh-quyen/chi-tiet?id=25825&_c=22.

進一步而言，對越南而言，南（長）沙群島位於我國（越南）東南部東（南）海中部，北接西（黃）沙群島，東接菲律賓海，南接馬來西亞、汶萊和印尼海。從南沙群島中心到馬來西亞海約 250 海里，到菲律賓海約 210 海里，到汶萊海約 320 海里，到海南島約 585 海里，到臺灣島大約 810 海里。距金蘭約 243 海里，距頭頓約 440 海里。南沙群島有 100 多個小島和珊瑚礁，其開闊海域面積約 41 萬平方公里，位於北緯 6 度 30 分至 12 度和東經 111 度 30 分至 117 度 20 分之間。群島水面陸地總面積約 3 平方公里，分為八個集群，包括雙子群礁（Cụm Song Tử；雙子群礁）、類槎群礁（Cụm Loại Ta；道明群礁）、詩思群礁（Cụm Thị Tứ；中業群礁）、南謁群礁（Cụm Nam Yết；鄭和群礁）、生存群礁（Cụm Sinh Tồn；九章群礁）、長沙群礁（Truong Sa）、探險群礁（Cụm An Bang (Thám Hiểm)）、和平原群礁（Cụm Bình Nguyên），最高的島嶼是南子礁（Đảo Song Tử Tây）（約 4 公尺至 6 公尺），巴平島最大的島嶼（0.44 平方公里），然後是南謁島（0.06 平方公里）。

島礁之間的距離也不同，東雙子島最近的西雙子島約 1.5 海里，雙子島（北）至安坡沙洲（南）最遠約 280 海里。越南行使主權並占有 21 個島礁，包括九個島和 12 個珊瑚礁，33 個駐軍點。越南政府不斷鞏固和發展物質基礎和社會經濟生活，以逐步將長沙島區建設成為與其在系統中的地位和角色相當的行政單位。

黃沙和長沙兩個群島對越南具有重要角色。首先，兩個群島位於世界上最重要的海上航線必經之地。此外，由於兩群島的地形隨著越南海岸線延伸，因此，黃沙和長沙是保護越南東部側翼以及越南海域和大陸礁層的前沿。在經濟上，黃沙和長沙群島擁有豐富多樣的生物和礦產資源，尤其是石油和天然氣資源。

表 1-3　越南黃沙群島的島嶼、岩石和沙洲表

號次	越文名稱	中文名稱	地理位置	
			北緯	東經
1	Đảo Đá Bắc	北礁	17 度 06 分 00 秒	111 度 30 分 08 秒
2	Đảo Hoàng Sa	珊瑚島	16 度 32 分 00 秒	111 度 36 分 07 秒
3	Đảo Hữu Nhật	甘泉島	16 度 30 分 03 秒	111 度 35 分 03 秒
4	Đảo Duy Mộng	晉卿島	16 度 27 分 06 秒	111 度 35 分 03 秒
5	Đảo Quang Hòa	廣金島	16 度 26 分 9 秒	111 度 42 分 7 秒
6	Đảo Quang Ảnh	金銀島	16 度 27 分 0 秒	111 度 30 分 8 秒
7	Đảo Bạch Quy	盤石嶼	16 度 03 分 5 秒	111 度 46 分 9 秒
8	Đảo Tri Tôn	中建島	15 度 47 分 2 秒	111 度 11 分 8 秒
9	Bãi ngầm Ốc Tai voi	嵩燾灘	15 度 44 分 02 秒	112 度 14 分 01 秒
10	Đảo Ốc Hoa	全富島	16 度 34 分 0 秒	111 度 40 分 0 秒
11	Đảo Ba Ba	鴨公島	16 度 33 分 8 秒	111 度 41 分 5 秒
12	Đảo Lưỡi Liềm		16 度 30 分 5 秒	111 度 46 分 2 秒
13	Đá Hải Sâm	羚羊礁	16 度 28 分 0 秒	111 度 35 分 5 秒
14	Đá Lồi	華光礁	16 度 15 分 0 秒	111 度 41 分 0 秒
15	Đá Chim Én	玉琢礁	16 度 20 分 8 秒	112 度 02 分 6 秒
16	Bãi Xà Cừ	森屏灘（銀嶼）	16 度 34 分 9 秒	111 度 42 分 9 秒
17	Bãi Ngự Bình		16 度 27 分 5 秒	111 度 39 分 0 秒
18	Đảo Phú Lâm	永興島	16 度 50 分 2 秒	112 度 20 分 0 秒
19	Đảo Linh Côn	東島	16 度 40 分 3 秒	112 度 43 分 6 秒
20	Đảo Cây	趙述島	16 度 59 分 0 秒	112 度 15 分 9 秒
21	Đảo Trung	中島	16 度 57 分 6 秒	112 度 19 分 1 秒
22	Đảo Bắc	北島	16 度 58 分 0 秒	112 度 18 分 3 秒
23	Đảo Nam	南島	16 度 57 分 0 秒	112 度 19 分 7 秒
24	Đảo Đá	南岩	16 度 50 分 9 秒	112 度 20 分 5 秒
25	Đá Trương Nghĩa		16 度 58 分 6 秒	112 度 15 分 4 秒
26	Đá Sơn Kỳ		16 度 34 分 6 秒	111 度 44 分 0 秒
27	Đá Trà Tây		16 度 32 分 8 秒	111 度 42 分 8 秒
28	Đá Bông Bay	浪花礁	16 度 02 分 0 秒	112 度 30 分 0 秒
29	Bãi Bình Sơn	銀礫灘	16 度 46 分 6 秒	112 度 13 分 2 秒

表 1-3　越南黃沙群島的島嶼、岩石和沙洲表（續）

號次	越文名稱	中文名稱	地理位置	
			北緯	東經
30	Bãi Đèn Pha		16 度 32 分	111 度 36 分
31	Bãi Châu Nhai	濱湄灘	16 度 19 分 6 秒	112 度 25 分 4 秒
32	Cồn Cát Tây	西沙洲	16 度 58 分 9 秒	112 度 12 分 3 秒
33	Cồn Cát Nam	南沙洲	16 度 55 分	112 度 20 分 5 秒
34	Hòn Tháp	高尖石	16 度 34 分 8 秒	112 度 38 分 6 秒
35	Bãi cạn Gò Nổi	西渡灘	16 度 49 分 7 秒	112 度 53 分 4 秒
36	Bãi Thuỷ Tề	北礵廊	16 度 32 分	112 度 39 分 9 秒
37	Bãi Quang Nghĩa	湛涵灘	16 度 19 分 4 秒	112 度 41 分 1 秒

資料來源：Danh sách các đảo, đá, bãi ở quần đảo Hoàng Sa, “UBND Huyện Hoàng Sa,” *Bản Quyền Của Ủy Ban Nhân Dân Thành Phố Đà Nẵng*, https://www.danang.gov.vn/web/guest/chinh-quyen/chi-tiet?id=25825&_c=22.

二、越南對長沙和黃沙群島領土主權爭端的界定

就越南而言，自 1974 年以來，中國已使用武力占領了屬於越南的黃沙群島。對於長沙群島，越南駐守並管理 21 個島嶼，中國用武力占領了七個實體，臺灣占領了巴平島（Đảo Ba Bình；太平島），並占領了盤碳礁（Bãi Bàn Than；中洲礁）。菲律賓占領了 10 個岩礁和淺灘，馬來西亞占領了七個岩礁和淺灘。

（一）越南對中國作為的定位

對越南而言，在其與中國的交涉中，中國引用部分資料作為歷史證據以支撐中國對其黃沙和長沙兩個群島的主權，但河內認為該等資料來源出處不明，也不準確，同時其解釋和說明十分缺乏依據。中國引用的資料並不能證明其從黃沙群島為無主地時就確立的主權。反之，歷史記載使中國認識到其主權從未包含黃沙群島。[27]而越南公開提供的相關歷史資料證明越南從黃沙群島為無主

---

27 舉例而言，19 世紀的最後十年，當柏羅納（Bellona）號和梅治丸（Umeji Maru）船在黃沙群島沉沒被中國漁民搶奪財物時，中國廣東省政府以黃沙群島不屬於中國為由以及這些島嶼不屬於中國海南省的任何州縣，沒有任何部門負責管轄這些島嶼為由拒絕了漁民搶劫財物一案的責任。Thu Hoa, “Vietnam’s unchangeable sovereignty over Hoang Sa archipelago, Voice of Vietnam,” 11

地時已經確立對該群島的主權。17 世紀時，越南阮朝（Nhà Nguyễn）歷代王朝已在黃沙群島各島嶼上組織了產物開採活動，同時進行海上航程測量以及保障黃沙群島海域各國船隻航行安全等。越南所保留的歷代越南朝廷的朱版均對這些活動有明確的記載。

在法國與越南於 1874 年 3 月 15 日的《西貢條約》（*Treaty of Saigon*）和 1884 年 6 月 6 日《順化條約》（*Treaty of Huế*）後，法國代表越南繼續行使對黃沙群島的主權並宣布反對中國的違法行為。法國已開展行使對黃沙群島主權的諸多活動，例如建造並將燈塔系統投入運作，在承天省設立行政機構，向在該群島出生的公民發放出生證等。因此，越南認為，中國廣東水師提督李准 1909 年在黃沙群島進行勘探黃沙群島的行為是侵犯越南對黃沙群島所確立的主權，並由法國保護政權代替越南，有效行使主權的行為。面對中國對黃沙群島的主權聲索，法國曾經建議中國透過國際仲裁機構解決（法國於 1937 年 2 月 18 日向中國發出公函），但中國方面拒絕了此一建議。

越南認為，1946 年，蔣中正的中華民國政府利用第二次世界大戰結束背景占據黃沙群島富林島（Đảo Phú Lâm；永興島）。1947 年，法國發表聲明反對中華民國政府的入侵行為，要求雙方進行談判並提交國際仲裁機構解決，但中華民國政府再次拒絕談判。其後，蔣中正政府撤出富林島。1956 年，趁著法國軍方根據《日內瓦協定》（*Geneva Agreement*）的規定必須撤出印度支那，而南越（State of Vietnam）政府來不及接管黃沙群島的時機，中華人民共和國派遣部隊占領了黃沙東部的島嶼。1974 年，利用越南共和國軍隊的瓦解，美國遠征軍被迫從越南南部撤軍的機會，中共人民解放軍入侵了由越南共和國占領了黃沙西部的島嶼。中華人民共和國的所有侵略行為均遇到了越南共和國政府的強烈抗拒。越南共和國政府作為國際關係的主體以及根據 1954 年《日內瓦協定》代表越南國家管理越南南部領土，越南共和國政府在外交和輿論鬥爭方面發出了強烈聲音。[28]

對於長沙群島，越南認為，1946 年中華民國軍隊入侵巴平島。1956 年，臺灣軍隊再次侵占了巴平島。1988 年，中共解放軍動員部隊占領了六個地物，這些地物位於長沙群島西北部的淺灘，然後建設和改造並將這些淺灘變成軍事

July 2014, https://vovworld.vn/en-US/current-affairs/vietnams-unchangeable-sovereignty-over-hoang-sa-archipelago-254195.vov.

[28] 相關資訊，參照 Stein Tønnesson, "The South China Sea in the Age of European Decline," *Modern Asian Studies*, Vol. 40, No. 1 (February 2006), pp. 1-57.

基地。1995 年，中華人民共和國再次出動軍隊占領了長沙群島東南部的圍巾環礁（Đá Vành Khăn；美濟礁）。目前，他們正利用權力來包圍和占領位於越南長沙群島東部、靠近圍巾環礁的草藤灘（Bãi Cỏ Mây；仁愛暗沙）。因此，迄今為止，中國（包括臺灣）已利用武力奪取長沙群島的島嶼、岩礁、淺灘總數為九個。臺灣占領長沙群島最大的島嶼——巴平島，以及盤碳礁。

（二）越南對菲律賓、馬來西亞與汶萊作為的定位

就菲律賓而言，菲律賓總統季里諾（Elpidio Quirino）宣布卡拉揚群島（Kapuluan ng Kalayaan）屬於菲律賓，原因是其靠近菲律賓此一事實，開始介入南沙群島的主權爭端。[29]1971 年至 1973 年，菲律賓派兵占領了五個島嶼，1977 年至 1978 年相繼又占領了另外二個島嶼。1980 年，菲律賓占領了南沙群島南部的另一個島嶼公度礁（Công Đo；司令礁）。迄今為止，菲律賓已占領了該群島的 10 個地物，包括七個島嶼、珊瑚礁和三個淺灘。

就馬來西亞而言，1971 年，越南共和國政府駁回了馬來西亞對長沙群島的主權並強調，長沙群島屬於越南領土，任何侵犯越南在該群島主權的行為均被視為違反國際法。1979 年 12 月，馬來西亞政府發布了馬來西亞地圖，其中包括長沙群島南部的地區，即曾經被越南共和軍隊占領的安邦島（Đảo An Bang；安波沙洲）和漁船礁（Bãi Thuyền Chài；柏礁）兩個島礁。在 1983 年至 1984 年間，馬來西亞派出部隊占領了蘆花礁（Đá Hoa Lau；彈丸礁）、驕馬灘（Kiệu Ngựa；光星仔礁）、奇聞礁（Đá Kỳ Vân；南海礁）等長沙群島的三個暗灘。1988 年，馬國又占領了另外二個暗灘，分別是安達礁（Đá Én Đất）和探險沙洲（Bãi Thám Hiểm；榆亞暗沙）。迄今為止，馬來西亞占領長沙群島南部的地物為七個，全部都是珊瑚礁。

就汶萊而言，儘管被認為是與長沙群島有關爭端的一方，但實際上汶萊並沒有占據特定地物。汶萊的主權聲索是該國地圖上顯示的海洋劃界和大陸礁層與長沙的南部重疊部分。

---

[29] 關於菲律賓的部分，參見 Ulises Granados, "Ocean frontier expansion and the Kalayaan Islands Group claim: Philippines' postwar pragmatism in the South China Sea," *Relations of the Asia-Pacific*, Vol. 9, No. 2 (2009), pp. 267-294.

第三節　越南提出司法途徑解決爭端的觸發事件

越南思索對中國提起訴訟主要來自菲律賓提出仲裁的啟發，然而，具有重大影響以司法途徑解決南海爭端的事件則是「海洋石油 981」（Hai Yang Shi You, HYSY 981）與「海洋地質 8 號」（Haiyang Dizhi 8, HD8）的南海活動，兩事件成為越南宣稱提出訴訟的觸發器。因此，本節扼要介紹兩事件。

一、「中海油 981」事件

2014 年 5 月 2 日至 7 月 15 日的「中海油 981」鑽井平臺衝突是越中繼 1974 年西（黃）沙群島海戰和 1988 年南沙海戰（又稱赤瓜礁海戰）以來，雙方在南海爆發的最為激烈的衝突，也是繼 2012 年「黃岩島事件」之後南海發生的最為嚴重的事件。衝突的發生正值菲訴中南海仲裁之際，又與中國南海填海造陸工程，以及越南致力推進海洋強國戰略相關，對南海局勢發展以及越南思索對中提起訴訟具有重大影響的事件。

（一）事件之濫觴

對越南而言，2014 年 5 月 2 日，中國將「中海油 981」石油鑽井平臺拉到越南黃沙群島知尊島（Đảo Tri Tôn；中建島）以南 17 海里處，越南廣義省東方約 120 海里。河內認為根據《公約》，此乃完全位於越南 200 海里專屬經濟區內的位置。5 月 3 日，中國海事局發布《瓊航警第 0033 號》航行警告，宣布 5 月 2 日至 8 月 15 日期間，「中海油 981」鑽井平臺將進行鑽井作業，其他無關船隻禁止駛入。[30]

為根據國際法保護自身在專屬經濟區的主權權利和管轄權，越南向中國海洋石油 981 鑽井平臺附近地區派遣了 29 艘執法船，因為越南注意到該鑽井平臺有意設立固定位置。越南執法部門積極宣傳，敦促中國立即停止違反國際法的行為，將鑽井平臺撤出越南海域。2014 年 5 月 4 日，越南石油天然氣集團致函中國海洋石油天然氣公司董事長兼總經理，強烈抗議中方的行為，海洋石油公司向中國海陽石油公司提出要求立即停止非法活動，並從越南水域撤出「海

---

[30] 中國海事局，〈航警 14034（海洋石油 981 鑽井船南海鑽井作業）〉，2014 年 5 月 5 日，https://world.huanqiu.com/article/9CaKrnJEVlY。

洋石油 981」鑽井平臺。同日，中國海事局發布《瓊航警第 14034 號》將禁區範圍擴大至 3 海里半徑。雙方各數十艘船艇在鑽探現場發生衝突碰撞。

5 月 5 日，越南外交部發言人在記者會確認，任何未經越南許可在越南水域的外國活動都是非法和無效的。對此，越方指控中方艦艇不斷採取張開大砲帆布進行恐嚇、用水砲攻擊越南船隻、準備撞擊破壞越南船隻、破壞越南船隻等侵略性挑釁行為，造成部分漁民受傷。

5 月 6 日，中國國務委員楊潔篪就此事向越南副總理兼外長范平明（Phạm Bình Minh）表達強烈不滿和反對，指稱相關鑽探活動「任何人都無權干涉」，並敦促越南立即停止干擾中國企業在上述海域的「正常活動」，以實際行動維護兩國關係大局。[31]范平明表示，中國單方面開展鑽探活動「違反國際法」，要求中海油撤走鑽井平臺。5 月 7 日，越南指責中國船隻撞擊越南船隻，越南網路輿情迅速發酵。[32]中國則於 5 月 8 日指出，過去一週越南調派 35 艘船隻對中方船隻進行多達 171 次衝撞，並要求越南撤出艦船。

美國高度關注這場爭端，批評中國的鑽探活動是「破壞穩定的挑釁性行為」。[33]當時在越南訪問的美國助理國務卿拉塞爾（Daniel Russel）希望各方保持克制，按國際法解決主權爭端。日本則批評中國是南海爭端的「挑事方」，[34]南海「中海油 981」鑽井平臺衝突由此拉開序幕。

（二）事件之發展

5 月 11 日，越南民眾在河內和胡志明市等地舉行大規模反中示威，抗議中國在西沙群島海域進行油氣勘探，要求中方立刻撤走鑽井平臺。一些示威者還

[31] 中國人民共和國中央人民政府，〈楊潔篪國務委員應約同越南副總理兼外長范平明通電話〉，《中央政府門戶網站》，2014 年 5 月 7 日，http://big5.www.gov.cn/gate/big5/www.gov.cn/guowuyuan/2014-05/07/content_2673372.htm。

[32] X. Linh, H. Nhì, H. Anh, X. Quý, P. Hải, “Nếu tàu TQ tiếp tục đâm, Việt Nam sẽ đáp lại,” *Vietnam Net*, 7 May 2014, https://vietnamnet.vn/vn/thoi-su/neu-tau-tq-tiep-tuc-dam-viet-nam-se-dap-lai-174229.html; “Li Kêu Gi Biu Tình Yêu Nc Ca 20T Chc Dn S Vit Nam,” *Bauxite Viet Nam*, 8 May 2014, http://www.boxitvn.net/bai/25964.

[33] Jen Psaki, “Daily Pres Briefing,” *US State Department*, Washington, D.C., 6 May 2014, http://www.state.gov/r/pa/prs/dpb/2014/05/225687.htm.

[34] 〈撞船起爭端，中越掀舌戰〉，《聯合早報網》，2014 年 5 月 9 日，http://www.zaobao.com/special/report/politic/southchinasea/story20140509-341109。

指出，越南政府應該對國家利益遭到侵犯的局面負責。[35]此意味衝突由外交層面蔓延至越南國內政治領域，衝突進入發展階段。同日，越南聯合菲律賓向第24屆東協峰會（ASEAN Summit）施壓，希望東協採取共同立場一致對中，阮晉勇首次公開譴責中國將海洋 981 鑽井平臺及 80 餘艘護航艦送入越南海域，呼籲國際社會支持；東協峰會表達了對該事件的嚴重關注，呼籲越中雙方保持克制。[36]5 月 13 日，美國國務卿凱瑞（John Kerry）與中國外長王毅通話時指出，中國在中建島的行為是在進行挑釁。王毅則反駁美方不客觀，敦促其恪守有關承諾、謹言慎行，避免助長有關方面的挑釁行為。同日，越南平陽省新越工業園爆發約 6,000 人參加的反中示威遊行。5 月 14 日，排華暴動迅速向越南全國蔓延。[37]

5 月 15 日，中國外交部對新越工業園事件表示強烈關注，[38]越南警方逮捕暴徒 500 餘人。同日，中國指責越南船隻載記者到中建島（Triton Island）水域，衝撞中國船隻達 169 艘次。面對來自美國方面的批評，中國人民解放軍總參謀長房峰輝在訪美期間表示，中國不惹事，但也不怕事，在維護主權、安全和整上是堅定不移的，中國在南海的油井一定會打下去，而且「一定要打成」。[39]5 月 15 日和 16 日，越南總理阮晉勇（Nguyễn Tấn Dũng）向數以百萬計的越南民眾群發短訊，稱「總理請求和呼籲每一個越南人，發揚愛國主義精神，以合法的行動捍衛國家的神聖主權」，同時「不應讓壞分子煽動損害國家利益和形象」。[40]5 月 18 日，越南民間組織再度發起反中示威號召，越南政府表示將堅決防止暴亂再起。同日，中國提醒中國遊客「暫勿前往」越南，並宣布暫停與越南的部分雙邊交往計畫。

在此階段，由於越南國內激進民族主義的介入，「中海油 981」鑽井平臺

---

35 Agence France- Prese, "Vietnamese Protests Against China Gather Pace, Fueling Regional Tension," *The Guardian*, 11 May 2014, http://www.theguardian.com/world/2014/may/11/vietnamese-protests-against-china-gather-pace.

36 〈外媒：東盟拒絕菲越聯手抗華呼籲〉，《新華網》，2014 年 5 月 13 日，http://news.xinhuanet.com/world/2014-05/13/c_126492478.htm。

37 "More than 20 Dead as anti-China Riots Spread in Vietnam," *Reuters*, 5 May 2014.

38 〈2014 年 5 月 15 日外交部發言人華春瑩主持例行記者會〉，《中國外交部》，2014 年 5 月 15 日，http://www.fmprc.gov.cn/web/wjdt_674879/fyrbt_674889/t1156442.shtml。

39 〈中美總長記者會激辯一小時，房峰輝：我們不惹事，但也不怕事〉，《網易》，2014 年 5 月 17 日，http://money.163.com/14/0517/10/9SEKQUAQ00254TI5.html。

40 〈外媒稱越南總理群發短信煽動國民〉，《網易》，2014 年 5 月 17 日，http://news.163.com/14/0517/09/9SEGFAOI000146BE.html。

衝突迅速發展。中國在爭議海域油氣勘採的爭端引發具有國內政治、地區乃至國際爭端的性質。

（三）事件的高潮

5 月 21 日，阮晉勇在訪問菲律賓期間指責中國在南海的勘探活動嚴重威脅和平穩定，他呼籲國際社會譴責中國，並表示越南正考慮採取包括法律行動在內的舉措捍衛自身權益。[41]阮晉勇是「中海油 981」衝突發生後越南「四架馬車政治體系」[42]中首位在國際場合公開批評中國的國家級領導人。對北京而言，此顯示越南政府放棄了以兩國關係大局為重、從戰略和全域高度來解決南海問題的共識，不介意第三方介入南海問題，反而積極引入第三方，致使衝突急劇升溫，從而直接危及中越兩黨和兩國關係，此也彰顯衝突已經發展至高潮階段。

5 月 23 日，越南政府公開發表證明西沙群島和南沙群島為其領土的「歷史及法理依據」。[43]5 月 26 日，與中國船隻相撞的一艘越南漁船沉沒，隨後引發有超過 100 艘的兩國船隻互相對峙。5 月 30 日至 6 月 1 日，越南防長在香格里拉對話會（Shangri-La Dialogue, SLD）表示，希望透過對話解決越中之間的分歧。[44]

越南為維護自身專屬經濟海域權利，出動包括武裝船隻在內的大批船隻衝撞中國船隻，以阻擋中方中建南的作業，越南還向該海域派出蛙人等水下特工，大量布放漁網等漂浮物實施阻礙。6 月 5 日，越南繼 5 月 20 日之後再次向聯合國遞交公函，抗議中國在南海設置鑽井平臺，抗議中國船隻的挑釁。6 月 9 日，中國就越南強力干擾中建南專案照會聯合國秘書長。[45]6 月 11 日，中國

---

41 〈越南考慮對中國採取法律行動〉，《聯合早報網》，2014 年 5 月 22 日，http://www.zaobao.com/realtime/world/story20140522-345970。

42 當前越南政治體系中，越共總書記、總理、國家主席和國會主席號稱「四架馬車體系」，權力相互制衡。參見莊禮偉，〈揭秘越南政改〉，《共識網》，2014 年 4 月 22 日，http://www.21com.net/qqsw/qyj/article_2014042104831.html。

43 〈日媒：越南發資料，挑釁中國南海主權〉，《參考消息網》，2014 年 5 月 25 日，http://world.cankaoxiaoxi.com/2014/0525/392980.shtml。

44 〈2014 香格里拉對話會〉，《新浪網》，2014 年 5 月 30 日，http://news.sina.com.cn/w/z/xgldhh/。

45 〈越南投 7.6 億美元助漁民海警〉，《騰訊網》，2014 年 6 月 13 日，http://news.qq.com/a/20140613/026187.htm。

聲稱，派往事發海域的是公務船而非越南所稱的軍艦。6 月 18 日，楊潔篪就衝突問題赴河內會見越共中央總書記阮富仲（Nguyễn Phú Trọng）和阮晉勇，並與范平明舉行會談。

（四）事件之結束與越南的檢討

6 月 19 日，中國海事局宣布在南海新添三座鑽井平臺。6 月 25 日，越南與歐洲各國的友好協會發表聯合聲明，譴責中國在南海的非法行為。[46]6 月 30 日，中國表示，可用於自動攻擊蛙人的無人潛水器「海燕」在南海北部 1,500 公尺深海域測試成功。[47]7 月 1 日，在越南進行訪問的美國太平洋陸軍副司令哈拉（Gari Her）表示，凱瑞已正式要求中國將鑽井平臺撤出越南專屬經濟區和大陸礁層海域。[48]繼 6 月 29 日飛越事發海域後，[49]美國偵察機在 7 月 2 日再次出現在「中海油 981」鑽井平臺上空。[50]7 月 3 日，越南決定撥款 2 億多美元用於扶持漁民建造遠海捕撈漁船，同時斥資 5 億多美元為海警和漁監部門造船。[51]7 月 9 日，越中海上低敏感領域合作專家小組（Experts' Working Group for Maritime Cooperation in Less Sensitive Areas）第六輪磋商在北京舉行，雙方一致同意落實兩國領導人共識及《關於指導解決中越海上問題基本原則協定》精神，積極推進雙邊合作。[52]

7月 10 日，美國國會通過第 412 號決議案（S.Res.412），要求中國將鑽井

---

46 〈外媒：越南拉歐洲機構就南海問題譴責中國〉，《新浪網》，2014 年 6 月 27 日，http://news.sina.com.cn/w/2014-06-27/094430432045.shtml。

47 〈港媒：水下無人潛水器可對抗蛙人〉，《新浪網》，2014 年 6 月 30 日，http://mil.news.sina.com.cn/2014-06-30/1150787865.html。

48 〈美國已正式要求中方撤走海洋石油 981 鑽井平臺〉，《越南人民報網》，http://cn.nhandan.org.vn/political/national_relationship/item/2165001-美国已正式要求中方撤走海洋石油 981 鑽井平台.html。

49 "US Dispatched Aircraft over Chinese Oil Rig: Vietnamese Coast Guard," *Thanh Nien News*, 3 July 2014, http://www.thanhniennews.com/politics/us-dispatched-aircraft-over-chinese-oil-rig-vietnamese-coast-guard-28037.html.

50 "Cảnh sát biển: Máy bay Mỹ 2 lần bay qua khu vực giàn khoan Trung Quốc," *Vietnam Plus*, 1 July 2014, http://www.vietnamplus.vn/canh-sat-bien-may-bay-my-2-lan-bay-qua-khu-vuc-gian-khoan-trung-quoc/2685 83.vnp.

51 〈越南撥款 2 億美元造遠海漁船，同時 5 億造海警船〉，《新浪網》，2014 年 7 月 2 日，http://news.sina.com.cn/w/2014-07-04/225030471414.shtml。

52 〈中越舉行低敏感領域合作專家工作組第六輪磋商〉，《新華網》，2014 年 7 月 11 日，http://news.xinhuanet.com/world/2014-07/11/c_1111579159.htm。

平臺和護航船隻撤離當時所在的海域，恢復南海 5 月 1 日的現狀。[53]7 月 11 日，美國負責亞太事務的助理國務卿副助卿福克斯（Michael Fuchs）提出各方需凍結加劇南海領土爭端的行動。[54]7 月 15 日，中國就美涉南海言論表示，希望域外國家嚴守中立，明辨是非，切實尊重地區國家維護地區和平穩定的共同努力。[55]當日，「中海油 981」鑽井平臺完成作業任務，撤離中建島海域。[56]此後，中建島海域恢復平靜。至此，事件基本結束。

越南對「中海油 981」事件的事後檢討認為，中國將石油和天然氣鑽井平臺置於完全受東（南）海周邊國家主權和管轄的專屬經濟區和大陸礁層是有可能的，隨時退出，不容忽視。對越南而言，維護海洋和島嶼主權鬥爭的經驗教訓之一是「要統一認識論，即及時準確地提供和判斷事件發生的地點、程度、在東（南）海的那個區域，以及該行為是否對越南的主權、主權權利和管轄權有任何的影響。這一點很重要，因為東（南）海有很多不同的區域，國家權益不同，每個海域的法律規定和處理程序也不同。例如，中國 2014 年設置的「海洋石油 981」鑽井平臺位置完全在越南專屬經濟區和大陸礁層深處，依法與西沙群島和海域無關。[57]

---

53 US Congress, *S.Res.412 - A resolution reaffirming the strong support of the United States Government for freedom of navigation and other internationally lawful uses of sea and airspace in the Asia-Pacific region, and for the peaceful diplomatic resolution of outstanding territorial and maritime claims and disputes*, https://www.congress.gov/bill/113th-congress/senate-resolution/412/text.

54 "Deputy Assistant Secretary Michael H. Fuchs, Remarks At The Fourth Annual South China Sea Conference," 11 July 2014, https://china.usc.edu/deputy-asst-secretary-michael-h-fuchs-remarks-fourth-annual-south-china-sea-conference%E2%80%9D-july-11-2014.

55 〈中方回應美方涉南海言論：希望域外國家嚴守中立〉，《中國新聞網》，2014 年 7 月 15 日，https://www.chinanews.com/gn/2014/0715/6389005.shtml。

56 薛力和塞耶（Carl Thayer）對此有深刻的分析，本文的分析主要基於此。參見薛力，〈中國為何提早撤走 981 鑽井平臺〉，《FT 中文網》，2014 年 7 月 21 日，http://www.ftchinese.com/story/001057353?ful=y；Carl Thayer, "4 Reasons China Removed Oil Rig HYSY-981 Sooner than Planned," *The Diplomat*, 22 July 2014, http://thediplomat.com/2014/07/4-reseon-china-removed-oil-rig-hysy-981-sooner-than.planed/.

57 "Nguyễn Đình Chiến, Nhìn lại sự kiện Hải Dương 981 và bài học kinh nghiệm trong đấu tranh bảo vệ chủ quyền biển đảo," *Trang thông tin điện tử của lực lượng Cảnh sát biển Việt Nam*, 30 May 2018, https://canhsatbien.vn/portal/nghien-cuu-trao-doi/nhin-lai-su-kien-hai-duong-981-va-bai-hoc-kinh-nghiem-trong-dau-tranh-bao-ve-chu-quyen-bien-dao.

二、「中國海洋地質 8 號」事件與萬安灘

2019 年，中國調查船「海洋地質 8 號」在南海進行活動與越南船艦發生對峙，2020 年再度靠近越南的海域。由於 2020 年爆發新冠肺炎病毒疫情，2020 年的情形就更為敏感。

（一）事件過程

作為中國廣州海洋局首艘三維地震調查船，「海洋地質 8 號」自 2017 年 12 月入列後，先後執行了天然氣水合物資源調查、南海地質專項調查等多個航次任務，為中國天然氣水合物資源勘查和南海重點海域海洋地質調查提供了重要的數據支撐。

2019 年 7 月 4 日至 10 月 24 日期間，中國派出測量船「海洋地質 8 號」在越南沿岸 200 海里之內的水域進行了四次地震測量。[58]數據顯示，「海洋地質 8 號」距離越南富安省（Phú Yên）海岸僅 65.2 海里，[59]進行面積約 11 萬平方公里的調查。同時，中國「海警 35111 號」（Haijing 35111）在越南東南約 190 海里的水域中騷擾了由越南合資企業與俄羅斯石油公司（Rosneft）租用的日本「白龍 5 號」（Hakuryu-5）鑽井平臺，該平臺位於越南的 06-01 區塊。[60]

爭議的關鍵在於思政灘（Bãi Tư Chính; Vanguard Bank；萬安灘），中國派遣「海洋地質 8 號」調查船隊以及許多海警船、海監船和海上民兵船在思政灘進行地震勘測。根據衛星自動辨識系統（Automatic Identification System, AIS），「海洋地質 8 號」考察船及其護衛船隊的活動範圍不時接近越南東部海岸線。舉例而言，10 月 9 日，「海洋地質 8 號」位於金蘭灣旁達瓦（Đá Vách）86.6 海里。「海洋地質 8 號」調查船的活動範圍覆蓋了越南將近 363 海里長和 73 海里寬的海域。越南認為，中國進入越南專屬經濟海域的活動為非

---

[58] "Tàu khảo sát HD8 của Trung Quốc cùng tàu hộ tống đã rời vùng biển Việt Nam," *World & Vietnam Report*, 25 October 2019, https://baoquocte.vn/tau-khao-sat-hd8-cua-trung-quoc-cung-tau-ho-tong-da-roi-vung-bien-viet-nam-103294.html.

[59] Dự án Đại Sự Ký Biển Đông, "The South China Sea Chronicle Initiative/Marine Traffic," 14 October 2019, https://www.facebook.com/daisukybiendong/photos/a.1072496592771035/2687350147952330/?type=3&theater.

[60] "Update: China Risks Flare-up over Malaysian, Vietnamese Gas Resources," *Asia Maritime Transparency Initiative*, 13 December 2019, https://amti.csis.org/china-risks-flare-up-over-malaysian-vietnamese-gas-resources/.

法，除了蒐集有關石油和天然氣的數據外，中國艦隊很有可能也在調查海底的地形以供後期海底的行動。

當然，此並非針對越南海域的獨立行為。2019 年 5 月，「中國海警 35111 號」阻礙了馬來西亞在距中國大陸 1,000 海里，但距東馬 90 海里的北康暗沙（Luconia Shoal）附近的鑽機活動。[61]之前，中國海上民兵阻止了菲律賓公務船隻接近中業島（Thitu）。[62]華盛頓「亞洲海事透明倡議」（Asia Maritime Transparency Initiative, AMTI）透露，中國在這片海洋的所有關鍵區域維持永久的存在，包括北康暗沙（Luconia Shoal）、仁愛礁（Second Thomas Shoal），以及黃岩島（Scarborough Shoal）。[63]

對越南而言，在 2019 年近四個月時間裡，中國派遣「海洋地質 8 號」及眾多海警船和民兵船，大舉侵入越南專屬經濟區和大陸礁層展開侵凌活動，騷擾越南與俄羅斯油氣集團的油氣合作活動。北京的目的是不讓地區外國家參與開發南海資源的活動，此乃北京在「南海行為準則」談判中一直提出的要求。在將近四個月的時間中，「海洋地質 8 號」數次前往中國擴建成人造島的十字礁（Đá Chữ Thập；即永暑礁），停留一週後返回繼續進行調查活動。如此就彰顯了人造島的能量，人造島已成為中國持續維持對南海周邊國家施壓的基地。

2020 年 6 月 20 日，「海洋地質 8 號」載著 50 多名調查隊員從廣州啟航，開赴南海工區執行入列以來的第二次三維地震調查任務。「海洋地質 8 號」船三維地震調查任務航次歷時六十一天，航程 5,000 多海里，完成滿覆蓋三維地震調查工作量 415 平方公里。[64]河內認定，中國派遣「海洋地質 8 號」在多艘

---

[61] "China Attempts to 'Intimidate' its Neighbors' Offshore Drilling Rigs," *The Maritime Executive*, 17 July 2019, https://www.maritime-executive.com/article/china-attempts-to-intimidate-its-neighbors-offshore-drilling-rigs.

[62] Andreo Calonzo and Ditas B Lopez, "Philippines Alarmed by Roughly 200 Chinese Ships Near Disputed Island," *Bloomberg*, 1 April 2019, https://www.bloomberg.com/news/articles/2019-04-01/china-s-200-odd-ships-near-disputed-island-spur-philippine-alarm.

[63] "Signaling Sovereignty: Chinese Patrols at Contested Reefs," *Asia Maritime Transparency Initiative*, 26 September 2019, https://amti.csis.org/signaling-sovereignty-chinese-patrols-at-contested-reefs/.

[64] 調查任務據稱取得了多項三維地震調查技術方法進展。一是充分總結吸收 2019 年三維地震作業經驗，針對 2020 年任務調查範圍廣、施工測線短、工區海流複雜的特點，調查部研究制定了詳細有效的應對方案——將工區按東西區塊分階段施工，大幅度縮短轉線時間；根據海流、潮汐數據預判羽角變化趨勢，科學規劃、調整作業順序，保證最優面元覆蓋效果；透過設計備用槍組、線下主動維護等方式減少設備故障影響。施工方法的優化，提高了作業效率，確保了野外

海警船和民兵船護衛下在思政灘海域橫行霸道。

（二）萬安灘的競爭聲索

南海南部海域油氣資源極其豐富，被稱為世界四大油區之一，主要分布於湄公、昆侖、曾母、萬安、汶萊－沙巴，北康、巴拉望、中建南等多個盆地，石油天然氣總資源量約 300 億噸油當量，位於傳統中國聲索的斷續線內海域的油氣總資源量約 290 億噸當量。

中國一直都在謀求開發南沙海域的油氣資源。早在 1990 年代初，中國海洋石油總公司（China National Offshore Oil Corporation, CNOOC；下稱「中海油」）就與美國克里斯通（Crestone）石油公司合作，計畫在南沙海域「萬安北-21」區塊進行油氣資源勘探開發。該區塊全部位於中國傳統斷線內，但受到越南干擾。中方當時為避免事態惡化，維持南海局勢穩定，在尚未展開作業的情況下撤離勘探船，此後十幾年未再進入該海域作業。對中國而言，在中海油停止萬安灘海域的油氣開發活動後，越南加緊勘探活動，將該區塊重新劃分對外招標，造成事實上的合約區塊重疊。

越南在萬安盆地有大熊（Big Bear; Dai Hung, 05-01）油田、青龍（Thanh Long）油田、西蘭花（Lan Tay）氣田、紅蘭花（Red Orchid; Lan Do; 06-01）氣田、海藍寶石氣田和木星氣田。大熊油田跨越中國聲索的傳統「九段線」，目前探明儲備為石油 1 億桶，年產油量 60 萬噸。

北京一再試圖阻止非沿海國家的公司參與石油勘探，並提議在最終的「行為準則」中包括一項條款，規定「不得與該地區以外國家的公司合作開展海洋經濟活動」。2017 年，在中國的壓力下，河內取消了給國有的越南石油天然氣集團（Petro Vietnam）、西班牙雷普索爾（Repsol S. A.）和阿拉伯聯合大公國的穆巴拉發展（Mubadala Development）的石油鑽探項目許可。不到一年後的 2018 年，越南出於同樣的考慮，取消了另一個許可給雷普索爾的項目，該項目

任務在禁漁期結束之前全部完成。二是首次使用了立體延時震源和連續記錄技術。自主設計的立體震源能夠有效增加穿透深度、擴寬頻帶及提升陷波點頻率能量，有效提升數據質量和探測深度；連續採集技術解除了放炮間隔對記錄長度的限制，有利於增加覆蓋次數、壓制干擾雜訊、提高地震成像精度。兩項新技術的成功應用為天然氣水合物高解析度成像提供了有力支撐。三是為躲避颱風「莫拉克」，首次演練了水下設備緊急回收方法，設備回收時間從十八小時壓縮至八小時，為提早撤離工區贏得了寶貴時間。該方法的成功掌握，提升了「海洋地質 8 號」船面對極端風險情況的應對能力，為人員及船舶設備安全提供了有力保障。

距離越南南部海岸約 400 公里。

2018 年，河內向俄羅斯國有企業俄羅斯國家石油公司（Rosneft）越南東南 370 公里許可的石油鑽探活動再次引發了北京方面的反對，2019 年 6 月，越南授權俄羅斯國家石油公司萬安灘部分區塊設立新的鑽井平臺，準備進行天然氣開採。中方也在第一時間派出海警船以及以「海洋地質 8 號」調查船在內的船隊迫近前往。這場越中兩國主流媒體均選擇噤聲，西方觀察家則興致盎然的對峙就逐漸在國際海事衛星定位圖上浮出水面。

當然，越中此番的對峙前線並不僅僅是萬安灘前沿：中國海警船對俄、越在萬安灘進行油氣開採活動進行執法巡邏，越南也派出部分船隻干擾中國勘探船在越占南沙南威島附近日積礁一線的地質調查活動。其中「海洋地質 8 號」船隊最初的作業水域就是南威島以南 25 公里、萬安灘東北 245 公里的日積礁水域。

至 7 月中旬，在多次撞船對峙後，中方最終把對峙的最前線推進到了萬安灘近海。8 月 7 日下午，中國船隊結束第一輪巡航返回錨地補給。13 日上午，「海洋地質 8 號」船隊在從永暑礁基地出發，開始 2019 年度的第二次萬安灘對峙。由於中方此次船隊有武裝海警船跟隨，根據海事衛星資料，越方在 17 日後也派出武裝船隻前往警戒。到 8 月 19 日前後，甚至有傳聞稱越南漁民在南海目擊到了中國「遼寧號」航母的蹤跡。到 8 月 27 日前後，「海洋地質 8 號」船隊直接逼近越南近海的富貴島，距離越南海岸線也只有百餘公里。「海洋地質 8 號」直到 9 月 3 日才駛回補給。從 9 月 7 日至 21 日，越方對「海洋地質 8 號」間的第三輪迫近行動低調應對。10 月 24 日早上，在至少兩艘船隻護送下，「海洋地質 8 號」離開越南專屬經濟區，航向中國。

2019 年 7 月初，中國「海洋地質 8 號」和一些中國護航船隻進入越南專屬經濟區和大陸礁層。2019 年 5 月至 8 月，隨著勘探活動的加強，中國一方面派出「海警 35111 艦」威脅前往 06-01 區塊紅蘭花油氣田鑽井平臺處的補給船隻，另一方面派出在強大艦艇編隊護送下的「海洋地質 8 號」，前往位於越南專屬經濟區內面積達 3 萬 1,000 平方公里的 130、131、132、133、154、155、156 和 157 區塊進行勘探作業。

2017 年和 2018 年，中國向越南施壓，迫使越南停止了西班牙雷普索爾公司在 07-03 和 136-03 區塊的活動。2012 年，為報復越南頒布《海洋法》，中國對位於越南專屬經濟區的 130、131、132、133、154、155、156 和 157 區塊進行招標，面積達 16 萬平方公里，中國稱上述區塊為日積 03（RJ03）和日積

21（RJ27）。中海油公告顯示，九個海上區塊分別命名為「金銀 22、華陽 10、華陽 34、畢生 16、彈丸 04、彈丸 22、日積 03、日積 27、尹慶西 18」等區塊，其中七個區塊位於中建南盆地，二個位於萬安盆地與南薇西盆地部分區域。[65]這些區塊的水深在 300 公尺到 4,000 公尺之間，總面積約為 16 萬平方公里。

（三）越南對萬安灘的聲索

針對「海洋地質 8 號」在萬安灘的作業，越南就萬安灘的司法性進行分析以說明中國行徑的悖逆性。越南認為，中國「海洋地質 8 號」等有關作業船隻展開挑釁活動的海域，完全位於越南依照 1982 年《公約》第 57 條和第 76 條享有的專屬經濟區和大陸礁層之內。該海域不是越中重疊或存在爭議的海域。《公約》明確規定：「若沿海國對本國專屬經濟區和大陸礁層資源不進行勘探或開發，未經沿海國的許可，其他國家無權進行此項活動。」越南透過外交途徑和外交部發言人對中國的霸凌行徑提出抗議，並要求中國船隻撤出思政灘。中方無視越南的反對，嚴重侵犯《公約》規定的越南專屬經濟區和大陸礁層的主權權利和管轄權。越中都是《公約》締約國，都有義務履行公約各項條款。

再者，為回應中國國際法專家援引《公約》前言的「公約未規定的問題將透過一般國際法的原則和規則加以解決」，越南認為《公約》第 57 條和第 76 條對主權、主權權利和管轄權、尤其是專屬經濟區和大陸礁層的主權權利和管轄權都有明確規定。越南認為，中國長期以來就依照 1947 年自行畫出「九段線」對南海提出主權聲索，2009 年又將「九段線」地圖作為公函附件交存聯合國。中國聲稱萬安灘在「九段線」範圍內，所以是「中國的海域」。越南認

65 金銀 22 區塊：主體位於中建南盆地北部隆起和中部凹陷，區塊東北位於中沙西南盆地，面積 1 萬 6,638.64 平方公里，水深 1,500 公尺至 3,000 公尺。華陽 10 區塊：主體位於中建南盆地中部凹陷和南部隆起，面積 1 萬 7,134.19 平方公里，水深 2,000 公尺至 3,000 公尺。華陽 34 區塊：主體位於中建南盆地中部凹陷和南部隆起，面積 1 萬 7,178.54 平方公里，水深大於 2,000 公尺。畢生 16 區塊：主體位於中建南盆地南部隆起，面積 1 萬 6,313.48 平方公里，水深大於 2,000 公尺。彈丸 04 區塊：主體位於中建南盆地南部隆起，面積 1 萬 5,895.02 平方公里，水深大於 2,000 公尺。彈丸 22 區塊：位於中建南盆地南部隆起和南部凹陷，面積 2 萬 415.55 平方公里，水深 300 公尺至 4,000 公尺。尹慶西 18 區塊：位於中建南盆地南部凹陷和南部隆起，面積 1 萬 5,948.66 平方公里，水深 300 公尺至 4,000 公尺。日積 03 區塊：位於萬安盆地東北部和南薇西盆地北部，面積 2 萬 2,857.8 平方公里，水深 300 公尺至 3,000 公尺。日積 27 區塊：位於萬安盆地東北部和南薇西盆地中部，面積 1 萬 7,742.5 平方公里，水深 300 公尺至 2,000 公尺。

為，「九段線」沒有地理座標，而且遭到國際社會的反對。常設仲裁庭 2016 年 7 月 12 日就菲中仲裁案做出裁決指出：中國對「九段線」內資源聲索的歷史權利毫無法理依據，所以中國也沒有聲索思政灘的法理依據。

越南認為，仲裁庭做出裁決後，中國又提出新的「四沙」聲索概念。「四沙」即東沙群島（Pratas Islands）、西沙群島（Paracel Islands）、南沙群島（Spratly Islands）、中沙群島（Macclesfield Bank），同時聲索四沙 200 海里專屬經濟區，也就是聲索幾乎整個南海主權。中國外交部發言人在回答關於萬安灘事件的提問時表示：「海洋地質 8 號」船隊在南沙群島以內的中國海域作業就是以「四沙」概念衍生而來。中國企圖以此概念對 1982 年《公約》的解讀。然而，越南以為，中方的論調與《公約》背道而馳，長沙群島不是島國，所以不能在其周圍劃出基線來聲索專屬經濟區和大陸礁層。況且南海仲裁案仲裁庭裁決：長沙群島各實體，包括（臺灣占據的）最大島嶼巴平島，根據《公約》第 121 條的規定未達到島嶼的條件，所以只有最寬 12 海里領海，沒有專屬經濟區和大陸礁層。

如此，越南確認，思政灘海域純屬越南主權權利和管轄權，不會與任何國家海域重疊。即令一些律師認為越南南部基線在富貴島和崑崙島的點離海岸線太遠，不符合《公約》的規定，但他們確認，即使越南將基線點調整到靠近南部海岸的點上，富貴島和崑崙島也具備擁有專屬經濟區和大陸礁層的條件，致使屬於越南主權權利和管轄權的海域也不會遭到縮小。整體而言，越南確認，無論從何種角度觀之，思政灘都在越南主權權利和管轄權範圍內，與中國為其違反國際法、《公約》和仲裁庭裁決的行徑辯解而援引的長沙群島無關。

越南外交部發言人 2019 年 7 月 12 日回答記者問時，對中國「海洋地質 8 號」等有關作業船隻挑釁的海域闡述了越南的法理依據，她指出「越南的一切海洋經濟活動，包括油氣開發都是在越南專屬經濟區和大陸礁層內進行的。該海域是根據越中都是締約國的《公約》從陸地領土劃定的。」「《公約》明確規定了範圍，這是各國依此享有海域權的唯一法理依據。」「不合法、不符合《公約》的主張，不能據以界定一個海域是否存在爭議或重疊的基礎。阻礙越南在本國海域開展油氣活動的行徑是違反國際法和《公約》。」

（四）越南反駁中國對萬安灘的聲索

越南認為，中國「海洋地質 8 號」船等有關作業船隻在思政灘進行的考察活動，改變不了思政灘的法理性質，也實現不了將非爭端海域變成爭端海域的圖謀，因為越南對思政灘的主權權利和管轄權獲得國際法的保障與國際社會的承認。

越南東（南）海專家黎文岡（Lê Văn Cương）對「王毅在向國際媒體發表講話時指出，中國『海洋地質 8 號』調查船正在中國長沙思政灘作業」的說法是錯誤的。第一，政治方面，中國對長沙擁有主權是完全沒有法律的依據。2016 年，仲裁法庭對該問題做出否定。根據現代國際法律體系，中國是完全沒有依據。第二，地質地理方面，思政灘位於長沙以外，距長沙 600 公里。就地質角度而言，長沙和思政灘兩者之間還有一個深水槽。」

前越南駐汶萊大使、前外交部外交學院東海研究院院長阮長江（Nguyễn Trường Giang）指出：「國際法是維護越南海域的基礎。1982 年《聯合國海洋法公約》關於海域和海域法規的規定也是我們維護海域，捍衛越南海域主權、主權權利、管轄權及其合法利益的重要法律基礎。思政灘是一個水下海灘，實質上是專屬經濟區海底的一部分。這完全不是存在爭議或重疊的海域。因為中國沒有任何國際法律依據對該海域提出要求。」

對河內而言，中國無視越南的外交交涉及國際社會的反應，日益侵入越南海域，有時距離越南海岸不到 100 海里，自 2014 年中國將「中海油 981」鑽井平臺架設在越南中部專屬經濟區和大陸礁層海域之日算起，至 2019 年南海緊張形勢上升到頂峰。

北京是南海聲索方中最強大的行為者。[66]就海軍實力而言，中國大約是越南的 10 倍，超過所有東南亞海軍的總和。而且中國的海警也是最強大的部隊。2019 年，中國派出了 1 萬 2,000 噸中國「海警 3901 號」（Haijing 3901）和 40 艘艦隊護航「海洋地質 8 號」。[67]由於中國在南沙群島上人工建造的島嶼（永暑礁）得以提供加油和補給，該等公務船可以在遠離大陸的地方長時間的運行。

潛在的問題是，在中國一貫拒絕第三方裁決的情況下，關於相互衝突的聲索是否可以成為法律的爭端。[68]中國對「海洋地質 8 號」行動的正當性是對越

[66] Lowy Institute, Asia Power Index, 2019, https://power.lowyinstitute.org/.

[67] Liu Zhen, "China and Vietnam in stand-off over Chinese survey ship mission to disputed reef in South China Sea," *South China Morning Post*, 12 July 2019, https://www.scmp.com/news/china/diplomacy/article/3018332/beijing-and-hanoi-stand-over-chinese-survey-ship-mission.

[68] Nguyen Minh Quang, "Negotiating an effective China–ASEAN South China Sea Code of Conduct,"

南在九段線內的 06-01 區塊新鑽探的回應。[69]另一方面，根據《公約》，越南人認為「海洋地質 8 號」的調查和中國的干預都是非法的。就越南的角度而言，中國有意將「無爭議的水域」變成「有爭議的空間」，以此作為藉口，以防止沿海國家與該等地區的國際石油公司合作。[70]

越南外交部曾多次對於中國「海洋地質 8 號」考察船隊「嚴重侵犯」越南在南海的主權和管轄權表示抗議。因此，越南多次與中方聯繫，頒布外交照會進行抗議，堅決要求立即制止違法行為，將所有船隻撤出越南水域；尊重越南的主權和管轄權，以維護該地區的雙邊關係以及穩定與和平。越南還表示，越南海上部隊繼續採取適當措施，以和平合法的方式行使主權，主權權利和管轄權，以保護海洋。越南越南外交部發言人重申，越南對南海水域擁有主權，主權權利和管轄權，此乃根據 1982 年《公約》的規定所確定。

總之，對越南而言，在全世界各國全力抗擊新冠肺炎疫情的背景下，中國很可能在東（南）海採取新的冒險行動，因為過去中國曾利用越南及本區域其他國家遇到困難的時候，就動用武力侵占東海上的島礁（1974 年侵占全部黃沙群島，1988 年和 1995 年侵占長沙群島的一些島礁）。因此，面對中國在南海的行為，越南要繼續提請聯合國安理會就思政灘問題譴責中國。《聯合國憲章》第 51 條明確規定，聯合國會員國有權捍衛自己免受侵略性陰謀，保護其領土主權。聯合國將負責執行國際法原則以保護弱國。

East Asia Forum, 31 July 2019, https://www.eastasiaforum.org/2019/07/31/negotiating-an-effective-china-asean-south-china-sea-code-of-conduct/.

[69] James Pearson, "Exclusive: As Rosneft's Vietnam unit drills in disputed area of South China Sea, Beijing issues warning," 17 May 2018, https://www.reuters.com/article/us-rosneft-vietnam-southchinasea-exclusv/exclusive-as-rosnefts-vietnam-unit-drills-in-disputed-area-of-south-china-sea-beijing-issues-warning-idUSKCN1II09H.

[70] Thanh Phương, "Biển Đông: Việt Nam tố cáo Trung Quốc biến nơi không tranh chấp thành tranh chấp," *RFI*, 30 September 2019, http://vi.rfi.fr/viet-nam/20190930-bien-dong-viet-nam-to-cao-trung-quoc-bien-noi-khong-tranh-chap-thanh-tranh-chap.

第四節　越南對仲裁庭裁決的回應

一、越南政府的觀點

針對仲裁庭最終裁決的發布，越南宣布「歡迎」仲裁庭的最終裁決，並「重申其對本次仲裁的一貫立場」作為回應。2014 年 12 月發送給仲裁庭的普通照會（note verbale）解釋說，越南毫不懷疑「仲裁庭對這些程序具有管轄權」，而且菲律賓向仲裁庭提出的請求是合理的，並且符合《公約》。[71]越南還承認仲裁庭的最終裁決具有法律約束力。越南同時表示堅決支持以法律和外交手段和平解決南海爭端。[72]

二、越南政府的行動

越南呼籲都是《公約》締約方的中國和菲律賓遵守仲裁庭的最終裁決。[73]越南外交部發言人在關於越南對仲裁庭發布最終裁決反應的簡短評論中指出，該部稍後將「就該裁決的內容發表聲明」，[74]然而，該部之後沒有就該裁決的內容發表詳細聲明。在後仲裁時期，越南政府幾乎沒有提到仲裁案的最終裁決；據悉越南主要領導人物避免特別提及該仲裁。[75]關於南海爭端，越南繼續重申其一貫立場：根據國際法，尤其是《公約》，以和平方式解決爭端，或大力推動在南海制定行為準則等。

---

71 PCA Award 2016: 72, https://www.pcacases.com/web/sendAttach/2086.

72 Ministry of Foreign Affairs of Vietnam, "Remarks of the Spokesperson of the Ministry of Foreign Affairs of Viet Nam on Viet Nam's Reaction to the Issuance of the Award by the Tribunal Constituted under Annex VII to the United Nations Convention on the Law of the Sea in the Arbitration between the Philippines and China," 12 July 2016, http://www.mofa.gov.vn/en/tt_bao-chi/pbnfn/ns160712211059.

73 Ian Storey, "Assessing Responses to the Arbitral Tribunal's Ruling on the South China Sea," *ISEAS Perspective*, No. 43 (Singapore: Yusof Ishak Institute, 28 July 2016), p. 3, https://www.iseas.edu.sg/images/pdf/ISEAS_Perspective_2016_43.pdf.

74 Ministry of Foreign Affairs of Vietnam, "Remarks of the Spokesperson of the Ministry of Foreign Affairs of Viet Nam on Viet Nam's Reaction to the Issuance of the Award by the Tribunal Constituted under Annex VII to the United Nations Convention on the Law of the Sea in the Arbitration between the Philippines and China," 12 July 2016.

75 Carlyle A. Thayer, "Dead in the Water: The South China Sea Arbitral Award, One Year Later," *The Diplomat*, 28 June 2017, https://thediplomat.com/2017/06/dead-in-the-wa-ter-the-south-china-sea-arbitral-award-one-year-later/.

越南政府對裁決的反應是「謹慎行事」的策略（既不反對也不提供壓倒性支持），此有助於越南規避任何潛在風險。南海爭端一直是越南外交政策的核心問題。因此，在南海問題上，越南謹慎行動和落實政策。在宣布其對南海問題的官方法律立場之前，越南需要考慮範圍廣泛的問題。武長明（Truong Minh Vu）和阮成中（Thanh Trung Nguyen）建議越南需要更多時間來全面徹底地評估裁決。[76]越南需要評估仲裁庭的裁決如何，以及在多大程度上影響越南在南海的國家利益，以及如何利用裁決。出於此原因，越南不會將自己置於有問題的情境，而是透過沉默的反應保持安全。

三、仲裁過程中的越南南海政策

越南在裁決前後的南海政策總體上維持一致。然而，一致性層級因問題而異。在整個仲裁案期間，越南承認菲律賓要求在仲裁庭審議的問題在其管轄範圍內，該裁決是終局的，對雙方都有約束力。越南藉由承認仲裁庭對菲律賓提交的事項的裁決以及仲裁庭的最終裁決，表明了對南海爭端國際化的堅定支持。

就越南政府的行動而言，越南在裁決前時期的行動相對積極。儘管不是仲裁程序的當事方，越南政府也以附注文件提交了關於越南對南海仲裁案立場的聲明。越南在聲明中澄清，它對仲裁庭在訴訟中的管轄權沒有懷疑，[77]並支持仲裁庭對《公約》部分條款的解釋和適用。[78]越南還表達了自身的觀點，菲律賓已要求仲裁庭根據《公約》（與主權和海洋劃界問題無關的問題）審議其管轄範圍內的問題。[79]越南還強烈且公開批評中國的聲索：「越南堅決抗議，並拒絕中國在南海基於九段線提出的任何聲索。」[80]它還提到了仲裁庭審議的另一個與國家利益相關的問題。具體而言，菲律賓提到的問題是低潮高地或岩

[76] Truong Minh Vu and Thanh Trung Nguyen, “Vietnam’s Foreign Policy after the South China Sea Ruling,” *Thinking ASEAN: From Southeast Asia on Southeast Asia*, No. 20 (February 2017), p. 11.

[77] Ministry of Foreign Affairs of Vietnam, “Statement of the Ministry of Foreign Affairs of The Socialist Republic of Vietnam Transmitted to the Arbitral Tribunal in the Proceedings between the Republic of the Philippines and the People’s Republic of China,” 2014, p. 1.

[78] *Ibid.*, pp. 5-6.

[79] *Ibid.*, pp. 2-3.

[80] *Ibid.*, p. 3.

礁，因此不會在海域產生任何法定權利。[81]除此之外，越南重申其有權根據國際法在本國權益受到影響的情況下介入訴訟程序。[82]越南隨後在提交的意見書狀中，再次表達了拒絕中國在南海的聲索，以回應中國政府的立場文件。2016年，當仲裁庭表示將就南海仲裁案做出最終裁決時，越南發言人發表聲明，重申越南密切關注仲裁程序。越南利用一切機會，表達出反對中國的利益和對抗。相較之下，越南在裁決後時期採取了低調和沈默的行動。

越南在推行其南海政策時似乎針對的是中國和國際社會。首先，在 2014年年中，就在越南向仲裁庭提交聲明之前不久，「中海油 981」事件（參見第三節）導致越南與中國的外交關係出現重大裂痕。兩國之間的緊張局勢升級到多年來最嚴重的程度。對此，越南以強硬修辭批評中國，並且爭取來自國際社會公眾支持以為回應。因此，越南在 2014 年底的行動（向仲裁庭提交普通照會）可能針對中國，重申越南可以更積極地採取行動，保護自身在南海的海洋聲索。其次，越南長期以來一直致力於將南海國際化作為嚇阻中國的手段。從越南試圖提出並將南海爭端問題納入所有東協議程、文件和或聯合公報的努力，可以看出將爭端國際化的努力。回顧仲裁案，越南似乎支持菲律賓，希望藉此加強仲裁庭的管轄權，同時吸引更多外國和夥伴的支持，以對抗中國。最終裁決可能會影響越南未來與中國就南海爭端進行談判的方式。

一般而言，越南政府的政策總體上是一致的。主要的原因是雖然後期越南政府的行動有所不同，但與國家的整體觀點並不矛盾（即支持南海海洋爭端國際化和根據國際法多邊爭端解決）。越南對直接涉及中國的問題反應程度有所變化，但仍遵循其前期採取的政策的總體架構。

四、越南的回應

在越南和中國的雙邊關係中，南海的領土爭端是最複雜的問題，一直是越南外交政策中排名在前的重要問題。在與中國打交道時，越南政府旨在維護其主權和政治自主，同時與中國保持穩定、和平與有利的雙邊關係。[83]越南政府

[81] *Ibid.*, pp. 3-5.

[82] *Ibid.*, p. 7.

[83] Truong Thuy Tran, "Vietnam's Relations with China and the US and the Role of ASEAN," in *Security Outlook of the Asia Pacific Countries and Its Implications for the Defense Sector* (Tokyo: The National Institute for Defense Studies, 2016), p. 89.

通常奉行由五個同時實施的不同戰略所組成的一致政策架構：[84]（一）儘管在爭端期間出現緊張局勢，越南仍與中國保持定期對話；（二）越南持續推動「南海各方行為宣言」的落實和「行為準則」的談判；（三）越南試圖將南海問題「國際化」，透過在不同的地區和國際論壇上提出此問題，並就此問題舉辦年度學術會議，使此問題為國際社會所熟知和吸引；（四）越南試圖透過軍隊現代化，以增強其海空能力；（五）越南與包括美國、日本、印度和俄羅斯在內的世界大國的多樣化，並加強雙邊關係。[85]

所有這些戰略都符合越南外交政策的四大支柱：獨立和自力更生、對外關係的多邊化和多元化、鬥爭與合作，以及積極的國際整合。[86]越南政治局決議指出，[87]越南的外交政策以國家利益的基礎為導向。此意味儘管存在社會政治制度的差異，越南會與任何有共同利益的國家合作，並且對抗那些損害越南國家利益的國家。[88]中國被歸類為友好國家，因為它與越南有著相同的社會主義背景。儘管有這種共性，但兩國在南海有著不同的國家利益。[89]總之，越南對中國的反應（強烈或低調）取決於中國可能損害其國家利益的程度。

事實上，許多案例已經促使越南政府採取了激烈的行動。舉例而言，2011年中國切斷越南地震勘測船電纜，[90]2014 年中國將鑽井平臺「中海油 981」置於越南專屬經濟區，2019 年「海洋地質 8 號」在越南專屬經濟區的活動。這些事件發生後，越南政府強烈批評中國侵犯越南的主權和管轄權。尤有進者，它還試圖在地區和國際論壇上提出此一問題，以引起國際社會的關注和支持。越

[84] Ian Storey, “Rising Tensions in the South China Sea: Southeast Asian Responses,” in Ian Storey and C.Y Lin, eds., *The South China Sea Dispute: Navigating Diplomatic and Strategic Tensions* (Singapore: ISEAS -Yusof Ishak Institute, 2016), pp. 134-160.

[85] *Ibid.*, p. 146.

[86] Carlyle A. Thayer, “Vietnam’s Foreign Policy in an Era of Rising Sino-US Competition and Increasing Domestic Political Influence,” *Asian Security*, Vol. 13, No. 3 (July 2017), p. 184.

[87] 越南實行一黨制政治體制，越南共產黨對政治和社會經濟問題等進行集中控制。政治局是越南共產黨的最高機構，負責政府的方向和工作。制定越南國會或共產黨中央委員會批准的政策。因此，政治局決議在越南的決策過程中具有重要意義。

[88] Carlyle A. Thayer, “Vietnam’s Strategy of ‘Cooperating and Struggling’ with China over Maritime Disputes in the South China Sea,” *Journal of Asian Security and International Affairs*, Vol. 3, No. 2 (July 2016), p. 210.

[89] Carlyle A. Thayer, “Vietnam’s Foreign Policy in an Era of Rising Sino-US Competition and Increasing Domestic Political Influence,” *Asian Security*, Vol. 13, No. 3 (July 2017), p. 185.

[90] 該事件引起爭議，因為越南的兩艘地震船正在根據《聯合國海洋法公約》的規定，在越南大陸礁層和專屬經濟區內進行地震調查和地震勘探。

南政府不畏懼對中國發表大膽聲明。舉例而言：「我們（越南）一直希望（與中國）和平與友誼，但這必須確保獨立、自力更生、主權、領土完整和海域。這些是神聖的，我們永遠不會用它們換取某種難以捉摸、依賴的和平與友誼。」[91]越南甚至暗示該國已「準備好對中國採取法律行動」。[92]

總體而言，越南應對中國有相當穩固的政策架構：如果國家利益受到損害，越南準備好挑戰，若中國在維護越南國家利益的過程中表現誠意，越南也願意合作。越南外交政策傾向可以在一定程度上解釋越南對裁決的反應。在最終裁決中，仲裁庭對《公約》第 121 條關於岩礁和島嶼的解釋，並且得出了南沙群島中地形地物的海洋地位（該等地形地物是岩礁還是島嶼，是否對周圍海域產生法律權利等），也包括越南聲索的地形地物。因此，越南做出低調或甚至無聲的回應從而可以理解。部分原因或許是因為它需要徹底審查仲裁裁決是否會對其在南海的聲索產生任何負面影響，是否損害其在聲索海域的國家利益。越南可能需要謹慎行事，以確保其國家利益以及與中國的雙邊關係不會受到威脅。越南對仲裁庭裁決的回應可能與其在前裁決期間的行為不一致。然而，越南的反應與其長期以來採取的對中國政策的架構一致。

作為對外部安全環境影響最大的國家，美國也影響著越南對中國的態度和行為。從 1990 年代至 2008 年，越南溫和地處理南海問題。舉例而言，1997 年和 1998 年，越南在南沙群島發現了一艘正在運作的中國勘探船，該處是越南聲索的大陸礁層。越南批評中國政府，公開表達不滿，並抗議中國的非法行為，但次數有限。[93]在 1990 年代，航行自由是美國在南海的唯一利益。[94]聲索國之間的海洋爭端基本上並未影響美國在南海海域的航行自由，從而導致了美國的中立行為。總體而言，美國並未深入介入南海問題。2001 年，由於 9 月

---

[91] Vietnam Embassy in Germany, "Prime Minister Nguyen Tan Dung Answers to Associated Press on 21 May," 22 May 2014, http://www.vietnambotschaft.org/prime-minister-nguyen-tan-dung-answers-to-associated-press-on-21-may/.

[92] Zachary Keck, "Vietnam Threatens Legal Action Against China," *The Diplomat*, 2 June 2014, https://thediplomat.com/2014/06/vietnam-threatens-legal-action-against-china/.

[93] Ramses Amer, "China, Vietnam, and the South China Sea: Disputes and Dispute Management," *Ocean Development and International Law*, Vol. 45, No. 1 (January 2014), pp. 19, 31.

[94] Aileen S.P. Baviera, "The Philippines and the South China Sea Dispute: Security Interests and Perspectives," in Ian Storey and Cheng-Yi Lin, eds., *The South China Sea Dispute: Navigating Diplomatic and Strategic Tensions* (Singapore: ISEAS-Yusof Ishak Institute, 2016), p. 172; Daojiong Zha and Mark J. Valencia, "Mischief Reef: Geopolitics and Implications," *Journal of Contemporary Asia*, Vol. 31, No.1 (January 2001), p. 92.

11 日事件，美國發動反恐戰爭，將外交政策重點轉移到中東。在布希（George W. Bush）總統 2001 年至 2009 年初的兩屆總統任期內，南海在美國外交政策中一直保持低調。或許可以解釋 1990 年代至 2008 年越南對中國的溫和態度。

2009 年，歐巴馬（Barack Obama）政府將重點轉向亞太地區，而且更深入地參與南海事務。自 2009 年以來，可以清楚地看出越南南海政策的變化。越南對中國採取了更強硬、更主動的立場。此可從 2011 年的兩起電纜切斷事件，或 2014 年「中海油 981」事件抑或 2019 年「海洋地質 8 號」中發現。越南對中國在南海行為的不滿不斷廣為人知；2009 年以來，越南透過外交手段對中國和越南在南海的侵略活動提出強烈抗議，更大程度地表達了不滿。除此之外，在中國切斷地震船電纜的兩起事件發生後不久，越南舉行了實彈演習。[95] 儘管越南宣布演習「與最近涉及中國的事件無關」，但中國共產黨控制的一家報紙認為這是「反抗北京的軍事展示」。[96]同年，越南還在南沙群島舉行了越南國民議會選舉，以重申對該領土無可爭辯的主權。[97]此外，越南還透過海軍現代化來加強其軍事能力，舉例而言，在 2009 年與俄羅斯簽署了購買六艘俄製柴電攻擊潛艇的合約。現代化旨在保衛其每一寸領土。[98]在美國不密集涉入南海時，越南在與中國交往時表現出溫和而執著的態度。當美國將重點轉向南海時，越南對中國在南海的堅定自信表現出更主動、更強有力的反應。

第五節　越南訴諸司法途徑的發展

在南海爭端上，越南透過各種途徑與中國鬥爭，從外交反對、爭取國際支持，到進行實地對峙。然而，越南面臨的主要難題是，是否應冒著與中國進行公開衝突，以捍衛其海洋主權的風險。就戰略層面而言，河內面對的情勢或許

---

[95] Tania Branigan, “Vietnam Holds Live-Fire Exercises as Territorial Dispute with China Escalates,” *The Guardian*, 14 June 2011, https://www.theguardian.com/world/2011/jun/14/china-vietnam-dispute-military-exercise.

[96] BBC, “Vietnam in Live-Fire Drill Amid South China Sea Row,” *BBC*, 13 June 2011, https://www.bbc.com/news/world-asia-pacific-13745587.

[97] Ramses Amer, “China, Vietnam, and the South China Sea: Disputes and Dispute Management,” *Ocean Development and International Law*, Vol. 45, No. 1 (January 2014), pp. 20-21.

[98] Vnexpress, “Đội tàu ngầm Kilo,” *Vnexpress*, 3 August 2017, https://vnexpress.net/interactive/2017/suc-manh-6-tau-ngam-kilo-viet-nam.

不算悲慘。越南狹長的陸地和增強的防禦能力，加上其經驗，使越南在東協內部既有能力也有堅強的實力。河內的多層防禦系統可能會為其海岸附近的任何非法行動造成重大的損失。但是任何衝突都將對越南的發展造成重大的破壞，因此必是萬不得已的選擇。

對河內而言，接受中方的聯合開採建議和《公約》作為政策選項可能更具誘惑力。為捍衛海洋法這種脆弱的盟約而單獨與中國進行艱苦的戰鬥也許並不值得。越南是一個獨立的國家，馬來西亞[99]和菲律賓[100]似乎對海權較為搖擺，在乎與中國的經濟關係。儘管原則上表示支持《公約》和基於規則的秩序，但除美國之外的其他大國都不願公開批評中國對越南專屬經濟區的作為。然而，屈服於北京可能會更加不穩定，因為它可能導致進一步的擴張主義。[101]

河內竭盡全力為《公約》辯護。越南領導人，包括阮富仲[102]和阮春福[103]明確表示，河內不會就獨立和領土完整問題做出讓步。藉由部署 50 艘船隻以確認越南的利益，也為此一訊息提供了支持。[104]河內從未排除軍事防禦方案，但訴諸武力顯然是外交上的失敗。儘管河內的防禦部隊持續做好戰鬥的準備，但河內的政策是首先用盡一切和平措施。[105]據報導，越南官員已數十次向中國同僚傳達了抗議。在其東協夥伴尋求靜默外交的同時，越南外交部發表了四份公開聲明，譴責中國違反了《公約》。[106]

---

99 Krishna N. Das, "Malaysia PM says can't provoke Beijing on South China Sea, Uighur issue," *Reuters*, 28 September 2019, https://www.reuters.com/article/us-malaysia-china/malaysia-pm-says-cant-provoke-beijing-on-south-china-sea-uighur-issue-idUSKBN1WD0BY.

100 Lye Liang Fook, "Duterte wants to work with Beijing in the South China Sea, but so far has little to show for it," *South China Morning Post*, 8 October 2019, https://www.scmp.com/week-asia/opinion/article/3031865/duterte-wants-work-beijing-south-china-sea-so-far-has-little-show.

101 Rajeswari Pillai Rajagopalan, "Vietnam Confronts China, Alone," *The Diplomat*, 26 September 2019, https://thediplomat.com/2019/09/vietnam-confronts-china-alone/.

102 "Tổng bí thư, Chủ tịch nước: 'Không nhân nhượng vấn đề chủ quyền'," *VNExpress*, 15 October 2019, https://vnexpress.net/thoi-su/tong-bi-thu-chu-tich-nuoc-khong-nhan-nhuong-van-de-chu-quyen-3997185.html.

103 "Không bao giờ nhân nhượng những gì thuộc về độc lập, chủ quyền, toàn vẹn lãnh thổ," *Chính Phủ Nước Cộng Hòa Xã Hội Chủ Nghĩa Việt Nam*, 21 October 2019, http://baochinhphu.vn/Tin-noi-bat/Khong-bao-gio-nhan-nhuong-nhung-gi-thuoc-ve-doc-lap-chu-quyen-toan-ven-lanh-tho/377932.vgp.

104 "Phó Chính ủy Quân khu 7 nói về tình hình bãi Tư Chính," *Sai Gon Mediation Newspaper*, 7 October 2019, https://www.sggp.org.vn/pho-chinh-uy-quan-khu-7-noi-ve-tinh-hinh-bai-tu-chinh-621271.html?fbclid=IwAR2OXOSzx5SgPsGDVx2Rs4TpIxT6gGU6NMapX75D6t3LoCSKbzHPgiVLrm0.

105 *Ibid.*

106 "Việt Nam trao công hàm phản đối tàu Trung Quốc vi phạm vùng đặc quyền kinh tế," *VNExpress*, 25

越南可能會擴大其應對措施，主要就是司法途徑。越南《海洋法》第 4 條第 3 款規定：「國家（越南）透過符合 1982 年《公約》、國際法和實踐的各種和平方式解決與其他各國涉及海洋、島嶼方面的各種爭端。」（參見附錄）此外，越南也討論了其他備選方案，諸如將案件提交聯合國、向國際媒體宣傳、採取法律行動、全國集會或強力干預。河內的政治菁英們雖然進行謹慎的博弈，但對國內上升的民族主義並不擔憂。目的不是升級，而是逐步向北京傳達決心的訊息。以越南重要官媒的兩篇文章進行文本分析，可以顯露對南海仲裁案，以及對中國的立場與態度。參見表 1-4。

表 1-4　越南官媒關於「南海仲裁案」評論文章的相關文本分析

來源	文章標題	對中形容詞彙（負面）	對中負面詞頻
越南新聞網（Vietnam Net）	海牙常設國際仲裁庭：國際法必須被遵守（PCA's Ruling: International Law Must Be Respected）	中方聲索：毫無根據（groundless）、沒有歷史性權利（no historic title）、沒有法律依據（no legal basis）、單邊（unilateral）、無根據（base-less）、違反（go against）	34
		中方行為：拒絕（reject）、侵犯（violate）、干涉（interfere）、阻止（prevent）、非法地（unlawfully）、與義務不符（incompatible with the obligations）、阻礙（obstruct）、不負責任（not responsible）、無視國際法（ignore international law）、使用武力（use of armed forces）、態度不良（ill attitude）、不正當的（perverse）、極端反應（extreme reaction）、挑戰國際法的行動（activities defying international law）	
		中方造成後果：導致嚴重碰撞風險（created a serious risk of collision）、阻礙（obstruct）、造成嚴重破壞（cause severe harm）、爭端（dispute）、緊迫問題（pressing issues）、國際形象醜陋（image ugly）、加劇爭議（fuel	

July 2019, https://vnexpress.net/the-gioi/viet-nam-trao-cong-ham-phan-doi-tau-trung-quoc-vi-pham-vung-dac-quyen-kinh-te-3957899.html.

表 1-4 越南官媒關於「南海仲裁案」評論文章的相關文本分析（續）

來源	文章標題	對中形容詞彙（負面）	對中負面詞頻
		tensions）、使局勢複雜化（complicate the situation）	
		對中方態度：強烈反對（strong objection）、辯駁（contest）	
越南《共產主義》雜誌（Tạp chí Cộng Sản）中文版	正義的裁決與和平解決東海（南海）爭端的前景	中方對國際法及公約：違反、違背、違法、不符	57
		中方對越菲主權及海洋權利：侵犯、阻攔、阻止、騷擾、妨礙、扣留、故意衝撞、奪得、切斷電纜	
		中方行為：非法、無理、片面	
		中方造成後果：導致衝突、加劇衝突、加劇緊張局勢、製造危險	
		中方對海洋環境：造成嚴重影響、嚴重損壞、不可恢復的長久損壞、長期破壞	
		對中方影射：訴諸武力、以武力相威脅、強迫小國	

資料來源："PCA's Ruling: International Law Must Be Respected," *Vietnam Net*, 14 July 2016, http://english.Vietnamnet.vn/fms/marine-sovereignty/160443/pca-s-ruling-international-law-must-be-respected.html; 共產主義雜誌網，〈正義的裁決與和平解決東海爭端的前景〉，《共產主義雜誌》(*Tạp chí Cộng sản*)，2016 年 10 月 17 日，https://www.tapchicongsan.org.vn/web/chinese/quoc-te/-/-/asset_publisher/12p8Aatmolpa/content/294-89643。

越南作為南海西沙群島和南沙群島的聲索國，採取了多項低調但重要的措施，以反對中國在南海侵犯其領土完整和國家主權的行為。其中，越南還威脅要對中國採取法律行動。為了使此種威脅具有可信度，越南巧妙地將威脅與中國石油鑽井平臺的危機以及中國科研船進入專屬經濟海域相配合。2014 年 5 月，馬尼拉之行期間會見菲律賓總統艾奎諾（Benigno Aquino）時，據報導，越南總理阮晉勇（Nguyen Tan Dung）表示越南是「考慮各種防禦選項，包括依據國際法採取法律行動」，以捍衛其在南海的聲索。[107]艾奎諾於 2013 年授權菲律賓就中國在南海的聲索提起仲裁程序。

此後，越南國防部部長馮光成（Phung Quang Thanh）於同月在新加坡舉行

[107] "Vietnam PM says considering legal action against China over disputed waters," *Reuters*, 22 May 2014.

的 2014 年香格里拉對話期間重申了採取法律途徑的可能性，他被引述表示越南正在尋求與中國在雙邊方面解決石油鑽井平臺的問題，越南準備採取其他解決方案，包括在雙邊努力失敗時將中國告上法庭。[108]

相對而言，有跡象顯示，中國擔心越南威脅要效仿菲律賓並將中國告上法庭。越南國防部副部長阮志榮（Nguyen Chi Vinh）在 2014 年香格里拉對話期間會見了中國人民解放軍副總參謀長王冠中（Wang Guanzhong）後，透露了中方的關切。阮志榮說，中國一再要求越南不要將兩國的海洋領土爭端提交國際法庭。阮志榮補充說，他已經告訴他的中國同行，越南如何回應將取決於中國的活動和行為，如果中國繼續刺激越南，它別無選擇，只能選擇司法途徑，這是越南根據國際法的權利。[109]

越南並不僅僅停留在口頭上的表態，而是採取措施表明其願意採取司法手段。2014 年 12 月，當菲律賓訴中國案提交仲裁庭時，越南提交了一份聲明，承認仲裁庭對該案的管轄權，並對中國基於「九段線」提及的任何聲索提出強烈的反對。聲明補充說，越南保留維護其在南海合法權益的權利，並有權根據國際法原則和規則，包括《公約》的有關規定進行干預（明確指採取法律行動）。[110]

此後不時出現法律訴訟的威脅。據報導，越南總理阮晉勇在 2014 年 12 月接受彭博社（Bloomberg）採訪時表示，越南已準備好「所有證據和法律檔案。我們正在考慮的是合適的時機」。[111]此後，2017 年 11 月，《紐約時報》（*New York Times*, NYT）報導稱，早在 2009 年，越南政府就要求由來自峴港的越南歷史學家陳德英山（Tran Duc Anh Son）領導的一個研究小組蒐集文件和地圖，以支持越南在南海的合法聲索。雖然文章援引陳德英山的話說，他不認為越南政府想要對中國提起法律訴訟，但隱含的訊息是，如果中國採取強制

[108] "Vietnam mulling legal option to resolve maritime spat with China," *The Straits Times*, 31 May 2014.

[109] "China wants to avoid court over maritime disputes, says Vietnam official," *South China Morning Post*, 2 June 2014, https://www.scmp.com/news/china/article/1523491/china-wants-avoid-court-over-maritime-disputes-says-vietnam-official.

[110] "Statement of the Ministry of Foreign Affairs of the Socialist Republic of Viet Nam Transmitted to the Arbitral Tribunal in the Proceedings Between the Republic of the Philippines and the People's Republic of China," *Arbitration under Annex VII of the United Nations Convention of the Law of the Sea*, 16 March 2015.

[111] "PM Nguyen Tan Dung grants interview to Bloomberg," *Nhan Dan*, 31 May 2014, https://en.nhandan.vn/politics/item/2551302-pm-nguyen-tan-dung-grants-interview-to-bloomberg.html.

措施，越南不會忽視這種可能性。[112]

隨著中國「海洋地質 8 號」的南海調研，2019 年 11 月之後，再度有傳言稱，越南準備根據《公約》附件七就南海爭端向中國提起仲裁。尤其是《亞洲時報》（*Asia Times*）於 2020 年 5 月 7 日發表的一篇文章稱，「據信，越南即將就中國在南海的廣泛主張提起國際仲裁案」，[113]此乃對中國在有爭議的水域中不斷增加的恐嚇和騷擾行為的潛在法律回應。

2019 年 11 月 6 日，越南外交部副部長黎懷忠（Le Hoai Trung）在第 11 屆南海國際會議（11th South China Sea International Conference）開幕式上發表了類似的觀點：「我們有根據《聯合國憲章》第六章關於以和平方式解決國際爭端的義務，透過談判和其他方式促進合作解決重疊爭端的經驗。我們都知道這些手段，包括事實調查、調解、和解、談判、仲裁和國際訴訟。」[114]

有分析認為越南需要起訴中國，以「表現出保護國際公約的堅決態度」，尤其是 1982 年的《公約》，並讓國際社會「在這件事上確定誰對誰錯」。[115]有些人相信「也許是時候進行另一次《公約》下的仲裁了。唯一可能阻礙中國前進的是持續的國際壓力，包括法律壓力」。[116]然而，一些學者指出，越南高級官員對將中國提起仲裁持謹慎的態度。即使越南有可能勝訴，也可能進一步破壞越中關係，甚至威脅越南的經濟前景，使該國處於岌岌可危的戰略地位。[117]「針對中國的第三方司法程序仍然是河內的最後手段」。[118]

---

[112] "A defiant map-hunter stakes Vietnam's claims in the South China Sea," *The New York Times*, 25 November 2017. 然而，陳德英山對中國的批評引發了內部問題，從而遭到開除黨籍，請參 https://plo.vn/thoi-su/dang-facebook-ong-tran-duc-anh-son-bi-da-nang-khai-tru-dang-820540.html。

[113] David Hutt, "Vietnam may soon sue China on South China Sea," *The Asia Times*, 7 May 2020, https://asiatimes.com/2020/05/vietnam-may-soon-sue-china-on-south-china-sea/.

[114] Keynote Address of Dr. Le Hoai Trung, Deputy Minister of Foreign Affairs of Vietnam at the Opening Session of the 11th South China Sea International Conference, Hanoi, 6 November 2019, https://scsc12.dav.edu.vn/blogs/news/key-points-in-the-keynote-address-of-deputy-minister-of-foreign-affairs-of-vietnam-le-hoai-trung-morning-06-11.

[115] "Experts Call For Vietnam to Sue China in International Court Over South China Sea Incursions," *Radio Free Asia*, 9 October 2019, https://www.rfa.org/english/news/vietnam/lawsuit-10092019152725.html/.

[116] Perhaps it's time for another UNCLOS arbitration. The only thing that is likely to hold China back is sustained international pressure, including the pressure of law. Peter Dutton, *Twitter*, 16 July 2019, https://twitter.com/peter_dutton/status/1150899630143660032.

[117] David Hutt, "Vietnam may soon sue China on South China Sea," *The Asia Times*, 7 May 2020, https://asiatimes.com/2020/05/vietnam-may-soon-sue-china-on-south-china-sea/.

[118] James Kraska said that Vietnam would likely win against China in a potential South China Sea

事實上，黎懷忠的話還包括了：「但如你所知，在合作和解決重疊的海洋聲索和爭端問題上，越南優先考慮並透過與相關國家雙邊談判取得了重大成果。」[119]因此，總體而言，在越南是否應該起訴中國的問題上，西方智庫和政客較越南學者和官員更為積極；海外越南人士較越南國內人士更具侵略性；越南學者和中下層官員較高層官員更積極主動。

第六節　結語：司法解決作為南海爭端解決的工具

根據《公約》第七附件成立的仲裁庭的裁決對訴訟各方皆有約束力，對訴訟方而言即等於國際法院的裁決。舉例而言，2016 年裁決對菲中都有約束力，儘管中國不承認。但對不參加訴訟的其他國家沒有約束力。越南未參與訴訟，所以裁決對越中無約束力。其實，若越南向菲律賓訴中國的南海仲裁庭提出請求，越南可以作為第三方參與訴訟。當時，許多分析家認為越南錯過了以法律保護自己的權益，且不用將中國推向國際海洋法法庭的一個好機會。

現在，越南若想也有約束越中雙方的裁決，越南必須站出來將中國訴訟於國際法庭。仲裁庭 2016 年 7 月 12 日做出的裁決雖然對越南沒有約束力，卻是對越南十分有利的案例。此乃越南較之前菲律賓仲裁占優勢之處。南海裁決內容將是或許發生的越中訴訟案仲裁庭裁定時參考的重要依據。

中國或許不會自願遵循裁決，就像北京否定菲中訴訟案的仲裁庭做出受理的裁決一般，但也無法排除中國的參與，因為中國內部也有檢討之聲。無論如何，對越南而言，若有確定越南「對」、而中國「錯」的裁決，在爭取世界支援方面將對越南十分的有利。對於其他國家，尤其是美國就可以名正言順地支持越南，也不會被視為袒護爭端之一方。河內認為美國的支持是重量級的支持。

另一方面，有了 2016 年 7 月 12 日的裁決，再加上一個（諸如越南訴中

---

arbitration, while Nguyễn Hong Thao insists that third-party judicial procedures remain the last resort for Hanoi. Jeffrey Ordaniel, *Twitter*, 22 May 2020, https://twitter.com/JeffreyOrdaniel/status/1263794565057703937.

[119] Keynote Address of Dr. Le Hoai Trung, Deputy Minister of Foreign Affairs of Vietnam at the Opening Session of the 11th South China Sea International Conference, Hanoi, 6 November 2019, https://scsc12.dav.edu.vn/blogs/news/key-points-in-the-keynote-address-of-deputy-minister-of-foreign-affairs-of-vietnam- le-hoai-trung-morning-06-11.

國）裁決，就能增加對區域大國、安理會常任理事國，即中國的壓力，同時讓中國人知道真理，認清北京政府欺騙輿論的真面目。北京也難以辯解說他正美好地管理和解決與小國的領土爭端，或者區域外國家無理的插手。而地區國家也可以發聲保護他們的油氣公司。

越南古諺說表示，「孩子哭了母親才餵奶」，因此，越南有論者認為，中國侵犯越南的海域，越南不勇敢地站出來提請國際仲裁以維護自己的權益，那麼有哪個國家會出來保護越南呢？儘管中國不執行裁決，但它是越南繼續與中國鬥爭以得到世界承認的法律依據。

上述提及的內容是越南起訴中國得到的最大所得。越南內部認為，以越南民族的氣魄，這是越南應該做的事情。若蹉跎此（司法）途徑，就會像陳興道（Trần Hưng Đạo）以前所說的「這不就等於掉轉茅頭投降，舉手認輸嗎？我們還有什麼臉面站在這塊土地上呢？」因此，越南將中國訴諸國際海洋法法庭會失去什麼？越中關係惡化，但此只是一時的，因為中國十分需要越南。以菲中關係為例，越南認為，當年菲律賓起訴中國，中國對菲律賓施加了巨大壓力，以迫使菲撤訴。仲裁庭做出裁決後，中國轉而安撫菲律賓。越南被包圍禁運的年代，就是在 1979 年中國進攻越南的時刻，越南依然昂然屹立。時過境遷，如今越南可爭取國際關係，包括與美國的關係來緩解來自中國的壓力。因此，有分析認為，此正好是越南「脫中」獨立自強的好時機。

民族氣魄與現實政治仍有落差，可以確認的是越南的明確立場，如果中國繼續進行挑釁和欺凌，越南應該效仿菲律賓 2013 年的做法，將中國告上按照 1982 年《公約》附件七成立的國際仲裁庭。當前越南對中國的提告比當時的菲律賓順利得多，因為南海仲裁庭 2016 年 7 月 12 日的裁決已駁斥了中國所謂「九段線」，並確定長沙群島所屬的島礁沒有專屬經濟區和大陸礁層，而只有最多領海 12 海里，這已成為極其重要的案例。再說，越南當前起訴中國將博得國際社會更強力的支援。

第二章　海洋法附件七法庭管轄與受理對越南的啟示

南中國海（South China Sea, SCS；以下簡稱「南海」）爭端是高度複雜性的問題，涉及領土和海洋的混合型爭端。除非另有協議，當爭端無法透過外交手段解決時，根據《聯合國海洋法公約》（*United Nations Convention on the Law of the Sea*, UNCLOS；以下簡稱《公約》）附件七進行的仲裁是國際爭端解決的唯一強制性程序。菲律賓據此對中國提起了仲裁程序。對附件七仲裁庭的管轄權和菲律賓陳述意見書狀的可受理性，構成了南海仲裁中廣泛探討的問題。如第一章所言，越南或明或暗地表示，若中國繼續進行挑釁和欺凌，越南應該效仿菲律賓 2013 年的做法，把中國告上按照《公約》附件七成立的國際常設仲裁法庭。然而，越南仍須面對同樣的挑戰，就是仲裁庭的管轄權與可受理性的問題。

因此，本章即在探討分析越南若仿效菲律賓提出的南海仲裁，必須應對菲律賓提出仲裁程序中遭遇的情形，探討四個值得認真思考的問題。首先，在仲裁程序中如何應對來自缺席國家的不定期通訊？其次，在仲裁程序中如何對待第三國的通訊？其三，根據《公約》第十五部分的法院或法庭是否可以同時處理涉及領土和海洋問題的混合爭端？其四，《公約》第 281 條的解釋對國際法解決爭端的發展有何司法意涵？當然，對該等問題分析探討可以得知，仲裁庭在南海案裁決中支持客觀主義途徑。此途徑對越南提出可能的訴訟會產生何等影響。

第一節　前言：《聯合國海洋法公約》附件七的仲裁

除菲律賓外，根據《國際法院規約》（*Statute of the International Court of Justice*）第 36 條第 2 款，南海周圍的國家均不接受國際法院的強制管轄權，[1]

[1] 《國際法院規約》1945 年 6 月 26 日通過，1945 年 10 月 24 日生效 33 UNTS 993。菲律賓根據

越南亦不例外。雖然包括越南在內的南海周邊所有國家都批准了《公約》，[2]但南海周邊地區從未有國家根據《公約》第 287 條選擇了爭端解決程序。根據《公約》附件七和第 287 條第 3 款，各國應被視為接受仲裁。因此，除非另有協議，否則當無法透過外交手段解決爭端時，根據《公約》附件七進行的仲裁是國際爭端解決的唯一強制性程序。菲律賓因此根據《公約》對中國提起了仲裁程序。南海仲裁分為兩部分，以附件七成立的仲裁庭（Annex VII Arbitral Tribunal）於 2015 年 10 月 29 日發布了管轄權裁決書（Award on Jurisdiction）。[3]隨後，仲裁庭於 2016 年 7 月 12 日發布了案情裁決書（Award on the Merits）。[4]仲裁庭一致決定了所有問題。

對附件七仲裁庭的管轄權和菲律賓陳述意見書狀的可受理性，構成了南海仲裁中廣泛辯論的問題。在此方面，中國政府認為「仲裁庭顯然對目前的仲裁沒有管轄權」。[5]然而，依據《公約》附件七設立的仲裁庭在極地曙光號仲裁裁決（Arctic Sunrise Arbitration Award）中指出：「一方可以對仲裁庭的管轄權提出異議的事實，並不是一方可以阻止該法庭有效地裁定其負責裁定所提的爭議，包括確定其自身管轄權責任的依據。」[6]此案中，俄羅斯自始至終都沒有參加庭審程序。仲裁庭在其裁決中認為，一方缺席或未能進行辯護並不妨礙訴訟程序的進行，也不會阻止仲裁庭做出臨時措施的裁定，只要雙方都被賦予了表

1972 年 1 月 18 日《國際法院規約》第 36 條第 1 款接受國際法院的管轄權。參見 http://www.icj-cij.org/en/declarations/ph。

2 《聯合國海洋法公約》1982 年 12 月 10 日通過，1994 年 11 月 16 日生效 1833 UNTS 3，菲律賓於 1984 年 5 月 8 日批准了該公約，中國於 1996 年 6 月 7 日批准了該公約。

3 PCA Case No. 2013-19, The South China Sea arbitration (Jurisdiction and Admissibility)（以下簡稱爲"The South China Sea Arbitration Award (Jurisdiction and Admissibility)"），2015 年 10 月 29 日，https://pca-cpa.org/en/cases/。議事規則、菲律賓的書面陳述意見書狀、文字紀錄和專家報告可在同一網站上取得。

4 The South China Sea Arbitration Award (Merits), 12 July 2016, https://pca-cpa.org/en/cases/7/.

5 中華人民共和國外交部，〈中華人民共和國政府關於菲律賓共和國所提南海仲裁案管轄權問題的立場文件摘要〉，2014 年 12 月 7 日，[3]。亦可參見立場文件[29]以及[85]至[86]，https://www.fmprc.gov.cn/nanhai/chn/snhwtlcwj/t1368890.htm；英文版請見 http://www.fmprc.gov.cn/mfa_eng/zxxx_662805/t1217147.shtml。重新刊登於中國國際法學會，《南海仲裁裁決之批判》，附件一，頁 397，http://www.csil.cn/upfiles/files/%E5%8D%97%E6%B5%B7%E4%BB%B2%E8%A3%81%E6%A1%88%E8%A3%81%E5%86%B3%E4%B9%8B%E6%89%B9%E5%88%A4.pdf；英文版請見 Chinese Society of International Law (CSIL), *The South China Sea Arbitration: A Critical Study* (Foreign Languages Press, 2018), p. 525.

6 The Arctic Sunrise Arbitration (Merits) (Kingdom of the Netherlands v. Russian Federation), 14 August 2015, [368], https://pcacases.com/web/sendAttach/1438.

達其意見的機會。[7]不應訴的一方仍然是法律程序的一方，[8]擁有隨之而來的權利和義務。[9]仲裁庭還援引了國際法院（International Court of Justice, ICJ）在尼加拉瓜訴美國案（Nicaragua v. United States of America）中的判決，認為不應訴的一方必須接受判決的後果，而第一個後果就是即使其不參加訴訟，訴訟也會繼續進行。選擇不應訴一方的國家仍然是案件的一方當事國，並且根據《國際法院規約》第 59 條受到最終判決的規制。[10]

此外，根據《公約》第 288 條第 4 款，「對於法院或法庭是否具有管轄權如果發生爭端，此一問題應由該法院或法庭以裁定解決。」國際法院通常認為，國際法院或法庭決定其對任何爭端管轄權的存在和範圍的權力，即所謂的「勝任」（la compétence de la compétence）原則，[11]由國際法普遍承認。因此，仲裁庭是否具有管轄權的問題應由法庭本身決定。

2015 年 10 月 29 日，仲裁庭在仲裁裁決中表示，它有權審議菲律賓的第 3、4、6、7、10、11 和 13 號陳述意見書狀（submissions）。[12]該等陳述意見書狀涉及：低潮高地、島嶼或岩礁等各種海洋地形地物的法律地位；菲律賓國民在黃岩島的傳統捕魚活動；在黃岩島和仁愛暗沙（Second Thomas Shoal）的海洋環境保護；以及中國在黃岩島附近的執法活動。然而，關於第 1、2、5、8、9、12 和 14 號陳述意見書狀，仲裁庭將其管轄權的審議保留到實質案情階段。[13]因此，仲裁庭沒有在管轄權和可受理性階段駁回任何意見。

南海仲裁案管轄權和可受理性仲裁裁決，特別提出了四個值得認真考慮的問題：其一，在仲裁程序中應如何處理來自缺席國的不定期通訊

---

[7] 參見 Fisheries Jurisdiction (United Kingdom v. Iceland) (Interim Protection) [1972] ICJ Rep 12, 15, [11]; Fisheries Jurisdiction (Federal Republic of Germany v. Iceland) (Interim Protection) [1972] ICJ Rep 30, 32-33, [11]; Nuclear Tests (Australia v. France) (Interim Protection) [1973] ICJ Rep 99, 101, [11]; Nuclear Tests (New Zealand v. France) (Interim Protection) [1973] ICJ Rep 135, 137, [12]; Aegean Sea Continental Shelf Case (Greece v. Turkey) (Interim Protection) [1976] ICJ Rep 3, 6, [13]; United States Diplomatic and Consular Staff in Tehran (United States of America v. Iran) (Provisional Measures) [1979] ICJ Rep 7, 11-12, [9], 13, [13].

[8] 參見 Nuclear Tests (Australia v France) (Interim Protection) [1973] ICJ Rep 99, 103-104, [24].

[9] The "Arctic Sunrise" Case (Kingdom of The Netherlands v. Russian Federation) (Request for the Prescription of Provisional Measures, Order of 22 November 2013), 13, [51].

[10] 本章涉及相關國際法院的判例，根據聯合國國際法院問答「訴訟程序」，本文提及國際法院的決定稱為「判決」，而仲裁庭的決定稱為「裁決」。

[11] Hugh Thirlway, *The International Court of Justice* (Oxford: Oxford University Press, 2016), p. 38.

[12] The South China Sea Arbitration Award (Jurisdiction and Admissibility), 29 October 2015, [413] G.

[13] *Ibid.*, [413] H and I.

（communications）？其次，在仲裁程序中應如何對待第三國的通訊？其三，根據《公約》第十五部分的法院或法庭是否可以同時處理涉及領土和海洋問題的混合爭端？其四，《公約》第 281 條的解釋對國際法解決爭端的發展有何司法意涵？該等議題不僅有助於回顧仲裁庭的程序，也對越南提起類似的訴訟具有高度參考性質。

本章試圖分析南海仲裁裁決以探討上述四個問題。對整體探討部分扼要說明後，第二節討論關於缺席國家有關的法律問題。然後，第三節討論了對第三國提出通訊的處理。第四節繼續探討對涉及領土主權和海洋劃界混合爭端的管轄權問題。第五節分析仲裁庭對《公約》第 281 條的解釋。第六節為本章結語，提出扼要的結論並指出越南的思考。

第二節　仲裁庭對缺席國的待遇

一、中國發送的不定期通訊

就仲裁程序而言，對缺席（拒絕出席）國家的待遇是至關重要的問題，因為它影響到整個仲裁程序。雖然中國官方堅持「不接受、不參與、不承認」的立場，確定了中國不會參加仲裁程序，然而，此立場並非表示中國完全忽略仲裁。尤有進者，中國向仲裁庭發送了各種通訊，以表達自身對中菲南海爭端的觀點。2013 年 2 月 19 日，中國向菲律賓外交部發出普通照會（Note Verbale），拒絕接受菲律賓所提仲裁的要求。[14]中國在 2013 年 7 月 29 日的普通照會中重申其立場，即中國不接受菲律賓提起的仲裁。[15]此外，中國駐英國大使要求與仲裁庭庭長會晤。作為回應，仲裁庭於 2013 年 11 月 14 日致函提醒各當事方，不要與仲裁庭成員進行單方面（ex parte）通信。[16]

在中國發出的各種通訊中，尤其重要的是「中華人民共和國政府關於菲律賓共和國所提南海仲裁案管轄權問題的立場文件」（Position Paper of the Government of the People's Republic of China on the Matter of Jurisdiction in the

14 The South China Sea Arbitration Award (Jurisdiction and Admissibility), [27].

15 *Ibid.*, [37].

16 *Ibid.*, [40].

South China Sea Arbitration Initiated by the Republic of Philippines）。[17]該文件於2014年12月7日發布，12月8日，中國大使館要求常設仲裁法庭（Permanent Court of Arbitration, PCA）將中國的立場文件及其英文譯本轉發給仲裁庭成員。[18]在立場文件中，中國政府表示，其拒絕和不參加本仲裁具有國際法的堅實基礎。[19]立場文件也表示，鑑於仲裁庭明顯缺乏管轄權，中國政府決定不接受也不參與本次仲裁。[20]此外，中國駐荷蘭大使2015年2月6日（中國大使的第一封信）以及2015年7月1日（中國大使的第二封信）分別致函仲裁庭的所有成員，闡明了中國政府在與南海仲裁相關問題上的立場。[21]2015年8月24日，中國進一步發表了「外交部發言人華春瑩就應菲律賓請求建立的南海仲裁案仲裁庭公布管轄權問題庭審實錄答記者問」。[22]

二、仲裁庭對中國通信的應處

依據《公約》附件七成立的仲裁庭在極地曙光號仲裁裁決中指出，《公約》「可能沒有義務使當事方出庭，使之受《公約》管轄」。[23]然而，根據附件七，《公約》第9條和《議事規則》（*Rules of Procedure*）第25條第1款，[24]顯然有爭議的當事方一造缺席，並不構成司法程序的障礙。極地曙光號案中，國際海洋法法庭（International Tribunal for the Law of the Sea, ITLOS）強調，「儘

17 參見中華人民共和國外交部，〈中華人民共和國政府關於菲律賓共和國所提南海仲裁案管轄權問題的立場文件摘要〉，2014年12月7日。隨後，中國國際法學會放大了中國關於管轄權和可受理性問題的論據，至於中國的論點，本文將重點討論中國的立場文件，因為該文件被法庭視為有關管轄權的請求。

18 The South China Sea Arbitration Award (Jurisdiction and Admissibility), [55]-[56].

19 中華人民共和國外交部，〈中華人民共和國政府關於菲律賓共和國所提南海仲裁案管轄權問題的立場文件摘要〉，2014年12月7日，第五部分。

20 The South China Sea Arbitration Award (Jurisdiction and Admissibility), [85].

21 *Ibid*., [64], [83].

22 中華人民共和國外交部，〈外交部發言人華春瑩就應菲律賓請求建立的南海仲裁案仲裁庭公布管轄權問題庭審實錄答記者問〉，2015年8月24日，http://www.china-embassy.org/chn/fyrth/t1290725.htm。

23 The Arctic Sunrise Arbitration (Merits) (Kingdom of the Netherlands v. Russian Federation), 14 August 2015, [367].

24 The South China Sea Arbitration Award (Jurisdiction and Admissibility), [113]. 亦可參見 The "Arctic Sunrise" case (Kingdom of the Netherlands v. Russian Federation), Provisional Measures, ITLOS Case No. 22, Order of 22 November 2013, [2013] ITLOS Rep 242, [48].

管如此，缺席的國家還是訴訟的當事方」。[25]因此，根據《公約》第 296 條第 1 款和附件七第 11 條，最終判決對缺席訴訟的當事方具有約束力。[26]仲裁庭確認了此點，指出「儘管缺席，中國仍是仲裁程序的當事方，並確保了其權利和義務，包括它將受到仲裁庭任何裁決的約束」。[27]

在被訴案件中需要進一步考慮的問題涉及對被訴方非正式通訊的處理。經驗顯示，缺席國家常常間接地為自身的案件辯護，並回應針對它的指控，但它是以各種非正式的方式回應，以避免其進入案件的正式出庭形式。[28]一方面，拒絕考慮此類通訊將有可能使國際的法院或法庭在無視（忽略）某些非常重要的事實或法律指控的情況下做出判決。另一方面，將此類通訊視為事實上的訴狀會對缺席的國家帶來不公平的利益。[29]因此出現了困境。

在國際法院的判例中，法院考慮了非正式通訊。舉例而言，在愛琴海大陸礁層案（Aegean Continental Shelf case）中，儘管土耳其拒絕出庭，但土耳其提交了「土耳其政府於 1976 年 8 月 10 日應希臘政府的要求採取臨時措施的意見」（Observations of the Turkish Government on the request of the Government of Greece for provisional measures dated 10 August 1976）。[30]對此，法院明確指

---

25 The "Arctic Sunrise" case (Kingdom of the Netherlands v. Russian Federation), Provisional Measures, ITLOS Case No. 22, Order of 22 November 2013, [2013] ITLOS Rep 242, [51].

26 根據《聯合國海洋法公約》第 296 條第 1 款，「根據本節具有管轄權的法院或法庭對爭端所作的任何裁判應有確定性，爭端所有各方均應遵從。」附件七第 11 條規定，「除爭端各方事前議定某種上訴程序外，裁決應有確定性，不得上訴，爭端各方均應遵守裁決。」亦可參見 Gerald Fitzmaurice, "The Problem of the 'Non-Appearing' Defendant Government," *British Yearbook of International Law*, Vol. 51 (1980), pp. 89, 98; Hugh Thirlway, *The Law and Procedure of the International Court of Justice: Fifty Years of Jurisprudence*, Vol. II (London: Oxford University Press, 2013), p. 1824.

27 The South China Sea Arbitration Award (Jurisdiction and Admissibility), [114]. 亦可參見 The Arctic Sunrise Arbitration (Merits) (Kingdom of the Netherlands v. Russian Federation), 14 August 2015, [367].

28 Military and Paramilitary Activities in and against Nicaragua (Nicaragua v. United States of America), Merits, Judgment, [1986] ICJ Rep 14, 25, [31]. 亦可參見 Hugh Thirlway, *The Law and Procedure of the International Court of Justice: Fifty Years of Jurisprudence*, Vol. I (London: Oxford University Press, 2013), p. 1003; Lucius Caflisch, "Cent ans de règlement pacifique des différends interétatiques," *Académie de droit international. Recueil des cours*, Vol. 288 (2001), pp. 245, 353.

29 Hugh Thirlway, *The Law and Procedure of the International Court of Justice: Fifty Years of Jurisprudence*, Vol I, p. 1003.

30 Aegean Sea Continental Shelf (Greece v. Turkey), Request for the Indication of Interim Measures of Protection, Order, [1976] ICJ Rep 3, 5, [7].

出，「考慮到土耳其政府在 1976 年 8 月 26 日提交法院的意見中所採取的立場……，有必要首先解決法院對案件的管轄權問題」。[31]

在尼加拉瓜案（Nicaragua case）中，國際法院認為「法院以雙方所表達的任何形式來了解雙方的意見，對於法院而言非常具有價值」。[32]此外，國際法院在（法國）核試驗案（Nuclear Tests case）中的決定基於法國政府的公開聲明，即令法國未以任何正式方式提交法院。[33]巴里克（Garfield Barwick）法官表示，「事實上，該等內容和『法國核試白皮書』（French White Paper on Nuclear Tests），雖然在審理此案時已發布但未通知法院，實際上得到了充分的考慮。（法院）已經充分考慮了（法國）的立場，以及在案件審理期間未向法院通報的『法國核試白皮書』的內容」。[34]然而，至少在某些方面，缺席的國家較出席的國家處於更有利的地位，因此，有論者對國際法院的做法提出了質疑。[35]舉例而言，菲茨莫里斯（Gerald Fitzmaurice）認為，由於缺席的國家在技術上並未對接受管轄權提出任何正式異議，因此法院本來可以縮短案件的管轄權階段，並且直接處理案情。[36]

就此而言，南海仲裁中的仲裁庭決定將中國的通訊視為構成《程序規則》第 20 條意旨對法庭管轄權的有效辯護。[37]因此，中國的聲明和通訊可以被視為等同於「初步反對」（preliminary objections）意見。仲裁庭的做法似乎符合國

---

[31] *Ibid.*, 13, [45].

[32] The Nicaragua case [1986] ICJ Rep 25, [31].

[33] Hugh Thirlway, *The Law and Procedure of the International Court of Justice: Fifty Years of Jurisprudence*, Vol I, p. 1005.

[34] Dissenting Opinion of Judge Sir Garfield Barwick, Nuclear Tests (Australia v. France), Judgment, [1974] ICJ Rep 391, 401.

[35] Hans von Mangoldt and Andreas Zimmermann, "Article 53," in Andreas Zimmermann et al., eds., *The Statute of the International Court of Justice: A Commentary*, 2nd edn (London: Oxford University Press, 2012), pp. 1347-1348; Tara Davenport, "Procedural Issues Arising from China's Non-participation in the South China Sea Arbitration," in S Jayakumar, Tommy Koh, Robert Beckman, Tara Davenport, and Hao Duy Phan, eds., *The South China Sea Arbitration: The Legal Dimension* (New York: Edward Elgar, 2018), pp. 65, 75. 舉例而言，不出席當事方的通訊實際上（de facto）不受《法院規則》（*Rules of Court*）條款和條件的限制。參見 The Aegean Sea Continental Shelf case, Oral Arguments on Jurisdiction, 19 December 1978, CR 1978, Argument by Mr. O'Connell, pp. 319-320.

[36] Gerald Fitzmaurice, "The Problem of the 'Non-Appearing' Defendant Government," *British Yearbook of International Law*, Vol. 51 (1980), p. 107.

[37] The South China Sea Arbitration Award (Jurisdiction and Admissibility), [122]. 亦可參見 Procedural Order No. 4, [1.1], *ibid.*, [68].

際法院的判例。[38]

《公約》附件七第 9 條規定，「如爭端一方不出庭或對案件不進行辯護，他方可請求仲裁法庭繼續進行程序並做出裁決。爭端一方缺席或不對案件進行辯護，應不妨礙程序的進行。仲裁法庭在做出裁決前，必須不但查明對該爭端確有管轄權，而且查明所提要求在事實上和法律上均確有根據。」該條力求平衡任何一方的利益。[39]因此，仲裁庭試圖維護出席國和缺席國的程序權利。[40]

首先，對於菲律賓而言，仲裁庭以實施《議事規則》第 25 條第 2 款，發出了要求更多書面論據（Further Written Argument）的請求，其中包含 26 個問題。[41]由於中國的通訊，包括其立場文件，並未全面指明對仲裁庭管轄權的反對意見，因此，仲裁庭本身有必要提出「可能」的反對意見。與此相關的是，仲裁庭邀請菲律賓回應該等反對意見。舉例而言，由於中國沒有援引 1976 年《東南亞友好合作條約》（*Treaty of Amity and Cooperation in Southeast Asia*, TAC）作為排除仲裁庭管轄權的基礎，因此仲裁庭籲請菲律賓參照《公約》第 281 條說明該條約的效力。[42]同樣，中國的立場文件也未提及菲律賓對其違反《生物多樣性公約》（*Convention on Biological Diversity*, CBD）的任何相關指控。[43]因此，仲裁庭籲請菲律賓詳細說明據稱違反《生物多樣性公約》與《公約》之間的關係。[44]如此，仲裁庭似乎可以向菲律賓提供有關闡述有關問題的指導。就某種程度而言，根據《議事規則》第 25 條第 2 款以及被告國缺席的情況，如此做法似有某種衡平性。

其次，根據附件七第 9 條，必須確保仲裁庭不會簡單地接受出席方的聲索以保護缺席方的權利。因此，法庭對中國的通訊給予應有的重視。[45]然而，在提交辯訴狀（Counter-Memorial）的截止日期後提交的中國通訊被法庭平等地視為常規（定期）文件（regular documents）就值得重視。[46]因此，實際上，中

38 亦可參見 Davenport, "Procedural Issues Arising from China's Non-participation in the South China Sea Arbitration," *op. cit*., pp. 84-85.

39 The South China Sea Arbitration Award (Jurisdiction and Admissibility), [115].

40 *Ibid*., [117].

41 *Ibid*., [121].

42 *Ibid*., [256]-[257].

43 《生物多樣性公約》（1992 年 5 月 22 日通過，1993 年 12 月 29 日生效）1760 UNTS 79.

44 The South China Sea Arbitration Award (Jurisdiction and Admissibility), [275]-[276].

45 *Ibid*., [117].

46 *Ibid*., [122]. 2014 年 6 月 2 日，仲裁庭發布了 2014 年 6 月 2 日第 2 號程序令（Procedural Order No. 2 of 2 June 2014），並訂於 2014 年 12 月 15 日為中國提交辯訴狀的日期：*ibid*., [52]. 然而，

國的某些通訊不受《議事規則》第 20 條第 2 款強加給當事方最後期限的約束。在此可能對有爭端的當事方處理通訊的程序公正性表示懷疑。儘管如此，總體而言，仲裁庭似乎試圖在菲律賓和中國的程序權利之間取得敏感的平衡。[47]

第三節　第三方的待遇

一、第三方介入仲裁

由於南海爭端涉及多個國家，因此引發了一個問題，即南海仲裁是否會影響第三方的權利與利益，亦即第三方介入仲裁的問題。介入是在司法程序中維護第三方權利與利益的法律制度。如果條約中載有關於第三國在仲裁程序中進行介入的規定，[48]就不會產生程序的問題。然而，與附件六（《國際海洋法法庭規約》）不同，[49]沒有關於附件七規定介入措施的規定。《議事規則》也沒有關於此事項的任何規定。因此，出現了在《公約》附件七的仲裁程序中是否允許第三方介入的問題。[50]

如果仲裁的原始當事方同意第三國的介入要求，則可以允許第三方的介

中國大使的第二封信於 2015 年 7 月 1 日發出。此外，主持仲裁官（Presiding Arbitrator）邀請中國在 2015 年 8 月 17 日之前就管轄權聽證會期間或之後提出的任何問題發表評論：*ibid.*, [92]. 儘管 2015 年 8 月 24 日中國外交部發言人華春瑩就應菲律賓請求建立的南海仲裁案仲裁庭公布管轄權問題庭審實錄答記者問而做出回絕，http://www.china-embassy.org/chn/fyrth/t1290725.htm。

47 Davenport, "Procedural Issues Arising from China's Non-participation in the South China Sea Arbitration," *op. cit.*, p. 98.

48 舉例而言，參見 1899 年《關於和平解決國際爭端的公約》（*Convention for the Pacific Settlement of International Disputes*）第 56 條、1907 年《關於國際解決太平洋爭端的公約》（*Convention for the Pacific Settlement of International Disputes*）第 84 條，1928 年《關於在國際上解決國際爭端的太平洋公約》（*General Act on the Pacific Settlement of International Disputes*）第 37 條，以及 1986 年《維也納國家與國際組織之間或國際組織與國際組織之間的條約法公約》（*Vienna Convention on the Law of Treaties between States and International Organization or between International Organizations*）附件，II(4)。

49 第 31 條與第 32 條。

50 在此問題上，參閱 Sienho Yee, "Intervention in an Arbitral proceeding under Annex VII to the UNCLOS?" *Chinese Journal of International Law*, Vol. 14, No. 1 (March 2015), p. 79.

入。[51]然而，如果原始方之一反對在仲裁程序中允許第三方介入，此問題就更具爭議性。在南海的仲裁中，中國反對其他國家的介入，[52]相對而言，菲律賓認為，仲裁庭在程序問題上的廣泛酌處權包括允許第三方的介入，並認為仲裁庭可以考慮適當的任何步驟，以回應越南要求提供資訊的權力。[53]

一般而言，沒有足夠的證據支持第三方在仲裁程序中的介入。就此而言，國際法研究院（Institut de Droit international, IDI）通過的「國際仲裁程序條例草案」（Projet de règlement pour la procédure arbitrale internationale）第 16 條規定：除非經協議中明確表示的特別授權，並事先獲得第三方的同意，否則當事各方或仲裁員均不得自動牽連其他國家或任何第三方。只有在達成妥協的當事方同意下，才允許第三方的自發介入。[54]

此一觀點回應了《國際法院規約》第 62 條的規定：「某一國家如認為某案件之判決可能影響屬於該國具有法律性質之利益時，得向法院聲請參加。此項聲請應由法院裁決之。」一般而言，仲裁程序的規定只允許在當事方的同意下進行介入。[55]此外，布朗利（Ian Brownlie）認為，「仲裁是在隱私條件下進行的訴訟；不能進行第三方介入」。[56]

綜上所述，如果在程序規則中沒有允許第三方介入的規定，並且在此問題上未得到原當事方的同意，則會出現一個問題，即是否可以根據《公約》附件七接受介入仲裁程序的請求。[57]基本上，南海仲裁庭在處理此問題時採取了靈活的方式。

[51] Sienho Yee, "Intervention in an Arbitral proceeding under Annex VII to the UNCLOS?" *Chinese Journal of International Law*, Vol. 14, No. 1 (March 2015), p. 90.

[52] The South China Sea Arbitration Award (Jurisdiction and Admissibility), [64].

[53] *Ibid.*, [62], [185].

[54] Institut de droit international, Projet de règlement pour la procédure arbitrale internationale, Session de La Haye, 1875, https://www.idi-iil.org/app/uploads/2017/06/1875_haye_01_fr.pdf.

[55] Christine Chinkin, "Article 62," in Andreas Zimmermann, Karin Oellers-Frahm, Christian Tomuschat, and Christian J. Tams, eds., *The Statute of the International Court of Justice: A Commentary*, 2nd edn (London: Oxford University Press, 2012), pp. 1529, 1568.

[56] Ian Brownlie, "The Peaceful Settlement of International Disputes," *Chinese Journal of International Law*, Vol. 8, No. 2 (July 2009), pp. 267, 277.

[57] Sienho Yee, "Intervention in an Arbitral proceeding under Annex VII to the UNCLOS?" *Chinese Journal of International Law*, Vol. 14, No. 1 (March 2015), p. 89.

二、仲裁庭對越南和臺灣通訊的處理

如第一章所言，雖然有遺憾之聲，但越南沒有申請介入南海的仲裁程序。然而，2014 年 4 月，河內向法庭發送了普通照會，並指出越南的司法權益可能受到仲裁的影響。[58]徵求當事方的意見後，2014 年 4 月 24 日，仲裁庭同意准予越南獲取菲律賓訴狀（Memorial of the Philippines）及其附件，並指出仲裁庭將在適當時機考慮越南提出的要求，以獲取任何其他相關文件。[59]此外，2014 年 12 月 5 日，越南大使館向仲裁庭發出了普通照會，並附有「越南外交部就仲裁庭注意菲律賓共和國與中華人民共和國之間的訴訟程序的聲明」（Statement of the Ministry of Foreign Affairs of Viet Nam for the Attention of the Tribunal in the Proceedings between the Republic of the Philippines and the People's Republic of China）以及相關附加文件。越南在聲明中明確指出，仲裁庭無疑對訴訟具有管轄權。[60]與此相關的是，仲裁庭表示已注意到越南 2014 年 12 月 5 日的聲明。[61]2014 年 12 月 7 日，越南進一步向仲裁庭遞交了「越南外交部聲明」（Statement of the Ministry of Foreign Affairs of Viet Nam）。[62]

2014 年 12 月 22 日，越南透過向仲裁庭發送普通照會，要求仲裁庭向自身提供第 3 號程序令（Procedural Order No. 3）的副本，以及仲裁庭與當事方之間的後續通訊。就此而言，菲律賓表示，允許越南獲取所要求的文件適當，而且菲律賓慮及，仲裁庭在程序問題上的廣泛酌處權，包括採取任何仲裁庭認為適當的步驟，以回應越南要求提供資訊的權力。[63]因此，仲裁庭授權書記處於 2015 年 2 月 17 日向越南提供第 3 號程序令的副本。[64]菲律賓的補充書面陳述意見書狀（Philippines' Supplemental Written Submission）副本和附件也提供給越南。[65]仲裁庭還同意允許越南、印尼、日本、泰國和馬來西亞每個政府派遣小規模代表團作為觀察員參加聽證會。[66]

---

58 The South China Sea Arbitration Award (Jurisdiction and Admissibility), [47], [185].

59 *Ibid.*, [49], [183].

60 *Ibid.*, [54].

61 *Ibid.*, [70].

62 *Ibid.*, [183].

63 *Ibid.*, [61]-[62], [185]. 儘管中國未對越南的聲明直接發表評論，但中國大使的第一封信表達反對其他國家對程序的干預，因為這與國際仲裁的一般做法不符。

64 The South China Sea Arbitration Award (Jurisdiction and Admissibility), [65].

65 *Ibid.*, [67].

66 *Ibid.*, [84].

值得注意的是，越南就南海仲裁中的實質性問題積極表達了自身的看法。越南在其外交部的聲明中重申其觀點，認為仲裁庭在仲裁程序中具有管轄權，並表示希望仲裁庭的裁決可以有助於澄清當事雙方以及有關第三方的法律立場。越南還指出，有意將領土主權和海洋劃界問題排除在菲律賓的聲索範圍之外。此外，越南否認了中國的「九段線」的合法性。關於菲律賓備忘錄中提到的海洋地形地物，越南聲索該等地形地物均屬於其專屬經濟區（Exclusive Economic Zone, EEZ）和大陸礁層的權利名義，因為根據《公約》第 121 條第 3 款，它們都是低潮高地或岩礁。河內進一步指稱仲裁庭應適用《公約》第 60、80、94、194、206 和 300 條。[67]因此，越南在此過程中事實上強烈支持菲律賓的聲索。

仲裁庭採取的立場是，只有在越南正式提出對此類介入的申請後，仲裁庭才會解決越南在訴訟中介入的容許性議題。[68]然而，實際上，在考慮是否有任何第三方對訴訟程序是不可缺少時，它以越南的主張為依據。實際上，仲裁庭「根據越南自身在訴訟中的立場」，認為越南不是必不可少的第三方，而且，由於越南不是當事方，也不會妨礙仲裁庭繼續進行仲裁。[69]此外，仲裁庭裁定，關於本案與關於缺少必不可少的第三方的先例之間的區別的結論得到「越南本身在本仲裁中所採取立場」的支持。[70]因此，貨幣用金規則（Monetary Gold rule）案不適用於此案。[71]鑑於越南在此案中明確支持仲裁庭的管轄權，此似乎是一個合理的結論。[72]總體上可以認為，仲裁庭透過允許越南使用菲律賓陳述意見書狀的材料和《程序令》，適當尊重了越南的利益，而且至少在一定程度上，越南的聲索確實影響了仲裁裁決的管轄權和可受理性。

此外，仲裁庭邀請當事方對臺灣公開的新文件「法庭之友意見」（Amicus Curiae）發表評論，該文件係由「中華民國國際法學會」（Chinese (Taiwan)

---

67 *Ibid.*, [183]-[184].

68 *Ibid.*, [186].

69 *Ibid.*, [187]. 亦可參見 Monetary Gold Removed from Rome in 1943 (Italy v. France, United Kingdom of Great Britain and Northern Ireland and United States of America), Preliminary question, Judgment, [1954] ICJ Rep 19, 32.

70 The South China Sea Arbitration Award (Jurisdiction and Admissibility), [181]-[182].

71 有關此規則，參見 Monetary Gold Removed from Rome in 1943, *op. cit.*, 32.

72 Stuart Kaye, "Jurisdiction in the South China Sea Arbitration: Application of the Monetary Gold Principle," in S. Jayakumar et al., eds., *The South China Sea Arbitration: The Legal Dimension* (New York: Edward Elgar, 2018), pp. 45, 60.

Society of International Law）發布的文件，以及時任中華民國總統馬英九在「關於南沙群島中的太平島」的國際記者會上的講話。[73]就此而言，菲律賓回應表示，鑑於中國不出庭對法庭帶來的特殊困難，菲律賓已選擇「如果法庭本身認為合適，不反對法庭採用臺灣最新資料的考慮」。[74]因此，仲裁庭充分考慮了「中國的臺灣當局（Taiwan Authority of China）公開的某些材料」。[75]

仲裁庭的做法並非史無前例。在厄利垂亞／葉門仲裁（Eritrea/Yemen arbitration）（第二階段）中，沙烏地阿拉伯王國於 1997 年 8 月 31 日致函仲裁庭書記官長（Registrar of the Tribunal）指出，其與葉門的邊界存在爭端，但沒有意圖介入仲裁程序。它還建議，仲裁庭應將其裁決限制在「不延伸至傑貝爾阿爾泰爾島（Jabal al-Tayr Island）最北端緯度以北」的地區。[76]仲裁庭考慮到了沙國的聲明，仲裁庭因而指出：「以上已提到無須將邊界擴展到可能涉及第三方的區域」。[77]

南海仲裁提供了一個先例，即使第三方未正式介入訴訟，仲裁庭仍可以考慮第三方的主張；並且向仲裁庭發送通訊，可以為第三國提供務實的解決方案，以維護其在仲裁程序中的利益。[78]然而，根據仲裁庭的方式，由第三方的正式介入與實際介入之間的區別不大。

---

[73] PCA Case No. 2013-19, The South China Sea Arbitration Award (Merits)（以下簡稱爲 The South China Sea Arbitration Award (Merits)），2016 年 7 月 12 日，[89]。中華民國國際法學會，〈本會正式向海牙常設仲裁法院遞交南海仲裁案法庭之友意見〉，2016 年 3 月 23 日，http://csil.org.tw/home/2016/03/23/%E6%9C%AC%E6%9C%83%E6%AD%A3%E5%BC%8F%E5%90%91%E6%B5%B7%E7%89%99%E5%B8%B8%E8%A8%AD%E4%BB%B2%E8%A3%81%E6%B3%95%E9%99%A2%E9%81%9E%E4%BA%A4%E5%8D%97%E6%B5%B7%E4%BB%B2%E8%A3%81%E6%A1%88%E6%B3%95%E5%BA%AD/。儘管仲裁庭稱臺灣為「中國的臺灣當局」。

[74] Responses of the Philippines to the Tribunal's 1 April 2016 Request for Comments on Additional Materials regarding the Status of Itu Aba, 25 April 2016, [7]-[8].

[75] The South China Sea Arbitration Award (Merits), [142].

[76] Second stage of the proceedings between Eritrea and Yemen (Maritime Delimitation), 17 December 1999, (2001) 22 RIAA 335, 344, [44].

[77] *Ibid.*, [164]. 亦可參見 Sienho Yee, "Intervention in an Arbitral proceeding under Annex VII to the UNCLOS?" *Chinese Journal of International Law*, Vol. 14, No. 1 (March 2015), p. 98.

[78] Sienho Yee, "Intervention in an Arbitral proceeding under Annex VII to the UNCLOS?" *Chinese Journal of International Law*, Vol. 14, No. 1 (March 2015), p. 98.

第四節　領土主權和海洋劃界混合爭端的管轄權

一、南海仲裁的管轄權

附件七仲裁庭的管轄權是南海仲裁案管轄權和可受理性裁決的核心。在應對此問題時，對於菲中雙方爭端本質的釐清尤為重要。然而，雙方在此議題上的意見分歧南轅北轍。越南若提出訴訟，仍將遭遇同類型的挑戰。

中國對此的觀點可概括為兩點。[79]首先，根據中方的說法，仲裁標的的實質是對南海一些海洋地形地物的領土主權。因此，仲裁庭將不可避免地必須確定何國對南海的海洋地形地物具有領土主權，以便決定菲律賓的任何聲索，包括有關中國歷史權利的陳述意見書狀。然而，領土爭端不在《公約》管轄的範圍之內。其次，即使各造的爭端與《公約》有關，爭端也將構成兩國之間海洋劃界的組成部分。尤有進者，中國在 2006 年提出的聲明，已經排除了海洋劃界爭端的強制性程序。[80]

相對而言，菲律賓表示，其所有陳述意見書狀都沒有要求仲裁庭就中國對陸地領土或任何其他國家的主權範圍發表任何意見。[81]菲律賓表示，關於中國聲索的歷史權利與《公約》之間關係的意見書不需要事先確定主權。菲律賓雖然同意中國指出陸地支配海洋，但也指出，必然的結果是，沒有土地就沒有基於歷史權利或其他的海洋法定權利。[82]此外，菲律賓批評中國論據的理由是，中國把對海域的法定權利與對那些海域重疊區域的劃界混為一談。[83]菲律賓認為，「劃界問題的解決可能需要事先解決法定權利問題此一事實，並不意味法

79 The South China Sea Arbitration Award (Jurisdiction and Admissibility), [133]-[139]; 中華人民共和國外交部，〈中華人民共和國政府關於菲律賓共和國所提南海仲裁案管轄權問題的立場文件摘要〉，2014 年 12 月 7 日，第二和第四部分。

80 2006 年 8 月 25 日，中國宣布：「中華人民共和國政府不接受《公約》第 298 條第 1 款 a、b 和 c 項中提及的所有爭端類別關於第十五部第二節的任何程序）。參見 http://www.un.org/Depts/los/convention_agreements/convention_declarations.htm#China。

81 Presentation by Sands, Hearing on Jurisdiction and Admissibility, Day 1, 7 July 2015, 61. 就此而言，桑茲（Philippe Sands）認為，「確定某個特定地形地物是島嶼、岩礁還是低潮高地，不需要事先確定那個國家對該地形地物擁有主權。國家 A 或國家 B 或國家 C 或國家 Z 對特定地形地物擁有主權此一事實與它的地形地物表徵問題完全無關。兩個或多個國家可能對某項地形地物的主權問題提出異議，假設根本可以擁有主權，這與它的地形地物完全無關。」*Ibid.*, p. 65.

82 *Ibid.*, 64; The South China Sea Arbitration Award (Jurisdiction and Admissibility), [143].

83 Presentation by Oxman, Hearing on Jurisdiction and Admissibility, Day 2, 8 July 2015, 40.

定權利問題是劃界過程本身不可或缺的一部分」。[84]隨之而來的是，確定特定海洋地形地物的特性不需要事先確定那個國家對該地形地物具有主權。[85]

仲裁庭採取的立場是，在中國對黃岩島和南沙群島聲索主權正確的前提下，完全有可能與菲律賓的陳述意見書狀連結。事實上，菲律賓已明確並一再要求仲裁庭避免裁定主權問題。因此，仲裁庭並不認為，在訴訟程序中「領土爭端」是菲律賓聲索的適當表徵。[86]與此相關的是，仲裁庭強調了南海案與模里西斯訴英國有關查戈斯海洋保護區（Chagos Marine Protected Area）案的區別。[87]

仲裁庭認為：仲裁庭理解在該案中多數人的決定（查戈斯海洋保護區仲裁）是基於以下的觀點，即對模里西斯的第一和第二份意見書狀的決定都需要對主權做出隱含的決定，而主權才是模里西斯聲索的真正目標。[88]然而，仲裁庭不認為「任何菲律賓的意見書都必須隱含主權的確定」。[89]南海仲裁裁決的基調似乎暗示，如果菲律賓的意見書確實要求對主權做出隱含的決定，那麼仲裁庭將無法確定管轄權。

同樣，仲裁庭也不接受將當事方的爭端適當地歸類為海洋劃界爭端。[90]就此而言，仲裁庭發表了重要聲明：關於法定海域權利的爭端與關於在當事雙方權利重疊的地區劃定這些海域的爭端並不相同。雖然確定當事方的法定權利的範圍及其重疊的區域通常是劃定海洋邊界時首先要解決的問題之一，但此乃不同的問題。海洋邊界只能在海岸相對或相鄰且權利重疊的國家之間劃定界限。反之，即使在沒有重疊的情況下，也可能存在關於聲索法定權利的爭端，舉例而言，當一國聲索在其他國家理解為公海或《公約》範圍內的海域的某個海域。[91]

仲裁庭沒有提供任何示例，說明一個國家要求在部分公海或「區域」內設

---

84 *Ibid.*, 46.

85 Presentation by Sands, Hearing on Jurisdiction and Admissibility, Day 1, 7 July 2015, 64-65. 亦可參見 Presentation by Sands, Hearing on Jurisdiction and Admissibility, Day 2, 8 July 2015, 3.

86 The South China Sea Arbitration Award (Jurisdiction and Admissibility), [152]-[153].

87 Chagos Marine Protected Area (Mauritius v. United Kingdom), Award of 18 March 2015 ("The Chagos Marine Protected Area Arbitration Award"), https://pca-cpa.org/en/cases/11/.

88 The South China Sea Arbitration Award (Jurisdiction and Admissibility), [153].

89 *Ibid.*, [153].

90 *Ibid.*, [155].

91 *Ibid.*, [156].

立海洋區。[92]就此而言，菲律賓在口頭聽證會上提及沖之鳥島（Oki-no-Tori-Shima）在此議題作為「教科書範例」。根據菲律賓的說法，由於中國的海岸距離沖之鳥島很遙遠，因此沒有涉及與中國劃界的問題。即便如此，中國表達的觀點認為《公約》第 121 條第 3 款的適用關係到國際社群的整體利益，是一般性質的重要法律問題。菲律賓因此宣稱：「中國承認一方面的權利與另一方面的劃界之間的根本區別。」[93]關於沖之鳥島的司法地位的爭端似乎表明，法定權利的爭端可以獨立於海洋劃界爭端而存在。[94]最終，仲裁庭認為，菲律賓的所有陳述意見書狀都存在與《公約》對爭端的解釋和適用相關。[95]

藉由強調南海與查戈斯海洋保護區案之間的區別，仲裁庭因此避免關於混合爭端確定管轄權問題。然而，查戈斯海洋保護區仲裁裁決更詳細地涵蓋了主權議題。

二、查戈斯海洋保護區仲裁

在查戈斯海洋保護區仲裁中，[96]模里西斯要求附件七仲裁庭除其他外宣布：英國沒有宣布「海洋保護區」或其他海域的權利名義，因為它不是《公約》第 2 條、第 55 條、第 56 條和第 76 條所指的「沿海國」（coastal state）。[97]對此，引發兩個問題：首先，模里西斯首次陳述意見書狀的文件所包含爭端的性質是什麼？其次，在仲裁庭認為當事方的爭端本質上是領土主權的問題，《公約》第 288 條第 1 款在多大程度上允許仲裁庭確定有爭端的土地主權問

[92] 在口頭聽證會上，帕拉瓦克（Stanislaw Pawlak）法官提出了一個問題，即「在確定海洋地形地物的法定權利與對它們的主權分開確定時，是否存在任何相關的法理或國家的實踐」。Jurisdiction Hearing, Day 3, 13 July 2015, 62.

[93] Presentation by Oxman, Hearing on Jurisdiction and Admissibility, Day 2, 8 July 2015, 42.

[94] 亦可參見玉田大，〈フィリピン対中国事件（国連海洋法条約附属書Ⅶ仲裁裁判所）：管轄権及び受理可能性判決（2015 年 10 月 29 日）〉，《神戶法學雜誌》，第 66 卷第 2 号（2016 年），頁 125、153，http://www.lib.kobe-u.ac.jp/repository/81009616.pdf。

[95] The South China Sea Arbitration Award (Jurisdiction and Admissibility), [178].

[96] The Chagos Marine Protected Area Arbitration Award. 仲裁庭的成員為：希勒（Ivan Shearer）教授、庭長格林伍德（Christopher Greenwood）法官、霍夫曼（Albert Hoffman）法官、卡特卡（James Kateka）法官和沃爾夫魯姆（Rüdiger Wolfrum）法官。為了分析查戈斯海洋保護區仲裁的管轄權問題，參見 Lan Ngoc Nguyen, "The Chagos Marine Protected Area Arbitration: Has the Scope of LOSC Compulsory Jurisdiction Being Clarified?" *International Journal of Marine Coastal Law*, Vol. 31, No. 1 (February 2016), p. 120.

[97] The Chagos Marine Protected Area Arbitration Award, [163].

題，作為確定鄰近海域權利和義務的必要先決條件？[98]

就仲裁庭的觀點而言，很明顯，雙方之間在查戈斯群島的主權方面存在爭議。同時，當事方之間就英國制定的海洋保護區存在爭議。雙方對於「沿海國」身分的看法也各不相同。因此，要求仲裁庭評估爭端相對權重之所在。[99]仲裁庭認為，儘管有很少的證據表明模里西斯特別關心英國代表英屬印度洋領地（British Indian Ocean Territory）對《公約》執行，但仍有大量文件記錄了當事方關於主權的爭端。因此，仲裁庭認為，模里西斯的第一次陳述意見書狀被恰當地表徵為與查戈斯群島上的土地主權有關，並且雙方就《公約》的目的對「沿海國」的不同看法只是此較大爭議的一個面向。[100]

此處衍生的問題是，關於領土主權的爭端是否屬於《公約》的相關解釋或適用的爭端範圍之內。《公約》的談判紀錄未提供關於領土主權管轄權的明確答案。仲裁庭認為，此意味會議期間的與會者都沒有預期，關於領土主權的長期爭端將被視為「關於《公約》的解釋或適用」的爭端。[101]仲裁庭因此得出以下結論。

如果爭端與《公約》的解釋或適用有關，則法院或法庭根據第 288 條第 1 款的管轄權擴展至做出解決該爭端所必需的事實調查結果或法律補充決定。然而，如果「案件中的實質問題」和「聲索的目的」與《公約》的解釋或適用無關，則爭議與《公約》規定的某些事項之間的偶然聯繫不足以引起在第 288 條第 1 款的範圍內，作為一個整體的爭議。基於上述的基礎考慮，查戈斯海洋保護區仲裁庭認為自己無權處理模里西斯的第 1 號陳述意見書狀（Mauritius' First Submission）。[102]同樣，仲裁庭發現它不能處理模里西斯的第 2 號陳述意見書狀（Mauritius' Second Submission），因為其內容實質是與模里西斯的第 1 號陳述意見書狀同樣與查戈斯群島的土地主權爭端有關。[103]

然而，多數意見遭到了卡特卡（James L. Kateka）和沃爾夫魯姆（Rüdiger Wolfrum）法官的挑戰。兩位法官認為，模里西斯在其第 1 號陳述意見書狀中僅質疑英國在建立「海洋保護區」方面的沿海國資格。此外，它僅在「海洋保

[98] *Ibid.*, [206].
[99] *Ibid.*, [209]-[211].
[100] *Ibid.*, [211]-[212].
[101] *Ibid.*, [215].
[102] *Ibid.*, [221].
[103] *Ibid.*, [230].

護區」成立後才對英國提起仲裁程序，並且沒有提出任何關於島嶼領土主權的論據。因此，兩位法官得出結論認為，當事方的爭端不能被視為關於查戈斯群島主權的爭端。[104]

此外，兩位法官對《公約》規定的國際法院管轄權的看法。他們認為，「起草人沒有預見到此類可能性，此本身並不能證明對根據《公約》第十五部分行事的國際法院和法庭的管轄權進行限制是合理的」。[105]兩位法官認為，除了《公約》第 288 條第 1 款、第 297 條和第 298 條所規定的限制和例外之外，沒有任何理由在《公約》的範圍之外設立另一種管轄權限制。[106]因此，他們認為可以「偶然地決定主權問題」。[107]然而，多數意見與兩位法官的不同意見之間的差異似乎很小。事實上，卡特卡和沃爾夫魯姆接受，根據第 288 條第 1 款，「該案的問題與《公約》之間必須存在聯繫」。[108]他們還同意，如果「案件中的實質問題」和「聲索的目的」與《公約》的解釋或適用無關，則爭端之間的偶然聯繫不足以使爭端進入第 288 條第 1 款的範圍。[109]

總之，根據仲裁庭的裁定，如果「案件中的實質問題」和「聲索的目的」涉及《公約》的解釋或適用，則根據第 288 條第 1 款，國際法院或法庭的管轄權可能會擴展到實質問題所附帶的問題。就此而言，仲裁庭做出了重要聲明：仲裁庭沒有明確排除在某些情況下領土主權的次要問題可能是關於《公約》的解釋或適用的爭端補充。[110]

仲裁庭的裁定確實暗示，仲裁庭可以裁定「領土主權的次要問題」，作為對《公約》的解釋或適用的實際問題的輔助，此可能屬於第 288 條第 1 款的規定，「第 287 條所指的法院或法庭，對於按照本部分向其提出的有關本公約的解釋或適用的任何爭端，應具有管轄權」的範圍。

---

[104] Dissenting and Concurring Opinion of Judge James Kateka and Judge Rüdiger Wolfrum, 3-5, paras 9-17, http://www.pcacases.com/web/sendAttach/1570.

[105] *Ibid.*, 7, [27].

[106] *Ibid.*, 11, [44].

[107] *Ibid.*, 12, [45].

[108] *Ibid.*, 11, [45].

[109] *Ibid.*, 11-12, [45].

[110] The Chagos Marine Protected Area Arbitration Award, [221].

三、對第 288 條的探討

查戈斯海洋保護區仲裁裁決中所表達的測試未在南海仲裁裁決中提及。儘管是否可以普遍化該測試還需要進一步考慮，但是特別需要強調兩個議題。

首先，在應用輔助檢驗時，需要認定特定爭端的真正問題。就此而言，特定爭端的表徵存在爭議。[111]仲裁庭必須根據客觀理由做出關於法律爭端特徵的決定，「尤其注意申訴者選擇對爭端的陳述」。[112]然而，查戈斯海洋保護區仲裁顯示，爭端的客觀表徵並非沒有爭議。與此相關的是，在提及德黑蘭人質案（Teheran Hostage case）時，[113]南海仲裁庭在其裁決中裁定，沒有理由「僅僅是因為該爭端具有其他方面，無論多麼重要，就拒絕承認某項爭端的一個方面」。[114]然而，由於國際爭端通常是多方面的表徵，因此確定爭端的那個方面是與《公約》的解釋或適用有關的真正問題可能不太容易。

第二個以及更具爭議性的問題涉及以下的問題：如果一個領土問題是關於《公約》的解釋或適用的問題的補充，那麼該領土問題是否將屬於第 288 條第 1 款的範圍。[115]一些人認為，混合爭端將屬於根據《公約》行事的國際法院或法庭的管轄範圍之中。舉例而言，博伊爾（Alan E. Boyle）認為：在某些情況下，海洋邊界的劃定可能必須要求做出關於有爭議土地主權的決定，舉例而言，將島嶼用作專屬經濟區或大陸礁層聲索的基點。雖然《公約》締約方確實可以選擇將此類爭端排除在第 298 條第 1 款條的強制管轄範圍之外，但其意涵必須是，如果不行使此選擇權，則包括國際海洋法法庭在內的法庭可以在必要時進行與土地和海洋有關爭端處理。[116]

---

[111] Stefan Talmon, “The Chagos Marine Protected Area Arbitration: Expansion of the Jurisdiction of UNCLOS Part XV Courts and Tribunals,” *International & Comparative Law Quarterly*, Vol. 65, No. 4 (October 2016), pp. 927, 932-34.

[112] Fisheries Jurisdiction (Spain v. Canada), Jurisdiction of the Court, Judgment, [1998] ICJ Rep 432, 448, [30]; The Chagos Marine Protected Area Arbitration Award, 87, [208].

[113] United States Diplomatic and Consular Staff in Tehran (United States v. Iran), Questions of Jurisdiction and/or Admissibility, Judgment, [1980] ICJ Rep 3, 19-20, [36].

[114] The South China Sea Arbitration Award (Jurisdiction and Admissibility), [152].

[115] 通常在這個問題上，參見 Irina Buga, “Territorial Sovereignty Issues in Maritime Disputes: A Jurisdictional Dilemma for Law of the Sea Tribunals,” *International Journal of Marine and Coastal Law*, Vol. 27, No. 1 (January 2012), p. 59.

[116] Alan E. Boyle, “Dispute Settlement and the Law of the Sea Convention: Problems of Fragmentation and Jurisdiction,” *International and Comparative Law Quarterly*, Vol. 46, No. 1 (January 1997), pp. 37, 49.

同樣，前國際法庭的法官埃里克森（Gudmundur Eiriksson）表示，「海洋劃界問題通常取決於土地領土的主權問題，不能指望法庭在就此事做出決定之前避免對此類問題發聲」。[117]國際海洋法法庭的前任法官特里韋斯（Tullio Treves）似乎同意此一觀點，他認為，此處考慮的相反意見（contrario sensu）論點似乎足以放棄某種觀點，即無論何時，只要案件涉及土地問題，應自動排除《公約》管轄的法院和法庭均具有強制管轄權。[118]同樣地，拉奧（Chandrasekhara Rao）法官認為：「在不適用第298條規定的劃界爭端的排除性聲明的情況下，法院或法庭有權處理混合爭端」。[119]

此外，前任國際海洋法法庭庭長沃爾夫魯姆（Rüdiger Wolfrum）法官明確指出：與海洋劃界密切相關或附屬於大陸或島嶼陸地領土的主權或其他權利問題，涉及到《公約》的解釋或適用，因此屬於其範圍之內。[120]大多數國際海洋法法庭的前任和現任成員都支持根據《公約》行事的國際法院和法庭對混合爭端的管轄權。

如果當事各方之間達成協議，解決在同一程序中密切相關的領土和海洋爭端，則有可能會認為，根據《公約》行事的國際法院或法庭不應拒絕當事各方的請求。[121]然而，如果不存在如此的協議，該問題將引發更多爭議。就此而言，如果一個較小的領土問題可以自動排除國際法院或法庭處理海洋劃界的管轄權，那麼《公約》中規定的爭端解決體制將受到不適當的限制。[122]因此，就

[117] Guðmundur Eiriksson, *The International Tribunal for the Law of the Sea* (Hague, London, Boston: Martinus Nijhoff Publishers, 2000), p. 113.

[118] Tullio Treves, "What have the United Nations Convention and the International Tribunal for the Law of the Sea to Offer as Regards Maritime Delimitation Disputes?" in Rainer Lagoni and Daniel Vignes, eds., *Maritime Delimitation* (Boston: Martinus Nijhoff: Leiden, 2006), pp. 63, 77.

[119] P. Chandrasekhara Rao, "Delimitation Disputes under the United Nations Convention on the Law of the Sea: Settlement Procedures," in Chie Kojima, Thomas A. Mensah, Tafsir Malick Ndiaye, and Rüdiger Wolfrum, eds., *Law of the Sea, Environmental Law and Settlement of Disputes, Liber Amicorum Judge Thomas A Mensah* (Boston: Martinus Nijhoff, 2007), pp. 877, 890.

[120] Statement by Judge Rüdiger Wolfrum, President of the International Tribunal for the Law of the Sea to the Informal Meeting of Legal Advisers of Ministries of Foreign Affairs, New York, 23 October 2006, p. 6. 亦可參見 Rüdiger Wolfrum, "The Settlement of Disputes Before the International Tribunal for the Law of the Sea: A Progressive Development of International Law or Relying on Traditional Mechanisms?" *Japanese Yearbook of International Law*, Vol. 51 (2008), pp. 140, 161.

[121] Alan E. Boyle, "Dispute Settlement and the Law of the Sea Convention: Problems of Fragmentation and Jurisdiction," *International and Comparative Law Quarterly*, Vol. 46, No. 1 (January 1997), p. 67.

[122] 參見 Rüdiger Wolfrum, "The Settlement of Disputes Before the International Tribunal for the Law of the Sea: A Progressive Development of International Law or Relying on Traditional Mechanisms?"

像仲裁庭在查戈斯海洋保護區仲裁裁決中所指出，爭辯說在附件七仲裁庭的程序中，仲裁庭可以裁定「領土主權的次要問題」可能並非不合理。[123]

即使如此，關於次要領土主權問題的範圍，仍出現了另一個問題。[124]不幸的是，查戈斯海洋保護區仲裁中的仲裁庭在此問題上沒有提供任何精確性。在此方面可能的標準是有關海洋地形地物的物理性質。低潮高地就是一個很好的例子。在此方面，有必要回顧的是，國際法院在卡達訴巴林（Qatar v. Bahrain (Merits)）一案中以海上劃界線為基礎，確定了低潮高地迪巴爾礁（Fasht ad Dibal）的主權。[125]法院在如此為之時將該等高地視為海床的一部分，而不是陸地領土。[126]確實，法院在 2012 年的尼加拉瓜訴哥倫比亞案（Nicaragua v. Colombia）判決中明確指出「低潮高地並不適當」。[127]因此，似乎可以在一定程度上爭論說，關於在低潮高地上的領土主權爭端可以被視為是對《公約》輔助解釋或適用的一個次要問題。

第五節　對《聯合國海洋法公約》第281條的解釋

一、一般考慮

對《公約》第 281 條的解釋是有爭議的問題。因此，最終，必須對此加以考慮。第 281 條規定了發動《公約》下強制性程序的三個要件：其一，尚未藉由協議的手段資源達成解決；其二，該協議不排除訴諸《公約》規定的程序；

Japanese Yearbook of International Law, Vol. 51 (2008), p. 161; Irina Buga, "Territorial Sovereignty Issues in Maritime Disputes: A Jurisdictional Dilemma for Law of the Sea Tribunals," *International Journal of Marine and Coastal Law*, Vol. 27, No. 1 (January 2012), p. 67.

123 Chagos Marine Protected Area Arbitration Award, [221].

124 Stefan Talmon, "The Chagos Marine Protected Area Arbitration: Expansion of the Jurisdiction of UNCLOS Part XV Courts and Tribunals," *International & Comparative Law Quarterly*, Vol. 65, No. 4 (October 2016), pp. 934-936.

125 Maritime Delimitation and Territorial Questions between Qatar and Bahrain (Qatar v. Bahrain), Merits, Judgment, [2001] ICJ Rep 40, 109, [220].

126 Yoshifumi Tanaka, "Low-tide Elevations in International Law of the Sea: Selected Issues," *Ocean Yearbook*, Vol. 20 (2006), pp. 189, 203-07.

127 Territorial and Maritime Dispute (Nicaragua v. Colombia), Judgment, [2012] ICJ Rep 624, 641, [26].

以及其三，任何協議的時限均已到期。[128]如果未滿足其中一項要件，則不適用《公約》第十五部分規定的程序。就此而言，法庭在南海仲裁中的觀點與南方黑鮪魚仲裁中附件七仲裁庭的觀點形成鮮明的對比。

二、南方黑鮪魚案

儘管南方黑鮪魚之爭眾所周知，但必須簡要回顧一些有關第 281 條解釋的要點。在國際海洋法法庭案之前，1999 年南方黑鮪魚案件的中心問題是 1993 年《南方黑鮪魚養護公約》（*Convention for the Conservation of Southern Bluefin Tuna*；《1993 年公約》）[129]第 16 條是否排除了在《公約》中強制性程序的適用。日本認為，訴諸仲裁庭是被排除在外的，因為《1993 年公約》規定了爭端解決的程序。然而，澳大利亞和紐西蘭拒絕了日本的要求，因為根據《公約》第 282 條的規定，《1993 年公約》沒有規定強制性爭端解決程序，要求做出具有約束力的決定。[130]日本的論據不能說服國際海洋法法庭。法庭認為，《1993 年公約》在當事國之間適用的事實「並不排除訴諸《公約》第十五部分第二節的程序」。[131]因此，它認為援引這些程序的要求已得到滿足，並且仲裁庭將初步認定（prima facie）上對爭端具有管轄權。[132]

儘管如此，附件七仲裁庭在案情階段，並未呼應國際海洋法法庭的觀點。《1993 年公約》第 16 條沒有明確排除任何程序的適用性，包括《公約》第十五部分第二節的強制性程序。然而，仲裁庭的觀點認為，「第 16 條沒有明確排除任何程序不是決定性的」，因為爭端並非國際法院或國際海洋法法庭的裁決，或是「根據爭端任何一方要求《1993 年公約》第 16 條進行仲裁。[133]仲裁庭還指出，第 16 條第 1 款和第 2 款的措詞其基本淵源於《南極條約》（*Antarctic Treaty*）第 11 條。[134]仲裁庭認為，「很明顯，這些規定旨在排除強

---

[128] The South China Sea Arbitration Award (Jurisdiction and Admissibility), [195].

[129] 《南方黑鮪魚養護公約》1993 年 5 月 10 日通過，1994 年 5 月 20 日生效 1819 UNTS 360.

[130] Southern Bluefin Tuna cases (New Zealand v. Japan; Australia v. Japan), Provisional Measures, ITLOS Case Nos 3 and 4, Order of 27 August 1999, [1999] ITLOS Rep 280, 294, [53]-[54].

[131] *Ibid.*, [55].

[132] *Ibid.*, [61]-[62].

[133] The Southern Bluefin Tuna Arbitration Award, 4 August 2000, (2004) 23 RIAA 1, 43, [57].

[134] 《南極條約》1959 年 12 月 1 日簽署，1961 年 6 月 23 日生效，402 UNTS 71.

制性管轄權」。[135]因此，它得出結論，《1993 年公約》第 16 條排除了《公約》第 281 條第 1 款所考慮的任何進一步程序；[136]並且附件七仲裁庭沒有管轄權來受理爭議的案情。[137]

然而，仲裁庭的成員之一基思（Kenneth Keith）法官和文獻對仲裁庭對第 281 條的廣泛解釋提出了挑戰。[138]基思在他的「個別意見」（Separate Opinion）中認為，需要明確措詞，以排除《公約》規定的強制性程序。[139]沃爾夫魯姆在關於馬克斯工廠案（MOX Plant case）的個別意見中也同樣地指出：「有意將有關對《公約》的解釋和適用的爭端的解決委託給其他機構的意圖必須在各自的協議中明確表達。」[140]此觀點得到了國際海洋法法庭書記官長哥提耶（Philippe Gautier）的支持，他指出，在像是爭端解決極為重要的問題上，要求排除第十五部分適用範圍的決定應基於清楚且表達同意的表現，這似乎是合乎邏輯。[141]此外，博伊爾明確表示，「當然，黑鮪魚仲裁員的決定可能完全是

---

135 The Southern Bluefin Tuna Arbitration Award, [58].

136 *Ibid.*, [59].

137 *Ibid.*, [65].

138 有關仲裁裁決的重要評估，舉例而言，參見 Cesare Romano, "The Southern Bluefin Tuna Dispute: Hints of a World to Come … Like it or Not," *Ocean Development & International Law*, Vol. 32, No. 4 (November 2001), p. 313; David A. Colson and Peggy Hoyle, "Satisfying the Procedural Prerequisites to the Compulsory Dispute Settlement Mechanisms of the 1982 Law of the Sea Convention: Did the Southern Bluefin Tuna Tribunal Get It Right?" *Ocean Development & International Law*, Vol. 34, No. 1 (2003), p. 59; Alan Boyle, "The Southern Bluefin Tuna Arbitration," *International and Comparative Law Quarterly*, Vol. 50 (2001), p. 447; Bernald H. Oxman, "Complementary Agreements and Compulsory Jurisdiction," *American Journal of International Law*, Vol. 95 (2001), p. 277, https://repository.law.miami.edu/cgi/viewcontent.cgi?article=1406&context=fac_articles; P. Chandrasekhara Rao and P. Gautier, *The International Tribunal for the Law of the Sea: Law, Practice and Procedure* (London: Edward Elgar, 2018), p. 117. 亦可參見 Andrew Serdy, "Article 281," in Alexander Prölss, ed., *The United Nations Convention on the Law of the Sea: A Commentary* (London: Hart Publishing, 2017), pp. 1820, 1822-1823; Andrea Caligiuri, "Les conditions pour l'exercice de la function juridictionnelle par les cours et les tribunaux prevus dans la CNUDM," *Revue Generale de droit International Public*, Vol. 121, No. 4 (2017), pp. 945, 951.

139 Separate Opinion of Justice Sir Kenneth Keith in Southern Bluefin Tuna Arbitration Award, 53-55, [18]-[22]. Myron H. Nordquist, Satay Rosenne, and LB Sohn, eds., *United Nations Convention on the Law of the Sea 1982: A Commentary*, Vol. V (Dordrecht, Nijhoff, 1989), pp. 23-24. 基思法官提到了此一觀點，參見 Southern Bluefin Tuna Arbitration Award, 125, 53-54, [18].

140 Separate Opinion of Judge Wolfrum in the MOX Plant case (Ireland v. United Kingdom), Request for provisional measures, ITLOS Case No. 10, Order of 3 December 2001, [2000] ITLOS Rep 95, 132.

141 Philippe Gautier, "The Settlement of Disputes," in David J. Attard, Malgosia Fitzmaurice, and Norman A. Martínez Gutiérrez, eds., *The IMLI Manual on International Maritime Law, Vol. I: The Law of the*

錯誤的」。[142]

三、南海仲裁

關於第 281 條解釋的反對在南海仲裁中再次出現。在此脈絡下引發的一個關鍵問題是，是否需要明確排除以排除第十五部分爭端解決程序的應用。菲律賓認為，必須從協議本身的條款中明確排除根據《公約》採取進一步程序的意圖，而中國則認為沒有明確的排除在外的必要，並且中國對南方黑鮪魚案件中附件七法庭的多數意見表示贊同。[143]

在處理這個問題時，特別是附件七仲裁庭偏離了南方黑鮪魚仲裁所做出的廣泛解釋，指出「更好的看法是，第 281 條要求明確聲明排除進一步的程序」。[144]法庭的觀點基於兩個法律依據：第 281 條的條文以及《公約》的完整性及其爭端解決程序。

首先，第 281 條的條文規定了第十五部分下的「選擇退出」程序，在某種意義上說，《公約》的強制性程序將適用於當事方的協議「不排除任何進一步程序」的情況。[145]它不包含「選擇加入」的要求，各方必須積極同意第十五部分的程序。只有當當事方選擇了第 282 條規定的替代性強制性和約束性程序時才需要這種「選擇加入」。因此，第十五部分程序被替代性強制約束程序排除在外，而使它們可用的唯一方法是當事各方透過「另行同意」重新加入。[146]根據仲裁庭的意見，第 281 條和第 282 條之間的區別與《公約》作為一個系統的總體設計是一致的。[147]

其次，要求將第 281 條明確排除在外，這與作為全面協議的《公約》的總

Sea (London: Oxford University Press, 2014), pp. 533, 539.

[142] Alan Boyle, “The Southern Bluefin Tuna Arbitration,” *International. and Comparative Law Quarterly*, Vol. 50, No. 2 (April 2001), p. 451. 亦可參見博伊爾的表述，Hearing on Jurisdiction and Admissibility, Day 2, 8 July 2015, 115-116.

[143] The South China Sea Arbitration Award (Jurisdiction and Admissibility), [222]-[223]. 亦可參見 Memorial of the Philippines, Vol. I, 237-240, [7.64]-[7.73]; 中華人民共和國外交部，〈中華人民共和國政府關於菲律賓共和國所提南海仲裁案管轄權問題的立場文件摘要〉，2014 年 12 月 7 日，[82]。

[144] The South China Sea Arbitration Award (Jurisdiction and Admissibility), [223].

[145] *Ibid.*, [224].

[146] *Ibid.*

[147] *Ibid.*

體目標和宗旨是一致的。[148]考慮到爭端解決體制形成《公約》整體的一部分，很難接受當事各方在未明確表示如此為之的意圖的情況下刪除《公約》的關鍵部分。[149]因此，國際海洋法法庭在其關於 1999 年南方黑鮪魚案件的臨時措施命令中，以及 2000 年南方黑鮪魚仲裁裁決中，基思法官的個別意見中，明確支持國際海洋法法庭的觀點。[150]這將導致決定不對南方黑鮪魚仲裁裁決賦予先例效力。[151]

第 281 條的解釋至關重要，因為它高度地影響了《公約》規定的強制性爭端解決程序的效力。南方黑鮪魚案和南海仲裁案中對第 281 條的兩種不同解釋似乎反映了《公約》規定的爭端解決體制的兩種截然不同的途徑。[152]

第一種是受威斯特伐利亞國際法概念強調的維護國家主權的影響而被稱為自願主義（voluntarist）的途徑。按照此類途徑，在《公約》中規定的爭端解決體制上，普遍採用「它們自己選擇的和平手段」，應首先著重強調對《公約》規定的強制程序限制。[153]在自願主義者的途徑下，《公約》的爭端解決體制只是國家政治決定的輔助手段。此種途徑與南方黑鮪魚仲裁案中的多數意見一致。

第二種或許可以謂之為客觀主義（objectivist）途徑。此途徑強調了超越個別國家以外的國際司法秩序。在這種途徑下，主要強調了《公約》所確立爭端解決的全球系統，因為該系統是《公約》提出的國際司法秩序的組成部分。南海仲裁庭也呼應這種途徑。

兩種截然不同的途徑似乎反映了國際司法體制目前正在過渡的現實。可以說，此時期的特點是，對作為一種主要執法手段的單邊行動，增加了法律和實

148 The South China Sea Arbitration Award (Jurisdiction and Admissibility), [225].

149 *Ibid.*

150 *Ibid.*, [223].

151 亦可參見玉田大，〈フィリピン対中国事件（国連海洋法条約附属書 VII 仲裁裁判所）：管轄権及び受理可能性判決（2015 年 10 月 29 日）〉，《神戸法學雜誌》，第 66 卷第 2 号（2016 年），頁 157。

152 奥克斯曼在 2001 年的文章中將實質模式（substantive model）也稱為建制建立模式（regime-building model）；程序模式（procedural model）也稱威斯特伐利亞模式（Westphalian model）進行了對比。Bernald H. Oxman, “Complementary Agreements and Compulsory Jurisdiction,” *American Journal of International Law*, Vol. 95, No. 2 (April 2001), p. 279. 基本上，自願主義途徑對應於程序模式，而客觀主義模式對應於奥克斯曼提出的實質模式。

153 The Southern Bluefin Tuna Arbitration Award, 45-46, [63].

際的限制。[154]奧克斯曼（Bernard H. Oxman）指出，如果單邊主義（unilateralism）作為《公約》「尋求補救的邪惡」，那麼就必須從打擊海洋單邊主義的角度看待《公約》下的爭端解決制度。[155]重要的是，《公約》旨在具有全面性和普遍性，以期在海洋中建立新的法律秩序。《公約》第十五部分規定的強制性程序發揮了將整個結構保持在一起，並確保條文完整性的功能。[156]因此，包括強制性程序在內的國際爭端解決體系是在《公約》所建立的海洋中維持和發展新的國際法律秩序的先決條件。[157]然而，多數意見在南方黑鮪魚仲裁中的廣泛解釋存在破壞強制性程序的嚴重風險，因為僅不包含解決爭端強制性程序規定的區域協議可以排除訴諸強制性程序的可能性。[158]因此，可以說，客觀主義者途徑將為鞏固《公約》確立的司法秩序提供更好的方法。

在南海仲裁之後，東帝汶／澳大利亞和解委員會（Timor-Leste/Australia Conciliation Commission）進一步加強了客觀主義的途徑。[159]2016 年 4 月 11 日，東帝汶援引強制調解程序，依據的觀點是解決有關「《公約》第 74 條和第 83 條的解釋和適用，以界定專屬經濟區和東帝汶和澳大利亞之間的大陸礁層爭端，包括在兩國之間建立永久性海上邊界」。[160]然而，澳大利亞聲稱，根據兩

154 Bernald H. Oxman, "Complementary Agreements and Compulsory Jurisdiction," *American Journal of International Law*, Vol. 95, No. 2 (April 2001), p. 312.

155 *Ibid.*, p. 303.

156 Alan E. Boyle, "Dispute Settlement and the Law of the Sea Convention: Problems of Fragmentation and Jurisdiction," *International and Comparative Law Quarterly*, Vol. 46, No. 1 (January 1997), p. 38.

157 Bernald H. Oxman, "Complementary Agreements and Compulsory Jurisdiction," *American Journal of International Law*, Vol. 95, No. 2 (April 2001), p. 303.

158 David A. Colson and Peggy Hoyle, "Satisfying the Procedural Prerequisites to the Compulsory Dispute Settlement Mechanisms of the 1982 Law of the Sea Convention: Did the Southern Bluefin Tuna Tribunal Get It Right?" *Ocean Development & International Law*, Vol. 34, No. 1 (January 2003), p. 67.

159 調解委員會（Conciliation Commission）的成員是：塔克所延森（Peter Taksøe-Jensen）（主席）、巴爾金（Rosalie Balkin）、科羅馬（Abdul G Koroma）、麥克雷（Donald McRae）以及沃爾夫魯姆（Rüdiger Wolfrum）。有關此調解的評論，參見 Jianjun Gao, "The Timor Sea Conciliation (Timor-Leste v. Australia): A Note on the Commission's Decision on Competence," *Ocean Development and International Law*, Vol. 49, No. 3 (July 2018), p. 208; Yoshifumi Tanaka, "Maritime Boundary Delimitation by Conciliation," *Australian Year Book of International Law*, Vol. 36 (2019).

160 Notification Instituting Conciliation under Section 2 of Annex V of UNCLOS, [5]. 即使東帝汶分別於 2013 年和 2015 年針對澳大利亞提起了兩項仲裁程序，但這兩項仲裁仍根據調解委員會的建議而終止。Report and Recommendations on the Compulsory Conciliation Commission between Timor-Leste and Australia on the Timor Sea, 9 May 2018, [106], https://pca-cpa.org/en/cases/132/. 澳大利亞和東帝汶分別於 1994 年和 2013 年批准了《聯合國海洋法公約》。然而，根據《海洋法公約》第 298 條第 1 款 a 項與 i 項，澳大利亞排除了海上劃界爭端。參見 http://www.un.org/Depts/los/

項文書：第 281 條排除了委員會的職權：2003 年東帝汶總理和澳大利亞總理之間的換文；以及澳大利亞與東帝汶民主共和國之間的 2006 年《關於東帝汶海特定海上安排條約》（*Treaty between Australia and the Democratic Republic of Timor-Leste on Certain Maritime Arrangements in the Timor Sea*, CMATS），第 281 條排除了委員會的職權。

就此而言，澳大利亞認為，即使換文不構成有約束力的協議，就第 281 條的宗旨而言，也不需要有約束力的協議。[161]然而，調解委員會提到南海仲裁裁決（管轄權和可受理性）時認為，第 281 條確實需要具有法律約束力的協議。[162]更具爭議的問題之一是，僅以《東帝汶海特定海上安排條約》是否會構成排除《公約》強制性程序的第 281 條所指的協定。根據《東帝汶海特定海上安排條約》第 4 條：「任何一方均不得在任何法院、法庭或其他爭端解決機制面前對另一方提起或提出任何訴訟，而該訴訟會直接或間接引起或導致與東帝汶海上邊界或劃界有關的問題或裁定。」

調解委員會在解釋該規定時指出，《東帝汶海特定海上安排條約》第 4 條並未尋求透過當事方自行選擇的和平手段解決爭端，[163]而第 281 條則要求存在一項協議「以透過他們自行選擇的和平手段尋求爭端解決」。《東帝汶海特定海上安排條約》也沒有包含任何旨在解決海事邊界的程序。[164]因此，委員會得出結論，「《東帝汶海特定海上安排條約》並非根據第 281 條達成的協議，該協議將排除根據第 298 條和附件五進行強制性調解的可能性。」[165]委員會的解釋似乎具有重要意涵：即使條約禁止就條約引起的爭端求助於任何國際法院或法庭，也應適用《公約》規定的強制性程序，除非該條約提供了當事方自身選擇其他替代手段。看來，委員會對第 281 條的解釋以及南海仲裁裁決（管轄權和可受理性）中的規定，有助於確保實施《公約》規定的強制性程序。[166]

---

settlement_of_disputes/choice_procedure.htm。

161 A Conciliation Commission Constituted under Annex V to the 1982 United Nations Convention on the Law of the Sea between the Democratic Republic of Timor-Leste and the Commonwealth of Australia, Decision on Australia’ s Objections to Competence, 19 September 2016, [24].

162 *Ibid.*, [55]-[58].

163 *Ibid.*, [62].

164 *Ibid.*, [63].

165 *Ibid.*, [64].

166 Yoshifumi Tanaka, “Maritime Boundary Delimitation by Conciliation,” *Australian Year Book of International Law*, Vol. 36 (2019).

第六節　結語：越南無法照搬「蕭規曹隨」

本章主要探討四個南海仲裁案的相關問題：首先，仲裁庭如何應對來自缺席國家的不定期通訊；其次，仲裁庭對第三方通訊的應對；其三，仲裁庭對涉及領土和海洋問題的混合（複雜）爭端的管轄權；以及最後對《公約》第 281 條的解釋。該等議題對於越南以司法途徑解決與中國在南海的爭端皆深具啟發。本章的分析總結如後。

首先，爭端當事方的缺席可能會產生仲裁庭應對來自缺席國家不定期通訊相關的特殊敏感問題。南海仲裁庭裁決程序中將中國的非正式通訊視為事實上（de facto）構成的初步反對意見。有論者認為，仲裁庭的做法符合國際法院的實踐。司法實踐表明，缺席國家的不定期通訊不會被國際法院或法庭事先排除在外。鑑於不出席國家的通訊可能包括一些重要事實或法律的指控，因此法庭拒絕考慮此類通訊並不明智。然而，不能忽視的是，中國提出的不定期通訊事實上已獲豁免遵守《法庭議事規則》，而菲律賓則遵守了《規則》。就此而言，在資訊需求與公平對待爭端各方陳述意見書狀的材料之間存在衡平的問題。

其次，即使越南沒有正式申請介入仲裁程序，仲裁庭也允許越南獲取有關文件和材料，而且法庭也考慮了河內的觀點。因此，似乎在一定程度可以認為，越南的立場與事實上的非當事方介入者的立場相似。在此種情況下，正式介入與第三方的事實上介入之間區別不大也出現衡平的問題。

第三，查戈斯海洋保護區仲裁中的規定似乎暗示，在適當情況下，仲裁庭可以裁定附屬於《公約》解釋或適用的「次要」領土主權問題。輔助檢驗可以提供一個標準，以確定國際法院或法庭是否有根據《公約》裁定混合爭端問題的管轄權。然而，法官之間以及爭議各方之間對「真實」或「輔助」問題的解釋可能有所不同。此外，「次要」領土問題的範圍還需要進一步釐清。

最後，南方黑鮪魚仲裁和南海仲裁中出現的《公約》第 281 條解釋的差異反映出《公約》下國際爭端解決體系的兩種截然不同的途徑。按照自願主義者的途徑，如果一項條約沒有明確規定《公約》規定的強制性爭端解決程序，則可以排除訴諸該程序的可能性。反之，根據客觀主義者的途徑，決定不適用《公約》規定的強制程序的決定需要明確表示同意。有論者認為，此兩種截然不同的途徑顯示出在維護國家主權與建立《公約》所提出的國際司法秩序之間的搖擺不定。2015 年，仲裁庭在裁決中明確支持客觀主義者途徑。此途徑將對確保爭端解決體系作為《公約》整體一部分的有效性產生深遠的影響。

由南海仲裁案的前例可知，越南應對類似的問題。首先就是越南以「司法途徑」解決南海爭端，涉及法律機構裁決的選擇。越南認為，《公約》第 287 條允許爭端各方發表聲明選擇裁決機構，諸如國際法院或國際海洋法法庭，但唯一的可選擇路徑是根據《公約》附件七設立的仲裁庭。仲裁庭由五名仲裁員組成，各方可指派一名仲裁員，其餘仲裁員則由各方共同指定。如果各方未能就五名仲裁員的指派達成一致或某方不參與指派，則由國際海洋法法庭庭長指派。正是這樣一個仲裁庭受理了菲中仲裁案。菲律賓指派了一名仲裁員，但因中國不參與仲裁，其他四名仲裁員則由時任國際海洋法法庭庭長柳井俊二（Shunji Yanai）指派。

當然，訴訟對象就是指涉中國，因此又涉及爭端的性質。傳統與基本上，越南更試圖起訴中國侵占黃沙、長沙群島。然而，西沙、南沙群島爭端的本質是主權爭端，不屬於有關《公約》解釋和適用上的爭端。《公約》的強制爭端解決機制不適用於解決主權爭端。即使爭端各方接受了國際法院根據《國際法院規約》（*Statute of the International Court of Justice*）第 36 條和第 37 條中提及的某一形式的管轄權，國際法院對西沙、南沙爭端也無管轄權，且目前也不具備如此的條件。因此，一方面是南沙已經界定地形地物，西沙群島的部分可能仍涉及地形地物的司法地位，此部分將在第四章討論。

若以菲律賓提出的南海仲裁案為脈絡，中國不接受出庭的情形還是存在。越南認為，《公約》第十五部分及有關附件為包括越南和中國在內的各締約國規定了爭端強制解決機制。該機制允許各締約國就有關《公約》解釋與適用上的爭端提起包括強制仲裁在內的法律程序，涉及專屬經濟區及大陸礁層的爭端也涵蓋其中。

因此，在強制仲裁機制下，儘管中國不出庭，但也無法阻止仲裁程序推進。越南認為，中國有意不以公平方式解決爭端，而該機制的目的正是為使《公約》締約國擺脫此類惡劣行徑。該機制雖然存在一些缺陷，例如第 297 條和第 298 條。2013 年至 2016 年菲律賓南海仲裁案獲受理一事表明，如果越南提出強制仲裁，即便中國不參與，仲裁程序也可能得以推進。當然，仲裁庭可以接受越南提出訴訟的條件還涉及案情實體，因此，訴訟標的成為下一個重點。

第三章　對中國在南海「九段線」與歷史權利聲索裁決對越南的啓示

在南中國海（South China Sea, SCS；以下簡稱「南海」）周邊國家對於「九段線」（Nine-Dash Line, NDL）研究最深以及批評最嚴重的國家，似乎非越南莫屬，此原因涉及雙方長期的交流以及相互對歷史的深入理解。可以確定的是，除了北部灣之外，越中在南海的爭端與「九段線」息息相關，因此，越南在南海仲裁裁決後持續批評且關注「九段線」的後續發展。因此，越南以司法途徑解決南海爭端仍將面對「九段線」的再一次確認。本章即回顧南海仲裁案中「九段線」的裁決，以及越南可能再一次裁決的可能性。

「九段線」涵蓋的中國對海洋空間的歷史權利是南海仲裁中爭議最大的問題之一。就此而言，菲律賓在其第 1 號和第 2 號陳述意見書狀中聲稱：與菲律賓一樣，中國在南海的海洋法律權利（maritime entitlements）不得超出《聯合國海洋法公約》明確允許的範圍……；中國對主權權利管轄聲索以及關於對所謂的「九段線」所涵蓋的南海海域的「歷史權利」的聲索與《公約》相牴觸，而且它們超出了《聯合國海洋法公約》明確允許的中國海洋權利的地理和實質限制而沒有法律效力的範圍內。[1]

就仲裁庭的觀點以為，從當事國之間的外交往來中可以明顯看出菲律賓第 1 號和第 2 號陳述意見書狀所反映的爭端。[2]事實上，中國在 2009 年 5 月 7 日發布的外交文書（Note Verbales）對此回應，該文件在 2011 年 4 月 5 日的外交文書中附上了描繪南海「九段線」的地圖，[3]菲律賓於 2011 年 4 月 14 日的外交

---

1 PCA Case No. 2013-19. The South China Sea Arbitration Award (Merits)（之後簡稱為 The South China Sea Arbitration Award (Merits)）, 12 July 2016, [169].

2 PCA Case No. 2013-19, the South China Sea arbitration (Jurisdiction and Admissibility)（之後簡稱為 The South China Sea Arbitration Award (Jurisdiction and Admissibility)）, 29 October 2015, [169].

3 Note Verbale from the Permanent Mission of the People's Republic of China to the United Nations to the Secretary-General of the United Nations, No. CML/17/2009 (7 May 2009); Note Verbale from the Permanent Mission of the People's Republic of China to the United Nations to the Secretary-General of

文書，[4]反駁了中國的聲索，認為中國沒有國際法，尤其是《公約》的依據。然而，2011 年 4 月 14 日的中國照會明確指出，菲律賓外交文書的內容「完全不被中國政府接受」。[5]因此，仲裁庭認為「在這種交換的文字和脈絡中已經出現爭端」。[6]然而，仲裁庭考慮菲律賓第 1 號和第 2 號陳述意見書狀的管轄權將取決於是否將歷史權利排除在關於第 298 條中的「歷史性海灣或所有權」（historic bays or titles）管轄範圍之外。因此，仲裁庭在 2015 年司法管轄權和可受理性裁決中保留了其對菲律賓第 1 號和第 2 號陳述意見書狀的管轄權的決定。[7]

正如本章將要討論的部分，仲裁庭在其案情裁決中認為，第 298 條第 1 款 a 項與 i 項中管轄權的例外僅限於涉及歷史性所有權（historic titles）的爭端，而不是歷史權利。因此，仲裁庭認為，它具有審議菲律賓第 1 號和第 2 號意見書的管轄權。[8]最終裁決認為，在菲律賓和中國之間，中國對菲律賓海域的歷史權利或其他主權權利或管轄權的主張，中國對「九段線」有關部分所包圍的南海海域的歷史性權利或其他主權權利或管轄權的聲索，違反《公約》且不具有法律效力，它們超出了中國在公約下的海洋法律權利的地理和實質性限制。[9]

為了支持此一結論，仲裁庭對「歷史權利」的概念，以及中國聲索的歷史權利與《公約》之間的關係，進行了詳細的探究。鑑於由於缺乏詳細的分析，歷史權利的話題一直以來都是各造不滿意的主題，[10]無論如何，南海仲裁裁決（案情）為此議題提供了重要的洞見。[11]在此背景下，本章探討了下列問題：

---

the United Nations, No. CML/18/2009 (7 May 2009).

4 Note Verbale from the Permanent Mission of the Republic of the Philippines to the United Nations to the Secretary-General of the United Nations, No. 000228 (5 April 2011), 引自 South China Sea Arbitration Award (Jurisdiction and Admissibility), [165].

5 Note Verbale from the Permanent Mission of the People's Republic of China to the Secretary General of the United Nations, No. CML/8/2011 (14 April 2011).

6 The South China Sea Arbitration Award (Jurisdiction and Admissibility), [167].

7 *Ibid.*, [398]-[399]. 亦可參見[393].

8 The South China Sea Arbitration Award (Merits), [229].

9 *Ibid.*, [1203]B(2). 亦可參見[277]-[278].

10 Clive R. Symmons, *Historic Waters in the Law of the Sea: A Modern Re-appraisal* (Leiden: Brill/Nijhoff, 2008). 該書是關於此主題罕有的專著。

11 對於南海案情仲裁中歷史權利問題的分析，尤其是可以參見 Clive R. Symmons, "Historic Rights in the Light of the Award in the South China Sea Arbitration: What Remains of the Doctrine Now?" in Shunmugam Jayakumar et al., eds., *The South China Sea Arbitration: The Legal Dimension* (Leiden; Boston: Edward Elgar, 2018), p. 101.

首先，國際法中的歷史性所有權（historic title）和歷史性權利（historic rights）之間有何區別？其次，歷史權利與《公約》之間的關係為何？其三，建立歷史權利的要件為何？其四，時間要素在確定歷史權利中的角色為何？

本章分為四個部分。第一節的前言扼要介紹越南對「九段線」的認知與立場；本章第二節討論歷史權利的概念。然後以三個階段探討法庭關於中國聲索南海歷史權利的合法性觀點：第一階段為 1996 年《公約》生效之前的中國的歷史權利；第二階段為當《公約》於 1996 年對中國生效，中國的歷史權利；第三階段為《公約》於 1996 年生效後的中國歷史權利（第三節）。最後，第四節提出結語，並且探討越南的立場。

第一節　前言：越南認知的U形線

對河內而言，是「牛舌線」（Đường lưỡi bò 即「九段線」Đường chín đoạn）聲索由兩個政權首次分別以非正式的方式提出：一、中華民國政府，1949 年戰敗並逃到臺灣島以後（從此越南稱為臺灣政權）；二、於 1949 年成立的中華人民共和國政府（越南稱為中國政府）。

一、中華民國的「十一段線」聲索

越南研究表示，根據臺灣和中國一些學者的觀點，[12]1935 年，為對付法國對西沙群島和南沙群島的主權聲索，中華民國政府首次出版名為《中國南海各島嶼圖》之正式地圖，[13]當時該地圖尚未標明「十一段線」。1947 年 2 月，內政部繼續出版「南海諸島新舊名稱對照表」，集中列舉 159 個島礁。此後，1948 年 1 月中華民國內政部正式公布名為《南海諸島位置圖》的地圖，並於同

---

12 Jin Ming Li and De Xia Li, “The Dotted Line on the Chinese Map of the South China Sea: A Note,” *Ocean Development & International Law*, Vol. 34, No. 3-4 (July 2003), p. 289; Yann-huei Song and Peter Kien-hong Yu, “China’s ‘Historic Water’ in the South China Sea: An Analysis from Taiwan, ROC,” *American Asian Review*, Vol. 12, No. 4 (Winter 1994), pp. 83-101. 陳鴻瑜，〈中華民國政府繪製南海諸島範圍線之決策過程及其意涵〉，《國史館館刊》，第 47 期（2016 年 3 月），頁 91-118。

13 參見鄭志華、吳靜楠，〈《中國南海各島嶼圖》的國際法意義探微〉，《南海戰略態勢感知計畫》，2020 年 6 月 19 日，http://www.scspi.org/zh/dtfx/1592552860。

年 2 月正式出版該地圖，地圖上出現中華民國稱為「U 形線」的一條線，一些學者稱之為「十一段線」，因為此條線看起來像在南海上的一個牛舌，[14]當時此條線在地圖上是包括 11 段的一條斷續線。在此條地圖上的「U 形線」覆蓋了西沙群島（Paracels Islands）、南沙群島（Spratlys Islands）、東沙群島（Pratas Islands）和中沙群島（Macclesfield Bank）等南海上的四大群島和島礁。

這條「U 形線」是從北部灣的中越陸地邊界線出發往南，類似於南海和越南東南部海岸模型，到曾母暗沙（James Shoal）的極南後向北轉移，平行於馬來西亞沙巴（Sabah）西部，菲律賓巴拉望（Palawan）和呂宋（Luzon）群島等海岸，終點在臺灣和菲律賓之間的巴士海峽中間。此條線是隨意畫出來且沒有具體的座標。

1988 年，中國和越南海軍之間的海戰事件發生後，臺灣學者們共同為了對「歷史性水域」問題和「九段線」的法理依據展開研究。宋燕輝總結臺灣學者的觀點後指出，臺灣學者對此類問題有兩種觀點：一種觀點認為「U 形線」的海域被視為中華民國的「歷史性水域」。持此觀點的學者提出兩個理由，其一，地圖於 1948 年出版時沒有受到任何反對和反應。其次，對此海域提出歷史水域聲索不違反《1982 年聯合國海洋法公約》的第 4 條第 1 款。另一種觀點認為，中華民國的歷史水域聲索難以辯白：「U 形線」是隨意畫出來的，在海上不可確定此條線，因為缺少座標系統及歷史性水域概念已過時，很難有助於臺灣政府所提出的聲索。然而，最終臺灣對此問題接受前者的觀點。[15]

二、中華人民共和國的「九段線」聲索

中國提出 U 形線的聲索是根據 1948 年中華民國 U 形線地圖的觀點。1949 年，中華人民共和國成立並出版了一張地圖，其中「U 形線」包括十一段線，與中華民國出版的地圖一樣。然而，到 1953 年，中國出版的地圖中「U 形線」只包括九段線。

關於中國方面：1996 年 7 月，香港經濟導報社出版了潘石英的《南沙群

[14] Chi-kin Lo, *China's Policy Towards Territorial Disputes: The Case of the South China Sea Islands* (London: Routledge, 1989).

[15] Yann-huei Song and Peter Kien-hong Yu, "China's 'Historic Water' in the South China Sea: An Analysis from Taiwan, ROC," *American Asian Review*, Vol. 12, No. 4 (Winter 1994), pp. 83-101.

島・石油政治・國際法》，[16]他的說法是透過出版此地圖的事件，中華人民共和國政府要向國際社會提出三條資訊：其一，此條邊界線中的各島、礁和它們附近水域早已屬於中國的主權和管轄權。其次，該十一段線（後改為九段線）的位置與走向實際上是接近於離南海四個群島外緣和沿海國海岸線方式來劃定，此符合於國際公約，當時該做法符合於島嶼占據、占有和管轄行為。其三，實踐中，採取斷續線而不是連續線來標記一些主要區域，實際上已表明此事「尚未結束」，為未來做出必要調整留下空間。

2003 年，廈門大學李金明教授發表的文章對「九段線」論點繼續進行說明和闡明。他總結了中國學者的一些觀點，其中大部分肯定中國對「九段線」範圍內的各島和它們附近水域的主權。他們引用中國學者的觀點認為，覆蓋全部南海的這個「九段線」似乎體現了中國的「歷史所有權」，這條線裡面的水域是根據中國內水制度的歷史水域。雖然「中國對南海所有水域從來未提出聲索」，單是「在這條邊界線中的所有島嶼和附近水域必須屬於中國的裁判權和管轄權和管控」。[17]

第二節　歷史權利的概念

一、「九段線」

首先，回顧中國聲索「九段線」的背景十分重要。當然，從臺灣的角度而言，對於「不證自明」的十一段線是認知世界的一部分，但對國際社會而言，某種程度「九段線」是逐漸為人所知的對象，當然，此又稱為「U 形線」（U-shaped line）或「九斷線」（nine-dotted line），最早出現在 1948 年的中國官方地圖上。[18]雖然 1948 年的地圖原先有十一段線，1953 年，在東京灣（Gulf of

[16] 潘石英，《南沙群島・石油政治・國際法：萬安北 21 石油合同區位於中國管轄海域勿庸置疑》（香港：經濟導報社，1996 年）。

[17] Jin Ming Li and De Xia Li, "The Dotted Line on the Chinese Map of the South China Sea: A Note," *Ocean Development & International Law*, Vol. 34, No. 3-4 (July 2003), pp. 287-295.

[18] The South China Sea Arbitration Award (Merits), [181]. 此外，仲裁庭指出，「早在 1933 年，私人製作的地圖中也出現了一條類似的線。」*Ibid.* 根據李金明等人指出，「九段線」的起源可以追溯到 1947 年。Li Junming and Li Dexia, "The Dotted Line on the Chinese Map of the South China Sea: A Note," *Ocean Development & International Law*, Vol. 34, No. 3-4 (July 2003), p. 287. 亦可參

Tonkin；北部灣）的兩段線遭到刪除。[19]仲裁庭觀察認為，「九段線」中聲索的權利的範圍只有在 2009 年 5 月 7 日的中國「普通照會」（Notes Verbales）中才清楚可見。[20]

中國政府在普通照會中指明：「中國對南海的島嶼及其附近海域（adjacent waters）擁有無可爭辯的主權，對相關海域及其海床和底土享有主權和管轄權（見附圖）。上述立場是中國政府一貫堅持的立場，在國際社會上廣為人知。」[21]照會中附有一張「九段線」的南海地圖。此成為國際社會認定的方式，即中國首次正式使用「九段線」來捍衛其對南海的主權。[22]

就此而言，中國外交部條法司司長於 2016 年 5 月 12 日發表下述聲明：「1948 年初，段線被繪製在中國的官方地圖上。這是中國在南海歷史上形成權利的確認，而不是提出新的聲索。」[23]然而，中國始終無法明確闡明對「九段線」含義的理解，[24]從而致使爭議不斷。

見 US Department of State, *Limits in the Seas No. 143 China: Maritime Claims in the South China Sea*, 5 December 2014, p. 3, https://www.state.gov/wp-content/uploads/2019/10/LIS-143.pdf. 但是高聖惕認為，1946 年 12 月即出版附有「十一段線」的地圖，即《南海諸島位置圖》，參見 Michael Sheng-Ti Gau, "The U-Shaped Line and a Categorization of the Ocean Disputes in the South China Sea," *Ocean Development & International Law*, Vol. 43, No. 4 (January 2012), p. 58. 弗蘭克斯（Erik Franckx）與貝納塔爾（Marco Benatar）也持相同的看法，請參見 Erik Franckx and Marco Benatar, "Dots and Lines in the South China Sea: Insights from the Law of Map Evidence," *Asian Journal of International Law*, Vol. 2, No. 1 (January 2012), pp. 89, 90-91. 當然，臺灣內部學者專家對此有更清楚的理解，尤其是中華民國內政部地政司握有許多一手資料。

[19] The South China Sea Arbitration Award (Merits), para 181. 亦可參見 Zhuguo Gao and Bing Bing Jia, "The Nine-Dash Line in the South China Sea: History, Status, and Implications," *American Journal of International Law*, Vol. 107, No. 1 (January 2013), pp. 98, 103.

[20] The South China Sea Arbitration Award (Merits), [275].

[21] CML/17/2009 and CML/18/2009, Memorial of the Philippines, Vol. VI, Annexes 191 and 192. CML/17/2009, http://www.un.org/Depts/los/clcs_new/submissions_files/mysvnm33_09/chn_2009re_mys_vnm_e.pdf.

[22] Keyuan Zou, "China's U-Shaped Line in the South China Sea Revisited," *Ocean Development & International Law*, Vol. 43, No. 1 (January 2012), pp. 18, 23; 亦可參見 Clive R. Symmons, "Rights and Jurisdiction over Resources and Obligations of Coastal States," in Tran Truong Thuy and Le Thuy Trang, eds., *Power, Law, and Maritime Order in the South China Sea* (Lanham: Lexington Books, 2015), pp. 145, 153. 這條線涵蓋了大約 200 萬平方公里的海洋空間，相當於中國陸地面積的 22% 左右。US Department of State, *Limits in the Seas No. 143 China: Maritime Claims in the South China Sea*, 5 December 2014, p. 4.

[23] 中華人民共和國外交部，〈外交部條法司司長徐宏就菲律賓所提南海仲裁案接受中外媒體採訪實錄〉，2016 年 5 月 12 日，https://www.fmprc.gov.cn/web/wjbxw_673019/t1362687.shtml。

[24] The South China Sea Arbitration Award (Merits), [180]. 就此而言，美國國務院指出三種不同的解

「九段線」是由一系列九條破碎的段線組成；它缺乏精確的地理坐標。[25]段線不是均勻分布的。「九段線」的地理描述更加複雜，因為段線的大小和位置會根據所查詢的地圖而有所不同。[26]此外，2009 年的外交文書上附有「九段線」的地圖，卻沒有顯示（經緯度）基準，此乃大地測量中使用的參考數據。[27]2013 年，中國地圖出版集團（Sinomaps）發布了具有「十段線」的新豎版地圖，隨後在 2014 年由湖南地圖出版社複製。[28]新的豎版地圖包括位於臺灣東部的第 10 條段線。然而，與之前的「九段線」一樣，「十段線」也缺少坐標來指示 10 條段線的位置。[29]

至於地圖是否應被理解為支持中國對南海聲索的證據，仍然似乎欲言又

釋：其一，段線是對島嶼的聲索，其二，段線是國家的疆界，以及其三，段線是對歷史的聲索，請參見 US Department of State, *Limits in the Seas No. 143 China: Maritime Claims in the South China Sea*, 5 December 2014, pp. 11 et seq. 亦可參見 Jin Ming Li and De Xia Li, "The Dotted Line on the Chinese Map of the South China Sea: A Note," p. 291; Keyuan Zou and Liu Xinchang, "The U-Shaped Line and Historic Rights in the Philippines v. China Arbitration Case," in Shicun Wu and Keyuan Zou, eds., *Arbitration Concerning the South China Sea: Philippines Versus China* (Routledge, 2016), pp. 127, 132; Taisaku Ikeshima, "China's Dashed Line in the South China Sea: Legal Limits and Future Prospects," *Waseda Global Forum*, No. 10 (2013), pp. 17, 19, https://core.ac.uk/download/pdf/144455129.pdf.

[25] Masahiro Miyoshi, "China's 'U-Shaped Line' Claim in the South China Sea: Any Validity Under International Law?" *Ocean Development & International Law*, Vol. 43, No. 1 (January 2012), p. 1; Florian Dupuy and Pierre-Marie Dupuy, "A Legal Analysis of China's Historic Rights Claim in the South China Sea," *American Journal of International Law*, Vol. 107, No. 1 (January 2013), pp. 124, 132; Clive R. Symmons, "Historic Waters and Historic Rights in the South China Sea: A Critical Appraisal," in Shicun Wu, Mark Valencia, and Nong Hong, eds., *UN Convention on the Law of the Sea and the South China Sea* (Ashgate: Routledge, 2015), pp. 191, 221.

[26] US Department of State, *Limits in the Seas No. 143 China: Maritime Claims in the South China Sea*, 5 December 2014, pp. 4-5; Clive R. Symmons, "Rights and Jurisdiction over Resources and Obligations of Coastal States," p. 221. 亦可參見 Taisaku Ikeshima, "China's Dashed Line in the South China Sea: Legal Limits and Future Prospects," pp. 31-32.

[27] Erik Franckx and Marco Benatar, "Dots and Lines in the South China Sea: Insights from the Law of Map Evidence," p. 111.

[28] *Ibid*., 3. 此圖由中國湖南省地圖出版社出版，http://en.people.cn/n/2014/0624/c90882-8745925.html。然而，目前尚不清楚中國政府如何認可 2014 年的新地圖。在此件事上，評論家的觀點似乎存在分歧。就此而言，參見 Clive R. Symmons, "Rights and Jurisdiction over Resources and Obligations of Coastal States," p. 215.

[29] Clive R. Symmons, "Rights and Jurisdiction over Resources and Obligations of Coastal States," p. 219. 由於南海仲裁庭一貫指的是「九段線」，而非「十段線」或中華民國主張的「十一段線」，因此本章還是使用國際社會慣用的「九段線」。

止。[30]無論如何，正如國際法院（International Court of Justice, ICJ）在「邊境爭端」（Frontier Dispute case）一案中所指出的那樣，「地圖僅構成資訊，其準確性因案件而異；而且本身僅憑其存在，他們就不能構成領土所有權（territorial title）。」[31]國際法院認為，只有將地圖附在構成組成部分的官方文本之後，方能獲得法律效力。[32]

鑑於 2009 年 5 月 7 日的中國「普通照會」缺乏地理座標，對於 2009 年普通照會是否可被視為提供中國對南海聲索依據的正式文本，人們可能會表示懷疑。無論如何，由於缺乏精確性、清晰度和一致性，表明「九段線」的地圖是否可以作為中國對南海聲索的依據執得商榷。[33]就此而言，帕爾馬斯島案（Island of Palmas case）唯一的仲裁員胡伯（Max Huber）認為：「要作為法律依據的地圖，首先要具備的條件是其地理準確性。」[34]因此出現一個悖論，2011 年 4 月 14 日，中國的普通照會未提及「九段線」，但聲索南海的主權以及相關的權利和管轄權時表示，得到「豐富的歷史和法律證據」的支持。[35]

---

30 Florian Dupuy and Pierre-Marie Dupuy, "A Legal Analysis of China's Historic Rights Claim in the South China Sea," p. 131.

31 Frontier Disputes (Burkina Faso/Republic of Mali), Judgment, [1986] ICJ Rep 554, 582, [54].

32 *Ibid.* 尤有進者，指出「地圖本身，而沒有其他支持證據，不能證明政治聲索的合理性」。此外，小田滋（Shigeru Oda）法官在他對塞杜杜島／卡西基利島（Kasikili/Sedudu）案的單獨意見中指出，「地圖本身，沒有其他支持證據，不能證明政治主張是正當的。」Separate Opinion of Judge Oda in Kasikili/Sedudu Island (Botswana/Namibia), Judgment of 13 December 1999, [1999] ICJ Rep 1045, 1134, [40]. 亦可參見 Florian Dupuy and Pierre-Marie Dupuy, "A Legal Analysis of China's Historic Rights Claim in the South China Sea," pp. 133-134; Masahiro Miyoshi, "China's 'U-Shaped Line' Claim in the South China Sea: Any Validity Under International Law?" pp. 4-5; Lucius Caflisch, "Les frontières, limites et dé limitations internationals: Quelle importance aujourd'hui?" *Recueil des cours/Académie de droit international* (Leiden: Martinus Nijhoff, 2014), pp. 9, 36-38; Hugh Thirlway, "Territorial Disputes and Their Resolution in the Recent Jurisprudence of the International Court of Justice," *Leiden Journal of International Law*, Vol. 31, No. 1 (March 2018), pp. 117, 134-135; Katherine Del Mar, "Evidence in Territorial Disputes," in Marcelo G. Kohen and Mamadou Hébité, eds., *Research Handbook on Territorial Disputes in International Law* (Cheltenham: Edward Elgar Publishing, 2018), pp. 417, 424-428.

33 US Department of State, *Limits in the Seas No. 143 China: Maritime Claims in the South China Sea*, 5 December 2014, 18; Florian Dupuy and Pierre-Marie Dupuy, "A Legal Analysis of China's Historic Rights Claim in the South China Sea," p. 132.

34 Island of Palmas (Netherlands v. USA), Award of 4 April 1928, (1949) 2 RIAA, pp. 829, 853.

35 中華人民共和國常駐聯合國代表團，CML/8.2011，2011 年 4 月 14 日，https://www.un.org/depts/los/clcs_new/submissions_files/mysvnm33_09/chn_2011_re_phl.pdf。亦可參見 Erik Franckx and Marco Benatar, "Dots and Lines in the South China Sea: Insights from the Law of Map Evidence," p.

二、歷史所有權與歷史權利之間的區別

中國在其各種聲明中對南海聲索擁有其歷史權利。[36]然而，根據仲裁庭的說法，中國從未明確澄清表達其聲索歷史權利的性質或範圍。[37]在審查中國聲索南海權利的合法性時，歷史權利的概念構成關鍵的要件。

《公約》沒有關於「歷史性權利」的條款規定。它也沒有提供有關歷史性水域（historic waters）的任何規定。[38]儘管《公約》第 15 條和第 298 條第 1 款 a 項與 i 項提到了「歷史所有權」（historic title）一詞，[39]但《公約》在關於此一概念上沒有提供進一步的精確性。而且即使第 10 條第 6 款和第 298 條第 1 款 a 項提到了「歷史海灣」（historic bay）一詞，也沒有試圖闡明公約中「歷史海灣」的概念。[40]因此，時間概念（temporal concepts）的問題，即歷史所有權（historic title）、歷史權利（historic rights）、歷史水域（historic waters）和歷史海灣，就受習慣國際法的管轄。[41]

「關於海界劃界的第 15、74 和 83 條的解釋或適用的爭端，或涉及歷史海灣或所有權的爭端」，根據第 298 條第 1 款 a 項的規定，被排除在附件七仲裁庭的管轄範圍之外。因此，在建立法庭管轄權時，歷史所有權的概念是否涵蓋

---

93. 就此而言，杜沛（Florian Dupuy）和杜珮（Pierre-Marie Dupuy）認為，2011 年普通照會中「九段線」的省略可以被視為地圖與歷史權利論據無關的跡象。Florian Dupuy and Pierre-Marie Dupuy, “A Legal Analysis of China’s Historic Rights Claim in the South China Sea,” p. 133.

36 The South China Sea Arbitration Award (Merits), [200]. 事實上，中國一再提到「在漫長的歷史進程中」形成的權利。舉例而言，參見中華人民共和國外交部，〈外交部條法司司長徐宏就菲律賓所提南海仲裁案接受中外媒體採訪實錄〉，2016 年 5 月 12 日；中華人民共和國外交部，〈2011 年 9 月 15 日外交部發言人姜瑜舉行例行記者會〉，2011 年 9 月 15 日。中國也直接提到其「歷史權利」。舉例而言，參見 Memorandum from the Embassy of the Republic of the Philippines in Beijing to the Secretary of Foreign Affairs of the Republic of the Philippines, No. ZPE-064-2011-S, 21 June 2011, 6, para 8. Memorial of the Philippines, Vol. IV, 30 March 2014, Annex 72.

37 The South China Sea Arbitration Award (Merits), [180].

38 布契斯（Leo J. Bouchez）將「歷史水域」定義為「沿海國違反國際法普遍適用的規則，在相當長的一段時間內清楚、有效、連續，而且在國家社群的默認下行使主權權利的水域。」參見 Leo J. Bouchez, *The Regime of Bays in International Law* (Sythoff, Leyden: Sijthoff, 1964), p. 281.

39 此外，公約第 10 條第 6 款提及「歷史性海灣」（historic bay）。

40 Clive R. Symmons, “Rights and Jurisdiction over Resources and Obligations of Coastal States,” p. 191.

41 Clive R. Symmons, *Historic Waters in the Law of the Sea: A Modern Re-appraisal*, p. 8; Zou Keyuan, “Historic Rights in the South China Sea,” p. 242. 該公約的序言確認「不受本公約管轄的事項繼續受一般國際法規則和原則的管轄」。亦可參見 Continental Shelf (Tunisia/Libyan Arab Jamahiriya), Judgment, [1982] ICJ Rep 3, 74, [100].

歷史權利的問題是一個至關重要的問題。中國排除了《公約》規定的強制性程序中提到的第 298 條第 1 款 a 項、b 項和 c 項的所有選擇權例外（optional exceptions）。[42]結果，憑藉第 298 條第 1 款，值得注意的是，法庭在其實質裁決中，對歷史權利的概念和歷史所有權（historic title）的概念做了明確的區分。仲裁庭的觀點值得全部引述：

「歷史權利」一詞本質上是一般性的，可以描述一國可能擁有的，在沒有特定歷史的情況下，通常不會在國際法一般規則下產生的任何權利。歷史權利可能包括主權，但同樣也可能包括更有限的權利，例如捕魚權或進入權，而這些權利與主權聲索相去甚遠。相較之下，「歷史所有權」專門用於表示對陸地或海洋區域的歷史所有權。「歷史水域」只是海洋區域歷史所有權的一個術語，通常是作為對內水的聲索，或對領海的聲索而行使，儘管「一般國際法……並沒有為「歷史性水域」或「歷史性海灣」規定一種單一制度（regime），但僅針對每種具體、公認的「歷史性水域」或「歷史性海灣」案例提出特定的制度。最後，「歷史性海灣」只是一個國家聲索歷史性水域的海灣。[43]

仲裁庭的觀點似乎與此主題的先例有關。就此而言，國際法院在挪威漁業案（Norwegian Fisheries case）中認為，「歷史水域」通常是指被視為內水的水域，但如果不是因為存在歷史所有權，就不會具有此類特徵。[44]鑑於內水屬於沿海國的領土主權之下，可以將國際法院的判定解釋為意味著將歷史所有權與領土主權聯繫起來。[45]此外，聯合國秘書處編寫的 1962 年研究報告指出：「原則上，繼續行使主權所產生的歷史所有權的範圍不應超過實際行使的主權範

[42] 2006 年 8 月 25 日，中國聲明，「關於《聯合國海洋法公約》第 298 條第 1 款 a、b 和 c 項所述的任何爭端（即涉及海域劃界、歷史性海灣或擁有權、軍事和執法活動以及安理會執行《聯合國憲章》所賦予的職務等爭端），中華人民共和國政府不接受《聯合國海洋法公約》第十五部分第二節規定的任何程序。」https://www.fmprc.gov.cn/web/ziliao_674904/tytj_674911/tyfg_674913/t270754.shtml。

[43] The South China Sea Arbitration Award (Merits), [225].

[44] Fisheries (United Kingdom v Norway), Judgment of 18 December 1951, [1951] ICJ Rep 116, 130.

[45] 藉由提及《日內瓦領海與鄰接區公約》（*Geneva Convention on the Territorial Sea and Contiguous Zone*）第 12 條，仲裁庭在其關於案情的裁決中認為，「正如 1958 年公約第 12 條所使用，『歷史所有權』（historic title）顯然是為了與它在英挪漁業案（Anglo-Norwegian Fisheries）中的習尚具有相同的意涵，即作為特別聲索為內水（或可能作為領海）的海域。」The South China Sea Arbitration Award (Merits), [221].

圍。」[46]根據聯合國秘書處研究，歷史水域「將是內水還是領海，取決於在發展歷史所有權的過程中，對其行使的主權是內水的主權還是領海的主權」。[47]在如此的聲明中，1962 年的聯合國秘書處研究將歷史所有權與主權聯繫在一起。正如仲裁庭所觀察到的，該研究似乎認為「歷史水域」一詞等同於歷史所有權。[48]

在卡達訴巴林案（Qatar v. Bahrain case）中，國際法院判定，有歷史的珍珠捕撈「似乎在任何情況下都不會導致承認漁場本身或鄰近水域的專屬準領土權利」。[49]儘管「專屬準領土權利」（exclusive quasi-territorial right）的概念並非全然明確，但國際法院的判決似乎被解釋為隱含歷史性的珍珠捕撈，並不等同於領土主權。[50]更明確地說，仲裁庭在厄立特里亞／葉門仲裁（第一階段）中指出，歷史權利是不屬於領土主權的權利。

舉例而言，鄒克淵認為，「歷史權利」一詞還涵蓋了某些特殊權利，而沒有涉及完全主權的聲索。[51]西蒙斯還指出，「歷史權利與『歷史水域』的不同之處在於，它們……不構成對管轄權或主權的區域聲索」。[52]一些評論員也回應了仲裁庭的觀點。對管轄權或主權的區域性主張」。鑑於各種「歷史」概念缺乏精確性，可能會導致鼓勵各國提出對海洋空間擴大範圍的歷史性聲索的風險，[53]因此，仲裁庭對歷史權利概念和歷史所有權概念的澄清可能是被認為是一個受歡迎的發展。[54]

---

46 UN Secretariat, Juridical Regime of Historic Waters including Historic Bays: Study Prepared by the Secretariat, A/CN.4/143, (1962) Vol. 2, Yearbook of the International Law Commission, p. 23, [164].

47 *Ibid.*, [167].

48 The South China Sea Arbitration Award (Merits), [222].

49 Maritime Delimitation and Territorial Questions between Qatar and Bahrain (Qatar v. Bahrain), Merits, Judgment, [2001] ICJ Rep 40, 112-113, [236].

50 Territorial Sovereignty and Scope of the Dispute (Eritrea and Yemen), Arbitral Award of 9 October 1998, (2001) 22 RIAA, pp. 209, 244, [126]. 此解釋得到高之國和賈冰冰的支持，Zhuguo Gao and Bing Bing Jia, "The Nine-Dash Line in the South China Sea: History, Status, and Implications," p. 122.

51 Keyuan Zou, "China's U-Shaped Line in the South China Sea Revisited," p. 241.

52 Clive R. Symmons, *Historic Waters in the Law of the Sea: A Modern Re-appraisal*, p. 5. 亦可參見 Clive R. Symmons, "Historic Rights in the Light of the Award in the South China Sea Arbitration: What Remains of the Doctrine Now?" pp. 108-113.

53 Clive R. Symmons, "Rights and Jurisdiction over Resources and Obligations of Coastal States," p. 192.

54 西蒙斯認為，「仲裁庭順便澄清了與歷史性海洋聲索相關的各種以前可互換使用的術語的意涵，……諸如『歷史性權利』。……這種在以前神秘而晦澀的國際法領域的澄清是一個受歡迎的發展。」參見 Clive R. Symmons, "Historic Rights in the Light of the Award in the South China Sea Arbitration: What Remains of the Doctrine Now?" p. 125. 儘管有所保留，麥克多曼還表示，「仲

三、中國聲索權利的法律性質

在區分歷史權利和歷史所有權的基礎上，有必要探討中國在南海聲索的權利的性質。就此而言，仲裁庭強調了三個可以被視為獨立於《公約》而產生的中國歷史權利的案例：其一，中國國家海洋石油公司（China National Offshore Oil Cooperation, CNOOC）在九段線的西邊附加了一塊開放的石油勘探區塊的公告；[55]其次，中國反對菲律賓在九段線內授予石油區塊；以及其三，中國宣布了「在南海海洋空間進行海洋漁業的夏季禁令」。[56]

就此而言，必須指出的是，中國明確接受了南海的航行自由和飛越自由。實際上，中國外交部副部長明確表示：「中方尊重和維護所有國家根據國際法應享有的在南海的航行和飛越自由……對南海的航行和飛越自由已有並將不會有任何阻礙。」[57]中國的立場文件還強調，「中國始終尊重國際法規定的南海所有國家享有的航行和飛越自由。」[58]中國外交部發言人於 2017 年 1 月 24 日也確認了南海的航行自由。[59]

在國際法中，除無害通過權外，[60]國家不享有領海的航行自由。他們也不享有領海上空的飛越自由。因此，仲裁庭認為中國尊重航行自由和飛越的承諾，表示中國不認為「九段線」內的海域等同於其領海或內水。[61]尤有進者，中國宣布了海南島和西沙群島周圍領海的基線。[62]因此，仲裁庭觀察到，如果該等島嶼 12 海里以內和 12 海里以外的水域已經藉由「九段線」聲索歷史權

裁庭對歷史所有權、歷史性權利和歷史水域之間差異的分析是一個受歡迎的澄清。」參見 Ted L. McDorman, “The South China Sea Tribunal Awards: A Dispute Resolution Perspective,” *Asia-Pacific Journal of Ocean Law and Policy*, Vol. 3 (2018), pp. 134, 138.

55 其中一個區塊（BS16 區塊）位於距中國聲索擁有主權的南海任何地物 200 海里以外，並超出任何可能延伸的大陸礁層。The South China Sea Arbitration Award (Merits), [208]. 亦可參見 US Department of State, *Limits in the Seas No. 143 China: Maritime Claims in the South China Sea*, p. 17.

56 The South China Sea Arbitration Award (Merits), [208]-[211].

57 *Ibid.*, [212]. 亦可參見 The Philippines’ Supplemental Documents, Vol. I, Annex 645.

58 中華人民共和國，〈中華人民共和國政府關於菲律賓共和國所提南海仲裁案管轄權問題的立場文件〉，2014 年 12 月 7 日，[28]，https://www.mfa.gov.cn/nanhai/chn/snhwtlcwj/t1368888.htm。

59 2017 年 1 月 24 日外交部發言人華春瑩主持例行記者會，她表示「我們一直強調，中國堅定維護各國依據國際法在南海享有的航行自由，但反對損害沿海國主權和安全的『橫行自由』」。https://www.fmprc.gov.cn/web/fyrbt_673021/t1433377.shtml。

60 《聯合國海洋法公約》第 17 條。

61 The South China Sea Arbitration Award (Merits), [213].

62 *Ibid.*, [176].

利，即已構成中國領海或內水的一部分，中國就沒有必要宣布基線。[63]

總體而言，可以得出的結論是，中國沒有將「九段線」所涵蓋的水域視為其領海或內水的一部分。[64]此與中國援引其在南海的歷史權利，而不是與主權相關的歷史所有權（historic title）的事實一致。[65]用仲裁庭的話來說，「關於中國的聲索不是歷史所有權之一的肯定證據，在於中國的行為……與聲索南海構成中國的領海或內水的主張不相容」。[66]

高之國和賈冰冰確認了此點，他們表示，「根據該國內法，九段線並不是要在對這些線所包圍的海域主張主權的歷史所有權，超出國際法所允許的範圍」；[67]他們表示，「根據中國的長期實踐，最好將九段線定義為既保留其領土所有權（title to territory）又保留其歷史性權利的一條線。」[68]他們還補充認為，「中國在過去從未阻礙自由（航行與飛越）無論是否有九段或十一段線」。[69]

仲裁庭認為，「因此，《公約》第 298 條第 1 款 a 項與 i 項中的『歷史所有權』(historic titles）是指根據歷史情況得出的對海域的主權聲索」，並且該條款並非旨在排除對不具備主權的歷史權利的廣泛且未指定類別可能聲索的管轄權。[70]由於第 298 條第 1 款 a 項與 i 項的管轄權範圍僅限於涉及歷史所有權的爭端，而中國並未聲索對南海水域的歷史所有權，因此本次不排除有關中國歷史權利的爭端條款。因此，仲裁庭得出結論認為，它有審議菲律賓的第 1 號和第 2 號意見書的管轄權。[71]

---

63 *Ibid*., [213].

64 *Ibid*., [214].

65 *Ibid*., [227].

66 *Ibid*., [228].

67 Zhuguo Gao and Bing Bing Jia, “The Nine-Dash Line in the South China Sea: History, Status, and Implications,” p. 108. 他們還認為，「這裡也沒有證據表明中國在這些水域執行了國內法，就好像它們是內水的一部分。」*Ibid*., 109.

68 *Ibid*., 123.

69 *Ibid*., 119.

70 The South China Sea Arbitration Award (Merits), [226].

71 *Ibid*., [229]. 貝克曼（Robert C. Beckman）與伯納德（Leonardo Bernard）認為，「雖然第 15 條提到了歷史所有權，但沒有提到歷史性權利，而且《聯合國海洋法公約》中也沒有關於歷史性權利的規定。因此，如果中國認為它根據國際法有權在九段線內的水域行使歷史性權利，那麼這些權利是否符合《聯合國海洋法公約》就會產生爭議，而這種爭議不會被聲明排除在外。」Robert C. Beckman and Leonardo Bernard, “Disputed Areas in the South China Sea: Prospects for Arbitration or Advisory Opinion,” paper at the Third International Workshop, South China Sea:

第三節　歷史權利的三階段分析

一、一般事項

然後，仲裁庭開始審查中國主張歷史權利的合法性。就此而言，它指出了三個問題：首先，《公約》，尤其是其關於專屬經濟區和大陸礁層的規則，是否允許保留與《公約》條款有差異並且可能在《公約》生效之前由協議或單方面行為已建立的生物和非生物資源的權利？其次，在《公約》生效之前，中國對領海界線以外的南海水域中的生物和非生物資源具有歷史性權利和管轄權嗎？第三，獨立於前兩個考慮因素，中國在《公約》締結以來的幾年中確立了對南海水域中與公約規定有差異的生物和非生物資源的權利和管轄權嗎？如果是這樣，這種權利和管轄權的建立是否符合《公約》？[72]

中國於 1996 年批准了《聯合國海洋法公約》。因此，上述問題可以按時間順序重新排列：第一階段：《公約》於 1996 年對中國生效之前，中國的歷史權利。第二階段：1996 年《公約》對中國生效時的中國歷史權利。第三階段：1996 年《公約》對中國生效之後，中國的歷史權利。

以下各小節按時間順序，探討仲裁庭處理上述三點問題的做法。

二、第一階段：《公約》生效之前的中國歷史權利

第一個問題是中國是否在《聯合國海洋法公約》生效之前確立了其歷史權利。在公開聲明中，中國一再主張其歷史證據的基礎在南海的權利。舉例而言，中國外交部條約法司司長徐宏說：「我要強調的是，中國在南海的主權和相關權利是在長期的歷史過程中形成的，並為中國歷屆政府所堅持。」[73]

尤有進者，中國的立場文件指出：中國對南海諸島（東沙群島、西沙群島、中沙群島和南沙群島）及其附近海域擁有無可爭辯的主權。中國在南海的活動可以追溯到兩千多年前。中國是第一個發現、命名、探索和開發南海島嶼

Cooperation for Regional Security and Development, Hanoi, 2011, 15-16, https://cil.nus.edu.sg/wp-content/uploads/2009/09/Beckman-Bernard-Paper-DAV-Conf-3-5-Nov-2011.pdf.

72 The South China Sea Arbitration Award (Merits), [234].

73 中華人民共和國外交部，〈外交部條法司司長徐宏就菲律賓所提南海仲裁案接受中外媒體採訪實錄〉，2016 年 5 月 12 日，http://www.fmprc.gov.cn/mfa_eng/wjbxw/t1364804.shtml、https://www.fmprc.gov.cn/web/wjbxw_673019/t1362687.shtml。

資源的國家，也是第一個持續對其行使主權的國家。[74]

根據中國外交部的說法：歷史上，中國漁民曾常年居住在太平島上，進行捕撈、挖井汲水、墾荒種植、蓋房建廟、飼養禽畜等生產生活活動。對此，中國漁民世代傳承下來的「更路簿」，以及上世紀 30 年代前許多西方航海志都有明確記載。[75]

然而，菲律賓挑戰了中國南海海域歷史權利的存在。菲律賓特別強調，在 20 世紀初之前，沒有任何文件可以證明中國在任何南海活動中的任何官方活動。[76]與此相關的是，這表明了一個有趣的事實，在 14 世紀、15 世紀、16 世紀的大部分時間裡，中華帝國政府積極禁止中國臣民海上貿易。[77]總體而言，菲律賓聲稱直到 2009 年，中國對南海地形地物的任何歷史聲索都沒有包括對其領海以外的海域的聲索。[78]儘管各方對爭議的意見分歧很大，但雙方通常都依靠歷史證據。儘管如此，仲裁庭在審查中國歷史上是否享有南海領海範圍以外的生命和非生命資源的權利時，並沒有給予歷史證據過多的權重。[79]取而代之的是，仲裁庭處理了兩個相互交織的問題。

第一個問題是，中國在南海的歷史活動是否可以被視為公海自由的一部分。仲裁庭認為，中國承認，在《公約》通過之前，南海已成為公海的一部分。為支持此觀點，仲裁庭提到了 1958 年 9 月 4 日發布的《中華人民共和國政府關於領海的聲明》(*Declaration of the Government of the People's Republic of China on China's Territorial Sea*）明確指出，該聲明適用於「東沙群島、西沙群島、中沙群島、南沙群島和屬於中國的所有其他群島」，[80]它們與大陸及其沿

[74] Position Paper, n 52, [4]. 此外，中國國際法學會對中國在 20 世紀之前在南海的做法進行了較為詳細的描述。參見中國國際法學會，《南海仲裁案裁決之批判》（北京：外文出版社，2018 年）。英文版本 Chinese Society of International Law (CSIL), *The South China Sea Arbitration: A Critical Study* (Beijing: Foreign Languages Press, 2018), p. 279.

[75] 中華人民共和國外交部，〈外交部發言人華春瑩就太平島有關問題答記者問〉，2016 年 6 月 3 日，https://www.fmprc.gov.cn/nanhai/chn/fyrbt/t1369175.htm。

[76] The South China Sea Arbitration Award (Merits), [197]; presentation by Mr. Loewenstein, Merits Hearing Tr (Day 1), 89.

[77] Presentation by Mr. Loewenstein, Merits Hearing Tr (Day 1), p. 81; The South China Sea Arbitration Award (Merits), [195].

[78] The South China Sea Arbitration Award (Merits), [199]; presentation by Mr. Loewenstein, Merits Hearing Tr (Day 2), 2.

[79] The South China Sea Arbitration Award (Merits), [264].

[80] *Ibid.*, [269]（仲裁庭特別強調）。中國全國人民代表大會，〈中華人民共和國政府關於領海的聲明〉，1958 年 9 月 4 日，http://www.npc.gov.cn/wxzl/gongbao/1958-09/04/content_1480851.htm。

海島嶼之間被公海隔開。提及「公海」可被視為表明中國沒有根據歷史權利將南海視為由其專屬管轄的海洋空間。[81]事實上，一如 1998 年中國宣布的專屬經濟區。[82]就此而言，中國在南海的航行和貿易以及在領海之外的捕魚是行使公海自由的象徵。[83]仲裁庭所從而指出，行使國際法所允許的自由不會產生歷史性權利，因為它不涉及要求其他國家默認的歷史性權利。[84]由於中國僅從事國際法允許所有國家進行的活動，因此領海以外的歷史航行和捕魚，不能構成歷史權利出現的基礎。[85]

第二個問題是中國是否從事了偏離公海自由以及其他國家是否默許了此類活動。仲裁庭認為，「在大多數情況下，歷史權利是特殊權利」。[86]為了在「九段線」內確立對生物和非生物資源的專有歷史性權利，有必要表明中國在歷史上曾試圖禁止或限制其他國家的國民對此類資源的利用，而且這些國家默認了這樣的限制。然而，沒有證據表明中國歷史上在領海範圍之外，對南海的捕魚進行了管制或控制。[87]此外，中國在理論上不可能管制海底的非生物資源，因為最近才可能在深水區開採海上石油。實際上，就海底而言，仲裁庭沒有看到任何可以在南海受到限制或控制的歷史活動。[88]因此，仲裁庭認為，中國於 1996 年 6 月批准該公約並沒有消滅南海水域中的歷史權利，但中國放棄

亦可參見 Keyuan Zou and Liu Xinchang, "The U-Shaped Line and Historic Rights in the Philippines v. China Arbitration Case," p. 133.

81 US Department of State, *Limits in the Seas No. 143 China: Maritime Claims in the South China Sea*, 5 December 2014, p. 19.

82 《中華人民共和國專屬經濟區與大陸架法》，1998 年 6 月 26 日，http://www.npc.gov.cn/wxzl/gongbao/2000-12/05/content_5004707.htm。其中第 14 條規定：「本法的規定不影響中華人民共和國享有的歷史性權利。」但中國政府公布的英文是「本法的規定不影響中華人民共和國自古以來享有的權利。」(the provisions in this Law shall not affect the rights that the People's Republic of China has been enjoying ever since the days of the past）根據聯合國海洋事務和海洋法部（UN Department of Ocean Affairs and the Law of the Sea）的譯文方準確翻譯，第 14 條規定「本法的規定不影響中華人民共和國的歷史權利。」(the provisions of this Act shall not affect the historical rights of the People's Republic of China）http://www.un.org/Depts/los/LEGISLATIONANDTREATIES/PDFFILES/chn_1998_eez_act.pdf。然而，無論如何，本法沒有對中國聲索權利的意涵做出解釋。

83 The South China Sea Arbitration Award (Merits), [269].

84 *Ibid.*, [268].

85 *Ibid.*, [269]-[270].

86 *Ibid.*, [268].

87 *Ibid.*, [270].

88 *Ibid.*

了那裡公海的自由。[89]

在這方面特別感興趣的是仲裁庭對歷史權利的處理方式。在探討歷史權利的建立時，似乎一種正統的方法是探討制定權利的要素。聯合國秘書處編寫的研究報告總結了歷史水域的所有權要素。他們是：（一）聲索此歷史權利的國家在該地區權威的行使；（二）這種權威行使的連續性；以及（三）外國的態度。[90]

根據聯合國秘書處的研究，對此三個要求「似乎達成了相當普遍的共識」。[91]就此而言，對缺乏主權的權利聲索的程序是相同的，仲裁庭認為，因為歷史水域只是歷史權利的一種形式。[92]仲裁庭似乎認為此三個要素是在習慣國際法中提出歷史性權利的必要條件。[93]如果可以將這三個要素視為在習慣國際法中創造歷史權利的條件，則這三個要素的實際應用並非沒有困難，因為這三個要素並非完全明確。[94]時間因素尤其如此真實。正如歐康奈爾（Daniel Patrick O'Connell）所說，「歷史權利學說背後的整個理論是，特殊情況是歷史

---

[89] *Ibid.*, [271].

[90] UN Secretariat, Juridical Regime of Historic Waters including Historic Bays: Study Prepared by the Secretariat, A/CN.4/143, (1962) Vol. 2, Yearbook of the International Law Commission, p. 13, https://www.legal-tools.org/doc/5b8e6e/pdf/.

[91] *Ibid.* 對此而言，邱吉爾（Robin Churchill）和羅威（Vaughan Lowe）認為，國際法院在陸地、島嶼和海洋邊界爭端案（薩爾瓦多訴宏都拉斯：尼加拉瓜介入）中默示接受了這三項要求。即使他們沒有特定的相關段落，參見[1992] ICJ Rep 593-594, [394]: Robin Churchill and Vaughan Lowe, *The Law of the Sea*, 3rd edn (Manchester: Manchester University Press, 1999), p. 44. 根據西蒙斯的觀點，聯合國關於歷史水域的文件在美國法院具有權威地位。評論員對歷史海灣和水域的必要的標準也達成了一致。Clive R. Symmons, *Historic Waters in the Law of the Sea: A Modern Re-appraisal*, pp. 111-113. 美國國務院似乎也支持將三個要素作為確定歷史海灣或歷史所有權存在的要求，參見 US Department of State, *Limits in the Seas No. 143 China: Maritime Claims in the South China Sea*, p. 10. 亦可參見 Ted L. McDorman, "Rights and Jurisdiction over Resources in the South China Sea: UNCLOS and the 'Nine-dash Line'," in S. Jayakumar, Tommy Koh, and Robert C. Beckman, eds., *South China Sea Disputes and Law of the Sea* (Cheltenham: Edward Elgar, 2014), pp. 144, 153.

[92] The South China Sea Arbitration Award (Merits), n 1, [265]. 亦可參見 CSIL, *The South China Sea Arbitration: A Critical Study*, p. 269.

[93] 事實上，仲裁庭指出，「聯合國秘書處 1962 年關於歷史水域，包括歷史海灣的司法制度的備忘錄（Memorandum on the Juridical Regime of Historic Waters, Including Historic Bays）很好地總結了國際法中歷史性權利的形成過程。」The South China Sea Arbitration Award (Merits), [265].

[94] Clive R. Symmons, "Rights and Jurisdiction over Resources and Obligations of Coastal States," p. 214. 亦可參見 Clive R. Symmons, *Historic Waters in the Law of the Sea: A Modern Re-appraisal*, pp. 113-116.

演變的結晶」。[95]因此，時間要素，即時間的流逝，是歷史權利的核心。[96]

就此而言，引發兩個問題。第一個是權威必須繼續多久的行使，以及第二個是必須在什麼時候發生反對，以防止歷史性權利的創設。

第一個問題涉及歷史權利的建立。就此而言，通常認為國家必須在相當長的時間內行使權威才能使其發展為一種習尚（usage）。就此而言，國際法院在突尼斯／利比亞案（Tunisia/Libya case）中裁定，「歷史所有權必須得到尊重，而且它們總是由長期習尚得到保存」。[97]然而，正如聯合國秘書處承認的那樣，「沒有準確的時間長度可以表明建立歷史所有權必須基於的習尚」。[98]同樣的考慮也可以適用於歷史權利。結果，歷史權利出現所需的時間長短是主觀判斷的問題。[99]

第二個問題與防止這種權利有關。可以合理地認為，只有在權威行使後才能提出反對。然而，實際上，要確定一個國家何時開始對某一海洋空間行使管轄權可能並不容易。[100]尤有進者，對於允許歷史權利出現所需的時間長短沒有確切的時間限制。[101]因此，可能不得不承認，有關歷史權利的關鍵要素，即時間要素的規則在習慣國際法中仍然模糊不清。

---

[95] Daniel Patrick O'Connell, *The International Law of the Sea*, Vol. I, IA Shearer, ed., (London: Clarendon Press, 1982), p. 425.

[96] 關於歷史性所有權，聯合國秘書處認為時間的累積是必不可少的。UN Secretariat, Juridical Regime of Historic Waters including Historic Bays: Study Prepared by the Secretariat, A/CN.4/143, (1962) Vol. 2, Yearbook of the International Law Commission, p. 15, [103]. 歷史性權利也是如此。

[97] Continental Shelf (Tunisia/Libyan Arab Jamahiriya) [1982] ICJ Rep 73, [100].

[98] UN Secretariat, Juridical Regime of Historic Waters including Historic Bays: Study Prepared by the Secretariat, A/CN.4/143, (1962) Vol. 2, Yearbook of the International Law Commission, p. 15, [104]. 根據聯合國秘書處的說法，形容詞「遠古」（immemorial）幾乎沒有幫助，因為從字面上理解「遠古」將是一個完全不切實際的概念。*Ibid.*

[99] UN Secretariat, Juridical Regime of Historic Waters including Historic Bays: Study Prepared by the Secretariat, A/CN.4/143, (1962) Vol. 2, Yearbook of the International Law Commission, p. 18, [123]; Masahiro Miyoshi, "China's 'U-Shaped Line' Claim in the South China Sea: Any Validity Under International Law?" p. 6. 西蒙斯認為，作為一項運作規則，「所謂的歷史性主張（historic claim）通常應該至少存在一個世紀」。Clive R. Symmons, "Rights and Jurisdiction over Resources and Obligations of Coastal States," p. 157.

[100] 1962 年聯合國秘書處的研究認為，在有效和公開行使主權之前，時間不能開始，參見 UN Secretariat, Juridical Regime of Historic Waters including Historic Bays: Study Prepared by the Secretariat, A/CN.4/143, (1962) Vol. 2, Yearbook of the International Law Commission, p. 18, para 124. 亦可參見 Clive R. Symmons, *Historic Waters in the Law of the Sea: A Modern Re-appraisal*, p. 139.

[101] UN Secretariat, Juridical Regime of Historic Waters including Historic Bays: Study Prepared by the Secretariat, A/CN.4/143, (1962) Vol. 2, Yearbook of the International Law Commission, p. 19, [131].

如前所述，仲裁庭在其案情仲裁裁決中並未採取涉及審查歷史權利的每一個要素的途徑。[102]取而代之的是，仲裁庭著眼於公海的自由和歷史權利的特殊性質。由於在領海以外歷史的人類活動，諸如航行和捕魚，只是公海自由的一部分，因此，它們不產生任何權利。從此意義而言，即使一個國家從事航行和／或捕魚的時間相當長，有關公海航行和／或捕魚的歷史證據也不能提供歷史權利的基礎。尤有進者，由於歷史權利是特殊權利，聲索這種權利的國家必須證明其從事的活動與公海自由背道而馳。然而，鑑於公海的開放性，要成功地證明一個國家專屬控制了公海的生物資源，而其他國家也容忍了這種限制，此乃高度的困難，甚至不是不可能的。按照仲裁庭的做法，歷史因素的角色幾乎要降低到消失的程度。

三、第二階段：當《公約》於 1996 年對中國生效時的中國歷史權利

即使中國聲索的歷史權利是在《聯合國海洋法公約》對中國生效之前確立的，但仍引發一個問題，即《公約》是否允許保留與《公約》不同的權利。在考慮此問題時，可以確定四個命題：

(a)《公約》明確允許或保留其他國際協定的情況：根據《公約》第 311 條第 5 款，此類協定應存留而不受影響。

(b)《公約》未明確允許或保留事先協定、習慣國際法的規則或歷史權利的情況：如果其運作與《公約》的任何規定沒有衝突，或在解釋表明《公約》意在使先前的協議、規則或權利繼續實施的範圍內，此類先前的規範不會與《公約》不相容。

(c) 獨立於《公約》而產生的權利和義務與其規定不相牴觸的情況：在這

[102] 然而，一些評論者研究了中國對南海的歷史性聲索是否滿足這三個條件的問題。舉例而言，李金明等人認為，「自從 1947 年公布南海斷線以來，中國的政府很少對這條線內的水域行使這種專屬權利。偶爾的排他性的行使只聚焦於線內的島嶼，而不是水域。」參見 Jin Ming Li and De Xia Li, “The Dotted Line on the Chinese Map of the South China Sea: A Note,” p. 292. 在審查了管理歷史權利的各種子規則後，西蒙斯結語指出，中國的聲索未能在這些規則中的大多數上做出標記，參見 Clive R. Symmons, “Rights and Jurisdiction over Resources and Obligations of Coastal States,” pp. 214-233. 尤有進者，美國國務院採取的觀點是中國在南海的歷史性水域聲索不會通過三項要求中的任何一項，請參見 US Department of State, *Limits in the Seas No. 143 China: Maritime Claims in the South China Sea*, pp. 21-22. 弗蘭克斯（Erik Franckx）與貝納塔爾（Marco Benatar）在這件事上也得出了否定的結論。Erik Franckx and Marco Benatar, “Dots and Lines in the South China Sea: Insights from the Law of Map Evidence,” p. 96.

種情況下，根據第 311 條第 2 款，權利和義務的運作將保持不變。

(d) 在《公約》生效之前已經出現獨立權利和義務的情況，但不符合其規定的情況：在這種情況下，根據《維也納條約法公約》（*Vienna Convention on the Law of Treaties*）第 30 條第 3 款和《公約》第 293 條，該公約將優先於早先的、不相容的權利或義務。[103]

命題 (a)、(b) 和 (c) 將不會創設嚴重的法律問題。然而，命題 (d) 需要仔細的考慮。

《公約》的任何條款均未明確規定或允許繼續保留專屬經濟區有生命或無生命資源的歷史權利。這裡令人關注的一個問題是，《公約》是否仍打算繼續實施與其有差異的歷史權利。[104]顯然，根據《公約》，僅沿海國家就對專屬經濟區的有生命和無生命資源擁有主權權利。[105]根據第 58 條的規定，專屬經濟區中公海權利和自由僅在不違反《公約》第五部分的規定的情況下適用。[106]沿海國在專屬經濟區的主權權利就此意義而言是排他性的，在沒有沿海國同意的情況下，其他國家不能從事專屬經濟區的活動。因此，正如仲裁庭正確地指出的那樣，「對生物和非生物資源的主權權利的概念通常與對相同資源擁有歷史權利的另一個國家不相容，如果這種歷史權利被認為是排他性的」。[107]

此外，根據第 62 條第 3 款，「有必要在其國民慣於在該區域捕魚的國家中最大程度地減少經濟混亂」，這只是沿海國在給予准入權時要考慮的相關因素之一，而不是權利法庭認為，「列入這一規定（如果在專有經濟區中保留傳統捕魚權的話，這是完全沒有必要的），這表明《公約》的起草者無意於保留此類權利」。「其國民習慣在該區域捕魚的國家需要盡量減少經濟混亂」只是相關因素之一，而不是權利，沿海國在允許任何可允許捕獲量的盈餘時應予以考慮。[108]仲裁庭認為，「納入這一規定——如果在專屬經濟區保留傳統捕魚

[103] The South China Sea Arbitration Award (Merits), [238].

[104] *Ibid.*, [239].

[105] 《聯合國海洋法公約》第 56 條第 1 款；*ibid.*, [243].

[106] *Ibid.*, [241].

[107] *Ibid.*, [243].

[108] 就此而言，必須指出的是，沿海國在確定允許捕撈量方面擁有廣泛的自由裁量權。William T. Burke, *The New International Law of Fisheries: UNCLOS 1982 and Beyond* (Oxford: Oxford University Press, 1994), pp. 47-48. 小田滋認為，就理論而言，藉由引進外國資本和技術，沿海國可能始終有能力收穫全部允許的捕撈量。Shigeru Oda, "Fisheries Under the United Nations Convention on the Law of the Sea," *American Journal of International Law*, Vol. 77, No. 4 (October 1983), pp. 739, 744.

權，這是完全沒有必要的——證實了《公約》的起草者並不打算保留這些權利」。[109]根據第 62 條第 3 款，任何在另一國專屬經濟區中已經存在的歷史權利都將被逐步淘汰。西蒙斯因此指出，「該條款（第 62 條第 3 款）是第三國在《聯合國海洋法公約》生效後的專屬經濟區內繼續行使任何有意義的聲索歷史權利的喪鐘」。[110]

還必須指出，《公約》第 77 條規定的對大陸礁層的主權權利也具有排他性，因為即使沿海國不探索大陸礁層或開發其自然資源，也沒有國家可以未經沿海國明確同意從事這些活動。[111]就此而言，必須指出，沿海國對大陸礁層的權利是固有權利。[112]因此，對大陸礁層的主權權利的概念與另一個國家對同一大陸礁層的歷史權利不相容。[113]

就此而言，引用歐康奈爾的觀點：大陸礁層主義（continental shelf doctrine）的建立作為獨立於其他領土獲取方法的自主司法制度（autonomous legal institution），意味著大陸礁層自主歸屬於沿海國。該學說的傳播的背後目的之一是取消在時間或性質上對沿海國權利的任何優先要求，舉例而言，如此歷史權利或取得實效（acquisitive prescription）的學說將不可用。[114]

在結論中，仲裁庭明確聲明：《公約》不包括任何保留或保護與《公約》有差異的歷史權利的明文規定。相反，在不兼容的範圍內，公約取代了先前的權利和協議。該公約是全面的，規定了專屬經濟區和大陸礁層的性質以及在這些區域內其他國家的權利。中國對歷史權利的聲索不符合這些規定。[115]

---

[109] The South China Sea Arbitration Award (Merits), [804]. 就此而言，西蒙斯認為，「對第 62 條規定的簡單解讀同樣適用於取代在另一國家的專屬經濟區或（以此類推）在其大陸礁層上聲索的『專屬性』和『非專屬性』歷史權利。」Clive R. Symmons, "Historic Rights in the Light of the Award in the South China Sea Arbitration: What Remains of the Doctrine Now?" p. 122.

[110] Clive R. Symmons, "Historic Rights in the Light of the Award in the South China Sea Arbitration: What Remains of the Doctrine Now?" p. 122.

[111] 《聯合國海洋法公約》第 77 條第 2 款；《日內瓦大陸礁層公約》第 2 條第 2 款。國際法院在北海大陸礁層案呼應了此觀點。North Sea Continental Shelf (Federal Republic of Germany/Denmark) (Federal Republic of Germany/Netherlands), Judgment of 20 February 1969, [1969] ICJ Rep 3, 22, [19]. 亦可參見 Yoshifumi Tanaka, *The International Law of the Sea*, 3rd edn (Cambridge: Cambridge University Press, 2019), p. 173.

[112] North Sea Continental Shelf, 22, [19].

[113] The South China Sea Arbitration Award (Merits), [244]. 亦可參見 Ted L. McDorman, "Rights and Jurisdiction over Resources in the South China Sea: UNCLOS and the 'Nine-dash Line'," p. 160.

[114] Daniel Patrick O'Connell, *The International Law of the Sea*, p. 482.

[115] The South China Sea Arbitration Award (Merits), [246].

仲裁庭認為，《公約》的案文和脈絡很明確，可以取代一國在某地區中曾經擁有的任何歷史權利，現在已成為另一國專屬經濟區和大陸礁層部分。用仲裁庭的話來說，「這裡沒有歧義」。[116]與此相關的是，特別值得注意的是，中國反對《公約》文本中對歷史性捕魚的任何包容。在《公約》的談判期間，中國政府表示：超級大國多年來大肆掠奪發展中沿海國家的離岸資源，從而嚴重損害了它們的利益。對這類資源宣布永久主權是一項合法權利，其他國家應予以尊重。

然而，超級大國在口頭上承認經濟區的同時，主張對沿海國對其資源的主權施加限制。舉例而言，其中一個提議，如果沿海國未收獲 100% 的允許捕撈量，沿海國應允許外國漁民在該區域內捕魚。這樣的邏輯是沒有道理的。該建議實際上回溯到超級大國的著名建議，即沿海國家在捕撈自己的近海區域時應僅被賦予「優先權」。但是，專屬經濟區的建立，沿海國將在這些資源上行使永久主權，這僅意味著發展中國家正在重新獲得其長期喪失的權利，絕不意味著超級大國做出了犧牲。[117]

對於仲裁庭而言，中國在《公約》談判期間所主張的立場與中國在南海對生物和非生物資源的歷史權利所有權的聲索不相稱，此將使得歷史權利將優先於其他沿海國專屬經濟區的權利。中國在談判過程中從未提出過這樣的主張，儘管在海底委員會工作期間，菲中之間的交流曾多次提出南海和對南沙群島的主權問題，以及在第三屆聯合國會議期間中國和越南的交流。[118]

還必須指出，《公約》第 309 條明確禁止保留。該禁止對維持《公約》的完整性至關重要。仲裁庭認為，完全不可想像的是，《公約》的起草者期望由此產生的公約將服從對歷史權利的廣泛聲索。[119]

按照仲裁庭的做法，歷史證據不能為行使違反《公約》的權利提供依據。[120]國際法院在緬因灣案（Gulf of Maine case）中也回應了這一點。美國在

[116] *Ibid.*, [247].

[117] Statement of Mr. Ling Ching, "Summary Records of Meetings of the Second Committee, 24th Meeting," UN Doc A/CONF.62/C.2/SR.24, 1 August 1974, Official Records of the Third United Nations Conference on the Law of the Sea, Vol. II, 187, [2], http://legal.un.org/diplomaticconferences/1973_los/vol2.shtml.

[118] The South China Sea Arbitration Award (Merits), [252].

[119] *Ibid.*, [254].

[120] 亦可參見 US Department of State, *Limits in the Seas No. 143 China: Maritime Claims in the South China Sea*, 5 December 2014, p. 23.

那裡聲索，劃界線應考慮到美國漁民在喬治沙洲（Georges Bank）的長期使用。然而，國際法院分庭拒絕了此一聲索。用分庭的話說：正如分庭所憶，這些廣闊海域是公海的一部分，因此不僅對美國和加拿大的漁民而且對其他國家的漁民自由開放，而且確實被後者的許多國民捕撈。……但在沿海國家設立了 200 海里的專屬漁業區之後，情況發生了根本性的變化。第三國及其國民發現自己被剝奪了進入這些區域內海域的任何權利，也被剝奪了他們本可以在這些區域內獲得的任何優勢地位。[121]

按照分庭的判定，即使擁有這樣的權利，中國不能再依賴南海的歷史權利，只要它成為另一個國家的專屬經濟區的一部分。

乍看之下，1974 年漁業管轄權案（Fisheries Jurisdiction cases）可能有相反的跡象。在這些情況下，國際法院接受了沿海國在鄰近水域的優先權。[122]然而，它判定，優先權的概念與排除其他國家的所有捕撈活動不相容。享有優先權的沿海國並非單方面根據其自身不受控制的酌情決定權自由。[123]

優惠權利的概念與排除其他國家的所有捕魚活動是不相容的。享有優惠權利的沿海國不能單方面根據自己不受控制的酌情權，自由地決定這些權利的範圍。[124]

然而，在做出判決之時，習慣國際法中沒有設立專屬經濟區。它也沒有載入《公約》。必須考慮的是，在《公約》通過之後，關於優先權的規定已經過時了。因此，正如仲裁庭所觀察到的，南海仲裁案與漁業管轄權案（Fisheries Jurisdiction cases）在根本上是不同的。[125]

另一方面，仲裁庭在厄立特里亞／葉門的仲裁（第二階段：海域劃界）中裁定，「傳統捕魚制度不限於特定島嶼的領海」，並且「超出每個締約方領海

---

121 Delimitation of the Maritime Boundary in the Gulf of Maine Area (Canada/United States of America), Judgment, [1984] ICJ Rep, 246, pp. 341-342, [235].

122 亦可參見 US Department of State, *Limits in the Seas No. 143 China: Maritime Claims in the South China Sea*, 5 December 2014, p. 20.

123 Fisheries Jurisdiction (United Kingdom of Great Britain and Northern Ireland v. Iceland), Judgment, [1974] ICJ Rep 3, 23, [56]; Fisheries Jurisdiction (Federal Republic of Germany v. Iceland), Judgment, [1974] ICJ Rep 175, 192, [44].

124 Fisheries Jurisdiction (Federal Republic of Germany v. Iceland) [1974] ICJ Rep 196, [54]; 196, [54]; Fisheries Jurisdiction (United Kingdom of Great Britain and Northern Ireland v. Iceland) [1974] ICJ Rep 27, [62].

125 The South China Sea Arbitration Award (Merits), [258].

的水域」，即進入其專屬經濟區的水域。[126]然而，在這種情況下，仲裁庭被允許考慮「它將在領土主權、《聯合國海洋法公約》以及任何其他相關因素問題上形成的意見」。[127]因此，厄立特里亞／葉門仲裁中適用的法律不僅限於公約，南海仲裁與厄立特里亞／葉門仲裁有所不同。[128]就此而言，仲裁庭明確指出，仲裁庭不同意仲裁庭在厄立特里亞訴葉門一案中的結論（該裁定認為，紅海的傳統捕魚制度適用於這些國家的整個海域），並認為該仲裁庭之所以能夠得出結論，只是因為根據當事雙方仲裁協議的適用法律規定，允許公約以外的其他因素。[129]

無論如何，很明顯，中國所聲索的歷史權利並非源於《公約》。[130]鑑於這些權利在關於專屬經濟區和大陸礁層方面與《公約》規則相異，而且中國受《公約》的約束，因此沒有爭論的空間說中國依據《公約》可以在南海行使歷史性權利。仲裁庭因此得出結論，在中國加入《公約》並對其生效之後，中國對「九段線」內的生物和非生物資源可能擁有的任何歷史權利都被取代，作為一項法律問題，以及作為菲律賓和中國之間的法律問題，皆受公約規定的海域限制。[131]

根據仲裁庭的途徑，各國不能根據作為歷史證據的時間要素來驗證與《聯合國海洋法公約》相牴觸的歷史權利。因此，時間要素在這種情況下無法具有任何角色。

---

126 The Eritrea/Yemen arbitration, Award of 17 December 1999, (2001) 22 RIAA 335, 361, [109]. 亦可參見 Memorial of the Philippines, Vol. I, 30 March 2014, [4.68].

127 《仲裁協定》第 2 條第 3 款，The Eritrea/Yemen arbitration, Annex I–The Arbitral Agreement, 375.

128 The South China Sea Arbitration Award (Merits), [259].

129 *Ibid.*, [803].

130 此點得到了一些中國學者的肯定。舉例而言，鄒克淵表示，「由於《海洋法公約》中沒有明確的法律規定可以作為支持中國 U 形線的法律依據，中國無法利用《海洋法公約》來捍衛其在南海的單邊線。」Keyuan Zou, "China's U-Shaped Line in the South China Sea Revisited," pp. 28-29. 亦可參見 Zhuguo Gao and Bing Bing Jia, "The Nine-Dash Line in the South China Sea: History, Status, and Implications," p. 121.

131 The South China Sea Arbitration Award (Merits), [262]. 根據麥克多曼（Ted L. McDorman）的說法，「仲裁庭明確且正確地駁回了這樣的想法……聯合國海洋法公約的締約國可以擁有在另一國 200 海里區域內捕魚或海底資源的歷史性權利。」Ted L. McDorman, "The South China Sea Arbitration: Selected Legal Notes," *Asian Yearbook of International Law*, Vol. 21 (2017), pp. 1, 15.

四、第三階段：自《公約》於 1996 年生效以來的中國特殊權利

最後要解決的問題是，自《公約》於 1996 年生效以來，中國是否獲得了與《公約》相異的權利或管轄權。[132]仲裁庭認為，「國際法不是一成不變的」。[133]因此，仲裁庭提到了可能對根據《維也納條約法公約》（*Vienna Convention on the Law of Treaties*）第 31 條對條約做出解釋的後續實踐，或者形成了可能會修改條約規定的習慣國際法新規則的形成。[134]

就此而言，仲裁庭認為，要求根據國家實踐修改公約的聲索必須滿足有關歷史權利的相同要求：一國主張與《公約》有所不同的權利；其他締約國默認其中的內容；以及經過足夠的時間來確定權利和普遍默許的存在是毋庸置疑的。[135]

然而，沒有滿足上述要求。《中華人民共和國專屬經濟區和大陸架法》提及歷史權利，第 14 條規定：「本法的規定不影響中華人民共和國享有的歷史性權利」，但此條文中並沒有任何內容可以使另一國了解要求保護的權利性質或範圍。[136]仲裁庭認為，「九段線」之內主張的權利的範圍只有在 2009 年 5 月的中國普通照會中才明確。從那時起，中國的聲索就遭到了其他國家的明確反對。[137]舉例而言，越南聲稱：附在普通照會 CLM/17/2009 和 CLM/18/2009 上的地圖中所顯示的，中國對東海（南海）的島嶼和附近水域的聲索沒有法律、歷史或事實依據，因此是無效並且空白。[138]

菲律賓還向聯合國發送了外交照會，並指出，中國對有關水域及其海床和底土的聲索，以及所謂的「九段線」地圖所反映的，在國際法中沒有依據，具

---

[132] The South China Sea Arbitration Award (Merits), [273].

[133] *Ibid*., [274].

[134] *Ibid*.

[135] *Ibid*., [275].

[136] 1998 年，越南已經提出抗議，「它不承認任何不符合國際法和侵犯越南主權、主權權利以及上述法律第 14 條所稱東海海域和大陸礁層合法利益的所謂『歷史利益』（historical interests）。」中國全國人民代表大會，《中華人民共和國專屬經濟區與大陸架法》，1988 年 6 月 26 日，http://www.npc.gov.cn/wxzl/gongbao/2000-12/05/content_5004707.htm。

[137] *Ibid*. 亦可參見 US Department of State, *Limits in the Seas No. 143 China: Maritime Claims in the South China Sea*, p. 22. 對於各國對中國九段線的反應，參見 Keyuan Zou, “China’s U-Shaped Line in the South China Sea Revisited,” pp. 26-28.

[138] Permanent Mission of the Socialist Republic of Viet Nam to the United Nations, No. 86/HC-2009, 8 May 2009, http://www.un.org/Depts/los/clcs_new/submissions_files/mysvnm33_09/vnm_chn_2009re_mys_vnm_e.pdf.

體而言就是公約。[139]此外，印尼指出，「上述 2009 年 5 月 7 日編號：CML/17/2009 號通函所載的所謂『九段線圖』，顯然缺乏國際法律依據，無異於擾亂 1982 年聯合國海洋法公約。」[140]

因此，必須承認該地並沒有默認。[141]因此，不能認為中國自《公約》於 1996 年生效以來就獲得了歷史性權利。總而言之，仲裁庭在三個階段對中國的歷史性權利聲索進行了審查，得出的結論是，中國的聲索與《公約》背道而馳；而且該公約取代了任何歷史性權利，其他主權權利或管轄權，超出了其中規定的限制。[142]

第四節　結語：越南以司法途徑再次否定「九段線」？

本章探討了仲裁庭在其案情裁決中，針對中國「九段線」包含的海洋空間享有的「歷史權利」之觀點，以論證越南是否需要進一步以司法途徑裁定「九段線」在越中之間的非法性。本章的要點可以總結如下。

首先，根據仲裁庭的說法，「歷史所有權」的概念是指對土地或海域的歷史主權。反之，「歷史權利」的概念包括有限的權利，而該等權利與主權聲索相去甚遠。就此而言，歷史權利的概念不同於歷史所有權的概念。由於第 298 條第 1 款 a 項與 i 項的管轄權例外，僅限於涉及歷史所有權的爭端，因此該條款不排除與海洋空間的歷史權利有關的爭端。仲裁庭對「歷史權利」和「歷史所有權」概念的解釋可能會引起超越爭端各方之外的一般意涵。[143]

其次，《公約》沒有任何明確的規定來維護或保護與《公約》有差異的歷史權利。因此，有論者以為，《公約》在不兼容的範圍內取代了先前的權利和協議。因此，與《公約》有差異的特殊權利的行使不能以歷史悠的久為基礎進行辯護。就此意義而言，在《公約》生效之後，歷史權利的角色就沒有那麼突

[139] Philippine Mission to the United Nations, 11-00494 No. 000228, 5 April 2011, http://www.un.org/Depts/los/clcs_new/submissions_files/mysvnm33_09/phl_re_chn_2011.pdf.

[140] Permanent Mission of the Republic of Indonesia, No. 480/POL-703/VII/10, 8 July 2010, http://www.un.org/Depts/los/clcs_new/submissions_files/mysvnm33_09/idn_2010re_ mys_vnm_e.pdf.

[141] The South China Sea Arbitration Award (Merits), [275].

[142] *Ibid.*, [1203] B(2).

[143] Clive R. Symmons, "Historic Rights in the Light of the Award in the South China Sea Arbitration: What Remains of the Doctrine Now?" p. 125.

出了。[144]

第三，根據聯合國秘書處編寫的研究報告，要確立歷史所有權或歷史權利，必須滿足三個要求。他們是：藉由聲索歷史權利的國家在該地區權威的行使；此種權威行使的連續性；以及外國的態度。

然而，對於以下問題沒有明確的規則：必須繼續行使權威多長時間，以及在什麼時候必須進行反對，以防止創造歷史權利。因此，要求的實際應用會遇到困難。在這方面，值得注意的是，仲裁庭在其關於案情的仲裁裁決中並未採取審查確立歷史性權利的每一項要求的方法，而是透過關注公海自由和歷史權利的特殊性質來決定中國聲索的歷史權利有效性。

第四，仲裁庭在其案情仲裁裁決中，採取了一種在確定中國在南海聲索的歷史權利的合法性時將歷史因素的角色降至最低的途徑。鑑於有關這些要素的規則並非完全明確，仲裁庭的途徑似乎是一個值得考慮的選擇，可以避免在歷史證據方面引起任何爭議。

最後，在考慮歷史權利時，必須特別注意歷史證據在國際法中的相對性。歷史證據是相對的，因為它在空間和時間上都是有限的。因此，歷史證據在國際法中的價值需要與在特定時期內管理特定空間的典範或原則相關。在引入《海洋法公約》體系之前，尤其是在第二次世界大戰之前，幾乎所有的南海都是公海的一部分。[145]因此，當時的南海受制於基本原則，即海洋自由。正如仲裁庭所裁定的那樣，由於人類在公海上的活動只是海洋自由的一部分，因此它們沒有創造任何權利。引入《公約》制度後，歷史證據的價值取決於其與《公約》的兼容性。歷史證據的意義也是相對的，因為它的價值取決於其他國家的反應。國家不受特定國家的單方面行為的約束。因此，為了確立歷史權利，有必要證明一個特定國家在歷史上曾試圖排除或限制其他國家的國民的活動，而且這些其他國家已經默認了這種限制。在南海，沒有足夠的證據證明存在這種由中國實施的限制，以及其他國家也默認了這種限制。總之，可以說，僅憑事件或情節的積累本身不能創造國際法的歷史權利。

---

144 因此，西蒙斯認為，任何非主權和特殊性質的歷史性權利「今天對聲索國幾乎沒有實際的法律價值」。Clive R. Symmons, "First Reactions to the Philippines v China Arbitration Award Concerning the Supposed Historic Claims of China in the South China Sea," *Asia-Pacific Journal of Ocean Law and Policy*, Vol. 1, No. 2 (2016), pp. 260-267, https://maritimearchives.files.wordpress.com/2017/01/first-reactions-to-the-philippines-v-china-arbitration-award-concerning-the-supposed-historic-claims-of-china-in-the-south-china-sea.pdf.

145 The South China Sea Arbitration Award (Merits), [269].

雖然 2016 年南海仲裁案裁決已否定「九段線」，但越南認為，由於菲律賓訴中國的裁決只對菲律賓和中國具有約束力。如果越南想獲得一個越南與中國之間存在約束力的裁決，則須對中國提起仲裁。尤有進者，越南的利益及勝訴的可能性很高。

第四章　仲裁案對南海海洋地物法律地位裁決對越南的啓示

越南政府於 1982 年決定建設隸屬廣南峴港省的黃（西）沙島縣和隸屬同奈省的長沙島縣。之後，行政地界調整，黃沙島縣隸屬於峴港市，長沙島縣隸屬於慶和省。為了滿足實踐的發展要求，越南政府於 2007 年決定在長（南）沙群島上建立了隸屬於長沙縣（Huyện Trường Sa）的長沙鎮以及西雙子（Song Tử）島鄉和生存（Sinh Tồn）島鄉。傳統上，越南直接對黃沙群島與長沙群島進行聲索，基於類似於中國以歷史為聲索的依據，致使受到類似主權歸屬問題的挑戰，尤其是島礁地位問題。因此，越南以司法途徑解決與中國相關的南海爭端，同樣面臨其所占領或聲索島礁的法律地位，根據南海仲裁案菲律賓請求仲裁庭釐清包括越南占領的島礁情形為依據，可以界定出越南在南沙群島島礁的法律地位，此也會影響其法律解決南海爭端的途徑，成為本章探討的對象。當然，若擴及此情形到西沙群島，還涉及北部灣在南海封口的問題，值得檢視仲裁案的裁決。

本章探討南中國海（South China Sea, SCS；以下簡稱「南海」）仲裁案仲裁庭對南海海洋地形地物法律地位處理的途徑。南海有許多海洋地形地物。如果可以將這些地形地物視為「完全應享權利的島嶼」（fully entitled islands），而且若這些島嶼屬於中國，那麼中國將能夠在這些島嶼周圍建立 200 海里的專屬經濟區（Exclusive Economic Zone, EEZ）。同樣地，此也適用於聲索整個長沙群島的越南。因此，在南海仲裁中，南海海洋地形地物的司法地位構成了相當重要的問題。就此而言，菲律賓在陳述意見書狀提出了多個問題，[1]其中包括兩個主要問題。第一個問題是在高潮時海洋地形地物是否在水面之上（即高潮地形地物），而第二個問題是高潮地形地物是否可以被視為「完全應享權利的島嶼」。本章即探討此兩個問題，從而論證越南遭遇的以司法途徑南海爭端面對類似的問題。

---

1 參見 Philippines' Submissions Nos 3, 4, 5, 6 and 7. PCA Case No 2013-19, The South China Sea Arbitration Award (Merits)（之後簡稱 The South China Sea Arbitration Award (Merits)）, Judgment of 12 July 2016, [112].

在進行此探討時，本章根據仲裁案的裁決結果圍繞三個主要問題進行探討，尤其側重於時間要素：首先，如何確定高於和或低於高潮海洋地形地物的司法（律）地位？其次，低潮高地的領域範圍為何？以及在國際法中是否可以對低潮高地進行適當的調整？最後，關於《聯合國海洋法公約》（*United Nations Convention on the Law of the Sea*, UNCLOS；以下簡稱《公約》）的第121條第3款如何解釋與說明？

在前言當中，首先介紹越南在南沙群島島礁的占領情形；其次在第二節探討高於和或低於高潮時水面的海洋地形地物的司法地位。然後第三節討論海洋地形地物作為岩礁和島嶼的司法地位。本章第四節將繼續探討仲裁庭對《公約》第121條第3款的解釋和適用。最後第五節為本章結語。

第一節　前言：越南在南沙群島島礁占有的情況

越南是南海周邊各國中占有南沙群島島礁最多、駐軍最多、建設規模最大的國家。目前越南占有南沙群島 29 個島礁。在行政上設立長沙縣，歸屬慶和省管轄。據不完全統計，越南在南沙群島占有島礁上已經擴建了 0.48 平方公里的陸地面積。[2]這些島礁根據自然地貌特徵和建設情況大約可以分為四類。

第一類是四個自然形成的島嶼：南子島（Đảo Song Tử Tây; South-West Cay）、南威島（Đảo Trường Sa; Spratly Island）、鴻庥島（Đảo Nam Yết; Namyit）、景宏島（Đảo Sinh Tồn; Sin Cowe）。這些島嶼自然形成的陸地面積在 0.08 平方公里至 0.15 平方公里之間。越南在其上擴建了陸域，修建了機場跑道、直升機起降坪、港池、碼頭、燈塔、雷達站、寺廟、學校、風力和太陽能發電裝置等設施，建設了大量用於居住和工作建築物，可供數百人常駐，後勤補給能力較強。越南在這些島嶼上設立行政機構和軍事指揮中心，實施移民，對外宣傳其對島嶼的有效管轄。

第二類是六個沙洲和岩礁：安波沙洲（Đảo An Bang; Amboyna Cay）、畢生礁（Đảo Phan Vinh; Pearson Reef）、敦謙沙洲（Đảo Sơn Ca; Sandy Cay）、染青沙洲（Đảo Sinh Tồn Đông; Grierson Reef）、西礁（Đá Tây; West Reef）、

[2] “Under Pressure: Philippine Construction Provokes a Paramilitary Response,” 6 February 2019, https://amti.csis.org/under-pressure-philippine-construction-provokes-a-paramilitary-response/.

中礁（Đảo Trướng Sa Đông; Central Reef）。這些地物自然形成的陸地面積較小，越南在其上擴建了陸域，修建了軍民用設施，包括直升機起降坪、小碼頭、燈塔、雷達站、寺廟、風力和太陽能發電裝置等設施，建設了用於居住和工作的建築物。

第三類是 11 個沙洲、岩礁和低潮高地：柏礁（Bãi Thuyền Chài; Barque Canada Reef）、舶蘭礁（Đá Núi Thị; Petley Reef）、大現礁（Đá Lớn; Discovery Great Reef）、東礁（Đá Đông; East Reef）、鬼喊礁（Đá Cô Lin; Collins Reef）、六門礁（Đảo Tốc Tan; Alison Reef）、奈羅礁（Đảo Đá Nam; South Reef）、南華礁（Đá Núi Le; Cornwallis South Reef）、瓊礁（Đá Len Đao; Lansdowne Reef）、日積礁（Đá Lát; Ladd Reef）、無乜礁（Đá Tiên Nữ; Tennent Reef/Pigeon Reef）。越南在這些地物上沒有擴建陸域，只修建有多層的混凝土碉堡形建築（大多為三層）。每個沙洲和岩礁上的碉堡數量從一個至六個不等。碉堡多為兩個一組，係越南在不同的年代分批建造。碉堡設有太陽能發電裝置、通信天線、固定機槍陣地等設施。每個碉堡建築面積約 400 平方公尺，常駐有 10 餘名軍隊人員，依靠小碼頭實施後勤補給，居住條件較為惡劣。

第四類是八個暗沙和暗灘：奧南暗沙（Bãi Vũng Mây; Orleana Shoal）、金盾暗沙（Bãi Đinh; Kingston Shoal）、蓬勃堡（Ba Kè; Bombay Castle）、人駿灘（Bãi Huyền Trân; Alexandra Bank）、萬安灘（Bãi Tư Chính; Vanguard Bank）、廣雅灘（Bãi Phúc Tần; Prince of Wales Bank）、李准灘（Bãi Quế Đướng; Grainger Bank）、西衛灘（Bãi Phúc Nguyên; Prince Consort Bank），其中的奧南暗沙、金盾暗沙、蓬勃堡三個暗沙都屬於南薇灘（Bãi Vũng Mây）。1988 年南沙海戰（sự kiện Gạc Ma）後，中國軍艦和勘探船開始出現在越南南部大陸礁層，該地蘊藏著巨大的油氣潛力，在油氣、安全和安全方面具有戰略意義。面對此情況，1988 年 10 月 17 日，越共中央總書記阮文靈（Nguyễn Văn Linh）簽署了關於保護南部大陸礁層礁區的文件。1989 年 6 月 10 日至 15 日，第一個鑽井平臺由交通運輸部和工程師指揮部在越南大陸礁層的福存灘（Phuc Tan；廣雅灘）上建造。同時，海軍司令武元甲（Võ Nguyên Giáp）也指派第 171 旅（第二海區）保護越南東南部的大陸礁層。

從 1989 年起，越南在這些暗沙和暗灘上開始建造固定式海上平臺，統一名稱是「DK1 油井保護平臺」，越南也稱為「科學技術經濟服務站」（Dịch vụ Kinhtế-Khoa học kỹ thuật, DVKT-KHKT）。至 2012 年，越南共建設了約 20 座

DK1 海上平臺。這些平臺分批建造，共三種型號。最初的平臺面積約 80 平方公尺，蓄電池電量儲備約十天。第 15 座之後的新平臺面積約 250 平方公尺，蓄電池電量儲備提高到一個月。這些海上平臺建在水深 25 公尺至 30 公尺的暗灘上，高出海面約 30 公尺，平臺基樁深入珊瑚底質 30 公尺至 40 公尺。每個平臺上有 10 名左右海軍人員長期駐守，設有太陽能發電裝置和直升機起降平臺。在 1990 年代，最初建造的數個平臺曾被風暴摧毀。現有的這些海上平臺主要是供軍人居住和駐守，沒有油氣勘探設施，也未發現大型海洋科考設施。

目前越南在南威島等 10 個主要島礁上建設了較完備的駐守設施，每個島礁上有百人規模的海軍官兵常駐，具有一定的軍事防禦能力。在其他島礁上，越南建設的碉堡形據點和海上平臺，通常只住有 10 餘名軍人、駐守空間狹小、缺乏重型武器裝備，後勤保障能力、軍事防禦能力和抵禦颱風等自然災害的能力都較為脆弱。

此外，越南在島礁建設的一個重要特色，就是在島礁上移居大量長期居住的平民，設立行政管轄機構，建設學校、寺廟、公園等民事生活設施，形成緊密的軍民共同駐守島礁的模式。越南在南沙群島共建造了九座燈塔，對外宣傳為南海的航道安全做出了貢獻。越南政府還頻繁報導和宣傳對這些島礁的開發情況，在國際社會形成越南長期有效占領和實施行政管轄的事實。

第二節　高潮時高於和或低於海平面海洋地形地物的法律地位

一、一般事項

菲律賓在其第 4 號和第 6 號陳述意見書狀中表示：「(4) 美濟礁（Mischief Reef）、仁愛暗沙（Second Thomas Shoal）和渚碧礁（Subi Reef）是低潮高地，它們不能產生領海、專屬經濟區或大陸礁層的法律權利（entitlement），也無法藉由占領，或其他方式占有地形地物的撥用（appropriation）；……南薰礁（Gaven Reef）和西門礁（McKennan Reef）（包括東門礁（Hughes Reef）是低潮高地，沒有產生領海、專屬經濟區或大陸礁層的法律權利，但它們的低水位線可用於確定基線，用來分別測量鴻庥島和景宏島領海的寬度。」[3]

菲律賓認為，其第 4 號和第 6 號陳述意見書狀中提到的五個海洋地形地物中的每一個都是低潮高地。[4]中國並未就仲裁程序中所有有爭議的海洋地形地物闡明自身的立場。[5]然而，仲裁庭在其司法管轄權裁決中重申了中國的觀點，即「對於全部和每一個地形地物，缺乏詳盡的交流，從而不能消除爭議」。[6]

根據中國的公開聲明和外交文書，仲裁庭了解到中國認為黃岩島（Scarborough Shoal）是一個島嶼，而美濟礁和永暑礁（Fiery Cross Reef）則屬於高潮地形地物，至少擁有領海的法律權利。[7]就此而言，仲裁庭還提到了中國對南沙群島海洋地形地物法律權利的評論，其中表示：「中國的南沙群島享有完全領海、專屬經濟區和大陸礁層的法律權利」。[8]

仲裁庭在其管轄權裁決中裁定，這些陳述意見書狀並未反映有關海洋地形地物的主權爭端。仲裁庭還認為，這些陳述意見書狀與海洋邊界的劃界無關。因此，仲裁庭做出結論，在對任何重疊的法律權利可能產生的影響進行預判的前提下，它有權處理菲律賓第 4 號和第 6 號陳述意見書狀中提出的事項。[9]尤有進者，仲裁庭觀察到，菲律賓的第 3 號和第 7 號陳述意見書狀也暗示了這些海洋地形地物在高潮時位於水面之上或之下。仲裁庭因此決定審查菲律賓的陳述

---

3 The South China Sea Arbitration Award (Merits), [281]. 菲律賓將越南占領的鴻庥島和景宏島視為「岩礁」。Memorial of the Philippines, Vol. I, 265, [7.145]. 有關南海海洋地形地物的詳細描述，可參見 Jon M. Van Dyke and Dale L. Bennett, “Islands and the Delimitation of Ocean Space in the South China Sea,” *Ocean Yearbook*, Vol. 10 (January 1993), p. 54.

4 The South China Sea Arbitration Award (Merits), [292].

5 事實上，中華民國對南海島礁，除太平島認為符合「島嶼」制度外，亦未對其他地物表達官方正式立場。

6 PCA Case No. 2013-19. The South China Sea Arbitration (Jurisdiction and Admissibility)（之後簡稱 The South China Sea Arbitration Award on Jurisdiction）, 29 October 2015, [170].

7 *Ibid.*, [299]-[300]. 對此，仲裁庭參考了以下的文件：Department of Foreign Affairs, Republic of the Philippines, *Record of Proceedings: 10th Philippines–China Foreign Ministry Consultations* (30 July 1998); Ministry of Foreign Affairs, People’s Republic of China, *Chinese Foreign Ministry Statement Regarding Huangyandao* (22 May 1997); Note Verbale from the Embassy of the People’s Republic of China in Manila to the Department of Foreign Affairs, Republic of the Philippines, No. 15 (PG)-214 (28 June 2015).

8 *Ibid.*, [301]. 亦可參見 Note Verbale from the Permanent Mission of the People’s Republic of China to the Secretary-General of the United Nations, No. CML/8/2011 (14 April 2011). 轉載於《菲律賓備忘錄》，第 6 卷，附件 201。

9 The South China Sea Arbitration Award (Jurisdiction and Admissibility), [401], [403].

意見書狀中確定的所有 10 個地形地物的法律地位。[10]

在探討海洋地形地物之前，首先必須釐清術語之意涵。仲裁庭認為，符合《公約》第 121 條第 1 款中「島嶼」（island）定義的地形地物的一般類別是「高潮地形地物」。「岩礁」一詞是指「無法維持人類居住或自身經濟生活」的高潮地形地物，根據《公約》第 121 條第 3 款，這些地形地物沒有產生專屬經濟區或大陸礁層的資格。根據《公約》第 121 條第 2 款規定，不是岩礁，而且與其他陸地領土享有同等權利的高潮地形地物被稱為「完全應享權利的島嶼」。因此，「岩礁」和「完全應享權利的島嶼」都是「高潮地形地物」類別的子類別。低潮時暴露，但高潮時被水淹沒的地形地物稱為「低潮高地」。即使在低潮時也被完全淹沒的海洋地形地物被稱為「淹沒地形地物」（submerged features）。[11]

二、《聯合國海洋法公約》第 13 條的解釋

根據《公約》第 13 條第 1 款，低潮高地是「在低潮時四面環水並高於水面，但在高潮時沒入水中的自然形成的陸地」。[12]根據第 13 條的界定，從而引發了三個問題。

第一個問題涉及關於自然形成的條件。《公約》第 13 條和第 121 條第 1 款分別將「低潮高地」和「島嶼」的定義都各自包括在內。在南海仲裁案中，此點至關重要，因為南海的許多地形地物已經作為大規模島嶼一樣受到了實質性的人為改造。[13]就此而言，重要的是，仲裁庭強調，「就法律上而言，人為改變不能將海底（seabed）變為低潮高地，也不能將低潮高地變為島嶼」。[14]

其次，「高潮」的意涵值得商榷。菲律賓選擇的高度基準為「平均高水位」（Mean High Water, MHW），而中國海圖提及「高潮」含括為「平均高潮汐」（Mean High Water Springs, MHWS）或「平均較高高潮」（Mean Higher

10 The South China Sea Arbitration Award (Merits), [282].

11 *Ibid.*, [280]. 《聯合國海洋法公約》沒有使用「高潮高地」（high-tide features）、「完全應享權利的島嶼」（fully entitled islands）和「淹沒地物」（submerged features）等術語。

12 國際法院認為，第 13 條反映了習慣國際法。Maritime Delimitation and Territorial Questions between Qatar and Bahrain (Qatar v. Bahrain), Judgment, [2001] ICJ Rep 40, 100, [201]; Territorial and Maritime Dispute (Nicaragua v. Colombia), Judgment, [2012] ICJ Rep 624, 693, [182].

13 The South China Sea Arbitration Award (Merits), [306]. 亦可參見 *ibid.*, [976].

14 *Ibid.*, [305].

High Waters, MHHW）。就此而言，仲裁庭採取了一種靈活的方法，指出「如果根據中國航海圖確定，平均較高高潮或平均高潮汐將是『高潮』的適當近似值」。[15]無論如何，仲裁庭認為「然而，最終，南海的潮汐範圍相對較小，在大多數情況下，選擇垂直基準對地形地物的狀況沒有任何影響」。[16]

仲裁庭的途徑與國際法院在尼加拉瓜訴哥倫比亞（Nicaragua v. Colombia）案中採取的做法形成對照。在國際法院案例中，法院在檢查基塔蘇尼奧（Quitasueño）的狀況時，採用了最高天文潮（Highest Astronomical Tide, HAT）作為垂直基準。然而，如前所述，仲裁庭在其仲裁裁決（案情）中並未遵循此種方式，指出國際水文組織（International Hydrographic Organization, IHO）特別建議將「最高天文潮」用作「垂直間隙（即橋樑）的基準，而且僅用於此目的」。[17]仲裁庭認為，《公約》和習慣國際法均未規定任何特定的高水位基準。[18]因此，仲裁庭認為，「根據《公約》，各國可自由根據符合第 13 條和第 121 條中『高潮』一詞的一般意涵的任何高潮基準，要求聲索高潮地形地物或島嶼。」[19]一些評論人士從而認為，海圖中用作參考的海平面隨著時間的推移而發展。[20]由於諸如氣候變化等環境變化，海平面也可能發生變化。因

[15] *Ibid.*, [313]. 然而，「平均較高高潮」和「平均高潮汐」是非常不同的途徑。就此而言，參見 Youna Lyons, Luu Quang Hung, and Pavel Tkalich, “Determining High-tide Features (or Islands) in the South China Sea under Article 121(1): a Legal and Oceanography Perspective,” in Shunmugam Jayakumar et al., eds., *The South China Sea Arbitration: The Legal Dimension* (Leiden; Boston: Edward Elgar, 2018), pp. 128, 135 (128-153).

[16] The South China Sea Arbitration Award (Merits), [313]. 然而，一些評論家對「平均高潮汐」和「平均較高高潮」之間的差異在低地環礁（low-lying atolls）的背景下是否仍然不那麼顯著表示懷疑。Youna Lyons, Luu Quang Hung, and Pavel Tkalich, “Determining High-tide Features (or Islands) in the South China Sea under Article 121(1): a Legal and Oceanography Perspective,” pp. 136-137.

[17] The South China Sea Arbitration Award (Merits), [310].

[18] *Ibid.*, [311]. Sean D. Murphy, “International Law Relating to Islands,” *Recueil des cours de l'Académie de Droit International*, Vol. 386 (2017), pp. 9, 44. 在 1997 年美國聯邦政府訴阿拉斯加州案（United States v. Alaska case）中，特別主報告（Special Master's Report）指出，根據美國既定的實踐，「高潮」被理解為「平均高水位」。美國最高法院似乎支持這種觀點。Report of the Special Master, J Keith Mann, March 1996, No. 84, Original, the Supreme Court of the United States, 234-236; 521 United States Reports, Cases Adjudged in the Supreme Court at October Term 1996 (Washington DC, 2000), 30-32. 然而，此並非意味它是國際公認的標準。亦可參見宋燕輝，〈領海直線基線劃定之爭議——United States v. Alaska 一案判決之解析〉，《歐美研究》，第 33 卷第 3 期（2003 年 9 月），頁 629-683。

[19] The South China Sea Arbitration Award (Merits), [311].

[20] Youna Lyons, Luu Quang Hung, and Pavel Tkalich, “Determining High-tide Features (or Islands) in the South China Sea under Article 121(1): a Legal and Oceanography Perspective,” p. 142.

此，從中似乎會發現時間要素對識別低潮高地的影響。

第三個問題涉及低潮高地的領域性。[21]就此而言，仲裁庭在案情裁決中認為，低潮高地是沿海國家的領海或大陸礁層的一部分，並指出：關於低潮高地的地位，仲裁庭認為，儘管在低潮高地的物理描述中使用了「陸地」一詞，但此種低潮高地並不構成法律意義上的一國陸地領土的一部分。相反，它們構成了國家淹沒陸塊的一部分，並且視情況而定，屬於領海或大陸礁層的法律制度之內。[22]

因此，仲裁庭確認了在尼加拉瓜訴哥倫比亞一案中國際法院的觀點，即「低潮高地不能加以撥用」。[23]

延續此脈絡視角，必須從判例法在此問題上的發展角度來審視仲裁庭的觀點。該類型的主要案件是卡達訴巴林（案情）（2001 年）一案。在該案例中，對低潮高地迪巴爾礁（Fasht ad Dibal）擁有主權是問題之所在。其中卡達認為不能撥用迪巴爾礁作為低潮高地，而巴林則認為，低潮高地本身就是領土，因此可以根據與獲取領土有關的標準進行撥用。[24]然而，巴林的論點並沒有說服國際法院。法院認為，只有在海洋法的脈絡內，才對離海岸相對較短距離的低潮高地制定了一些允許的規則。[25]位於領海範圍之外的低潮高地不能擁有自己的領海。此意味著低潮高地本身不會產生與島嶼或其他領土相同的權利。因此，國際法院認為，就獲得主權的角度而言，低潮高地不能完全與島嶼或其他陸地領土劃上等號。[26]

為了確定對低潮高地的主權，國際法院臨時劃出了兩條假設的等距線。無論採用哪種假設，迪巴爾礁都會在很大程度上或完全位於調整後等距線的卡達一側。最後，法院裁定：「由於迪巴爾礁位於卡達領海的結果，因此是屬於該國主權之內的原因。」[27]因此，在卡達訴巴林案（案情）中，國際法院認為低

21 關於此問題的分析，參見 Yoshifumi Tanaka, "Low-Tide Elevations in International Law of the Sea: Selected Issues," *Ocean Yearbook*, Vol. 20 (2006), pp. 189, 198-207.

22 The South China Sea Arbitration Award (Merits), [309]. 亦可參見 Memorial of the Philippines, Vol. I, 139-140, [586].

23 The South China Sea Arbitration Award (Merits), [309]; Nicaragua v. Colombia, Judgment, [2012] ICJ Rep 624, 641, [26].

24 Qatar v. Bahrain (Merits), [2001] ICJ Rep 100, [200].

25 *Ibid.*, 101-02, [205].

26 *Ibid.*, 102, [206]-[207].

27 *Ibid.*, 109, [220].

潮高地是作為海床，而不是陸地領土的一部分。

國際法院在 2008 年馬來西亞與新加坡一案中確認了卡達訴巴林判決中的裁決。[28]在該案中，法院指出，稱為南礁（South Ledge）的低潮高地，位於馬來西亞大陸；白礁（Pedra Branca）和中岩礁（Middle Rocks）似乎是位於重疊的領水之內。因此，國際法院判定，對南礁的主權屬於其所在領海的國家。[29]在此判決中，國際法院沒有將低潮高地吸納到陸地領土或島嶼之上。[30]如前所述，國際法院在 2012 年尼加拉瓜訴哥倫比亞一案中確認了此立場。[31]

國際法院的觀點得到了菲茨莫里斯（Gerald Fitzmaurice）爵士的回應，並指出：完善的國際法規則是，為了能夠占有主權，領土必須永久地位於高水位線以上，並且不包括唯有在退潮時才能發現的乾礁，除非它已經在適當領土的領海之內。[32]

根據《公約》第 13 條第 1 款的規定，僅當位於領海範圍內時，低潮高地才能用作基點。[33]換言之，低潮高地基於已經位於沿海國家領土主權的事實，從而產生領海。然而，可以將低潮高地用作為基點此一事實並不一定表明它們

---

[28] Case Concerning Sovereignty over Pedra Branca/Pulau Batu Puteh, Middle Rocks and South Ledge (Malaysia/Singapore), Judgment, [2008] ICJ Rep 12, 100-01, [296].

[29] *Ibid.*, 101, [297]-[299].

[30] Yoshifumi Tanaka, "Passing of Sovereignty: the Malaysia/Singapore Territorial Dispute before the ICJ," *Hague Justice Journal*, Vol. 3 (2008), pp. 5, 11.

[31] Nicaragua v. Colombia, Judgment, [2012] ICJ Rep 624, 641, [26]. 然而，中國在其立場文件中批評了國際法院的觀點。根據立場文件，國際法院「沒有指出此一結論性聲明的任何法律依據。它也沒有涉及作為群島組成部分的低潮高地的法律地位，或者在特定海域可能長期存在的對此類地物的主權或主權聲索」。Position Paper of the Government of the People's Republic of China on the Matter of Jurisdiction in the South China Sea Arbitration Initiated by the Republic of the Philippines, 7 December 2014, para 25, http://www.fmprc.gov.cn/mfa_eng/zxxx_662805/t1217147.shtml.

[32] Gerald Fitzmaurice, *The Law and Procedure of the International Court of Justice*, Vol. I (Cambridge: Cambridge University Press, 1993), pp. 286-87.

[33] 回顧一下 1930 年海牙國際法編纂會議（Hague Conference for the Codification of International Law）的第 14 號討論基礎（Basis of Discussion No. 14）已經指出，「為了使一個島嶼可以擁有自己的領海，它必須永久高於高潮海平面。為了使位於另一島嶼或大陸領海內的島嶼在確定該領海地帶時可以考慮在內，該島嶼在低潮時位於水面之上就足夠了。轉載於 Shabtai Rosenne, ed., *League of Nations: Conference for the Codification of International Law 1930*, Vol II (New York: Oceana, 1975), p. 272. 亦可參見 Clive Symmons, "Some Problems Relating to the Definition of 'Insular Formations' in International Law: Islands and Low-Tide Elevations," *Maritime Briefing* 1 No. 5 (International Boundaries Research Unit, 1995), pp. 14-15; Gilbert Guillaume, "Les haute-fonds découvrants en droit international," in *La mer et son droit, Mélanges offerts à Laurent Lucchini et Jean-Pierre Que'neudec* (Pedone, 2003), pp. 287, 288.

具有與島嶼相同的地位。尤有進者，根據《公約》第 7 條第 4 款：「除在低潮高地上築有永久高於海平面的燈塔或類似設施，或以這種高地作為劃定基線的起訖點已獲得國際一般承認者外，直線基線的劃定不應以低潮高地為起訖點。」[34]

該規定還表明，應將低潮高地與島嶼區分開。[35]因此，目前國際法似乎已經很好地確定了低潮高地與陸地領土之間的司法區別。

三、高潮時高於和或低於水面的海洋地形地物狀況的證據

在此脈絡下出現的一個特定問題，涉及有關海洋地形地物法律地位的證據。仲裁庭認為，「一般情況下，在高潮時最準確地確定某個特定地形地物是否在水面之上，將是基於多種方法的結合，包括涵蓋各種天氣和潮汐條件下，較長時間直接實地觀察的可能。」[36]然而，此種途徑運用在南海則似乎是不可能之事，人類的改造掩蓋了海洋地形地物的原始狀態，或者在政治考慮因素下限制了實地的觀察。在此種情況下，必須根據「海洋地形地物先前狀態的最佳可用證據」，以確定海洋地形地物的法律地位。[37]

至於海洋地形地物狀況的證據，菲律賓高度依賴衛星圖像進行的遙感。[38]然而，仲裁庭不接受菲律賓對此種圖像的準確性或確定性的程度，因為菲律賓使用衛星圖像的解析度不足，難以確定是否存在高潮地形地物。[39]相對而言，

---

[34] 藉由適用此規定，仲裁庭在厄利垂亞／葉門爭端（第二階段）裁定，厄利垂亞不能使用很小且無人居住的內吉列岩礁（Negileh Rock）作為領海的直線基線，因為該岩礁在任何潮汐狀態下似乎都不會高於水面。The Eritrea/Yemen Arbitration (Second Phase: Maritime Delimitation), Award of 17 December 1999, (2001) 22 RIAA 335, 367-368, [141]-[146].

[35] 1958 年《關於領海和鄰接區的日內瓦公約》（*Geneva Convention on the Territorial Sea and the Contiguous Zone*）也有類似的規定：「低潮高地不得作為劃定基線之起迄點，但其上建有經常高出海平面之燈塔或類似設置者，不在此限。」（第 4 條第 3 款）鮑維特（Derek Bowett）指出，關於根據 1958 年《日內瓦領海公約》第 4 條規定的直線基線法繪製基線，沒有發生將低潮高地與島嶼同化的情況。Derek W. Bowett, *The Legal Regime of Islands in International Law* (New York: Oceana, 1979), p. 12.

[36] The South China Sea Arbitration Award (Merits), [321]. 就此而言，國際法院在尼加拉瓜訴哥倫比亞案（[2012] ICJ Rep 644, [36]）中判定，法院「必須確保其面前有足夠的證據，以確信海洋地物符合高潮時高於水面的檢驗」。

[37] The South China Sea Arbitration Award (Merits), [306].

[38] *Ibid*., [322].

[39] *Ibid*. 亦可參見[326].

仲裁庭認為「以海圖、調查紀錄，以及航行指南中，可以找到關於南海地形地物的狀況，係更有說服力的證據」。[40]

具體而言，仲裁庭特別青睞一些調查與航行指南：英國皇家海軍（British Royal Navy）在 1862 年至 1868 年之間進行的一項調查；英國皇家海軍和大日本帝國海軍在 1920 年代和 1930 年代進行的調查；以及航行指南。[41]

根據上述材料的基礎，仲裁庭裁定：黃岩島、華陽礁（Cuarteron Reef）、永暑礁、赤瓜礁（Johnson Reef）、西門礁，以及小南薰礁（Gaven Reef (North)）等地形地物視為是高潮地形地物。另外，仲裁庭裁定：東門礁（Hughes Reef）、西南礁（Gaven Reef (South)）、渚碧礁、美濟礁，以及仁愛暗沙等地形地物視為是低潮高地。[42]這些低潮高地不會產生領海、專屬經濟區或大陸礁層的法律權利。[43]

值得注意的是，仲裁庭獨自獲得了證據，以裁定海洋地形地物的司法地位。仲裁庭的調查係依據《議事規則》的第 22 條第 2 款，該條款規定仲裁庭可以「採取一切適當措施，以確立事實」。仲裁庭積極使用其調查的權力，似乎與國際法院的實踐形成對照，國際法院採用其權力，以尋求較為溫和方式的證據。[44]在南海仲裁案中，可以說仲裁庭對自我反思是有意義的，因為菲律賓提交的證據不足，而且缺乏來自被告國缺席而產生的材料。[45]當然，此也引來爭議。然而，仲裁庭應用的途徑需要在兩個方面進行考慮。

首先，在確定海平面以上和或以下海洋地形地物的法律地位時，仲裁庭在確定高潮以上和或以下海洋地形地物的司法地位時，賦予歷史紀錄很大的權重。就此而言，仲裁庭在人為修改已經掩蓋了海洋地形地物的原始狀態的特殊情況下，採用了此種途徑。如果海洋地形地物保持其原始形式，則需要根據當

40 *Ibid.*, [327].

41 *Ibid.*, [329]-[332].

42 *Ibid.*, [382]-[383] and [1203] B(3), (4), (5).

43 *Ibid.*

44 Anna Riddell and Brendan Plant, *Evidence before the International Court of Justice* (London: British Institute of International and Comparative Law, 2009), p. 70; Markus Benzing, "Evidentiary Issues," in Andreas Zimmermann et al., eds., *The Statute of the International Court of Justice: A Commentary*, 2nd edn (Oxford: Oxford University Press, 2012), p. 1238; Tara Davenport, "Procedural Issues Arising from China's Non-participation in the South China Sea Arbitration," in Shunmugam Jayakumar et al., eds., *The South China Sea Arbitration: The Legal Dimension*, pp. 65, 96.

45 亦可參見李禎之，〈南シナ海仲裁手続の訴訟法的含意〉，《国際法外交雑誌》，第 117 卷第 2 号（2018 年 8 月），頁 30、39-41。

前形式確定海洋地形地物的司法地位。實際上，當審查基塔蘇尼奧在高潮時是否在海平面之上時，國際法院強調，「在成為當代證據之前，與該問題相關的一切」。[46]因此，歷史紀錄的相關性可能會根據特定的情況而有所不同。

其次，不能保證歷史紀錄總是清晰和一致性。在某些情況下，根據所使用的紀錄，海洋地形地物的描述可能會有所不同。舉例而言，關於美濟礁，仲裁庭提到了五種不同的紀錄：探險船先驅號（HMS Herald）在 1933 年和 1938 年進行的調查、大日本帝國海軍第 525 號海圖、中國第 18500 號海圖，以及中國解放海軍總部的航行指南（2011 年）。

然而，關於美濟礁的描述紀錄有所不同。儘管在美濟礁沒有提及任何高潮地形地物，但探險船先驅號的描述是指一塊乾礁，其高度比「平均低潮汐」（Mean Low Water Springs, MLWS）高 5 英尺。[47]大日本帝國海軍第 525 號海圖顯示，在高潮時沒有高於海面上的地形地物。[48]相反，中國的第 18500 號海圖描繪了該岩礁所在位置的平均海平面（Mean Sea Level, MSL）之上 1 公尺的高度。中國解放海軍總部的航行指南描述了半潮（half-tide）時裸露的岩礁。[49]

仲裁庭認為，直接觀察的清晰證據，包括探險船先驅號的「乾礁」和中國航行指南「半潮期間」（during half-tide）暴露的岩礁，都更具說服力。就此而言，考慮到探險船先驅號在美濟礁調查中花費的時間，以及上述描述中明顯的潮汐條件，仲裁庭認為高潮的岩礁或地貌可能被忽略或遺漏是不可思議之事。[50]然而，此似乎只是一種猜測。在任何情況下，如果海洋地形地物的描述根據調查紀錄而有所不同，則紀錄的相關性取決於仲裁庭的判斷。

第三節　作為岩礁或島嶼海洋地形地物的法律地位

一、一般事項

第二個問題涉及為《公約》第 121 條的目的，而將海洋地形地物作為岩礁

[46] Nicaragua v. Colombia, Judgment, 644, [36].

[47] The South China Sea Arbitration Award (Merits), [374].

[48] *Ibid.*, [375].

[49] *Ibid.*, [376]-[377].

[50] *Ibid.*, [377].

或島嶼的法律地位。該問題分別與菲律賓的第 3、5 和 7 號陳述意見書狀有關。菲律賓認為：「(3) 黃岩島不享有專屬經濟區或大陸礁層的法律權利；…… (5) 美濟礁和仁愛暗沙是菲律賓專屬經濟區和大陸礁層的一部分；…… (7) 赤瓜礁、華揚礁和永暑礁沒有產生專屬經濟區或大陸礁層的法律權利。……」[51]

與此相關的是，菲律賓聲稱，根據《公約》第 121 條第 3 款的規定，在其第 3 號和第 7 號陳述意見書狀所認定的所有四個高潮地形地物，即黃岩島、赤瓜礁、華揚礁和永暑礁都屬於岩礁。[52]根據菲律賓的說法，南沙群島的任何地形地物都無法根據其自身的自然要素，以維持包括人類居住及其自身的經濟生活。[53]為證明其主張，菲律賓提交了對太平島（Itu Aba）自然條件的專家分析。[54]根據菲律賓的說法，南海的海洋地形地物僅能產生領海。

即令中國沒有釐清其對菲律賓提交的文件中基於《公約》第 121 條第 3 款適用於所認定的每一海洋地形地物的立場，也可以從其本國法律、外交往來和公開聲明中發現中國在此一問題上的立場。[55]仲裁庭審查了中國的聲明和行動，發現中國認為黃岩島是充分應享權利的島嶼。[56]此外，根據中國外交部發言人 2016 年 6 月 3 日的聲明，可以認為中國將太平島視為充分應享權利的島嶼。[57]仲裁庭認為，中國還做了一般性聲明，即南沙群島島群整體上產生充分海洋法律權利，但未就赤瓜礁、華揚礁、永暑礁、南薰礁或西門礁的地位，以

---

51 *Ibid.*, [385].

52 *Ibid.*, [423].

53 *Ibid.*, [426]. 亦可參見 Memorial of the Philippines, Vol. I, [5.96]-[5.114].

54 舉例而言，參見 Dr. RT Bailey, Groundwater Resources Analysis of Itu Aba (9 March 2016) (Annex 878); Dr. RT Bailey, Supplemental Report on Groundwater Resources Analysis of Itu Aba (20 April 2016) (Annex 911); Dr. PP Motavalli, Soil Resources and Potential Self-Sustaining Agricultural Production on Itu Aba (9 March 2016) (Annex 879); Dr. PP Motavalli, Second Supplemental Expert Report on Soil Resources and Potential Self-Sustaining Agricultural Production on Itu Aba (2 June 2016) (Annex 934), https://pca-cpa.org/en/cases/7/.

55 The South China Sea Arbitration Award (Merits), [450].

56 *Ibid.*, [465].

57 *Ibid.*, [466]. 當然，與此相關，臺灣也聲稱太平島無可爭議地符合第 121 條規定的「島嶼」。中華民國外交部，〈中華民國對南海問題之立場聲明〉，2015 年 7 月 7 日，https://www.mofa.gov.tw/News_Content.aspx?n=97&s=75162；中華民國外交部，〈中華民國政府重申對南海議題之立場〉，2015 年 10 月 31 日，https://www.mofa.gov.tw/News_Content.aspx?n=8742DCE7A2A28761&s=49B79D301A4D6808。亦可參見 The South China Sea Arbitration Award (Merits), [449].

《公約》第 121 條第 3 款的目的發表具體的聲明。[58]總體而言，可以推論，各方在南海海洋地形地物司法地位和或其海洋法律權利方面的意見分歧很大。

仲裁庭在其管轄權和可受理性裁決中裁定，菲律賓提交第 3 號和第 7 號陳述意見書狀與該地形地物的主權爭議並不相關，而且這些陳述意見書狀不涉及海域劃界。因此，仲裁庭得出結論認為，它有權處理菲律賓提交的第 3 號和第 7 號陳述意見書狀中提出的事項。[59]另一方面，仲裁庭保留了關於菲律賓提交的第 5 號陳述意見書狀其管轄權的決定，以結合菲律賓控訴的案情考慮，因為該意見書狀不具有排他性的初步性質。[60]

海洋地形地物的司法地位受《公約》第 121 條的管轄。第 121 條包含三項規定，列出了定義（第 1 段）、一般規則（第 2 段）和該一般規則的例外（第 3 段）。[61]關於《公約》第 121 條第 3 款的解釋和適用，引發了一個有爭議的問題，該條規定：「不能維持人類居住或其本身的經濟生活的岩礁，不應有專屬經濟區或大陸礁層。」《公約》沒有對「岩礁」的內容進行界定。仲裁庭認為，第 121 條第 3 款中的「岩礁」一詞不限於由堅硬岩石構成的海洋地形地物。

因此，高潮地形地物的地質和地貌特徵與其根據《公約》第 121 條第 3 款進行的分類無關。[62]就此而言，仲裁庭明確指出，「在第 121 條中，岩礁是島嶼的一種類型」。[63]仲裁庭的觀點得到評論家的支持。舉例而言，格特內斯（Marius Gjetnes）認為，「岩礁是一種島嶼的特殊類型」，而「在解釋第 121

58 The South China Sea Arbitration Award (Merits), [469]-[472].

59 The South China Sea Arbitration Award (Jurisdiction and Admissibility), [400], [404].

60 *Ibid.*, [402].

61 對第 121 條立法歷史的詳細探討，參閱 Robert Kolb, “L’interprétation de l’article 121, paragraph 3, de la Convention de Montego Bay sur le droit de la mer: les ‘roches qui ne se prêtent pas à l’habitation humaine ou à une vie économique propre …’,” *Annuaire Français de Droit International*, Vol. 40 (Année 1994), p. 876 (876-909); Myron H. Nordquist, “Textual Interpretation of Article 121 in the UN Convention on the Law of the Sea,” in Holger P. Hestermeyer et al., eds., *Coexistence, Cooperation and Solidarity: Liber Amicorum Rüdiger Wolfrum*, Vol I (Leiden: Brill/Njihoff, 2012), p. 991; Myron H. Nordquist, “UNCLOS Article 121 and Itu Aba in the South China Sea Final Award: A Correct Interpretation?” in Shunmugam Jayakumar et al., eds., *The South China Sea Arbitration: The Legal Dimension*, pp. 176, 179-184; United Nations, Office for Ocean Affairs and the Law of the Sea, *The Law of the Sea: Régime of Islands, Legislative History of Part VIII (Article 121) of the United Nations Convention on the Law of the Sea* (New York: United Nations, 1988).

62 The South China Sea Arbitration Award (Merits), [540].

63 *Ibid.*, [481].

條第 3 款時，必須避免岩礁的純粹地質定義」。[64]科爾布（Robert Kolb）對此觀點表示贊同。[65]此外，洛伊（Alan V. Lowe）指出，「岩礁是島嶼；它們是『島嶼』的子類別。」[66]因此，《公約》第 121 條第 1 款提出的定義也適用於「岩礁」。[67]

二、對《聯合國海洋法公約》第 121 條第 3 款的解釋

（一）定性要求

仲裁庭在解釋《公約》第 121 條第 3 款時，側重於兩類的要求：定性要求和時間要求。《公約》第 121 條第 3 款包含要充分應享權利島嶼的海洋地形地物提出了兩個定性要求：維持「人類居住」及其「本身的經濟生活」能力。地形地物的「能力」（capacity）必須獲得客觀的確定。[68]關鍵性的問題之一是，該地形地物客觀上是否是「適合（apt）、能夠（able to）或適應本身提供人類的居住或經濟生活」，而不是該地形地物是否實際能夠維持人類居住或經濟生活。[69]在考慮此問題時，四個方面需進一步討論。

第一個方面是，是否必須同時滿足「人類居住」及其「本身的經濟生活」

64 Marius Gjetnes, “The Spratlys: Are They Rocks or Islands?” *Ocean Development & International Law*, Vol. 32, No. 2 (2001), pp. 191, 193 (191-204).

65 Robert Kolb, “L’interprétation de l’article 121, paragraph 3, de la Convention de Montego Bay sur le droit de la mer: les ‘roches qui ne se prêtent pas à l’habitation humaine ou à une vie économique propre ...’,” p. 904. 亦可參見 Barbara Kwiatkowska and Alfred H. A. Soons, “Entitlement to Maritime Areas of Rocks Which Cannot Sustain Human Habitation or Economic Life of Their Own,” *The Netherlands Yearbook of International Law*, Vol. 21 (December 1990), pp. 139, 151 (139-181); Guifang Xue, “How Much Can A Rock Get? A Reflection from the Okinotorishima Rocks,” in Myron H. Nordquist et al., eds., *The Law of the Sea Convention: US Accession and Globalization* (Leiden: Brill/Nijhoff, 2012), pp. 341, 355, https://core.ac.uk/download/pdf/41377942.pdf.

66 Presentation by Professor Lowe in the Maritime Delimitation in the Black Sea (Romania v. Ukraine), Verbatim Record, CR 2008/20, 4 September 2008, 41, para 11, 參見國際法院官網，http://www.icj-cij.org/en。

67 Marius Gjetnes, “The Spratlys: Are They Rocks or Islands?” p. 194. 就此而言，國際法院在尼加拉瓜訴哥倫比亞（Nicaragua v. Colombia）一案中強調了第 121 條三項規定的完整性。法院認為，「聯合國海洋法公約第 121 條規定的島嶼法律制度構成了一個不可分割的制度，所有這些（如哥倫比亞和尼加拉瓜承認）都具有習慣國際法的地位」：[2012] ICJ Rep 624, 674, [139].

68 The South China Sea Arbitration Award (Merits), [545].

69 *Ibid.*, [483].

的要求，地形地物方能擁有專屬經濟區和大陸礁層的法律權利（累積解釋），或者是否滿足其中一項就足夠了（析取解釋）。菲律賓敦促仲裁庭採用累積性解釋，從而指出「就邏輯而言，否定動詞形式與析取性『或』的組合產生累積性的要求。」就本質而言，此乃雙重否定。[70]然而，此不是孤立的觀點。舉例而言，范戴克（Jon M. Van Dyke）、摩根（Joseph Morgan）和古里什（Jonathan Gurish）認為「能夠維持人類居住及其本身經濟生活」一詞涵蓋了一個單一概念。[71]庫柏（Robert Kolb）[72]和弗蘭克斯（Eric Franckx）[73]也支持此觀點。

然而，仲裁庭拒絕採用累積解釋，指出「維持人類居住還是本身經濟生活的能力，不足以使高潮地形地物具有專屬經濟區和大陸礁層」。仲裁庭的析取解釋取決於《公約》對第 121 條第 3 款的語言結構分析。[74]仲裁庭側重於該條款中一個單一句子的平行結構。仲裁庭指出，第 121 條第 3 款的第一句話並不是對本條款中析取關係的唯一否定，而且該段的後半部分重複了相同的構造，從而規定此類岩礁「不應有專屬經濟區或大陸礁層」。仲裁庭認為，合乎邏輯的解釋是，「不符合本款標準的岩礁，應沒有專屬經濟區（而且）沒有大陸礁層」。[75]仲裁庭認為，此並不合理。《公約》的起草者對一個句子的平行結構中一個條款採用嚴格的邏輯結構，而對另一條款偏離這種邏輯解釋是不可能之事。因此，仲裁庭解釋表示，只有在既缺乏維持人類居住的能力，又缺乏維持本身的經濟生活能力的情況下，一塊岩礁才可剝奪專屬經濟區和大陸礁層的權利。

換言之，「一個既能維持人類居住，又能維持本身經濟生活的島嶼既有專

---

[70] Presentation by Mr Martin, Merits Hearing (Day 2), 25 November 2015, 84; Memorial of the Philippines, Vol. I, 145, [5.103].

[71] Jon M. Van Dyke, Joseph Morgan, and Jonathan Gurish, "The Exclusive Economic Zone of the Northwestern Hawaiian Islands: When Do Uninhabited islands Generate an EEZ?" *San Diego Law Review*, Vol. 25, No. 3 (1988), pp. 425, 437.

[72] Robert Kolb, "L'interprétation de l'article 121, paragraph 3, de la Convention de Montego Bay sur le droit de la mer: les 'roches qui ne se prêtent pas à l'habitation humaine ou à une vie économique propre ...'," p. 906.

[73] Eric Franckx, "The Regime of Islands and Rocks," in David J. Attard, Malgosia Fitzmaurice, and Norman A. Martínex Gutiérrez, eds., *The IMLI Manual on International Maritime Law, Vol. I: The Law of the Sea* (Oxford: Oxford University Press, 2014), pp. 99, 117.

[74] The South China Sea Arbitration Award (Merits), [544]. 亦可參見 *ibid.*, [496].

[75] *Ibid.*, [495].

屬的經濟區，又有大陸礁層的權利。」[76]然而，實際上，很難想像經濟生活會完全從人類的生活分離。因此，仲裁庭繼續補充表示，作為一種實際的事務，只有在穩定的人類社區居住的情況下，海洋地形地物才會擁有本身的經濟生活，[77]並且這兩個要求「在大多數情況下得以齊頭並進」。[78]在如此的陳述中，其似乎顯示仲裁庭試圖在實際層級調和析取性解釋與累積性解釋。就此意義而言，仲裁庭的解釋幾乎是現實之中兩種解釋之間的折衷。

第二個方面與「自然形成」島嶼的要素有關。就此而言，菲律賓聲稱，必須參考其自然條件，以確定該地形地物維持人類居住和本身經濟生活的能力。菲律賓認為，「一種相反的規則將產生不利的動機，對各國採取擴大其海洋區域，損害其他沿海國家和或人類的共同遺產之類的行動。」[79]菲律賓的觀點得到了仲裁庭的支持，從而表示：不能透過人為努力將低潮高地或海床地區合法地轉變成一個島嶼，仲裁庭認為，一塊岩礁不能透過土地開墾而轉變成充分應享權利的島嶼。地形地物的地位必須根據其自然條件進行評估。[80]

幾乎毫無疑問，該裁決適用於中國在南海推動和進行的土地開墾。實際上，仲裁庭裁定，中國在本來是低潮高地的美濟礁開墾活動，但後來演變成一個人工島的創建。[81]當然，此種情況也適用於越南在南海的開墾。

此外，仲裁庭認為：如果僅透過技術和無關物資的引進，就允許各國將無能力維持人類居住及其本身經濟生活的任何岩礁，轉變為擁有充分應享權利的島嶼，那麼第 121 條第 3 款作為限制條款的目的，將遭受挫折。因為該規定不能再被用作防止各國他們自身聲索潛在巨大海洋空間的實際限制。[82]

實際上，許多高潮地形地物都已從其自然條件中進行了重大的修改。因此，仲裁庭在審查南沙群島中高潮地形地物的自然條件時，認為「關於地形地

---

76 *Ibid.*, [496].

77 *Ibid.*, [544].

78 *Ibid.*, [543]. 就此而言，菲律賓認為，在這種情況下，無論標準是連貫的還是不連貫的，結果都是一樣：*ibid.*, [417]; presentation by Reichler, Merits Hearing (Day 4), 30 November 2015, pp. 8-9; presentation by Schofield, *ibid.*, p. 45.

79 Presentation by Mr. Martin, Merits Hearing, p. 72.

80 The South China Sea Arbitration Award (Merits), [508]. 亦可參閱 Presentation by Mr. Sands, Merits Hearing (Day 2), 25 November 2015, p. 18.

81 The South China Sea Arbitration Award (Merits), [1037]. 由於美濟礁位於菲律賓專屬經濟區和大陸礁層之內，因此只有菲律賓才能建造或運營這樣的人工島。因此，中國的活動違反了公約第 60 條：*ibid.*, [1035]-[1036], [1043].

82 *Ibid.*, [509].

物條件歷史的證據（在專屬經濟區作為一個概念出現，或者是人類進行了重大改造之前）就可以更可靠地指導這些地形地物維持人類居住或本身經濟生活的能力」。[83]仲裁庭的解釋本質上屬於靜態性質，因為海洋地形地物的能力在過去的某個時刻是固定的。[84]此處有趣的問題是，海洋地形地物維持人類居住或本身經濟生活的能力是否會隨著時間而改變。

就此而言，必須指出的是，人類居住或本身經濟生活的歷史證據只能作為以往能力的證明，而且過去的能力必須繼續存在，以使海洋地形地物成為充分應享權利的島嶼。[85]如果以往的能力已經喪失，則該地形地物將不再被視為充分應享權利的島嶼。[86]如此建議的邏輯表明，海洋地形地物或許隨後獲得自然條件，以維持人類居住或本身經濟生活的可能性。[87]正如仲裁庭所接受的內容，「第 121 條第 3 款涉及海洋地形地物維持人類居住或本身經濟生活的能力，而與該地形地物當前，或曾經居住，或經濟生活的家園無關。」[88]由於「能力」是一個通用術語，因此「能力」的內容會隨著時間的推移而發展。[89]鑑於自然環境本質是動態的性質，考慮海洋地形地物的自然條件可能會因諸如氣候變化等自然現象而發生變化，似乎是合理的原因。[90]

---

[83] *Ibid.*, [578].

[84] 亦可參見 Irini Papanicolopulu, "The Land Dominates the Sea (Dominates the Land Dominates the Sea)," *Questions of International Law Zoom-in*, Vol. 47 (2018), pp. 39, 47 (39-48), http://www.qil-qdi.org/wp-content/uploads/2018/02/03_Whats-an-island_PAPANICOLOPULU_FIN.pdf.

[85] Barbara Kwiatkowska and Alfred H. A. Soons, "Entitlement to Maritime Areas of Rocks Which Cannot Sustain Human Habitation or Economic Life of Their Own," p. 162.

[86] Jonathan I. Charney, "Rocks That Cannot Sustain Human Habitation," *American Journal of International Law*, Vol. 93, No. 4 (Oct. 1999), pp. 863, 867 (863-878). 亦可參見 Choo-Ho Park, "The Changeable Legal Status of Islands and 'Non-Islands' in the Law of the Sea: Some Instances in the Asia-Pacific Region," in David D. Caron and Harry N. Scheiber, eds., *Bringing New Law to Ocean Waters* (Nijhoff, 2004), pp. 483, 484, 486-487.

[87] 亦可參見 Barbara Kwiatkowska and Alfred H. A. Soons, "Entitlement to Maritime Areas of Rocks Which Cannot Sustain Human Habitation or Economic Life of Their Own," p. 162.

[88] The South China Sea Arbitration Award (Merits), [545].

[89] 根據希金斯（Rosalyn Higgins）法官的說法，「通用術語」是「一個已知的法律術語，締約方預期其內容會隨著時間的推移而改變」。Declaration of Judge Higgins in Kasikili/Sedudu Island (Botswana v. Namibia) [1999] ICJ Rep 1113, [2]. 亦可參見 Report of the International Law Commission, Fifty-eighth session, General Assembly, Official Records Sixty-first session Supplement No. 10 (A/61/10) (2006), pp. 415-416, [23]. 國際的法院和法庭確認了通用術語的演變性質。參見 Yoshifumi Tanaka, "Reflections on Time Elements in the International Law of the Environment," *Zeitschrift für ausländisches öffentliches Recht und Völkerrecht*, Vol. 73 (2013), pp. 140, 150-154.

[90] Choo-Ho Park, "The Changeable Legal Status of Islands and 'Non-Islands' in the Law of the Sea: Some

因此，或許很難完全排除海洋地形地物的「能力」可能隨時間而變化的可能性。一些評論家接受隨著時間的流逝，海洋地形地物法律地位的變化。舉例而言，查尼（Jonathan I. Charney）指出，「第 121 條第 3 款對某地形地物的應用可能會隨時間而變化」。[91]格特內斯對此表示贊同，並指出「地形地物的地位可能會隨時間而變化，因為第 121 條 3 款中的標準本身可能會發生變化，或出現新技術和生活條件」。[92]此外，作為實踐問題，如果不引入某種人工附加物，人類將很難適應海洋地形地物或維持經濟生活。即使無法透過土地開墾將一塊岩礁轉變為一個充分應享權利的島嶼，[93]似乎仍有一定的範圍可以考慮是否完全禁止第 121 條第 3 款引入「人工添加」。

第三個相關方面涉及對「它們本身經濟生活」要求的解釋。在這方面的一個有爭議的問題是，是否可以引入外部資源以改善海洋地形地物的經濟生活。仲裁庭的答案是否定的。對於仲裁庭而言：完全依賴於外部資源或致力於將地形地物用作提取活動的對象，而沒有當地人口參與的經濟活動，就其與地形地物本身的必要聯繫而言，本質上也很短暫。[94]

仲裁庭認為：第 121 條第 3 款要求，該地形地物本身必須維持人類居住或經濟生活，顯然不包括對外部供給的依賴。僅能透過從外部持續的供給，以維持居住的地形地物不符合第 121 條第 3 款的要求。[95]

第四，對於仲裁庭而言，「無法維持」一詞的意思是「如果沒有人為添加，就無法維持」。[96]與此相關的是，它進一步認為：「如果外部支持如此重

Instances in the Asia-Pacific Region," p. 484.

91 Jonathan I. Charney, "Rocks That Cannot Sustain Human Habitation," pp. 867-868.

92 Marius Gjetnes, "The Spratlys: Are They Rocks or Islands?" p. 199. 亦可參見 Sean D. Murphy, "International Law Relating to Islands," pp. 74-75, 208-219.

93 透過填海造陸將一塊岩礁變成一個完全具有法律權利的島嶼可能被視為對權利的濫用。參見《聯合國海洋法公約》第 300 條。亦可參見 Robert Kolb, "L'interprétation de l'article 121, paragraph 3, de la Convention de Montego Bay sur le droit de la mer: les 'roches qui ne se prêtent pas à l'habitation humaine ou à une vie économique propre ...'," p. 908.

94 The South China Sea Arbitration Award (Merits), [543].

95 *Ibid*., [547]. 對此，菲律賓在其備忘錄中強調，「為了避免被歸類為『岩礁』，支持經濟生活的條件不能人為地創造或從外部注入。」Memorial of the Philippines, Vol. I, 129, [5.50]. 亦可參見 *Ibid*., [5.48]. 在他 1979 年出版的書中，鮑維特（Derek Bowett）就已經論證說，「『他們自己的』一詞意味，一個國家無法透過注入基於來自它的其他陸地領土人為的經濟生活，以避免一塊岩礁被剝奪專屬經濟區和大陸礁層」：Derek W. Bowett, *The Legal Regime of Islands in International Law*, p. 34.

96 The South China Sea Arbitration Award (Merits), [510].

要，以至於構成了居住地形地物的必要條件，則不再是支撐人類居住的地形地物本身。」[97]「如此重要」一詞似乎暗示可以允許一些較小的外部支援，以維持人類的居住，[98]而完全依賴外部以提供每個人類需求的地形地物，不符合第 121 條第 3 款的要求。[99]然而，仲裁庭對有關「重大」依賴的程度，沒有進一步的精確度。因此，此將被迫根據具體情況決定重要的依賴程度。然而，由於沒有客觀標準來評估重大依賴的程度，因此，該決策將缺乏可預測性，從而帶來了主觀性風險。

（二）時間要求

時間要求（temporal requirements）對於解釋第 121 條第 3 款中的「人類居住」至關重要。仲裁庭對此發表了重要的聲明：第 121 條第 3 款的起草者們所關注的人類居住環境是一部分人口的居住環境，為他們的利益引入了專屬經濟區。連同定居（settlement）和居住地（residence）的概念，以及「住所」（habitation）一詞中固有的定性方面，應該理解為是指該地形地物是其家園的定居群體或社區對地形地物的居住。[100]

與此相關的是，仲裁庭強調了此種居住的「非暫時性」（non-transient character）。[101]用仲裁庭的話說：「人類居住」一詞應理解為涉及由一群人民穩定的社群居住在地形地物上，該地形地物構成了該群人民的家園並可以在其停留。[102]因此將會提及「一個穩定的人民社群」一詞。有趣的是，在 1934 年，吉德爾（Gilbert Gidel）提出了一個穩定人民社群的存在，此乃使地形地物

[97] *Ibid.*, [550].

[98] Marius Gjetnes, "The Spratlys: Are They Rocks or Islands?" p. 199, 認為「在實現一個島嶼的經濟機會方面，應該允許某種外部支持，因為在大多數情況下，這是實現經濟潛力所必要的」。亦可參見 Barbara Kwiatkowska and Alfred H. A. Soons, "Entitlement to Maritime Areas of Rocks Which Cannot Sustain Human Habitation or Economic Life of Their Own," pp. 168-169; Robert Kolb, "L'interprétation de l'article 121, paragraph 3, de la Convention de Montego Bay sur le droit de la mer: les 'roches qui ne se prêtent pas à l'habitation humaine ou à une vie économique propre ...'," p. 908.

[99] 根據洛伊（Alan V. Lowe）的說法，這樣的海洋地形地物「與鋼製平臺沒有區別」。Presentation by Lowe in the Maritime Delimitation in the Black Sea (Romania v. Ukraine), Verbatim Record, CR 2008/31, 16 September 2008, 14, [21].

[100] The South China Sea Arbitration Award (Merits), [520].

[101] *Ibid.*, [542].

[102] *Ibid.* 就此而言，仲裁庭補充說：「如此的社區不一定很大，在偏遠的環礁中，幾個個人或家庭團體就足夠了。游牧民族在某地物上的定期或慣常居住也可以構成居住地。……」：*ibid.*, [542].

成為擁有充分應享權利島嶼的因素。[103]此觀點隨後得到其他評論人士的支持。[104]「穩定」此形容詞似乎表明，要滿足人類居住的要求，一定時期內必須在海洋地形地物中存在人民的社群。[105]事實上，評論人士的觀點提及，菲律賓強調，「一個穩定的人類共同體（是一個共同體），在整個時間上都是持續的」。[106]仲裁庭的規定導致了重要的後果，即排除了臨時（輪調）軍事人員、漁民、燈塔管理員等。[107]

為了人們的生存，必須在海洋地形地物中滿足一些基本需求。就此而言，仲裁庭認為，一些因素影響了一個地形地物的自然能力：存在足夠數量的水、食物和庇護所，以使一群人可以於不確定的時間時段內在該地物上生活。[108]就以「一段不確定的時間」一詞所示，仲裁庭再次強調了關於人類居住的時間要求。與此相關的是，仲裁庭裁定，第 121 條第 3 款中「維持」的普通含義包含時間概念。仲裁庭認為，此意味「支持和提供必須在一段時間內，而不是一次性的或短暫的性質」。[109]此外，仲裁庭認為，「就維持人類居住而言，『維持』是指根據適當的標準，提供維持人類持續健康生存所必需的物質。」[110]

[103] Gilbert Gidel, *Le droit international public de la mer, Le temps de paix*, Tome III (reprint) (Duchemin, 1981), p. 684.

[104] 舉例而言，范戴克（Jon M. Van Dyke）和布魯克斯（Robert A. Brooks）認為「關鍵因素必須是該島實際上是否能夠維持穩定的人口」：參見 Jon M. Van Dyke and Robert A. Brooks, “Uninhabited Islands: Their Impact on the Ownership of the Oceans’ Resources,” *Ocean Development & International Law*, Vol. 12, No. 3-4 (1983), pp. 265, 286 (265-300). 亦可參見 Robert Kolb, “L’interprétation de l’article 121, paragraph 3, de la Convention de Montego Bay sur le droit de la mer: les ‘roches qui ne se prêtent pas à l’habitation humaine ou à une vie économique propre ...’,” p. 906; Marius Gjetnes, “The Spratlys: Are They Rocks or Islands?” p. 196.

[105] 洛伊（Alan V. Lowe）認為「對『社區』的提法意味著在一段時間內持續的人口具有相當程度的穩定性和持久性」：Lowe, Verbatim Record, p. 45, [31].

[106] Memorial of the Philippines, Vol. I, p. 126, [5.36].

[107] 就此而言，洛伊（Alan V. Lowe）認為，「我們還認為，如果個人被其雇主命令前往並留在岩礁上，則不符合人類居住地的標準。在雇主是國家的情況下，此種情況尤其明顯，但不僅限於此。」：Lowe, Verbatim Record, p. 45, [32]. 此觀點得到了格特內斯的支持，n 62, 197. The Philippines, in its Memorial, took the same view: Memorial of the Philippines, Vol. I, 146, [5.106].

[108] The South China Sea Arbitration Award (Merits), [546]. 格特內斯還認為，「因此，食物、淡水和住所的可得性可以被選為一個能夠可持續人類居住的島嶼的主要特徵」：Marius Gjetnes, “The Spratlys: Are They Rocks or Islands?” p. 196. 亦可參見 Guifang Xue, “How Much Can A Rock Get? A Reflection from the Okinotorishima Rocks,” p. 356.

[109] The South China Sea Arbitration Award (Merits), [487].

[110] *Ibid.* 然而，在仲裁庭的裁決中，「適當標準」的程度仍然不太明確。雖然在這個問題上沒有客觀標準，但「適當的標準」所要求的程度似乎超過了人類在海洋地物上的單純生存。

「連續的時間段」要求也可以被視為時間要素。

仲裁庭觀察認為，根據第 121 條第 3 款要滿足的要求涉及海洋地形地物維持人類居住或本身經濟生活的能力。地形地物當前是否有人居住還是經濟生活的家園都不是問題。[111]海洋地形地物規模的大小也不是決定性因素。就此而言，即使規模可能與提供經濟生活所需的水、食物，居住空間和資源的可用性有關，但仲裁庭認為，「規模不能代表一個地形地物的地位，作為充分應享權利的島嶼或岩礁，從而規模本身並不是一個相關的因素」。[112]仲裁庭在此提及了國際法院在尼加拉瓜訴哥倫比亞（Nicaragua v. Colombia）案中的觀點，該判決判定「國際法並未規定地形地物被視為島嶼所必須具有的最小尺寸」。[113]然

Warwick Gullett, "The South China Sea Arbitration's Contribution to the Concept of Juridical Islands," *Questions of International Law Zoom-in*, Vol. 47 (2018), pp. 5, 14 (5-38), http://www.qil-qdi.org/wp-content/uploads/2018/02/02_Whats-an-island_GULLET_FIN.pdf.

[111] The South China Sea Arbitration Award (Merits), [545].

[112] *Ibid*., [538]. 在這方面，哈菲茨（Jonathan L. Hafetz）認為，「然而，基於規模的擬議指導方針從未被採納，第 121 條第 3 款的文本既沒有明確提及規模，也沒有提供任何其影響的指導方針」：Jonathan L. Hafetz, "Fostering Protection of the Marine Environment and Economic Development: Article 121(3) of the Third Law of the Sea Convention," *American University International Law Review*, Vol. 15, No. 3 (2000), pp. 583, 590-91 (583-637). 更一般地說，諾德奎斯特（Myron H. Nordquist）和裴倫（William G. Phalen）指出，「諸如實際規模、居民數量、地理位置和其他特徵的客觀標準被提出、審議並拒絕納入第 121 條第 3 款的文本中」：Myron H. Nordquist and William G. Phalen, "Interpretation of UNCLOS Article 121 and Itu Aba (Taiping) in the South China Sea Arbitration Award," in Myron H. Nordquist, John Norton Moore, and Ronán Long, eds., *International Marine Economy: Law and Policy* (Nijhoff, 2017), pp. 30, 64-65. 西蒙斯的觀點更為細緻入微。他認為，「規模本身已被放棄作為島嶼地位的可行標準，……但是，間接的規模可能仍然很重要，因為『岩礁』的地質現象已被挑選出來進行特殊處理」：Clive Symmons, *The Maritime Zones of Islands in International Law* (Leiden: Nijhoff, 1979), p. 41. 亦可參見 Alex G. Oude Elferink, "The Islands in the South China Sea: How Does Their Presence Limit the Extent of the High Seas and the Area and the Maritime Zones of the Mainland Coasts?" *Ocean Development & International Law*, Vol. 32, No. 2 (2001), pp. 169, 173; Robert Kolb, "L'interprétation de l'article 121, paragraph 3, de la Convention de Montego Bay sur le droit de la mer: les 'roches qui ne se prêtent pas à l'habitation humaine ou à une vie économique propre ...'," p. 904. 關於此點的批評，參見 Alex G. Oude Elferink, "The South China Sea Arbitration's Interpretation of Article 121(3) of the UNCLOS: A Disquieting First," *The JCLOS Blog*, 7 September 2016, http://site.uit.no/jclos/files/2016/09/The-South-China-Sea-Arbitrations-Interpretation-of-Article-1213-of-the-UNCLOS- A-Disquieting-First.pdf.

[113] Nicaragua v. Colombia, [2012] ICJ Rep 624, 645, [37]. 亦可參見 Qatar v. Bahrain, [2001] ICJ Rep 97, [185]. 在 1996 年 5 月 7 日的判決中，挪威最高法院認為，面積為 13.2 平方公里的阿貝爾島（Abel Island）因為太大不能成為第 121 條第 3 款意義中的「岩礁」，若不是基於保護的原因禁止此類狩獵活動，該島將能支持大量的北極熊狩獵活動。參見 Robert Churchill, "Norway: Supreme Court Judgment on Law of the Sea Issues," *International Journal of Marine and Coastal Law*,

而，仲裁庭在南海仲裁中裁定的重點似乎不是最小的尺寸，而是岩礁的最大尺寸。仲裁庭的裁決似乎暗示，即使海洋地形地物的規模足夠大，但出於第 121 條第 3 款的目的，它仍可能屬於岩礁的範圍內，因為它無法維持人類的居住或其本身的經濟生活。

如果某地形地物完全是貧瘠的植被，並且缺乏飲用水和甚至基本生存所必需的食物，那麼很明顯地形地物就缺乏維持人類居住的能力。然而，實際上，物理條件的證據對於接近現狀的地形地物可能有所不足。在此種情況下，仲裁庭認為「地形地物的最可靠證據通常將是其使用過的歷史用途」。[114]

對於仲裁庭而言：「如果某地形地物的歷史紀錄表明該處沒有任何類似穩定社區的發展，那麼最合理的結論將是，自然條件對於該地形地物形成社群太困難了，並且該地物無法維持此類的居住環境。」[115]此外，「在建立專屬經濟區之前的人類居住證據，或許較當代證據更為重要，因為後者顯然是企圖主張海洋聲索而可能做作。」[116]

由此得出結論，在邊緣情況下，作為專屬經濟區概念或人類重大改造開始之前的歷史證據，為該等地形地物維持人類居住或經濟生活的能力，提供了更可靠的指南。[117]因此，作為歷史證據的時間要素，成為確定海洋地形地物接近於在維持人類居住能力和本身經濟生活方面該界限法律地位的關鍵因素。

三、第 121 條第 3 款的適用

根據上述解釋，仲裁庭確定了南海有爭議海洋地形地物的法律地位。仲裁庭認為，以斯卡伯勒淺灘（黃岩島）為例，斯卡伯勒淺灘的高潮以上的突起很小，而且它們顯然無法維持其自然形成狀態下的人類居住。此外，它們沒有淡水、植被或居住空間，而且遠離擁有此類地形地物的任何地形地物。此外，沒有證據表明斯卡伯勒淺灘可以獨立維持本身的經濟生活。[118]因此，仲裁庭得出

Vol. 11 (1996), pp. 576, 579. 雖然判決似乎只取決於島嶼的大小，但它也提到了一種經濟活動，即北極熊狩獵。

114 The South China Sea Arbitration Award (Merits), [549].

115 *Ibid.*, [549].

116 *Ibid.*, [550].

117 *Ibid.*, [578].

118 *Ibid.*, [556].

結論，就第 121 條第 3 款的目的而言，斯卡伯勒淺灘是一塊岩礁。[119]出於類似的原因，以第 121 條第 3 款的目的判斷，仲裁庭裁定赤瓜礁、華陽礁、永暑礁、南薰礁和西門礁是「岩礁」。[120]

然而，太平島的法律地位值得商榷。國際稱之為伊圖阿巴，中國也稱之為「太平島」，而在菲律賓稱為「利高島」（Ligaw），越南稱之為「巴平島」（Đảo Ba Bình），是南沙群島最大的天然高潮地形地物，測量全長約 1.4 公里以及最寬處約 400 公尺（0.43 平方公里）。太平島距菲律賓巴拉望島群島的群島基準線 200.6 海里，距中國與海南島相鄰的基準點 39（東州(2)）539.6 海里。太平島有多座建築物、一座燈塔、一條跑道和港口設施。太平島處於臺灣的控制之下。[121]

仲裁庭在審查太平島的法律地位時，審查了諸如飲用水的存在、植被和生物學、土壤和農業的潛力等自然條件，以及漁民的存在和商業活動。[122]仲裁庭的審查依據是該等條件的歷史證據，即作為專屬經濟區概念出現或人類進行重大改造開始之前的地形地物條件。[123]就此而言，仲裁庭認為，南沙群島中主要的高潮地形地物，包括太平島，能夠提供一小群人口的生存。[124]

然而，仲裁庭繼續補充：這些地形地物顯然不適合居住，而且地形地物的能力甚至提供人類生存，似乎也受到明顯的限制。在這種情況下，並且在維持人類居住的能力方面，這些地形地物接近於邊緣線，仲裁庭認為，這些地形地物的物理特性並不能確切地表明這些地形地物的能力。因此，仲裁庭要求考慮南沙群島上人類居住和經濟生活的歷史證據，以及這些證據對這些地物的自然承受能力的意涵。[125]

因此，仲裁庭開始探討南沙群島地形地物的「歷史的人類居住」和「它們本身歷史的經濟生活」。

仲裁庭首先審查了南沙群島地形地物的歷史人類居住。就此而言，時間要求，即居住的非瞬態（nontransient）性質尤其重要。仲裁庭認為，「即使是較長時間（extended periods）在南沙群島的漁民是暫時居住，也無法滿足人類居

---

[119] *Ibid.*, [554].
[120] *Ibid.*, [557]-[570].
[121] *Ibid.*, [401]. 亦可參見 Memorial of the Philippines, Vol. I, 142-43, [5.96]-[5.97].
[122] The South China Sea Arbitration Award (Merits), [580]-[614].
[123] *Ibid.*
[124] *Ibid.*
[125] *Ibid.*

住的標準」，而且，「在仲裁庭紀錄中出現歷史悠久的漁民，並不能達到此標準。」[126]根據該標準，仲裁庭認為漁民不是南沙群島的自然人口（natural population），其中包括太平島。[127]此外，被帶到南沙群島開採鳥糞或捕捉海龜的一群福爾摩沙工人，不足以建立第 121 條第 3 款中「人類居住」意義上的定居社區，因為他們的存在是固有的瞬態性質。[128]仲裁庭也不認為一個或另一個沿岸國駐紮在南沙群島上的軍事或其他政府人員就構成第 121 條第 3 款目的就足以構成「人類居住區」，因為這些人群非常高度取決於外部的供給。[129]總體而言，仲裁庭認為，沒有跡象表明在南沙群島上已經形成了任何與穩定的人類社區相當的情形。因此，得出的結論是，太平島以及中業島（Thitu）、西月島（West York）、南威島、南子島和北子礁（North-East Cay），無法維持第 121 條第 3 款所指的人類居住。[130]

仲裁庭然後著手探討南沙群島地形地物「它們本身的歷史經濟生活」。就此而言，仲裁庭規定了兩個標準。第一個標準涉及經濟活動的地形地物取向的性質。以仲裁庭的用字遣詞而言，「為了構成地形地物的經濟生活，經濟活動必須圍繞地形地物本身的取向，而不是僅著眼於周邊領海或完全依賴外部的資源」。[131]第二個標準涉及穩定的當地社群與經濟活動之間的聯繫。就此而言，仲裁庭認為「在沒有穩定的當地社群存在的情況下，過度的經濟活動必然不足以構成該地形地物的經濟生活」。[132]

仲裁庭採用這些標準裁定，[133]「就南沙群島的地形地物而言，提取經濟活

---

[126] *Ibid.*

[127] *Ibid.*

[128] *Ibid.*

[129] *Ibid.*

[130] *Ibid.*

[131] *Ibid.*, [623]; 亦可參見[503].

[132] *Ibid.*, [623].

[133] 或許這些標準可能會喚起瓦特爾（Emer de Vattel）聲稱的「耕種土地的自然義務」（obligation naturelle de cultiver la terre）。根據瓦特爾的說法，土壤的耕作是大自然強加給人類的義務。因此，瓦特爾認為，其他更勤勞的國家可以占領那些選擇以狩獵及其羊群為生的人的部分土地。對瓦特爾而言，耕種的義務為占領提供了基礎。Emer de Vattel, *Le droit des gens, ou principes de la loit naturelle, Nouvelle édition par M.P. Pradier-Fodéré*, Tome I (Guillaumin et Cle, Libraires, 1863), pp. 258-259, §81. 英文翻譯版，見 Emer de Vattel's *Le droit des gens*, 參見 Emer de Vattel, *The Law of Nations; or Principles of the Law of Nature, Applied to the Conduct and Affairs of Nations and Sovereigns*, Tr J. Chitty (T. and JW Johnson and Co, Law Booksellers, 1853), pp. 34-36. 瓦特爾的思想起源似乎可以追溯到洛克。洛克認為，「一個人耕種、種植、改良、栽培和使用其產品的土

動的歷史不構成其自身經濟生活的證據」；而且太平島、中業島、西月島、南威島、南子島和北子礁無法維持第 121 條第 3 款所指的自己的經濟生活。[134]最後，仲裁庭認為，在南沙群島的高潮地形地物都無法維持人類居住或「本身的經濟生活」，而且第 121 條第 3 款的效果是，這些地形地物「應沒有專屬經濟區或大陸礁層。」[135]

總之，仲裁庭採用了兩階段途徑，以確定在南海海洋地形地物的司法地位。在第一階段，仲裁庭審查了海洋地形地物的自然條件。如果海洋地形地物顯然缺乏滿足人類基本生存需求的條件，諸如淡水、植被或居住空間，則根據第 121 條第 3 款，該地形地物應視為岩礁，因為它顯然不能維持人類以其自然形成的狀態居住。如果地形地物的物理特徵未明確表明地形地物的能力，另在第二階段，應根據歷史證據（即「歷史的人類居住」和「其本身歷史的經濟生活」以確定地形地物的法律地位。

四、美濟礁和仁愛暗沙

最後，仲裁庭審查了菲律賓提交的第 5 號陳述意見書狀，即位於南沙群島中心的美濟礁和仁愛暗沙珊瑚礁。[136]如前所述，仲裁庭裁定，在《公約》所規定的範圍內，在「九段線」所包圍的南海海域，中國的任何歷史權利或主權權

地有多少，就有多少是他的財產」：John Locke, *Two Treaties of Government* (1764), 220, §32.（該書最初於 1689/90 年出版。1764 年版可在網路查閱，https://oll.libertyfund.org/titles/locke-the-two-treatises-of-civil-government-hollis-ed。）為了耕種土壤，就需要「穩定的人口社區」。由此似乎得出結論，關於案情裁決書第 623 段中提到的的標準與裁決書第 542 段對「人類居住地」的解釋有關。

134 The South China Sea Arbitration Award (Merits), [624]-[625].

135 *Ibid.*, [626]. 菲律賓提交的「斯科菲爾德報告」（Schofield Report）還得出結論，南沙群島內高於高潮位的 28 個海洋地物被歸類為符合《聯合國海洋法公約》第 121 條第 3 款的「岩礁」。C Schofield, JRV Prescott and R van der Poll, *An Appraisal of the Geographical Characteristics and Status of Certain Insular Features in the South China Sea*, March 2015, 87, reproduced in Annex 513 to the Philippines' Supplemental Written Submission, Vol. IX. 值得注意的是，「斯科菲爾德報告」依賴於對第 121 條第 3 款的分離解釋：presentation by Schofield, p. 45. 古利特（Warwick Gullett）尖銳的指出，如果仲裁庭將太平島歸類為一個完全享有權利的島嶼，它將需要審查次重要的海洋地物是否滿足第 121 條第 3 款規定的要求。古利特因此認為，仲裁庭的決定是「優雅，因為此意味著仲裁庭不需要在最重要的地物——太平島——和其他地物之間劃出一條界線」：Warwick Gullett, "The South China Sea Arbitration's Contribution to the Concept of Juridical Islands," p. 36.

136 The South China Sea Arbitration Award (Merits), [290].

利和管轄權都沒有任何法律依據。[137]由於美濟礁和仁愛暗沙是低潮高地，因此它們無權獲得本身海域的法律權利。此外，由於就《公約》第 121 條之目的而言，南沙群島的高潮地形地物被視為「岩礁」，因此它們不會產生專屬經濟區或大陸礁層。此外，無論是美濟礁還是仁愛暗沙在其 12 海里以內沒有高潮地形地物。[138]因此，仲裁庭裁定：「中國在美濟礁或仁愛暗沙地區的海域，不存在任何法律權利的法律依據」，而且「該處並不存在法律權利重疊的情況」，此將需要對海域進行劃界。因此，沒有將第 298 條第 1 款 a、i 項規定的例外適用於管轄權的依據。[139]

在此脈絡下要解決的一個特殊問題是，馬來西亞對仲裁程序是否必不可缺少。此問題與「貨幣黃金案原則」（Monetary Gold principle）的應用有關。[140]就此而言，仲裁庭認為「馬來西亞的合法利益不構成『爭端的真正主題』，也不受仲裁庭結論的影響」，因此，「馬來西亞的權利和利益不觸及貨幣黃金案原則」。[141]因此，它得出結論認為，它對菲律賓的第 5 號陳述意見書狀具有管轄權。[142]

包括美濟礁和仁愛暗沙都位於巴拉望島菲律賓海岸 200 海里以內，該處的

---

[137] *Ibid.*, [631].

[138] *Ibid.*, [633].

[139] *Ibid.*, [634].

[140] Monetary Gold Removed from Rome in 1943 (Italy v. France, United Kingdom of Great Britain and Northern Ireland and United States of America), Judgment of 15 June 1954, Preliminary Question, [1954] ICJ Rep 19. 參見 Zachary Mollengarden and Noam Zamir, "The Monetary Gold Principle: Back to Basics," *American Journal of International Law*, Vol. 115, No.1 (January 2021), pp. 41-77. 徐奇，〈貨幣黃金案原則在國際司法實踐中的可適用性問題研究〉，《武大國際法評論》，第 6 期（2019 年），頁 51-71。曲波，〈國際爭端解決中貨幣黃金原則的適用〉，《當代法學》，第 4 期（2020 年），頁 151-160。

[141] The South China Sea Arbitration Award (Merits), [640].

[142] 在貨幣黃金案中，國際法院認為，若沒有來自缺席案件第三方的同意，法院將無法決定爭端當事國一方所承擔的國際責任。此一法理在後續的多邊或雙邊國際爭端解決實踐中逐漸發展成「貨幣黃金案原則」。就狹義角度而言，在涉及缺席案件的第三方的情形中，基於此原則，國際司法機構會審視管轄權的行使和當事國主張的可受理性問題。如果缺席案件的第三方享有的權利和利益構成解決當事國爭端的基礎和前提，國際司法機構在沒有第三方同意的情況下將無法行使屬人管轄權，當事國的主張亦不具有可受理性。就廣義角度而言，在不存在不可或缺的第三方而僅限於當事國之間的雙邊爭端的情形中，此原則可能適用於對一項雙邊混合爭端實質的認定，進而決定國際司法機構屬事管轄權的行使。既往的國際判例表明，由於要在管轄權的行使以及保護當事國權利之間尋求平衡，國際司法機構對此原則的適用較為謹慎。近年來，一些國際司法機構在確定案件管轄權和可受理性階段傾向於不再適用此原則，反而不斷擴大自身的管轄權，此趨勢對國際爭端的和平解決所產生的影響有待進一步評估。

法律權利沒有重疊的區域。因此，仲裁庭認為，在菲律賓和中國之間，美濟礁和仁愛暗沙是菲律賓專屬經濟區和大陸礁層的一部分。[143]隨之而來的是，美濟礁和仁愛暗沙屬於菲律賓。結果，菲律賓與中國關於在美濟礁和仁愛暗沙管轄權方面的爭端已由仲裁庭解決。

第四節　仲裁庭對第121條第3款的解釋和適用的評估

基於上述考慮的基礎，必須從仲裁庭與國家慣例和判例的一致性方面來審查仲裁庭對《公約》第 121 條第 3 款的解釋和適用。

一、與國家實踐的一致性

首先要解決的第一個問題是國家實踐是否支持仲裁庭的解釋。由締約方對條約的規定進行了解釋和適用，因此締約方的實踐可能會影響條約規定的解釋。[144]仲裁庭透過參考《維也納條約法公約》（*Vienna Convention on the Law of Treaties*）第 31 條第 3 款，簡潔地審查了國家實踐對實施《公約》第 121 條第 3 款的相關性。[145]根據該規定，將「在適用條約時確立當事各方就其解釋達成協議的任何嗣後實踐」應與上下文一起考慮在內。[146]仲裁庭提到國際法院[147]和

143 *Ibid.*, [647].

144 雖然在某些情況下，國際機構在條約條款的解釋和適用方面的實踐也需要研究，但就本文而言，重點關注於國家實踐。

145 *Ibid.*, [552]. 《維也納條約法公約》（*Vienna Convention on the Law of Treaties*），1969 年 5 月 22 日簽署，1980 年 1 月 27 日生效，1155 UNTS 331。師華，〈條約解釋的嗣後實踐研究〉，《理論與探索》，第 4 期（2018 年），頁 115-121。

146 國際法委員會（International Law Commission, ILC）強調了嗣後實踐（subsequent practice）的重要性。委員會指出，「作為解釋的一個要素，這種嗣後實踐在條約適用中的重要性是顯而易見的；因為它構成了締約方對條約意涵理解的客觀證據」：(1966) Vol. 2, Yearbook of the International Law Commission, p. 221, [15].

147 就此而言，仲裁庭參考了國際法院關於武裝衝突中一國使用核武的合法性的諮詢意見（Advisory Opinion Concerning the Legality of the Use by a State of Nuclear Weapons in Armed Conflict）和卡西基利／塞杜杜（Kasikili/Sedudu）島案。法院在審查世界衛生組織（World Health Organization, WHO）的實踐後強調，不能從世界衛生大會某些決議的個別段落中推斷出涉及使用核武合法性的實踐，參見 Advisory Opinion Concerning the Legality of the Use by a State of Nuclear Weapons in Armed Conflict [1996] ICJ Rep 66, 81-82, [27]. 國際法院在卡西基利／塞杜

世界貿易組織（World Trade Organization, WTO）[148]的判例認為，接受國家實踐解釋協議的門檻很高。[149]因此，仲裁庭表示：「就所涉及的案件而言，沒有證據表明基於國家實踐的對第 121 條第 3 款的解釋與先前各節中概述的對仲裁庭的解釋有所不同。」[150]然而，仲裁庭在國家實踐是否支持其解釋的問題上保持沉默。[151]

與此相關的是，仲裁庭提到越南、印尼和菲律賓的立場，即以《公約》第 121 條第 3 款的目的而言，南沙群島的高潮地形地物是「岩礁」，而且應僅享有 12 海里領海的法律權利。[152]馬來西亞似乎也採取了類似的立場。[153]此外，

杜島案中認為，1947 年至 1951 年之間發生的事件不能構成「適用（1890 年）條約的嗣後實踐，該條約確立了締約方對其解釋的一致」，參見 Kasikili/Sedudu Island (Botswana v. Namibia), Judgment, [1999] ICJ Rep 1045, 1087, [63]. 對於有關嗣後慣例的判例分析，特別參見 George Nolte, "Jurisprudence of the International Court of Justice and Arbitral Tribunals of Ad Hoc Jurisdiction Relating to Subsequent Agreements and Subsequent Practice: Introductory Report for the ILC Study Group on Treaties over Time," in George Nolte, ed., *Treaties and Subsequent Practice* (Oxford: Oxford University Press, 2013), p. 170. 亦可參見 Giovanni Distefano, "La pratique subséquente des Etats parties à un traité," *Annuaire Français de Droit International*, Vol. 40 (1994), p. 41.

148 舉例而言，在「日本酒精飲料」案（Japan – Taxes on Alcoholic Beverages）中，上訴機構表示，「一般而言，在國際法中，解釋條約的嗣後實踐的本質被認為是一連串『和諧、共同和一致』的行為或聲明，足以建立一個可辨別的模式，暗示締約方關於其解釋達成同意。」參見 Japan – Taxes on Alcoholic Beverages, Report of the Appellate Body, AB-1996-2, WT/DS8/AB/R, 4 October 1996, WT/DS10/AB/R, WT/DS11/AB/R, 12-13. 參見呂潔，〈WTO 爭端解決中适用嗣後慣例的三步分析〉，《公民與法》，第 6 期（2012 年），頁 49-51。

149 The South China Sea Arbitration Award (Merits), [552]. 一份評註指出，「判例法表明，嗣後實踐被歸類為條約解釋的一個要素，但設想修正或終止條約是不可能的」，請參見 Jean-Marc Sorel and Valerie Bore-Eveno, "1969 Vienna Convention Article 31," in Olivier Corten and Pierre Klein, eds., *The Vienna Conventions on the Law of Treaties: A Commentary*, Vol. I (Oxford: Oxford University Press, 2011), p. 828.

150 The South China Sea Arbitration Award (Merits), [553].

151 Natalie Klein, "Islands and Rocks after the South China Sea Arbitration," *Australian Year Book of International Law*, Vol. 34 (2016), pp. 21, 27.

152 The South China Sea Arbitration Award (Merits), [449]. 在越南 2009 年提交給大陸礁層界限委員會（Commission on the Limits of the Continental Shelf, CLCS）的提交文件中，越南劃定的 200 海里界限是基於越南的直線基線。Government of the Socialist Republic of Vietnam, "Partial Submission in Respect of Vietnam's Extended Continental Shelf: North Area (VNM-N, Part I: Executive Summary," April 2009, http://www.un.org/depts/los/clcs_new/submissions_files/vnm37_09/vnm2009n_executivesummary.pdf.

153 The South China Sea Arbitration Award (Merits), [449]. 在 2009 年向大陸礁層界限委員會提交的聯合劃界案中，200 海里的界線是基於越南和馬來西亞海岸的直線基線。南沙群島的任何島嶼地物都用於建設 200 海里界線。中華人民共和國外交部，〈中華人民共和國與菲律賓共和國聯合

仲裁庭提到了一個事實，即中國視沖之鳥島（Okino-Tori Shima）為岩礁。[154]然而，似乎有一定的範圍可以考慮以下問題：有限數量的國家實踐是否足以支持仲裁庭的解釋。

就《公約》第 121 條第 3 款的目的而言，關於海洋地形地物的法律地位通常可能會產生意見分歧。舉例而言，武卡斯（Wolfrum Vukas）法官在蒙特卡夫卡（Monte Confurco）案中指出，法國在凱爾蓋朗群島（Kerguelen Islands）周圍建立了專屬經濟區，[155]儘管凱爾蓋朗群島是「不可居住和無人居住的」島嶼。[156]澳大利亞宣布了在赫德島（Heard Island）與麥克唐納群島（McDonald

聲明〉，北京，2016 年 10 月 21 日，42 點，https://www.fmprc.gov.cn/web/ziliao_674904/1179_674909/t1407676.shtml。亦可參見 Ted L. McDorman, "An International Law Perspective on Insular Features (Islands) and Low-tide Elevations in the South China Sea," *International Journal of Marine and Coastal Law*, Vol. 32 (2017), pp. 298, 304.

[154] The South China Sea Arbitration Award (Merits), [452]. 中國對沖之鳥的看法被菲律賓所提及。參見 Memorial of the Philippines, Vol. I, 124-125, [5.29]-[5.31]. 後來，中國政府證實了其立場，稱「沖之鳥礁不符合被認定為島嶼的基本條件」，參見中華人民共和國外交部，〈2019 年 1 月 2 日外交部發言人陸慷主持例行記者會〉，2019 年 1 月 2 日，https://www.fmprc.gov.cn/web/wjdt_674879/fyrbt_674889/t1626567.shtml。中國國際法學會持相同的觀點。CSIL, *The South China Sea Arbitration: A Critical Study* (Foreign Languages Press, 2018), p. 395, [719]. 事實上，早在 2004 年 5 月 27 日，《瞭望東方周刊》刊登了國家海洋發展戰略研究所研究員賈宇和國家海洋發展戰略研究所工程師李明杰的文章〈不認可人造的「沖之鳥」〉，該文認為：「沖之鳥」原本是日本南部太平洋上的幾塊珊瑚礁，常年被海浪侵蝕，幾近沒於海面。平時漲潮時只有北露岩和東露岩兩塊岩石可露出水面。為了拯救這幾塊礁石，防止其沒於水下或消失，從 1988 年開始，日本政府斥 300 億日圓巨資，以鋼筋、水泥等對其進行加固，人工造「島」，並建設了測量標誌、氣象觀測裝置和直升機起降平臺。http://news.sina.com.cn/c/2004-05-24/12103317063.shtml。

[155] 法國於 1978 年 2 月在凱爾蓋朗群島（Kerguelen Islands）周圍建立了專屬經濟區。1978 年 2 月 3 日第 78-144 號法令（Decree No. 78-144），在法屬南部和南極領地沿岸建立專屬經濟區。參見 http://www.un.org/depts/los/LEGISLATIONANDTREATIES/PDFFILES/FRA_1978_Decree144.pdf。亦可參見 Warwick Gullett and Clive Schofield, "Pushing the Limits of the Law of the Sea Convention: Australian and French Cooperative Surveillance and Enforcement in the Southern Ocean," *International Journal of Marine and Coastal Law*, Vol. 22, No. 4 (2007), pp. 545, 548-549; Clive Schofield, "The Trouble with Islands: The Definition and Role of Islands and Rocks in Maritime Boundary Delimitation," in Seoung-Yong Hong and JM Van Dyke, eds., *Maritime Boundary Disputes, Settlement Processes, and the Law of the Sea* (Leiden/Boston: Nijhoff, 2009), pp. 19, 30.

[156] Declaration of Judge Vukas in the Monte Confurco Case (Seychelles v. France), Application for Prompt Release, ITLOS Case No. 6, [2000] ITLOS Rep 122. 據法國政府的說法，凱爾蓋朗群島由一個「大地島」(La Grande Terre）的主島和超過 300 個島嶼和小島組成，總面積 7,215 平方公里。大地島占地 6,675 平方公里。參見 www.taaf.fr/L-archipel-de-Kerguelen。

Islands, HIMI）周圍建立專屬經濟區，[157]即令在維加（Volga case）案中，武卡斯質疑赫德島及麥克唐納群島是否可以產生專屬經濟區，因為該處沒有永久居住地。[158]墨西哥宣布在太平洋的瓜達盧佩（Guadalupe）島、索科羅島（Isla Socorro）、克拉麗奧島（Isla San Benedicto）、聖貝尼迪克多島（Isla San Benedicto）和羅卡帕蒂達島（Isla Roca Partida）周圍建立專屬經濟區。然而，除了瓜達盧佩之外，對其他四個海洋地形地物是否能夠維持人類居住也存在一些疑問。[159]

在某些案例中，圍繞一個海洋地形地物建立專屬經濟區已經引發了抗議。舉例而言，委內瑞拉與美國（波多黎各）、[160]法國（馬提尼克（Martinique）和瓜德羅普島（Guadeloupe））[161]和荷蘭（荷屬安的列斯群島（Netherlands Antilles））[162]的海洋邊界協議，充分體現了阿韋斯島（Aves Island；伯德島）的

---

[157] Warwick Gullett and Clive Schofield, "Pushing the Limits of the Law of the Sea Convention: Australian and French Cooperative Surveillance and Enforcement in the Southern Ocean," p. 547; Clive Schofield, "The Trouble with Islands: The Definition and Role of Islands and Rocks in Maritime Boundary Delimitation," p. 30.

[158] Declaration of Vice-President Vukas in the Volga case (Russian Federation v. Australia), Application for Prompt Release, ITLOS Case No. 11, [2002] ITLOS Rep 42 et seq. 赫德島（Heard Island）長約 40 公里，寬約 20 公里。全島面積 368 平方公里。參見 heardisland.antarctica.gov.au/about/location-geography。據聯合國教科文組織稱，麥克唐納島（MacDonald Island）僅占地 100 公頃，相當於 1 平方公里。參見 whc.unesco.org/en/list/577。赫德島和麥克唐納群島於 1997 年 12 月被列入聯合國教科文組織世界遺產名錄。參見 heardisland.antarctica.gov.au/news/heard-island-and-mcdonald-islands-marine-reserve-expansion。亦可參見 Natalie Klein, "Islands and Rocks after the South China Sea Arbitration," pp. 28-29.

[159] 范奧弗比克（Van Overbeek）認為，墨西哥對圍繞這四個地物的專屬經濟區的聲索似乎違反了第 121 條第 3 款。W van Overbeek, "Article 121(3) UNCLOS in Mexican State Practice in the Pacific," *International Journal of Marine and Coastal Law*, Vol. 4 (1989), pp. 252, 262-263. 亦可參見 Barbara Kwiatkowska and Alfred H. A. Soons, "Entitlement to Maritime Areas of Rocks Which Cannot Sustain Human Habitation or Economic Life of Their Own," p. 176; Robert Kolb, "L'interprétation de l'article 121, paragraph 3, de la Convention de Montego Bay sur le droit de la mer: les 'roches qui ne se prêtent pas à l'habitation humaine ou à une vie économique propre ...'," pp. 896-897.

[160] "Maritime Boundary Treaty between the United States and Venezuela," in Jonathan I. Charney and Lewis M. Alexander, eds., *International Maritime Boundaries*, Vol. I (Dordrecht/Boston/London: Nijhoff, 1993), p. 701.

[161] Delimitation Treaty between Venezuela and the French Republic, *ibid.*, p. 613.

[162] Delimitation Treaty between the Netherlands and Venezuela, *ibid.*, 631. 阿維斯島（Aves Island）長 375 公尺，寬不超過 50 公尺。J. Ashley Roach and Robert W. Smith, *Excessive Maritime Claims*, 3rd edn (Leiden/Boston: Nijhoff, 2012), p. 178. 根據 Carl Dundas, "Middle American/Caribbean," in David A. Colson and Robert W. Smith, eds., *International Maritime Boundaries*, Vol. V (Leiden/Boston:

效用，但也是安地卡和巴布達（Antigua and Barbuda）、聖克里斯多福和尼維斯（St Kitts and Nevis）、聖盧西亞（Saint Lucia）以及聖文森及格瑞那丁（Saint Vincent and the Grenadines）的抗議標的。[163]雖然日本政府於 1996 年在沖之鳥礁周圍建立了 200 海里的專屬經濟區，[164]但中國、臺灣和韓國對沖之鳥礁作為擁有充分應享島嶼的法律地位提出了質疑。[165]日本政府認為此乃一個充分應享權利的島嶼。[166]因此，對於沖之鳥礁的法律地位存在分歧。然而，除了羅科爾島（Rockall）顯著的例外，[167]沿海國家很少放棄圍繞海洋構造已建立的

Nijhoff, 2005), p. 3411. 阿維斯島面積約 40,468.56 平方公尺。鄧達斯（Carl Dundas）引用了克維雅特科夫斯卡（Barbara Kwiatkowska）和索恩斯（Alfred H. A. Soons）資料，他們認為阿維斯島可能符合岩礁的要求，參見 Barbara Kwiatkowska and Alfred H. A. Soons, "Entitlement to Maritime Areas of Rocks Which Cannot Sustain Human Habitation or Economic Life of Their Own," p. 180.

163 參見(1997) Vol. 35, Law of the Sea Bulletin, p. 97.

164 漲潮時，只有北子島（Kitakojima）和東子島（Higashikojima）這兩個自然地物高於水面上。這些自然形態的地物大約有兩張特大號雙人床或四個半榻榻米的大小。JM Van Dyke, "The Romania-Ukraine Decision and Its Effect on East Asian Maritime Delimitation," in Seoung-Yong Hong and JM Van Dyke, eds., *Governing Ocean Resources: New Challenges and Emerging Regimes, A Tribute to Judge Choon-Ho Park* (Leiden/Boston: Nijhoff, 2013), pp. 41, 58.

165 Yann-huei Song, "Okinotorishima: A 'Rock' or an 'Island'? Recent Maritime Boundary Controversy between Japan and Taiwan/China," in S. Seoung-Yong Hong and JM Van Dyke, eds., *Maritime Boundary Disputes, Settlement Processes, and the Law of the Sea*, pp. 145, 146, 151-154; Yann-huei Song, "The Application of Article 121 of the Law of the Sea Convention to the Selected Geographical Features Situated in the Pacific Ocean," *Chinese Journal of International Law*, Vol. 9 (2010), pp. 663, 668-674, 691-694; J. Ashley Roach, "Rocks versus Islands: Implications for Protection of the Marine Environment," in Shunmugam Jayakumar et al., eds., *The South China Sea Arbitration: The Legal Dimension*, pp. 247, 263-268; Republic of Korea, Note Verbale, 27 February 2009, and the People's Republic of China, Note Verbale, 6 February 2009. 對關於日本向大陸礁層界限委員會提交其大陸礁層外部界限的意見，參見 www.un.org/Depts/los/clcs。為了分析東亞的海洋地物，參見 Yann-huei Song, "Article 121(3) of the Law of the Sea Convention and the Disputed Offshore Islands in East Asia: A Tribute to Judge Choon-Ho Park," in Seoung-Yong Hong and JM Van Dyke, eds., *Governing Ocean Resources: New Challenges and Emerging Regimes, A Tribute to Judge Choon-Ho Park*, p. 61.

166 舉例而言，參見 Press Conference by Foreign Minister Fumio Kishida, 15 July 2016, https://www.mofa.go.jp/press/kaiken/kaiken4e_000290.html. 在會議上，日本外相表示「沖之鳥島是符合聯合國海洋法公約標準的島嶼」。

167 羅科爾島的面積約為 624 平方公尺。Rubin Churchill, "United Kingdom's Decision to Defer Accession to the UN Convention on the Law of the Sea: A Convincing Move?" *International Journal of Marine and Coastal Law*, Vol. 12, No. 1 (1997), pp. 110, 114. 1977 年初，英國根據《1976 年漁業限制法》在羅科爾周邊建立專屬漁業區，然而，遭到愛爾蘭、丹麥和冰島的抗議。因此，當英國在 1997 年加入《聯合國海洋法公約》時，放棄了 200 海里漁業區。見 Victor Prescott and Clive Schofield, *The Maritime Political Boundaries of the World*, 2nd edn (Leiden: Brill/Njihoff, 2005), pp.

專屬經濟區或大陸礁層，因為它們構成了第 121 條第 3 款規定的岩礁。沿海國家將第 121 條第 3 款納入其國家立法的情況也不常見。這種合併的唯一例子似乎是 1986 年的《墨西哥專屬經濟區聯邦法》（*1986 EEZ Federal Act of Mexico*）。[168]然而，如前所述，墨西哥在產生其專屬經濟區時充分發揮了數個微小島礁的功能。[169]總體而言，可以推論，《公約》第 121 條第 3 款的解釋或適用可能因國家而異。持平而言，在國家實踐中無法確定對《公約》第 121 條第 3 款的統一解釋或適用。

二、與判例的一致性

第二個問題是仲裁庭的解釋是否符合國際判例。儘管在有關海洋劃界的判例中已經討論了賦予海洋地形地物的法律效力，但國際法院或法庭很少確定海洋地形地物的法律地位。[170]關於國際法院的判例，有六個案例值得討論。

374-376; D.H. Anderson, “British Accession to the UN Convention on the Law of the Sea,” *International and Comparative Law Quarterly*, Vol. 46, No. 4 (October 1997), pp. 761,778-779; Robin Rolf Churchill and Alan Vaughan Lowe, *The Law of the Sea* (Manchester: Manchester University Press, 1999), p. 164. 對此，英國外交和國協事務大臣（Secretary of State for Foreign and Commonwealth Affairs）勞埃德（Tony Lloyd）表示，「即使在加入（聯合國海洋法公約）之前，英國基於羅科爾的 200 海里漁業限制的聲索也非常有問題的。羅科爾本身仍是蘇格蘭的一部分，具有 12 海里的領海，並將保持在英國漁業範圍內，羅科爾沙洲和羅科爾以東的新深水漁業也是如此。重新劃定我們的漁業限制對我們位於羅科爾以西的大陸礁層沒有影響」，參見 Foreign and Commonwealth Affairs, *Rockall*, 31 July 1997, col 482, https://publications.parliament.uk/pa/cm199798/cmhansrd/vo970731/text/70731w17.htm. 至於大陸礁層，丘吉爾表示，「在提出這一聲索時，為其提供的法律依據不僅是羅科爾作為島嶼的有權擁有自己的大陸礁層，而且是有關海床區域是蘇格蘭西部海床的自然延伸。」參見 Churchill, “United Kingdom’s Decision to Defer Accession to the UN Convention on the Law of the Sea,” pp. 114-115. 亦可參見 E.D. Brown, “Rockall and the Limits of National Jurisdiction of the UK: Part 2,” *Marine Policy*, Vol. 2, No. 4 (1987), pp. 275, 292-294. 隨後，羅科爾在 1988 年劃定英國和愛爾蘭之間的大陸礁層邊界時完全被忽視。Report by D.H. Anderson in Jonathan I Charney and Lewis M. Alexander, eds., *International Maritime Boundaries*, Vol. II (Leiden: Nijhoff, 1996), pp. 1767, 1770; Victor Prescott and Clive Schofield, *The Maritime Political Boundaries of the World*, p. 375.

168 EEZ Federal Act of Mexico (1986) 25 *International Law Materal* 896, Art 51.

169 W. van Overbeek, “Article 121(3) UNCLOS in Mexican State Practice in the Pacific,” p. 262; Barbara Kwiatkowska and Alfred H. A. Soons, “Entitlement to Maritime Areas of Rocks Which Cannot Sustain Human Habitation or Economic Life of Their Own,” p. 176; Robert Kolb, “L’interprétation de l’article 121, paragraph 3, de la Convention de Montego Bay sur le droit de la mer: les ‘roches qui ne se prêtent pas à l’habitation humaine ou à une vie économique propre ...’,” pp. 896-897.

170 Lucie Delabie, “Le fragile équilibre entre prévisibilité juridique et opportunité judiciarei en matière de

首先是 1993 年的揚馬延案（Jan Mayen case）。[171]隸屬於挪威的揚馬延（Jan Mayen）長 53 公里，寬 2.5 公里至 15 公里。總面積 377 平方公里。揚馬延既沒有樹木，也沒有灌木叢，植物也相對較少。[172]島上的氣象臺，遠程無線電導航（long-range radio navigation, LORAN）基地和沿海無線電臺的大約 25 名技術人員和其他職員居住在該地。軍用飛機有定期服務，允許人員調動和運送輕型貨物。著陸場還可以用於搜救行動以及緊急疏散和醫療救助。[173]散裝物資是透過船運運輸，並上載到海象灣（Hvalrossbukta）以支持人員生活。[174]挪威在揚馬延周圍建立了 12 海里的領海和 200 海里的捕魚區。[175]丹麥依據《公約》第 121 條第 3 款的條件，認為揚馬延不能維持，也沒有維持人類居住或本身的經濟生活。[176]應該注意的是，丹麥沒有爭論揚馬延沒有獲得大陸礁層或漁業區的法律權利；而是爭論揚馬延的島嶼在劃界中不能完全發揮作用。[177]

仲裁庭在南海仲裁案中適用的解釋，由於沒有穩定的社群或人口，並且在揚馬延工作的人的生活完全取決於外部資源，因此很難認為揚馬延是一個充分應享權利的島嶼。儘管如此，國際法院在揚馬延案中並未質疑揚馬延作為充分應享權利島嶼的法律地位。[178]實際上，法院透過從揚馬延和格陵蘭測量的中線

délimitation maritime: l'arrêt de la Court internationale de Justice du 19 novembre 2012 dans l'affaire du Différend territorial et maritime (Nicaragua c Colombie)," *Annuaire Français de Droit International*, Vol. 58 (2012), pp. 223, 228.

171 Case concerning Maritime Delimitation in the Area between Greenland and Jan Mayen (Denmark v. Norway) [1993] ICJ Rep 38.

172 Geir Ulfstein, "Jan Mayen," in Rüdiger Wolfrum, ed., *Max Planck Encyclopedia of Public International Law* (Oxford: Oxford University Press, 2009), [1]. 根據消息來源，關於揚馬延的資訊可能略有不同。據挪威稱，該島的長度為 53.6 公里；寬度在 2.5 公里至 16 公里之間。總面積為 380 平方公里。The Jan Mayen case, Counter-Memorial Submitted by Norway, 11 May 1990, 23, [78]. 挪威視揚馬延島為一個完全有應享權利的島嶼，參見 *ibid.*, 133, [445]; T. Pedersen, "Denmark's Policies Toward the Svalbard Area," (2009) 40 *ODIL* 319, 324.

173 Counter-Memorial Submitted by Norway, pp. 23-28, [78]-[101]. 據烏爾夫斯坦（Geir Ulfstein）的說法，之前有一個私人占據了揚馬延島的中部。然而，他的繼承人在 1952 年將此處財產賣給了挪威政府，參見 Geir Ulfstein, "Jan Mayen," [7].

174 Counter-Memorial Submitted by Norway, p. 27, [96].

175 Geir Ulfstein, "Jan Mayen," [4].

176 The Jan Mayen case, [1993] ICJ Rep 65, [60]. 亦可參見 Memorial of the Government of the Kingdom of Denmark, 31 July 1989, 97, [302] 以及 the Reply of the Government of the Kingdom of Denmark, 31 January 1991, 32, [83]; 165, [452].

177 The Jan Mayen case, [1993] ICJ Rep 73-74, [80].

178 Lucius Caflisch, "Les espaces marins attachés à des îles ou roches," in Mathias Forteau and Jean-Marc Thouvenin, eds., *Traité de droit international de la mer* (Paris: Pedone, 2017), pp. 447, 485.

和距離格陵蘭的 200 海里線來界定重疊聲索的區域。[179]它劃出了一條將格陵蘭島和揚馬延島的大陸礁層和漁業區分開來的界線。[180]因此，揚馬延確實有一個大陸礁層和一個漁業區。可以說，即使法院沒有以《公約》第 121 條第 3 款的目的直接審查揚馬延的法律地位，國際法院實際上（de facto）也將揚馬延視為一個島嶼。1981 年，冰島和揚馬延之間的大陸礁層區域和解委員會（Conciliation Commission on the Continental Shelf Area between Iceland and Jan Mayen）支持揚馬延作為充分應享權利島嶼的地位。調解委員會指出，「必須將揚馬延視為一個島嶼」，而且「因此，揚馬延有領海、經濟區和大陸礁層的法律權利」。[181]一方面，仲裁庭對南海仲裁中對《公約》第 121 條第 3 款的解釋與另一方面揚馬延案和冰島與揚馬延之間的調解之間存在不一致。

第二個案例是卡達訴巴林（2001 年）。該案中，國際法院裁定，賈拉達（Qit’ at Jaradah）是一個島嶼，應利（撥）用它來確定等距線。[182]同時，法院注意到，賈拉達的是一個很小的島，無人居住，沒有任何植被。[183]因此，如果將其低水位線用於確定等距線構造中的基點，則對微不足道的海洋地形地物將產生不成比例的影響。因此，法院認為，在某種情況下，有必要選擇一條劃界線，該界線應靠近通過賈拉達的東部。[184]結果，賈拉達在其東側僅獲得了狹窄的領海。無論如何，法院沒有審查賈拉達是否以《公約》第 121 條第 3 款規定是一個岩礁的問題。

第三是尼加拉瓜訴宏都拉斯案，法院不得不考慮博貝爾礁（Bobel Cay）、薩凡納礁（Savanna Cay）、皇家港礁（Port Royal Cay）和南礁（South Cay）是否屬於宏都拉斯，而且是否屬於《公約》第 121 條所規定的適用於島嶼的定義和制度，因為當事方對這些海洋地形地物在高潮時保持在海平面上的事實沒有爭議。同時，法院指出，當事雙方沒有聲索這些島嶼領海以外的任何海

179 The Jan Mayen case, [1993] ICJ Rep 78, [89].

180 *Ibid.*, 79-81, [91]-[92].

181 *Ibid.*, 79-81, [91]-[92]. “Report and Recommendations to the Governments of Iceland and Norway of the Conciliation Commission on the Continental Shelf Area Between Iceland and Jan Mayen,” (1981) 20 *International Law Materials*, pp. 797, 803-804. 亦可參見 Rubin Churchill, “Maritime Delimitation in the Jan Mayen Area,” *Marine Policy*, Vol. 9 (1985), pp. 16, 19-20; J. Ashley Roach, “Rocks versus Islands: Implications for Protection of the Marine Environment,” pp. 262-263.

182 Qatar v. Bahrain (Merits), [2001] ICJ Rep 99, [195].

183 *Ibid.*, 104, [219].

184 *Ibid.*, 109, [219].

域。[185]因此，在劃定尼加拉瓜和宏都拉斯之間的海洋劃界線時，法院追查了博貝爾礁南部周圍領海的 12 海里弧線，延伸到博貝爾礁、皇家港礁和南礁（宏都拉斯）和愛丁堡礁（Edinburgh Cay；尼加拉瓜）重疊海域的中線為止。此外，法院追查了南礁 12 海里領海的外邊界弧線，該弧線向北，直到與中間線相連為止。[186]法院的解決方案產生的效果與《公約》第 121 條第 3 款中的岩礁是一樣的，即使法院沒有就這些地形地物的法律地位做出任何認定。

第四，在黑海一案中，羅馬尼亞聲索屬於烏克蘭的蛇島（Serpents' Island），該島是無法維持人類居住或自身經濟生活的岩礁，因此沒有《公約》第 121 條第 3 款所規定的專屬經濟區或大陸礁層。[187]蛇島在高潮時在海平面之上，其表面積約為 0.17 平方公里，周長約為 2,000 公尺。[188]羅馬尼亞認為，蛇島除了降雨以外沒有其他水源，幾乎沒有土壤、植被和動物，[189]因此無法維持人類居住。[190]它也無法維持本身任何的經濟生活。[191]相反，烏克蘭主張蛇島無疑是一個島嶼，並支持人類居住以及經濟和其他活動。[192]儘管國際法院沒有以《公約》第 121 條第 3 款的目的審查蛇島的法律地位，但法院並未選擇蛇島上的任何基點，以作為雙方之間建立臨時的等距線。[193]取而代之的是，法院根據雙方之間的協議將 12 海里的領海歸於蛇島。[194]法院解決方案產生的效果是將蛇島視為一塊岩礁，即使國際法院沒有明確表達此一觀點。

第五，在 2012 年的尼加拉瓜訴哥倫比亞案中，基塔蘇尼奧的法律地位備

---

[185] Territorial and Maritime Dispute between Nicaragua and Honduras in the Caribbean Sea (Nicaragua v. Honduras) [2007] ICJ Rep 659, 702, [137].

[186] *Ibid.*, 759, [320].

[187] The Black Sea case, Memorial Submitted by Romania, Vol. I, 19 August 2005, 141-194, [10.1]-[10.132]; Reply Submitted by Romania, 22 December 2006, 127-187, [5.1]-[5.184]; Presentation by Mr. Aurescu, Verbatim Record, CR 2008/19, 52-71, [1]-[55]; presentation by Lowe, pp. 39-53, [1]-[75]; and Presentation by Lowe, pp. 10-18, [1]-[34]. 亦可參見 JM Van Dyke, "The Romania-Ukraine Decision and Its Effect on East Asian Maritime Delimitation," pp. 43-60.

[188] The Black Sea case [2009] ICJ Rep 70, [16].

[189] Memorial Submitted by Romania, p. 154, [10.28] et seq.

[190] *Ibid.*, p. 163, [10.50] et seq.

[191] *Ibid.*, p. 173, [10.80] et seq. 亦可參見 presentation by Lowe, Verbatim Record, 16 September 2008, 14-15, [21]-[23].

[192] Counter-Memorial of Ukraine, 19 May 2006, 25, [3.47].

[193] The Black Sea case, [2009] ICJ Rep 109-10, [149].

[194] *Ibid.*, p. 123, [188].

受爭議。[195]基塔蘇尼奧是一個長約 57 公里，寬 20 公里的大型沙洲。在基塔蘇尼奧的多種海洋地形地物中，只有一個名為 QS 32 的地形地物在高潮時高於海平面。此乃一個微不足道的地形地物，面積僅為 1 平方公尺，而且在高潮時僅高出水面約 0.7 公尺。[196]國際法院發現，在《公約》第 121 條第 1 款的定義中，只有 QS 32 構成了一個島嶼，而在基塔蘇尼奧識別出的其他 53 個地形地物都是低潮高地。[197]法院對此指出，任何一方都沒有建議 QS 32 屬於岩礁，根據《公約》第 121 條第 3 款的規定，它無法維持人類居住或本身的經濟生活，因此該地物不會產生任何享有大陸礁層或專屬經濟區權利的效果。[198]

法院從而得出結論，「基塔蘇尼奧是一種無法維持人類居住或本身經濟生活的岩礁，因此不屬於《公約》第 121 條第 3 款所述規則之內」。[199]結果，法院在基塔蘇尼奧周圍建立了一個 12 海里的弧形範圍。[200]尼加拉瓜訴哥倫比亞案中的判決是一個特例，根據第 121 條第 3 款，國際法院明確將海洋地形地物視為岩礁。可以在國際法院對基塔蘇埃諾的裁決與仲裁庭對黃岩島、赤瓜礁、華揚礁、永暑礁、南薰礁和西門礁的判決之間得出相似之處。[201]然而，必須指出的是，在尼加拉瓜訴哥倫比亞一案中，國際法院基於雙方陳述的基礎上，確定了基塔蘇埃諾的法律地位。[202]

第六，在哥斯大黎加訴尼加拉瓜案（2018 年）中，當事雙方在馬伊斯群島（Corn Islands）上基點的位置上存在分歧。馬伊斯群島位於加勒比海尼加拉瓜海岸附近約 26 海里。大馬伊斯島（Great Corn Island）面積 9.6 平方公里，小馬伊斯島面積 3 平方公里。馬伊斯群島的總人口約為 7,400 名居民。據尼加拉瓜稱，他們維持著充滿活力的經濟生活。雖然捕撈在 1960 年代和 1970 年代成

---

195 菲律賓在南海仲裁案中以尼加拉瓜訴哥倫比亞案為例，說明國際法院對第 121 條第 3 款的解釋。The Memorial of the Philippines, Vol. I, 122-123, [5.27].

196 Nicaragua v. Colombia, [2012] ICJ Rep 640-641, [24]; 645, [37]; and 699, [202].

197 *Ibid.*, 692, [181].

198 *Ibid.*, 693, [183].

199 *Ibid.*, [238].

200 *Ibid.*

201 The Philippines drew such similarities in the South China Sea Arbitration. See presentation by Mr. Martin, Merits Hearing (Day 2), 25 November 2015, 91-92. 亦可參見 The South China Sea Arbitration Award (Merits), [423].

202 Yoshifumi Tanaka, "Reflections on the Territorial and Maritime Dispute between Nicaragua and Colombia before the International Court of Justice," *Leiden Journal of International Law*, Vol. 26 (2013), pp. 909, 911.

為經濟支柱，但晚近旅遊業發展迅速。[203]國際法院認為，馬伊斯群島有大量居民，而且維持著經濟生活。因此，法院認為它們「完全滿足《公約》第 121 條的要求，即一個島嶼，具有產生專屬經濟區和大陸礁層的法律權利」。[204]無論如何，法院在哥斯大黎加訴尼加拉瓜案中沒有對馬伊斯群島的自然條件進行徹底的調查。

此處還必須提及厄利垂亞／葉門仲裁的部分內容。該案中，葉門既利用阿爾泰爾（al-Tayr）小型單一島嶼，也利用稱為阿爾祖拜爾（al-Zubayr）的島群作為控制基點。但是，仲裁庭裁決，包括阿爾泰爾島的單一島嶼和阿爾祖拜爾島群都不會對中間線的國際邊界產生影響，部分原因是它們貧瘠和荒涼的性質。[205]仲裁庭在關於阿爾泰爾和阿爾祖拜爾使用「島嶼」一詞時，並未出於《公約》第 121 條第 3 款的目的，審查這些海洋地形地物的法律地位。由於阿爾泰爾和阿爾祖拜爾的海洋地形地物沒有受到影響，由於它們貧瘠和荒涼的性質，因此，仲裁庭是否實際上將阿爾泰爾和阿爾祖拜爾視為具有充分應享權利的島嶼，似乎令人懷疑。

總之，通常國際法院對於基於《公約》第 121 條第 3 款的目的以確定海洋地形地物的法律地位一直保持警惕。鑑於該主題的判例不足，很難確定判例學對《公約》第 121 條第 3 款的統一解釋。

三、支持仲裁庭解釋的司法推理

前面各節中的調查表明，不能從國家實踐或判例中得出對《公約》第 121 條第 3 款的統一解釋或適用。因此，仲裁庭對《公約》第 121 條第 3 款的解釋不以國家實踐和判例為基礎。在這種情況下，仲裁庭解釋的有效性取決於司法推理（reasoning）。就此而言，有兩個要素值得強調。

第一個因素涉及專屬經濟區的存在理由。仲裁庭在此強調了專屬經濟區與「當地人口的利益」之間的相互聯繫：從《公約》的歷史中出現的專屬經濟區的目的……是擴大國家對其沿海水域的管轄權，並保護這些水域的資源，以造

[203] Counter-Memorial of Nicaragua, [3.7] and 122, [3.104]; Maritime Delimitation in the Caribbean Sea and the Pacific Ocean (Costa Rica v Nicaragua), Judgment, [2018] ICJ Rep, [49].

[204] *Ibid*., [140]. 然而，在建立海洋邊界時，僅對馬伊斯群島（Corn Islands）產生了一半效果，參見 *Ibid*., [154].

[205] The Eritrea/Yemen Arbitration, p. 368, [147]-[148].

福沿海國家的人口利益。[206]

仲裁庭認為，「《公約》第 121 條第 3 款起草人所關注的人類居住環境是一部分人口的居住環境，為了他們的利益引入了專屬經濟區。」[207]因此，「在沒有人類居住（或經濟生活）的情況下，海洋地形地物與沿海國人民之間的聯繫變得愈來愈微弱」。[208]尤其有趣值得注意的是，作為專屬經濟區的存在理由，仲裁庭關注的是人口利益，而不是個別國家的利益。此並非仲裁庭的原始觀點。舉例而言，在（Volga）案中，武卡斯法官說：「沿海國經濟利益的保護，尤其是他們沿海地區的人口，是建立這種海洋新制度的重要因素」。[209]

同樣地，吉爾福伊爾（Douglas Guilfoyle）認為，「此處提出的歷史結論很直接了當：專屬經濟區的目的主要是透過使開發中國家的人民對鄰近水域的海洋資源有更大的控制權，從而使開發中國家受益。」[210]總之，根據仲裁庭的觀點，《公約》第 121 條第 3 款發揮了預防功能，以「使微小的地形地物不公平地、不平等地產生了對海洋空間的巨大法律權利，此將不利於當地居民，反而會為（可能是遙遠的）國家維持對此類地形地物的聲索帶來意外的收穫」。[211]

第二個要素涉及人類共同遺產的維護。就此而言，仲裁庭提到了第三次聯合國海洋法會議主席新加坡大使許通美（Tommy Koh）的講話：沿海國應有權建立經濟區提議的理由基本上是基於人民的利益和調集海洋空間資源，以促進其發展的願望……。然而，這將是不公正的，如果每個島嶼，不論其特徵如何，都自動有法律權利主張一個統一的經濟區，那人類的共同遺產將進一步減少。此種做法將為沿海國帶來不平等的利益，因為沿海國的小島或無人島散布在廣闊的海洋之中。[212]

---

[206] The South China Sea Arbitration Award (Merits), [513]. 亦可參見 *ibid.*, [515].

[207] *Ibid.*, [520].

[208] *Ibid.*, [517].

[209] Declaration of Vice-President Vukas in the Volga case, pp. 43-44, [5].

[210] Douglas Guilfoyle, "The South China Sea Award: How Should We Read the UN Convention on the Law of the Sea?" *Asian Journal of International Law*, Vol. 8 (2018), pp. 51,61-62. 亦可參見 Marius Gjetnes, "The Spratlys: Are They Rocks or Islands?" p. 194; Jon M. Van Dyke and Robert A. Brooks, "Uninhabited Islands: Their Impact on the Ownership of the Oceans' Resources," p. 286.

[211] The South China Sea Arbitration Award (Merits), [516].

[212] "Summary Records of Meetings of the Second Committee, 39th Meeting," UN Doc A/CONF.62/C.2/SR.39, 285, para 72 (14 August 1974) (Statement of the Representative of Singapore), Official Records of the Third United Nations Conference on the Law of the Sea, Vol. II (Summary Records of

仲裁庭認為，第 121 條第 3 款的功能是作為人類共同遺產的保障。[213]仲裁庭的觀點與克維雅特科夫斯卡（Barbara Kwiatkowska）和索恩斯（Alfred H. A. Soons）的觀點相呼應：「毫無疑問，《公約》第 121 條第 3 款確立的例外，無論其確切範圍如何，為了防止對人類共同遺產範圍的進一步實質性限制，已將其納入《公約》。[214]值得注意的是，中國在實施《公約》第 121 條第 3 款時也強調了維護人類共同遺產的重要性，並指出：如何執行這此一條款（《公約》第 121 條第 3 款）關係到《公約》重要原則的解釋和適用，以及國際社會的整體利益，而且是適當考慮有關大陸礁層外部界限的有關提交意見，和人類共同遺產維護的關鍵問題。[215]

此外，中國提到《公約》第 300 條規定的誠信的一般義務時，強調了「國際社會的整體利益」：沿海國家應充分遵守《公約》，充分考慮到國際社會的整體利益，而且不應以偏頗的方式解釋《公約》，也不應將自己的利益置於國際社會的整體利益之上，也不應侵犯作為人類的共同遺產的「區域」。[216]

總之，仲裁庭對《公約》第 121 條第 3 款的解釋依賴於兩個關鍵概念：專屬經濟區中當地人口的利益和人類共同遺產的維護。[217]鑑於後者旨在保護人類作為整體的利益，[218]可以說，仲裁庭對《公約》第 121 條第 3 款的解釋同時側重於人民和人類的利益。[219]

Meetings of the First, Second and Third Committees, Second Session).

213 The South China Sea Arbitration Award (Merits), [535].

214 Barbara Kwiatkowska and Alfred H. A. Soons, "Entitlement to Maritime Areas of Rocks Which Cannot Sustain Human Habitation or Economic Life of Their Own," p. 144.

215 People's Republic of China Note Verbale to the Secretary-General of the United Nations, 21 May 2009, in United Nations Convention on the Law of the Sea, Meeting of States Parties, *Proposal for the Inclusion of a Supplementary Item in the Agenda of the Nineteenth Meeting of States Parties*, UN Doc. SPLOS/196, 22 May 2009, [4], http://undocs.org/SPLOS/196. 該聲明引用於 South China Sea Arbitration Award (Merits), [455].

216 Note Verbale from the People's Republic of China to the Secretary-General of the United Nations, n 213, [2]. 該聲明引用於 South China Sea Arbitration Award (Merits), [453].

217 亦可參見 Jon M. Van Dyke and Robert A. Brooks, "Uninhabited Islands: Their Impact on the Ownership of the Oceans' Resources," p. 288.

218 《聯合國海洋法公約》第 140 條。

219 仲裁庭的解釋似乎與特林達德（Cançando Trindade）法官聲稱的「21 世紀的新萬國法（*jus gentium*），人類的國際法」有關。Antonio Augusto Cançando Trindade, *International Law for Humankind: Towards a New Jus Gentium* (Leiden: Martinus Nijhoff, 2005). 特林達德法官在其通識課程中提出了國際法的基本前景，即「一個愈來愈以實現人類、民族和全體人類的需求和願望為導向的法律主體（*corpus juris*）」：*ibid.*, 33.

自第二次世界大戰以來，海洋法的發展需要在廣泛的脈絡中考慮仲裁庭對《公約》第 121 條第 3 款解釋的有效性。此時期的特點是反映了法律中的單邊主義（unilateralism）與普世主義（universalism）之間的緊張關係。一方面，沿海國將管轄權單方面擴大到公海以控制自然資源，一直是海洋法發展的動能。[220]集中於各個國家利益的單邊主義推動了此一運動。另一方面，如同一般的國際法，在海洋法中，國際社會作為一個整體對共同利益的保護變得愈來愈重要。國際社會的共同利益保護與海洋的普世主義息息相關。可以說，第二次世界大戰後海洋法在單邊主義和普世主義之間搖擺不定。

就某種程度而言，仲裁庭的觀點可以被視為是中國在南海聲索單邊主義的對立面。就此意義而言，仲裁庭對《公約》第 121 條第 3 款的解釋似乎反映了尋求維護海洋社群利益的海洋法中的普世主義。確實，仲裁庭對《公約》第 121 條第 3 款的解釋旨在促進實現《公約》的目標，即「實現公正和公平的國際經濟秩序，其中要考慮到人類作為整體的利益和需求，尤其是無論沿海國還是陸鎖開發中國家的特殊利益和需求」。[221]可以說，仲裁庭的解釋與 21 世紀旨在保護社群利益的國際法是一致的。

然而，根據仲裁庭的解釋，可以預見許多海洋地形地物將屬於《公約》第 121 條第 3 款的範疇之中。仲裁庭根據第 121 條第 3 款的規定認為，有許多沿海國家已建立了專屬經濟區和大陸礁層，並尊重海洋地形地物。[222]因此，仲裁庭對《公約》第 121 條第 3 款的解釋是否會被其他國家接受尚有爭議。然而，仲裁庭解釋的價值不應僅由各個國家的反應來決定。《公約》第 121 條第 3 款的解釋問題涉及一個更重要的問題，即 21 世紀的海洋法應鼓勵單邊主義以維護個別國家的利益，還是普世主義在海洋促進了社群利益。值得一提的是，仲裁庭在南海仲裁裁決（案文）中似乎確實支持海洋法向以全人類利益或社群利益為重點的普世主義發展。

---

[220] 1945 年的《杜魯門宣言》（Truman Proclamations）可以說是第二次世界大戰後沿海國家單邊主義的首次體現。René-Jean Dupuy, "Droit de la mer et communauté international," in René-Jean Dupuy, ed., *Dialectiques du droit international: souveraineté des Etats, communauté internationale et droits de l'humanité* (Paris: Pedone, 1999), pp. 173, 175.

[221] 《聯合國海洋法公約》序言。仲裁庭明確提到了這一目標。The South China Sea Arbitration Award (Merits), [515].

[222] 參見 Myron H. Nordquist and William G. Phalen, "Interpretation of UNCLOS Article 121 and Itu Aba (Taiping) in the South China Sea Arbitration Award," p. 66.

第五節　結語：越南在南海亦無島嶼

本章研究了三個南海仲裁案的主要問題以探討越南關於海洋地形地物的法律地位影響。首先，確定高於和或低於高潮海洋地形地物的司法（律）地位；其次，在國際法中低潮高地的撥用；以及其三，對《公約》第 121 條第 3 款的解釋。這些事項可以歸納為三點。

首先，仲裁庭認為，在高潮時特定地形地物是否在水面之上或之下，必須根據調查的基礎來決定，此調查應結合各種方法，包括可能直接、面對面的觀察，涵蓋一段較長的天氣和潮汐條件時間範圍。然而，這種途徑很難應用在人類活動大幅改變了海洋地形地物的情況下。在此種情況下，有必要調查「該地形地物先前地位的最佳可用證據」。就此而言，仲裁庭在確定高於和或低於高潮海洋地形地物的法律地位時，對歷史紀錄給予了很大的權重。然而，應謹慎注意的是，歷史紀錄可能並不總是清晰和一致的。因此，必須根據個案的基礎仔細探討歷史紀錄的相關性。

其次，仲裁庭在其案情裁決中認為，低潮高地不屬於陸地領土形成的一部分，因此不能予以撥用。仲裁庭的觀點符合國際法院的判例。隨之而來的是，低潮高地屬於領海或大陸礁層的法律制度之內，而且這些高地不能作為第三國撥用的主體。[223]

第三，仲裁庭首次對《公約》第 121 條第 3 款的解釋和適用提供供了詳細的審查。在這方面，它規定了定性和時間要求。仲裁庭對第 121 條第 3 款的解釋取決於兩個關鍵要素：專屬經濟區中當地居民的利益和人類共同遺產的保護。值得注意的是，仲裁庭的解釋著重於人民的利益，而不是個別國家的利益。仲裁庭認為，第 121 條第 3 款具有防止以使微小的地形地物不公平地產生對海洋空間的大量應享權利，而這對當地人口無益的功能。

仲裁庭的解釋是否以及在何種程度上會影響國家和管轄實踐還有待觀察。然而，正如麥道曼（Ted L. McDorman）所述，「很難得出結論，除非仲裁庭為各國和未來的仲裁庭提供確定地形地物是岩石還是島嶼的架構或方向」。[224] 此外，正如古利特（Warwick Gullett）所觀察，「可以預期，下一個法庭或仲

---

[223] 亦可參見 Tara Davenport, “Island-Building in the South China Sea: Legality and Limtis,” *Asian Journal of International Law*, Vol. 8 (2018), pp. 76, 89.

[224] Ted L. McDorman, “The South China Sea Tribunal Awards: A Dispute Resolution Perspective,” *Asia-Pacific Journal of Ocean Law and Policy*, Vol. 3 (2018), pp. 134, 143.

裁庭將至少參考南海仲裁裁決來審查第 121 條第 3 款，並且可以預期它具有影響力」。[225]低估仲裁庭解釋的影響是錯誤的，因為如果其他法庭或仲裁庭希望採用與仲裁庭不同的解釋，則將需要提供更有說服力的理由。[226]無論如何，如海洋劃界法通常所表明的那樣，將需要積累大量的判例法以詳細解釋國際法的規範，這同樣適用於第 121 條。可以公平地說，仲裁庭的解釋可能是澄清此一規定的第一步，也是重要的一步，無論對該解釋的某些方面有何批評。[227]

基於上述南海仲裁案裁決的進程，即以南海仲裁案為參考基準，越南在南沙群島占領的島礁法律地位可以歸納為表 4-1，彰顯越南也面臨與中國的類似問題，越南在南沙占領的島礁同樣無法符合產生專屬經濟區與大陸礁層。

表 4-1　越南占領南沙島礁的法律地位

中文名	越文名	英文名	占領時間	島礁分類	法律性質
南子島	Đảo Song Tử Tây	South-west Cay	1974 年	島嶼	岩礁
南威島	Đảo Trướng Sa	Spratly Island	1974 年	島嶼	岩礁
鴻庥島	Đảo Nam Yết	Namyit Island	1973 年	島嶼	岩礁
安波沙洲	Đảo An Bang	Amboyna Cay	1974 年	沙洲	岩礁
景宏島	Đảo Sinh Tồn	Sin Cowe Island	1975 年	島嶼	岩礁
畢生礁	Đảo Phan Vinh	Pearson Reef	1978 年	沙洲	岩礁
染青沙洲	Đảo Sinh Tồn Đông	Grierson Reef	1978 年	沙洲	岩礁
敦謙沙洲	Đảo Sỏn Ca	Sandy Cay	1974 年	沙洲	岩礁
西礁	Đá Tây	West Reef	1978 年	沙洲	岩礁
中礁	Đảo Trường Sa Đông	Central Reef	1978 年	沙洲	岩礁
柏礁	Bãi Thuyền Chài	Barque Canada Reef	1978 年	明礁	岩礁
舶蘭礁	Đá Núi Thị	Petley Reef	1988 年	乾礁	低潮高地
大現礁	Đá Lớn	Discovery Great Reef	1988 年	乾礁	低潮高地
東礁	Đá Đông	East Reef	1988 年	明礁	岩礁

[225] Warwick Gullett, “The South China Sea Arbitration’s Contribution to the Concept of Juridical Islands,” p. 37.

[226] 李禎之，〈南シナ海仲裁手続の訴訟法的含意〉，頁 47; Eric Franckx, “The Arbitral Tribunal’s Interpretation of Paragraph 3 in Article 121: A First but Important Step Forward,” in Shunmugam Jayakumar et al., eds., *The South China Sea Arbitration: The Legal Dimension*, pp. 154, 175.

[227] 弗蘭克斯（Eric Franckx）認為仲裁庭的解釋是「最及時和必要的第一步」，參見 Eric Franckx, “The Arbitral Tribunal’s Interpretation of Paragraph 3 in Article 121: A First but Important Step Forward,” p. 175. 古利特（Warwick Gullet）還表示，仲裁庭對第 121 條第 3 款及其設定的標準「應該受到那些尋求澄清國際法的人的歡迎，特別是由於許多國家明顯濫用了該條款」，參見 Warwick Gullett, “The South China Sea Arbitration’s Contribution to the Concept of Juridical Islands,” pp. 27-28.

表 4-1 越南占領南沙島礁的法律地位（續）

中文名	越文名	英文名	占領時間	島礁分類	法律性質
鬼喊礁	Đá Cô Lin	Collins Reef	1988 年	乾礁	低潮高地
六門礁	Đảo Tốc Tan	Alison Reef	1988 年	乾礁	低潮高地
奈羅礁	Đảo Đá Nam	South Reef	1988 年	明礁	岩礁
南華礁	Đá Núi Le	Cornwallis South Reef	1988 年	乾礁	低潮高地
日積礁	Đá Lát	Ladd Reef	1988 年	乾礁	低潮高地
無乜礁	Đá Tiên Nữ	Tennent Reef/Pigeon Reef	1974 年	明礁	岩礁
瓊礁	Đá Len Đao	Lansdowne Reef	1989 年	乾礁	低潮高地
金盾暗沙	Bãi Đinh	Kingston Shoal	1989 年	水下暗沙	暗沙
奧南暗沙	Bãi Vũng Mây	Orleana Shoal	1998 年	水下暗沙	暗沙
蓬勃堡	Ba Kè	Bombay Castle	1995 年	水下暗沙	暗沙
人駿灘	Bãi Huyền Trân	Alexandra Bank	1991 年	水下暗沙	暗沙
廣雅灘	Bãi Phúc Tần	Prince of Wales Bank	1989 年	水下暗沙	暗沙
萬安灘	Bãi Tư Chính	Vanguard Bank	1989 年	水下暗沙	暗沙
李准灘	Bãi Quế Đường	Grainger Bank	1991 年	水下暗沙	暗沙
西衛灘	Bãi Phúc Nguyên	Prince Consort Bank	1990 年	水下暗沙	暗沙

資料來源：劉曉博，《越南、菲律賓和馬來西亞侵占南沙島礁的建設情況研究報告》，國觀智庫，2021 年 4 月。作者修改整理。

總之，仲裁庭認為，沒有跡象表明在南沙群島上已經形成了任何與穩定的人類社區相當的情形。因此，得出的結論是，包括越南占領的南威島和南子島，無法維持第 121 條第 3 款所指的人類居住。南威島是南沙群島天然狀態下的第四大島，也是越南在南沙群島的軍事指揮中心和行政中心，由於南威島不符合《公約》第 121 條第 1 款的解釋和適用，南海仲裁案在此處對越南的聲索將造成嚴厲的挑戰。

第五章　仲裁案對「中國在南海活動的合法性」裁決對越南的啟示

第一節　前　言

在對海洋地形地物的法律地位進行探討之後，仲裁庭開始探討中國在南中國海（South China Sea, SCS；以下簡稱「南海」）活動的合法性。就此而言，仲裁庭對國際法中各種廣泛的問題進行了辯論。除其他事項外，八個問題值得認真思考，對越南提出司法途徑解決爭端具有啟發性。首先，外交聲明和通訊本身是否可視為對《聯合國海洋法公約》（*United Nations Convention on the Law of the Sea*, UNCLOS；以下簡稱《公約》）的違反？其次，《公約》第 58 條第 3 款規定的「適當考慮權利和義務」（due regard to the rights and duties）的責任（obligation）為何？其三，《公約》下適用於傳統捕魚權的規則為何？其四，《公約》第 192 條下的「一般義務」為何？在環境保護方面履行盡職調查（due diligence）義務有哪些要求？

其五，如何確定違反環境影響評估行為的義務？其六，在第三國專屬經濟區或大陸礁層的低潮高地進行建築活動，在法律上是否可行？其七，《公約》第 94 條與《國際海上避碰規則公約》（*Convention on the International Regulations for Preventing Collisions at Sea*, COLREGS）之間的關係為何？最後，判定違反國際法中不加重義務（obligation of nonaggravation）的標準為何？

除了解決菲律賓與中國之間的爭端之外的範疇，仲裁庭在該等問題上的觀點不僅為越南提供借鏡，也為國際法規則和義務的解釋或適用提供了一些啟示。因此，本章根據南海仲裁裁決書（實質部分）探討該等問題。[1]在本前言之後，第二節探討被指控干擾菲律賓在其專屬經濟區和大陸礁層的主權權利，被指控未能阻止中國國民利用菲律賓的生物資源，中國在黃岩島關於傳統捕魚的行動，海洋環境的保護和維護，美濟礁（Mischief Reef）上的占領和建設活

[1] PCA Case No. 2013-19. The South China Sea Arbitration Award (Merits)（以下簡稱為 The South China Sea Arbitration Award (Merits)）, 12 July 2016.

動，以及以危險方式操作執法船隻。第三部分探討當事方不加重義務和未來的行為，以及第四部分的本章結語。

指稱干涉菲律賓在其專屬經濟區和大陸架的主權權利，指稱未能阻止中國公民開發菲律賓的生物資源，中國在黃岩島傳統捕魚方面的行動，海洋環境的保護和保全，占領 美濟礁上的建築活動，以及執法船隻以危險方式操作。

第二節　中國在南海行動的合法性

一、據稱在其專屬經濟區和大陸礁層中干涉菲律賓的主權權利

（一）法庭的管轄權

第一個問題涉及中國對菲律賓專屬經濟區和大陸礁層主權權利的干涉。菲律賓在其第 8 號陳述意見書狀中要求仲裁庭宣布：(8) 中國在其專屬經濟區和大陸礁層的有生命和無生命資源方面，非法干預了菲律賓主權權利的享有和行使。[2]

就此而言，菲律賓聲稱中國藉由以下行為，干預了菲律賓對生物資源的主權權利和管轄權：1. 自 1995 年以來，中國禁止菲律賓船隻在美濟礁附近捕魚；2. 2012 年在北緯 12 度以北宣布的南海伏魚令；3. 中國對《海南省沿海邊防治安管理條例》的修訂；[3]以及 4. 自 1995 年以來，中國一直在仁愛礁阻止菲律賓船隻捕魚。[4]

中國沒有直接回應菲律賓的指控。然而，仲裁庭提到中國所做的各種聲明，從而認為中國顯然認為它在菲律賓開展石油勘探的地區擁有主權和主權權利，以及其在有關地區的漁業方面擁有主權。[5]

---

2 *Ibid.*, [649]. 亦可參見 *ibid.*, [685]; the Philippines' Memorial, Vol. I, 165, [6.17]-[6.19]; presentation by Sands, Merits Hearing Tr (Day 2), pp. 140-142.

3 中華人民共和國，海南省，《海南省沿海邊防治安管理條例》(2012 年 12 月 31 日）。該文件轉載於菲律賓備忘錄第 V 卷的附件 123（Annex 123 to the Philippines' Memorial, Vol. V）。

4 The South China Sea Arbitration Award (Merits), [686].

5 *Ibid.*, [68]-[689]. 就此而言，仲裁庭提到了下列文書：Note Verbale from the Embassy of the People's Republic of China in Manila to the Department of Foreign Affairs, Republic of the Philippines, No. (10) PG-047 (22 February 2010); Memorandum from Rafael E. Seguis, the Undersecretary for

在「管轄權裁決」中，仲裁庭保留了關於菲律賓第 8 號陳述意見書狀管轄權的決定，以結合菲律賓聲索的案情考慮。[6]同時，它認為此不是關於主權或海洋邊界劃界的爭端，也不是《公約》第十五部第一節的任何要求禁止仲裁庭考慮的問題。[7]仲裁庭在案情裁決中證實了這一點。[8]

在實體的裁決中，仲裁庭發現「九段線」所涵蓋的中國在南海的任何歷史權利沒有法律依據；[9]就《公約》第 121 條而言，南沙群島的任何高潮地形地物，都是沒有充分法律權利的島嶼。[10]因此，南沙群島中不存在能夠在美濟礁或仁愛暗沙（Thomas Shoal）地區或 GSEC101 區塊、第 3 地區、第 4 地區或 SC58 區塊產生專屬經濟區或大陸礁層法律權利的海洋地形地物。隨之而來的是，不存在根據《公約》第 15 條，第 74 條和第 83 條，要求進行海洋重疊法律權利的海洋劃界。[11]由於第 8 號陳述意見書狀中所述的南海地區可能只能構成菲律賓的專屬經濟區，因此，根據《公約》第 77 條和第 56 條，菲律賓對這些地區的資源擁有主權權利。[12]

《公約》第 297 條第 3 款 a 項和《公約》第 298 條第 1 款 b 項中的執法例外用於限制強制爭端解決，即針對一國在自己的專屬經濟區生物資源方面行使其主權權利提出聲索。然而，仲裁庭認為，這些規定不適用於一國被指控在另一國的專屬經濟區違反了《公約》的情況。由於菲律賓第 8 號陳述意見書中有爭議的南海地區構成了菲律賓的專屬經濟區，因此這些規定對仲裁庭的管轄權不構成任何障礙。因此，仲裁庭得出結論認為，它對菲律賓的第 8 號陳述意見書狀具有管轄權。[13]

Special and Ocean Concerns, Department of Foreign Affairs, Republic of the Philippines, to the Secretary of Foreign Affairs of the Republic of the Philippines (30 July 2010); Note Verbale from the Embassy of the People's Republic of China in Manila to the Department of Foreign Affairs, Republic of the Philippines, No. (11) PG-202 (6 July 2011);以及"Fishing ban starts in South China Sea," *Xinhua* (17 May 2012).

6 PCA Case No. 2013-19. The South China Sea Arbitration (Jurisdiction and Admissibility)（以下簡稱為 The *South China Sea* Arbitration Award (Jurisdiction and Admissibility)）, 29 October 2015, [405].

7 *Ibid.*

8 The South China Sea Arbitration Award (Merits), [690].

9 *Ibid.*, [1203] B(2). 亦可參見[277]-[278].

10 *Ibid.*, [626].

11 *Ibid.*, [692]-[694].

12 *Ibid.*, [697]-[700].

13 *Ibid.*, [695].

（二）中國行動的合法性

隨後，仲裁庭開始探討中國干預菲律賓專屬經濟區和大陸礁層主權的法律後果。就此而言，可以確定三種類型的行為：第一種為外交通訊；[14]第二種為物理上的行動；[15]以及第三種可能具有阻嚇效果的陳述。[16]

毫無疑問，一國的實際行為可能會違反《公約》的規定。實際上，仲裁庭認為，中國促使「維利塔斯號」（MV Veritas Voyager）停止作業，並離開構成菲律賓大陸礁層一部分的區域的行為，違反《公約》第 77 條的規定，該條賦予了菲律賓在禮樂灘（Reed Bank）大陸礁層地區的主權權利。[17]相較之下，仲裁庭認為，沒有明確的證據表明中國在美濟礁和仁愛暗沙阻止菲律賓船隻的捕魚；並且沒有涉及《公約》中有關漁業的規定。[18]然而，外交通信和聲明的法律效力需要進一步考慮。

就此而言，引發兩個問題。第一個問題是，外交聲明和通訊本身是否可被視為違反《公約》。就此而言，仲裁庭認為，「國家對他們各自的權利會有不同的理解是完全正常的情況」。[19]對於仲裁庭而言，「如果這種差異的表達本身就足以使對法律的理解最終證明是不正確的國家違反了基本義務，那麼它將對正常的外交行為造成令人無法接受的寒意。」[20]

仲裁庭沒有排除以下的可能性：「在外交聲明中以惡意聲索權利的情況下，或在一國試圖透過重複聲明、隱含的威脅，或外交脅迫誘使另一國放棄其權利的情況下，它可能得出不同的結論」。[21]然而，在仲裁庭的紀錄中，情況並非如此。由此得出結論認為，中國就各自權利向菲律賓做出的外交聲明，並

---

[14] 對此，菲方提到了兩種中方聲明：一、外交聲明，即中方就 GSEC101 合約、SC58 合約、第 3 區和第 4 區招標的轉換向菲律賓政府提出的反對意見；以及二、一位中國官員對尼多石油公司（Nido Petroleum Ltd.）代表的聲明：*ibid.*, [702].

[15] 具體而言，菲律賓反對中國海監（Chinese Marine Surveillance, CMS）船命令委瑞塔斯號（MV Veritas Voyager）停止作業，並離開禮樂灘區域的行動，以及中國阻止菲律賓船隻在美濟礁和仁愛暗沙捕魚的行動，參見 *ibid.*, [702] and [709].

[16] 就此而言，菲律賓反對中國透過 2012 年在北緯 12 度以北地區暫停捕魚令和通過海南條例擴大其對南海漁業的管轄權，參見 *ibid.*, [709].

[17] *Ibid.*, [708], [716].

[18] *Ibid.*, [714]-[715].

[19] *Ibid.*, [705].

[20] *Ibid.*

[21] *Ibid.*

不構成違反《公約》，儘管在法律上是不正確的。[22]同樣，它發現中國僅將其在南海的聲索告知私人當事方的行為，並不構成對《公約》的違反。[23]然而，仲裁庭的推理似乎缺乏一致性。

如前面章節所述，仲裁庭認為，中國對「九段線」相關部分所涵蓋的南海海域的歷史權利，或其他主權權利或管轄權的主張與公約相悖。如此為之，仲裁庭裁定中國聲索非法性，而不是中國在「九段線」所涵蓋的海洋空間中實施其遭指控的歷史權利的實際行為。如果中國以善意地聲索其權利，[24]此並不能自動排除那些與《公約》相牴觸聲索的不法性。事實上，仲裁庭在其案情裁決中表示，中國對其在南海關於非生物資源方面的權利的理解「在法律方面是不正確的」。[25]

第二個問題涉及可能具有阻嚇效果聲明的法律效力。此處引起關注的問題是，中國是否在 2012 年頒布了《農業部關於在南海海域實行伏季休漁制度的通知》[26]和新修訂的《海南省沿海邊防治安管理條例》[27]，侵犯了菲律賓的權利，是否違反了《公約》，而不論該禁令是否直接加以執行。[28]關於中國的休漁令，仲裁庭認為，該禁令旨在適用於北緯 12 度以北的菲律賓專屬經濟區，而不僅限於懸掛中國旗幟的船隻。與僅是聲明相反，捕魚禁令確立了「現實前景」（realistic prospect），即菲律賓漁民可能會受到禁漁令中闡明的懲罰性措施的影響，包括可能沒收有關漁船。仲裁庭認為，此種事態發展可能對菲律賓漁民及其活動產生阻嚇效果。[29]因此，仲裁庭裁定，此種管轄權主張違反了《公約》第 56 條，該條賦予菲律賓對其專屬經濟區生物資源的主權權利。[30]相較之下，仲裁庭認為，《海南省沿海邊防治安管理條例》中沒有發現任何規定會限制菲律賓對其專屬經濟區資源的權利。尤有進者，該規定僅在海南 12 海里以內適用。因此，仲裁庭裁定，《海南省沿海邊防治安管理條例》沒有侵犯菲律

---

22 *Ibid.*

23 *Ibid.*, [706].

24 *Ibid.*, [704].

25 *Ibid.*, [705].

26 People's Republic of China, Ministry of Agriculture, South China Sea Fishery Bureau, *Announcement on the 2012 Summer Ban on Marine Fishing in the South China Sea Maritime Space* (10 May 2012). 該文件轉載於菲律賓備忘錄第 V 卷的附件 118。

27 Hainan Provincial Regulation, n 3.

28 The South China Sea Arbitration Award (Merits), [711].

29 *Ibid.*, [712].

30 *Ibid.* 亦可參見 *ibid.*, [716].

賓的權利，也沒有違反《公約》關於專屬經濟區的規定。[31]

根據仲裁庭的做法，如果某項聲明可能具有阻嚇效果，該聲明就違反了《公約》的有關規定。因此，是否存在阻嚇效果成為關鍵的因素。就此方面出現的問題是，如何確定阻嚇效應的存在。仲裁庭在此應用了「現實前景」加以檢驗。根據此檢驗標準，決定是否存在阻嚇效應的依據是基於某種「現實前景」的存在來確定，即未來可能會在將來因聲明而產生懲罰措施。因此，如果一項聲明呈現出一種現實的前景，即沿海國在其專屬經濟區中行使主權權利受到阻礙，則該聲明即具有阻嚇效果。

雖然阻嚇效果是未來之事，但「現實前景」的存在與否是現在的事。就此意義而言，「現實前景」的檢驗可以被認為是一個時間概念。然而，「現實前景」的概念並非完全明確。就此方面出現的問題之一是，如何能夠評估「現實前景」的存在。由於「前景」取決於對國家的主觀理解，因此，國際法院或法庭很難客觀地確定此類「前景」的內容。此外，「現實」此形容詞似乎只是程度問題。然而，仲裁庭沒有提供足夠的解釋來回答此問題，即未來事件的前景必須在多大程度上存在。尤有進者，與 2012 年中國頒布的伏魚季不同，仲裁庭沒有對中國關於 GSEC101 合約、SC58 合約以及第 3 區和第 4 區招標的外交聲明進行「現實前景」的檢驗。從而出現「雙重標準」。然而，關於 SC58 合約，中國政府在其 2010 年 7 月 30 日的備忘錄中表示，中國認為此作為「非常嚴峻的事情」，並表示保留「對此問題採取單方面行動，以保護其利益的權利」。[32]因此，似乎有一些空間可以重新考慮有關備忘錄是否會產生嚇阻效果的問題。

二、指控未能阻止中國國民利用菲律賓的生物資源

（一）仲裁庭的管轄權

由上延伸的下一個問題就涉及菲律賓指控中國未能阻止中國國民剝削菲律賓的生物資源。就此而言，菲律賓在其第 9 號陳述意見書狀中請仲裁庭宣布：

---

[31] *Ibid.*, [713].

[32] Memorandum from the Undersecretary for Special and Ocean Concerns, Department of Foreign Affairs, Republic of the Philippines, to the Secretary of Foreign Affairs of the Republic of the Philippines, 30 July 2010, quoted *ibid.*, [663].

(9) 中國已經因未能阻止其國民和船隻剝削菲律賓專屬經濟區的生物資源而違法。[33]

上述的陳述意見書狀與美濟礁和仁愛暗沙的發展息息相關，兩地物都是位於菲律賓基線 200 海里以內的低潮高地。[34]就此而言，菲律賓認為中國違反了《公約》第 56 條關於菲律賓主權權利和管轄權的義務。[35]根據菲律賓的說法，中國阻擋了菲律賓船隻在南海的捕魚作業，同時容忍了中國國民和船隻在包括菲律賓專屬經濟區在內的地區捕魚。[36]因此，菲律賓聲稱，由於中國本身對其漁民的行為未盡責任，因此對自身未能控制其非法和破壞性活動必須負責。[37]中國從未直接應對過上述指控。然而，鑑於中國當時的發言，仲裁庭認為，中國不認為菲律賓在仁愛暗沙和美濟礁地區擁有權利。實際上，中國一再要求菲律賓從仁愛暗沙撤走其人員。[38]

在其「管轄權裁決」中，仲裁庭保留了關於菲律賓第 9 號陳述意見書狀的管轄權的決定，以結合菲律賓主張的案情考慮。[39]以仲裁裁決後見之明觀之，仲裁庭在案情裁決中認定，美濟礁和仁愛暗沙都是低潮高地，南沙群島中的高潮地形地物沒有能夠產生專屬經濟區的權利。由此可見，中國在美濟礁和仁愛暗沙地區獲得海洋法律權利的聲索沒有法律基礎。當然，也不存在任何根據《公約》第 15 條、第 74 條和第 83 條要求海洋劃界的法律權利重疊的情況。尤有進者，由於第 9 號陳述意見書狀中有爭議的南海地區只能構成菲律賓的專屬經濟區，因此《公約》第 297 條第 3 款 a 項和第 298 條第 1 款 b 項中的執法

---

33 *Ibid.*, [717].

34 *Ibid.*, [718].

35 *Ibid.*, [723].

36 *Ibid.*, [724]. 亦可參見 Memorial, [6.36].

37 The South China Sea Arbitration Award (Merits), [728]; presentation by Professor Sands, Merits Hearing Tr Day 4, 88.

38 The South China Sea Arbitration Award (Merits), [730]-[731]. 就此而言，仲裁庭依據了中國的多項陳述，例如：Note Verbale from the Ministry of Foreign Affairs, People's Republic of China to the Embassy of the Republic of the Philippines in Beijing, No. (2015) Bu Bian Zi No. 5 (20 January 2015); Note Verbale from the Embassy of the People's Republic of China in Manila to the Department of Foreign Affairs, Republic of the Philippines, No. 14 (PG)-195 (30 June 2014) (Annex 675); Note Verbale from the Embassy of the People's Republic of China in Manila to the Department of Foreign Affairs, Republic of the Philippines, No. 14 (PG)-197 (4 July 2014); Note Verbale from the Embassy of the People's Republic of China in Manila to the Department of Foreign Affairs, Republic of the Philippines, No. 14 (PG)-264 (2 September 2014).

39 The South China Sea Arbitration Award (Jurisdiction and Admissibility), [406].

例外，對仲裁庭的管轄權不構成任何障礙。因此，仲裁庭認為，它對菲律賓的第 9 號陳述意見書狀具有管轄權。[40]

（二）中國行動的合法性

由於相關地區只能構成菲律賓的專屬經濟區，因此菲律賓對這些地區的資源擁有主權權利。[41]根據《公約》第 61 條和第 62 條，很明顯，菲律賓可以根據《公約》控制授予和管制其專屬經濟區漁業准入的程序。

在考慮中國行動的合法性時，仲裁庭強調了《公約》第 62 條第 4 款和第 58 條第 3 款之間的區別。仲裁庭認為，第 62 條第 4 款直接對從事捕魚的私人當事方施加了義務。根據此條款，中國國民必須遵守菲律賓專屬經濟區內菲律賓的許可和其他進入程序。[42]反之，第 58 條第 3 款規定了國家的義務。根據該條款，國家在專屬經濟區行使《公約》規定的權利和履行義務時，必須「適當考慮沿海國的權利和義務」。在 2015 年諮詢意見中，國際海洋法法庭將適當考慮的義務解釋為要求有義務的國家「採取必要措施，以確保其國民和懸掛其國旗的船隻不從事非法、未報告和不管制（illegal, unreported, and unregulated, IUU）捕魚活動」，將其與第 62 條第 4 款直接賦予國民的義務結合起來解讀。[43]據國際海洋法法庭稱，「船旗國有『盡職調查義務』，以採取一切必要措施，確保遵守並防止懸掛其國旗的漁船進行非法、不報告和不管制捕撈。」[44]此乃一項行為義務。[45]

白珍鉉（Jin-Hyun Paik）法官進一步擴大了對第 58 條第 3 款的解釋，他指出：儘管「國家」是遵守沿海國法律和法規直接（應對）的義務，但私人行為者，無論是自然人還是法人是該條款的最終監管的目標，因為它們是在外國專屬經濟區開展參與各種活動的主要行為者。因此，為了履行《公約》第 58 條第 3 款規定的責任，國家必須確保受其管轄的主體遵守沿海國根據《公約》規定通過的法律和法規。根據《公約》第 94 條第 1 款，受國家管轄的主體應包

---

[40] The South China Sea Arbitration Award (Merits), [734].

[41] *Ibid.*, [735].

[42] *Ibid.*, [740].

[43] Request for an Advisory Opinion Submitted by the Sub-Regional Fisheries Commission (SRFC), Advisory Opinion, ITLOS Case No. 21, [2015] ITLOS Rep 4, 38, [124].

[44] *Ibid.*, [129].

[45] *Ibid.*

括懸掛其旗幟的船舶。[46]據白珍鉉稱，「將《公約》第 94 條和第 58 條第 3 款放在一起來看，可以說船旗國有確保懸掛其旗幟的漁船遵守由沿海國在專屬經濟區捕魚時採用法律和法規的義務。」[47]

就此而言，國際海洋法法庭指明了要採取的某些措施。用國際海洋法法庭的話來說：儘管船旗國將通過的法律、法規和措施的性質應由每個船旗國根據其法律制度來確定，但船旗國仍有義務在其中包括執行機制以監測，並確保遵守這些法律和法規。適用於參與非法、不報告和不管制捕魚活動的制裁必須足以阻止違反行為，並剝奪違法者從其非法、不報告和不管制捕魚活動所獲得的利益。[48]

仲裁庭在案情裁決中對國際海洋法法庭的決定表示贊同。對於仲裁庭而言：一國為防止其國民在另一國的專屬經濟區非法捕魚而進行任何低於盡職調查，將不足以履行《公約》第 58 條第 3 款所規定的考慮。[49]

一國在防止其國民在另一國的專屬經濟區非法捕魚方面所做的任何不盡責的努力都將不符合《公約》第 58 條第 3 款規定的應有重視。

正如仲裁庭所認知的部分，有關中國在美濟礁和仁愛暗沙活動的證據非常有限。儘管如此，仲裁庭還是接受了中國漁船在海監船的陪同下於 2013 年 5 月在美濟礁和仁愛暗沙進行捕魚的兩個原因。首先，中國在南海主張主權權利和管轄權，並頒發了「南沙捕撈許可證證書」（Nansha Certification of Fishing Permit），該證書的適用範圍擴大到美濟礁和仁愛暗沙。其次，中國在美濟礁和仁愛暗沙的捕撈活動模式與仲裁庭已獲知的其他珊瑚礁形成的活動模式一致。[50]

最後，仲裁庭在其案情裁決中裁定，中國船隻已於 2013 年 5 月在美濟礁和仁愛暗沙從事捕魚活動。仲裁庭進一步注意到，在所有報告的情況下，中國漁船均受到了中國海監船的密切護航，以及有關中國政府船隻上的官員完全了解中國漁民正在採取的行動。儘管如此，中國政府船隻並沒有制止他們。顯然，中國政府船隻的行為構成了中國的官方行為，從而一切行為都應歸咎於中

46 Separate Opinion of Judge Paik [2015] ITLOS Rep 102, 107-108, [14].

47 *Ibid.*, 108, [16].

48 [2015] ITLOS Rep 42, [138]. 此外，參閱 Alexander Prölss, "Article 58," in Alexander Prölss, ed., *United Nations Convention on the Law of the Sea: A Commentary* (Munich: Beck/Hart Publishing/Nomos, 2017), p. 456.

49 The South China Sea Arbitration Award (Merits), [744].

50 *Ibid.*, [745]-[748].

國。[51]仲裁庭因此裁定，2013 年 5 月，中國未能對菲律賓在其專屬經濟區內的漁業主權權利表現出應有的尊重，容忍並無法行使盡職調查地阻止懸掛中國旗幟的船隻在美濟礁和仁愛礁進行捕撈，以及中國違反了公約第 58 條第 3 款規定下的義務。[52]

如前所述，「適當考慮權利和責任」（due regard to the rights and duties）的義務是構成《公約》第 58 條第 3 款的關鍵要素。就此觀之，仲裁庭在其案情裁決中，實際上將適當考慮的義務等同於盡職調查的義務。盡職調查是一個難以捉摸的概念，盡職調查的程度可能因具體活動的性質、國家的技術和經濟能力以及領土控制的有效性等而異。[53]盡職調查的標準也可能隨著時間而改變。就此而言，值得引用國際海洋法法庭海底爭端分庭（Seabed Disputes Chamber）的觀點：使這種描述變得困難的因素之一是「盡職調查」是一個可變概念。它可能會隨著時間而變化，因為在某些時候被認為足夠盡職的措施可能會變得不夠盡職，舉例而言，根據新的科學或技術知識。[54]

鑑於盡職調查的多變性，國際法院或法庭可能難以確定違反義務的情況。[55]仲裁庭在其案情裁決中也承認了與盡職調查義務有關的困難。用仲裁庭的話說：在許多情況下，可能難以確定船旗國對懸掛其國旗的船隻在另一國專屬經濟區捕魚義務的確切範圍和適用範圍。[56]

然而，根據仲裁庭的說法，在南海仲裁中，情況並非如此。本案中，仲裁庭有證據證明 2013 年 5 月中國船隻在美濟礁和仁愛暗沙存在捕魚活動，以及中國政府船隻護航。因此，仲裁庭認為：當中國政府控制的船隻採取護航和保護在菲律賓專屬經濟區非法從事捕魚活動的中國漁船時，明確違反了對菲律賓權利給予適當考慮的義務。[57]

根據仲裁庭的裁決，謹慎和審慎地認為，當一國知道其國民在另一國的專

---

51 *Ibid.*, [755].

52 *Ibid.*, [757]; 亦可參見 *ibid.*, [753].

53 Yoshifumi Tanaka, "Principles of International Marine Environmental Law," in Rosemary Rayfuse, ed., *Research Handbook on International Marine Environmental Law* (Cheltenham: Edward Elgar, 2015), pp. 31, 38.

54 Responsibilities and Obligations of States Sponsoring Persons and Entities with Respect to Activities in the Area, Advisory Opinion, ITLOS Case No. 17, [2011] ITLOS Rep 10, 36, [117].

55 Yoshifumi Tanaka, "Principles of International Marine Environmental Law," p. 38.

56 The South China Sea Arbitration Award (Merits), [754].

57 *Ibid.*, [756].

屬經濟區進行非法捕魚活動時，該國違反了應有注意的義務，儘管如此，未能阻止他們。

三、中國在黃岩島進行傳統捕魚方面的行動

（一）仲裁庭的管轄權

案情仲裁中與漁業有關的另一個問題涉及中國對菲律賓國民在黃岩島進行的傳統捕魚活動所採取的行動。此問題與菲律賓的第 10 號陳述意見書有關：(10) 中國透過干涉在黃岩島的傳統捕魚活動，非法阻止菲律賓漁民謀生。[58]

在這方面，菲律賓提到菲律賓和中國船隻在黃岩島發生的一系列事件，加劇了當事方在 2012 年 4 月 10 日至 28 日和 2012 年 5 月 26 日之間的緊張關係。根據菲律賓的說法，致力於相互撤回政府船隻的談判並未成功，隨著緊張局勢的加劇，活躍在黃岩島附近的漁民受到了雙方爭端的影響。[59]菲律賓因此認為，中國違反了《公約》第 2 條第 3 款、第 51 條第 1 款和第 62 條第 3 款的義務；[60]而且中國違反了《聯合國憲章》第 2 條第 3 款和《公約》第 279 條規定的以和平手段解決爭端的義務。[61]另一方面，中國主張黃岩島周圍的水域是中國漁民的傳統漁場，並闡述了自己對 2012 年 4 月 10 日事件的描述。[62]中國還回應了菲律賓關於中國和平解決雙方爭端的義務行為不力的指控。[63]

仲裁庭認為，菲律賓的第 10 號意見陳述書狀與主權或海洋邊界劃界的爭端無關。法庭在其管轄權裁決中指出，即使在另一個國家的領海內，傳統捕魚權也可能存在。仲裁庭認為，其解決這一爭端的管轄權並不取決於事先確定黃岩島主權。由於《公約》第 297 條和第 298 條在領海中不適用，因此這些規定對仲裁庭的管轄權沒有任何限制。因此，就所聲索的權利和所指控的干涉發生

58 *Ibid.*, [758].

59 *Ibid.*, [767]-[770]; the Philippines' Memorial, Vol. I, 171-174, [6.40]-[6.46].

60 The South China Sea Arbitration Award (Merits), [771].

61 *Ibid.*, [780].

62 *Ibid.*, [787]-[788]. 亦可參見 Embassy of the People's Republic of China in the Republic of the Philippines, Ten Questions Regarding Huangyan Island (15 June 2012), http://ph.china-embassy.org/eng/zt/nhwt/t941672.htm.

63 The South China Sea Arbitration Award (Merits), [790]. 亦可參見 Memorandum from the Embassy of the Republic of the Philippines in Beijing to the Secretary of Foreign Affairs of the Republic of the Philippines, No. ZPE-080-2012-S (24 May 2012)，轉載於菲律賓備忘錄，第 4 卷，附件 81。

在黃岩島的領海內而言，仲裁庭得出結論認為，它有處理菲律賓第 10 號意見陳述書狀中提出事項的管轄權。[64]此觀點在仲裁庭的案情仲裁中獲得確認。[65]

（二）中國行動的合法性

傳統捕魚權是菲律賓提交的第 10 號意見陳述書的關鍵概念。[66]確實，包括菲律賓和中國都認為黃岩島是其國民的傳統漁場。[67]就此而言，出現了兩個問題：傳統捕魚權的性質；以及適用於此類權利的法律。

首先，關於傳統捕魚權的性質，法庭指出：國際法中的傳統捕魚權源自於認識到面對發展和現代國家間關係的觀念，傳統的生計和文化模式是脆弱的，因此需要特別保護。[68]仲裁庭認為，傳統的捕魚權不是國家的歷史權利，而是私人權利。[69]

在處理此問題時，仲裁庭似乎參考了厄利垂亞／葉門仲裁（Eritrea/Yemen arbitration），將傳統捕撈同化為手工捕撈：與「工業捕魚」（industrial fishing）相較，使用了「人工捕魚」（artisanal fishing）。它不排除小船的動力，在航行、通訊技術或捕魚技術的改進；但是傳統的捕撈制度既沒有擴大到大規模的商業或工業捕魚，也沒有擴大到第三國國民……的捕魚，無論是小型的還是工業。[70]

---

64 The South China Sea Arbitration Award (Jurisdiction and Admissibility), [407].

65 The South China Sea Arbitration Award (Merits), [759].

66 在此問題上，亦可參見 Joanna Mossop, "Can the South China Sea Tribunal's Conclusions on Traditional Fishing Rights Lead to Cooperative Fishing Arrangements in the Region?" *Asia-Pacific Journal of Ocean Law and Policy*, Vol. 3, No. 2 (2018), p. 210 (210-231), https://doi.org/10.1163/24519391-00302004.

67 The South China Sea Arbitration Award (Merits), [792].

68 *Ibid.*, [794].

69 *Ibid.*, [798]. 就此而言，菲律賓強調它沒有「對『歷史權利』提出聲索……被《聯合國海洋法公約》所取代」。The Philippines' Memorial, Vol. I, 171, [640].

70 The Eritrea/Yemen Arbitration (Second Phase: Maritime Delimitation), Award of 17 December 1999, (2001) 22 RIAA 335, 360, [106]. 亦可參見 The South China Sea Arbitration Award (Merits), [796]. 根據聯合國糧食及農業組織（Food and Agriculture Organization of the UN, FAO）的說法，「手工捕魚」（artisanal fishing）是指「涉及漁民家計（fishing households）（相對於商業公司）的傳統漁業，使用[一種]相對較少的資本和能源，相對較小的漁船（如果有），在靠近海岸的地方短途捕魚，主要供當地消費」。FAO Term Portal, http://www.fao.org/faoterm/en/?defaultCollId=21. 亦可參見 Mossop, Joanna Mossop, "Can the South China Sea Tribunal's Conclusions on Traditional Fishing Rights Lead to Cooperative Fishing Arrangements in the Region?" p. 224.

手工捕魚的具體實踐因地區而異。然而，與工業捕魚相較，手工捕魚將在「小規模進行，使用的捕魚方法在很大程度上接近於該地區歷史上使用的捕魚方法」。[71]仲裁庭認為，「黃岩島一直是包括菲律賓，中國（包括臺灣）和越南在內的許多民族的漁民的傳統漁場。」[72]在這方面，仲裁庭注意到，在黃岩島進行的至少一些捕魚具有傳統和手工性質。[73]儘管如此，仲裁庭在這一問題上提供的證據很少。仲裁庭也沒有為符合手工捕魚條件的捕魚方法規定確切的門檻。[74]與此相關的是，必須注意傳統捕魚的演進性質。正如仲裁庭所承認的那樣，[75]由於技術的發展，傳統捕魚或許會隨著時間而逐漸改變。從這個意義上講，傳統捕魚的概念包含一個時間因素。這一觀點在厄利垂亞/葉門仲裁案中得到仲裁庭的讚同，該仲裁庭指出，「不應將『手工』一詞理解為在未來僅適用於某種類型的捕撈活動，正如今天所採用的那樣。」[76]鑑於手工技能的水準可能會隨著時間的推移而發生變化，因此需要探索一個標準來確定某些捕魚活動是否屬於手工捕魚的範圍。

第二，必須考慮適用於傳統捕魚的法律。根據管轄區的不同而有所不同。仲裁庭確定了適用於三個不同管轄區的傳統捕魚的法律：群島水域、專屬經濟區和領海。在群島水域，[77]傳統捕魚權受到《公約》第 51 條第 1 款的明確保護，該條規定：「在不妨害第 49 條的情形下，群島國應尊重與其他國家間的現有協定，並應承認直接相鄰國家在群島水域範圍內的某些區域內的傳統捕魚權利和其他合法活動。行使這種權利和進行這種活動的條款和條件，包括這種權利和活動的性質、範圍和適用的區域，經任何有關國家要求，應由有關國家之間的雙邊協定予以規定。這種權利不應轉讓給第三國或其國民，或與第三國或其國民分享。」

相較之下，傳統的捕魚權在專屬經濟區中已消失。《公約》第 62 條第 3 款要求沿海國在根據本條准許其他國家進入其專屬經濟區捕撈一部分剩餘量時，應考慮到所有有關因素，「以及盡量減輕其國民慣常在專屬經濟區捕魚或曾對研究和測定種群做過大量工作的國家經濟失調現象的需要」。仲裁庭認

71 The South China Sea Arbitration Award (Merits), [797].
72 *Ibid.*, [805].
73 *Ibid.*
74 *Ibid.*, [806].
75 *Ibid.*, [806]-[807].
76 The Eritrea/Yemen Arbitration (Second Phase: Maritime Delimitation), p. 360, [106].
77 The South China Sea Arbitration Award (Merits), [804] (a).

為，列入這一規定證實了《公約》的起草者無意保留這種權利。[78]麥克道曼（Ted L. McDorman）呼應了仲裁庭的觀點，他表示：「專屬經濟區對沿海國家漁業利益的承諾有效地排除了任何可能為尊重或甚至考慮到合併後 200 海里國家專屬區中的任何可能存在於該地區的傳統或歷史捕魚的重要論點。」[79]

關於適用於領海傳統捕魚權的法律，仲裁庭認為：仲裁庭認為，沒有任何跡象表明該公約的通過旨在改變領海中的既得權利，並得出結論，與專屬經濟區不同，該區域內已確立的傳統捕魚權仍然受到國際法的保護。仲裁庭還指出，絕大多數傳統捕魚活動都在沿海地區進行。[80]根據仲裁庭的說法，關於處理外國國民既得權利的國際法規則完全屬於適用於領海的「其他國際法規則」。[81]同時，仲裁庭補充說，「傳統捕魚權不是絕對的或不受法規約束的」，而且「對傳統捕魚的審慎監管對於保護和限制對環境有害的做法可能是必要的」。[82]

自 2012 年 5 月以來，中國政府船隻已採取行動，在相當長的一段時間內，但不是連續的，完全阻止菲律賓漁民在黃岩島進行捕魚，同時允許中國本國國民繼續在那兒捕魚。[83]由於中國政府船隻的行動構成中國的官方行為，因此這些行動應歸屬於中國。[84]仲裁庭認為，「中國在 2012 年 5 月之後的相當長的一段時間內完全禁止菲律賓人在黃岩島捕魚，這與國際法應尊重菲律賓漁民的傳統捕魚權不符。」[85]因此結論是，中國非法阻止菲律賓漁民在黃岩島進行傳統捕魚。[86]另一方面，關於中國違反《聯合國憲章》第 2 條第 3 款和《公約》第 279 條的主張，它認為不足以支持菲律賓的主張。[87]

然而，在領海保護傳統捕魚權的法律依據需要進一步考慮。在這個問題

[78] *Ibid.*, [804] (b). 仲裁庭指出，「各國可繼續在其立法、雙邊漁業准入協議中或透過區域漁業管理組織承認專屬經濟區的傳統捕魚權。」

[79] Ted L. McDorman, "The Law of the Sea Convention and the U-Shaped Line: Some Comments," in Shicun Wu and Keyuan Zou, eds., *Arbitration Concerning the South China Sea: Philippines versus China* (New York: Routledge, 2017), pp. 147, 153 (147-156).

[80] The South China Sea Arbitration Award (Merits), [804] (c).

[81] *Ibid.*, [808].

[82] *Ibid.*, [809].

[83] *Ibid.*, [810], [812].

[84] *Ibid.*, [810].

[85] *Ibid.*, [812].

[86] *Ibid.*, [814].

[87] *Ibid.*, [813].

上，仲裁庭認為：保護手工捕魚的法律基礎源於既得權利的概念，以及這樣的理解，即長期以來透過手工捕魚謀生的人們，幾代漁民已經獲得了與財產類似的權利，能夠以他們先輩的方式繼續捕魚。[88]

因此，「傳統捕魚權擴展到手工捕魚，而這種捕魚很大程度上是維持社群的長期實踐所進行」。[89]如「長期」和「社群的長期實踐」等術語所示，時間要素可以被認為是傳統捕魚的關鍵因素。菲茨毛里斯（Gerald Fitzmaurice）爵士對此觀點表示贊同，他說：

如果一個國家的漁船自古以來或長期習慣於在某一區域捕魚，基於該區域是公海和共同的，可以說他們的國家有通過它們……獲得了既得利益，即該地區的漁業應繼續供其漁船使用（當然是在非排他性的基礎上）——因此，如果另一個國家聲稱對該地區為領海的主張，被發現 有效或得到承認，這只能受制於相關漁業的既得權利，必須繼續得到尊重。[90]

然而，沒有客觀標準來確定建立傳統捕魚所必需的時間長度。因此，很難確定某些海洋空間中傳統捕魚權的存在。仲裁庭在其實質裁決中，對菲律賓傳統漁業持續了多久時間的問題的理解提供很少的解釋。

實際上，在領海建立傳統捕魚權可能不太容易。就此而言，值得引用歐康奈爾（D. P. O'Connell）的觀點：在新近轉變為領水的水域中，沒有成功聲索繼續享有捕魚權先例，因此，在相鄰的漁業區的情況下提出的要求似乎是具有新穎的法律制度，在沒有條約權利的情況下，這可以僅在實踐的基礎上合理化。然而，這種實踐傾向於逐步取消而不是維持權利，而逐步取消的前提是讓步，而不是對一項權利的承認……大多數傳統的捕魚權利都僅源自條約的情況下才可反對國家擴大其捕魚的限制。[91]

---

88 *Ibid.*, [798].

89 *Ibid.*

90 Gerald Fitzmaurice, "The Law and Procedure of the International Court of Justice, 1951-1954: General Principles," *British Yearbook of International Law*, Vol. 30 (1953), pp. 1, 51.

91 D. P. O'Connell, *The International Law of the Sea*, Vol. I, ed IA Shearer (Clarendon Press, 1982), 538.

四、據稱未能保護和維護海洋環境

（一）法庭的管轄權

如前所指出，南海具有豐富的生物多樣性。因此，南海的環境保護至關重要。在這方面，菲律賓在其修訂後的第 11 號陳述意見書狀[92]和第 12 號陳述意見書中聲稱：

(11) 中國違反了其在《公約》下在黃岩島、仁愛礁、華揚礁、永暑礁、南薰礁、赤瓜礁、東門礁和渚碧礁的海洋環境保護責任；(12) 中國在美濟礁的占領和建築活動⋯⋯ (a) ⋯⋯ (b) 違反了中國在《公約》下保護和維護海洋環境的義務。[93]

修訂後的菲律賓第 11 號陳述意見書狀涉及《公約》第 192 條和第 194 條所規定的海洋環境的保護和保存。在這方面，菲律賓認為，中國已允許其漁民捕撈棲息在該等岩礁上的珊瑚、硨磲、海龜、鯊魚和其他受威脅或瀕危物種，並允許他們使用炸藥殺死魚類並破壞珊瑚，並使用氰化物捕撈活魚。[94]根據菲律賓的說法，硨磲的提取尤其成問題，因為它們是珊瑚礁結構的重要組成部分，而且由於捕撈它們的方法需要粉碎周圍的珊瑚。[95]尤有進者，菲律賓提交的第 12(b) 號陳述意見書狀反映了有關中國在美濟礁上的活動及其對海洋環境的影響的爭端。總之，菲律賓聲稱中國違反了《公約》第 123 條、第 192 條、第 194 條、第 197 條、第 205 條和第 206 條。[96]中國沒有直接闡明其在上述問題上的立場。即便如此，仲裁庭認為，可以從同期的官方聲明中看出中國的立場。[97]

在其管轄權裁決中，仲裁庭感到滿意的是，菲律賓指控的事件可能涉及違反《公約》第 192 和 194 條規定，以採取措施預防、減少和控制海洋環境污染

92 菲律賓最初形式的第 11 號陳述意見書狀僅限於中國未能保護和維護在黃岩島和仁愛暗沙的海洋環境。隨後，仲裁庭允許菲律賓修改第 11 號陳述意見書狀，以涵蓋華陽礁、永暑礁、赤瓜礁、東門礁、南薰礁和渚碧礁的海洋環境。就此而言，仲裁庭認為這些修改是原始提交材料的附件，而且不涉及在雙方之間引入新的爭端。The South China Sea Arbitration Award (Merits), [933].

93 *Ibid.*, [112].

94 Presentation by Professor Boyle, Merits Hearing Tr (Day 3), 12.

95 Memorial of the Philippines, Vol. I, 30 March 2014, [6.57]; The South China Sea Arbitration Award (Merits), [897].

96 *Ibid.*, [906].

97 *Ibid.*, [912].

的義務。它還認知到，菲律賓提出的事實指控有可能在《公約》和《生物多樣性公約》（*Convention on Biological Diversity*, CBD）下引發爭端。[98]仲裁庭認為，此不一定排除其審議第 11 號和第 12(b) 號意見書狀的管轄權。因此，仲裁庭得出結論認為，它對第 11 號陳述意見書狀具有管轄權，因為它涉及對《公約》第 192 條和第 194 條的解釋和適用的爭端。[99]

另一方面，仲裁庭對處理菲律賓第 12 號陳述意見書狀的管轄權限取決於美濟礁作為「島嶼」、「岩礁」或「低潮高地」的地位。如果仲裁庭認定美濟礁是一個「島嶼」或「岩礁」，從而構成陸地領土，則仲裁庭將沒有管轄權來審議中國的建設活動或對該地物的侵占是否合法的問題。由於美濟礁的地位取決於案情，仲裁庭保留關於菲律賓第 12 號意見書的管轄權的決定，以便與菲律賓聲索的案情一併審議。[100]

如前所論，[101]仲裁庭在其案情裁決中裁定，美濟礁是低潮高地，而且是菲律賓專屬經濟區和大陸礁層構成的一部分。[102]隨之而來的是，中國在美濟礁無所有權。尤有進者，仲裁庭在案情裁決中確定了其對菲律賓第 11 號和第 12(b) 號陳述意見書狀的管轄權是否受到《公約》第 298 條第 1 款 b 項中軍事活動例外規定的限制。就此而言，仲裁庭注意到中國一再聲明其設施和島嶼建設活動旨在實現民用目的。[103]隨之而來的是，中國的行為不屬於第 298 條第 1 款 b 項的範圍之內。因此，仲裁庭得出結論認為，它有權審議菲律賓的第 11 號和第 12(b) 號陳述意見書狀。[104]

（二）中國行動的合法性

在審議菲律賓的第 11 號和第 12(b) 號陳述意見書狀時，仲裁庭審查了三項義務：1. 盡職調查的義務；2. 進行環境影響評估的義務；以及 3. 合作的義務。[105]

---

[98] 《生物多樣性公約》（*Convention on Biological Diversity*），1992 年 5 月 22 日通過，1993 年 12 月 29 日生效，1760 UNTS 79。

[99] The South China Sea Arbitration Award (Jurisdiction and Admissibility), [175]-[178], [408].

[100] *Ibid.*, [409].

[101] 參見本書第四章。

[102] The South China Sea Arbitration Award (Merits), [647].

[103] *Ibid.*, [934]-[935].

[104] *Ibid.*, [938].

[105] 關於三項義務，可參見 Yoshifumi Tanaka, “The South China Sea Arbitration: Environmental

1. 盡責查證的義務

需要討論的第一個問題涉及盡職調查的義務。《公約》的第 192 條規定了保護海洋環境的一般義務，具體如下：各國有義務保護和維護海洋環境。

在解釋該一條款時，必須注意兩點。第一個值得注意的要點涉及納入第 192 條的時間要素。仲裁庭認為，第 192 條中的「一般義務」既涵蓋了「保護」海洋環境免受未來損害，又涵蓋了維持或改善其當前狀況的「保全」的意義。因此，第 192 條規定了採取積極措施保護和保全海洋環境的積極義務，以及同時不使海洋環境退化的消極義務。[106]海洋環境，包括海洋生態系統，在本質上是動態的，海洋的生態條件可能會隨著時間的推移而改變。環境知識和技術也在迅速發展。因此，在解釋環境規範時必須考慮時間要素，以便將其靈活地應用這些規範以應對新情況。重要的是，仲裁庭在第 192 條中納入了一個跨時空因素，即保護海洋環境免受未來損害的義務。

第二點值得注意的是關於系統的解釋。目前，複雜的條約網絡正在國際法的多個分支中發展。各種條約的共存需要系統性的觀點。[107]值得注意的是，仲裁庭根據「與環境有關的國際法體系」和「其他適用的國際法」來解讀第 192 條。[108]就此而言，仲裁庭明確反駁了 1973 年《瀕危野生動植物種國際貿易公約》（*Convention on the International Trade in Endangered Species of Wild Fauna*

Obligations under the Law of the Sea Convention," *Review of European Community & International Environmental Law*, Vol. 27, No. 1 (April 2018), pp. 90, 91-94 (90-96). 亦可參見 Chie Kojima, "South China Sea Arbitration and the Protection of the Marine Environment: Evolution of UNCLOS Part XII Through Interpretation and the Duty to Cooperate," *Asian Yearbook of International Law*, Vol. 21 (2015), p. 166 (166-180), https://brill.com/view/book/edcoll/9789004344556/B9789004344556_010.xml; Zoe Scanlon and Robert Beckman, "Assessing Environmental Impact and the Duty to Cooperate: Environmental Aspects of the Philippines v. China Award," *Asia-Pacific Journal of Ocean Law and Policy*, Vol. 3, No. 1 (2018), p. 5 (5-30).

[106] The South China Sea Arbitration Award (Merits), [941]; Yoshifumi Tanaka, "The South China Sea Arbitration: Environmental Obligations under the Law of the Sea Convention," p. 91.

[107] 與此相關，國際法院指出，「一項國際文書必須在解釋時通行的整個法律體系的架構內進行解釋和適用」：Legal Consequences for States of the Continued Presence of South Africa in Namibia (South West Africa) notwithstanding Security Council Resolution 276 (1970), [1971] ICJ Rep 16, 31, [53]. 參見 Separate Opinion of Judge Cançado Trindade in Whaling in the Antarctic (Australia v. Japan, New Zealand intervening), [2014] ICJ Rep 348, 357-358, [25]-[26].

[108] The South China Sea Arbitration Award (Merits), n 1, [941] and [959]. 亦可參見 Makane Moïse Mbengue, "The South China Sea Arbitration: Innovations in Marine Environmental Fact-Finding and Due Diligence Obligations," *American Journal of International Law*, (2016) 110 Unbound 285, 286.

and Flora, CITES）。[109]由於《瀕危野生動植物種國際貿易公約》幾乎得到普遍遵守，包括菲律賓和中國在內，因此它構成了告知《公約》第 192 條和第 194 條第 5 款內容的一般國際法體系的一部分。因此，仲裁庭認為，第 192 條「保護和維護海洋環境」的一般義務包括「盡職調查義務，以防止捕撈國際公認有滅絕危險並需要國際保護的物種」。[110]仲裁庭的解釋為環境條約的系統解釋提供了一個有趣的例子。[111]

需要進一步考慮的問題是系統性解釋的法律基礎。在這方面，應特別注意《維也納條約法公約》第 31 條第 3 款 c 項。[112]該條款規定：

……應將其與上下文一起考慮：…… (c) 適用於當事方之間關係的任何相關國際法規則。

在其案情裁決中，仲裁庭在考慮菲律賓提交的第 11 號和第 12(b) 號陳述意見書狀時沒有提及此一規定。然而，在其管轄權裁決中，仲裁庭明確提到了第 31 條第 3 款，其中指出：仲裁庭確信，《公約》第 293 條第 1 款以及《維也納條約法公約》第 31 條第 3 款使其原則上能夠考慮《生物多樣性公約》的有關規定，以解釋其內容以及《公約》第 192 條和第 194 條的標準。[113]

似乎可以認為，《維也納公約》第 31 條第 3 款為仲裁庭對《公約》第 192 條和第 194 條第 5 款的系統解釋提供了基礎。在這方面，如果仲裁庭能夠進一

[109] Convention on the International Trade in Endangered Species of Wild Fauna and Flora (adopted 3 March 1973, entered into force 1 July 1975) 993 UNTS 243.

[110] The South China Sea Arbitration Award (Merits), [956]. 亦可參見 *ibid.*, [959].

[111] 亦可參見 Nilüfer Oral, "The South China Sea Arbitral Award, Part XII of UNCLOS, and the Protection and Preservation of the Marine Environment," in Shunmugam Jayakumar et al., eds., *The South China Sea Arbitration: The Legal Dimension* (Cheltenham: Edward Elgar, 2018), pp. 223, 237.

[112] Vienna Convention on the Law of Treaties（1969 年 5 月 22 日通過，1980 年 1 月 27 日生效）1155 UNTS 331. 對於關於這個主題的專著，參見 Harro van Asselt, *The Fragmentation of Global Climate Governance: Consequences and Management of Regime Interactions* (Cheltenham: Edward Elgar Publishing 2014); Rudiger Wolfrum and Nele Matz, *Conflicts in International Environmental Law* (New York: Springer, 2003), https://books.google.co.uk/books?id=br0SGSdkCv4C&printsec=frontcover&source=gbs_ge_summary_r&cad=0#v=onepage&q&f=false; P. Merkouris, Article 31(3) (c) VCLT and the Principle of Systemic Integration: Normative Shadows in Plato's Cave (Brill/Nijhoff, 2015). 亦可參見 Giovanni Distefano and Petros C. Mavroidis, "L'interprétation systémique: le liant de l'ordre international," in Oliver Guillod and Christopher Müller, eds., *Pour un droit équitable, engagé et chaleureux, Mélanges en l'honneur de Pierre Wessner* (Helbing Lichtenhan, 2011), p. 743, https://www.helbing.ch/annot/484C567C7C393738333731393033303432317C7C504446.pdf?sq=66150&title=Pour%20un%20droit%20%E9quitable,%20engag%E9%20et%20chaleureux.

[113] The South China Sea Arbitration Award (Jurisdiction and Admissibility), [176].

步探討《維也納公約》第 31 條第 3 款 c 項在環境規範系統解釋的角色，可能會有所幫助。

仲裁庭認為，毫無疑問，從黃岩島周圍的水域和南沙群島的地形地物中採摘珊瑚和硨磲，對脆弱的海洋環境產生了有害影響。因此，不採取措施防止這些做法，將構成對《公約》第 192 條和第 194 條第 5 項的違反。[114]就此而言，仲裁庭規定了盡職調查義務的兩個組成部分。第一個部分涉及採取預防有害行為規則和措施的義務；第二個部分涉及在執行這些規則和措施時保持壹定程度警惕的義務。[115]鑑於維持義務是一項連續的義務，可以認為，該義務包含一個時間要素。因此，關於時間推移對警惕程度的影響方面出現了一個問題。就此而言，國際海洋法庭海底爭端分庭（ITLOS Seabed Disputes Chamber）在其 2011 年的諮詢意見中認為，「盡職調查的標準可能會隨時間而變化，並取決於風險程度和所涉及的活動」。[116]然而，在南海仲裁案情裁決中，仲裁庭並未提及盡職調查標準隨時間變化的問題。[117]無論如何，對中國是否違反了盡職調查的義務進行了調查。在審議這一問題時，仲裁庭注意到兩點。

首先，根據仲裁庭的說法，捕撈瀕臨滅絕的海龜和物種本身對海洋環境構成了損害。毫無疑問，從黃岩島周圍的水域和南沙群島的地形地物中採集珊瑚和硨磲將會對脆弱的海洋環境產生有害影響。因此，不採取措施防止這些做法將構成對《公約》第 192 條和第 194 條第 5 款的違反。[118]

其次，即令中國於 1989 年頒布了《野生動物保護法》，但「紀錄中沒有任何證據表明中國已採取任何措施對那些從事偷獵瀕危物種的漁民實施這些規則和措施」。[119]反之，中國提供了武裝政府船隻來保護漁船。因此，仲裁庭認為：中國縱容和保護以及未能防止中國漁船在黃岩島、仁愛暗沙和南沙群島的其他地形地物從事瀕危物種的有害捕撈活動，違反了該公約的第 192 條和第 194 條第 5 款。[120]

---

114 The South China Sea Arbitration Award (Merits), [960].

115 *Ibid.*, [961].

116 [2011] ITLOS Rep 74, [242] (3).

117 此外，姆本格（Makane Moïse Mbengue）認為，仲裁庭定義了「聯合國海洋法公約第 XII 部分中盡職調查非常高的標準」。參見 Makane Moïse Mbengue, "The South China Sea Arbitration: Innovations in Marine Environmental Fact-Finding and Due Diligence Obligations," p. 286.

118 The South China Sea Arbitration Award (Merits), [960].

119 *Ibid.*, [964].

120 *Ibid.*, [992].

需要進一步考慮的一個特別問題是，中國對南沙群島上為硨磲而進行的螺旋槳砍伐所造成的環境惡化負有責任。仲裁庭認為，「硨磲（Tridacnidae）和許多在南沙群島發現的珊瑚都被明確列入《瀕危野生動植物種國際貿易公約》附錄二，並受到明確的威脅」。[121]在這方面，《費斯報告》指出：最近，據報導，南海的漁民利用其船上的螺旋槳以工業規模從南沙群島的珊瑚礁挖掘貝殼，導致受影響的珊瑚礁區域幾乎完全被破壞。[122]

除《費斯報告》（*Ferse Report*）外，仲裁庭還提到證明對珊瑚礁和海洋環境造成重大破壞的其他報告。[123]

仲裁庭認為，參與捕撈硨磲的小型螺旋槳船屬於中國的管轄和控制範圍，中國充分意識到這種做法，並積極容忍以此作為開發珊瑚礁生物資源的一種手段。因此，仲裁庭認為，中國在容忍和保護以螺旋槳砍伐方式捕撈硨磲的方法，違反了保護和維護海洋環境的義務。[124]

另一方面，仲裁庭注意到，2000 年，中國更新了《漁業法》，並在第 30 條中禁止「在漁業中使用炸藥、毒藥、電力和其他任何損害漁業資源的手段」。[125]尤有進者，根據仲裁庭的說法，與採伐瀕危物種和有害建設活動的情況相較，案件紀錄中幾乎沒有關於過去十年使用炸藥和氰化物的證據，也沒有菲律賓對其使用的投訴。這表明中國可能已經採取措施，防止在南沙群島採取這種做法。無論如何，仲裁庭不準備根據第 11 號意見書中關於氰化物和爆炸物的現有證據做出裁定。[126]

因此，仲裁庭不接受菲律賓關於氰化物和炸藥的第 11 號陳述意見書。[127]根據仲裁庭論證的邏輯，缺乏證據將導致推定一個國家（在本例中為中國）採取了預防措施。由此看來，需要有確鑿的證據來證明一個國家違反了環境義務。可以說，仲裁庭審慎對待了證據。[128]

---

121 *Ibid.*, [957].

122 Ferse Report: Assessment of the Potential Environmental Consequences of Construction Activities on Seven Reefs in the Spratly Islands in the South China Sea, 26 April 2016, p. 11.

123 這些報告包括：report by VR Lee, McManus Report, First, Second, and Third Carpenter Reports; The South China Sea Arbitration Award (Merits), [848]-[851]. 亦可參見 Memorial of the Philippines, Vol. I, 177-179, [6.52]-[6.54]; 187-188, [6.73]-[6.74].

124 The South China Sea Arbitration Award (Merits), [965]-[966].

125 *Ibid.*, [974].

126 *Ibid.*, [972], [975]. 另見沃爾夫魯姆法官的問題，Merits Hearing Tr (Day 3), p. 46.

127 The South China Sea Arbitration Award (Merits), [975].

128 Makane Moïse Mbengue, "The South China Sea Arbitration: Innovations in Marine Environmental

進一步的問題涉及中國在南沙群島七個岩礁上進行建設活動的合法性：(1) 華陽礁；(2) 永暑礁；(3) 南薰礁；(4) 赤瓜礁；(5) 東門礁；(6) 渚碧礁；和 (7) 美濟礁。據報導，中國的建築活動於 1992 年在華陽礁開始，而更大規模的土地開墾於 2014 年春季。中國的土地開墾在 2015 年全年都在密集進行，據估計，截至 2015 年 11 月，中國的建築工作導致至少在華揚礁上新增 23 萬 1,000 平方公尺的土地。[129]同樣，整個 2015 年，在永暑礁的土地開墾工作都得到了加強，到 2015 年 11 月，在永暑礁創造了大約 274 萬平方公尺的土地。[130]在南薰礁，密集的填海工作於 2014 年春季開始，並且在一年的時間裡，中國將南薰礁從一個珊瑚礁轉變為一個人工島，面積約 300 乘 250 公尺，從海底挖出的材料創造 13 萬 6,000 平方公尺土地。[131]此外，2014 年春季，中國在赤瓜礁開始了廣泛的填海活動，根據《海洋法公約》第 121 條第 3 款，赤瓜礁被歸類為岩礁。到 2015 年 11 月，中國將赤瓜礁轉變為面積約 10 萬 9,000 平方公尺的人工島，比以前的結構大了近 1,000 倍。[132]同樣，到 2015 年 11 月，中國在東門礁建立了一個約 7 萬 5,000 平方公尺的人工島。[133]最後，渚碧礁被歸類為低潮高地。[134]儘管如此，中國在渚碧礁的大規模工作幾乎將整個環礁變成了人工島。[135]

人工島建設計畫顯然是中國官方政策的一部分，係由中國國家機關實施的計畫。[136]此方面的一個關鍵問題涉及建設活動對海洋環境的影響。在考慮這個問題時，科學證據成為關鍵因素。因此，仲裁庭參考了各種專家報告，諸如費斯報告。費斯報告明確指出，「建設活動對珊瑚礁的影響規模是該地區前所未有的」。[137]

根據報告表示：中國最近的建築活動已經（造成），並將對華陽礁、永暑礁、南薰礁、赤瓜礁、東門礁、美濟礁和渚碧礁的珊瑚礁造成環境危害；除了

Fact-Finding and Due Diligence Obligations," p. 289.

129 The South China Sea Arbitration Award (Merits), [864]-[866].

130 *Ibid.*, [869].

131 *Ibid.*, [873].

132 *Ibid.*, [877].

133 *Ibid.*, [881].

134 *Ibid.*, [368].

135 *Ibid.*, [886].

136 *Ibid.*, [976].

137 Ferse Report, p. 3.

先前因破壞性捕魚和收集珊瑚和硨磲、風暴破壞，刺冠海星以及人類在礁石小型駐軍而造成對礁石的破壞之外。這些先前影響的規模通常在空間範圍和持續時間上都無法與建設活動對環境造成的危害相提並論。[138]

基於此一觀察，仲裁庭認為，中國透過其建設活動違反了《海洋法公約》第 192 條和第 194 條第 1 款和第 5 款規定的義務。[139]值得注意的是，專家報告極大地影響了仲裁庭在南海仲裁中的裁決。

此突出了專家在國際環境爭端解決中的角色。[140]

2. 環境影響評估與監測

下一個問題涉及進行環境影響評估和監測的義務。[141]一個項目的開發，例如開墾土地，可能會帶來破壞環境的風險。環境影響評估是在批准或資助一個擬議項目之前檢測其可能引起潛在環境風險的工具。[142]環境危害本身屬於未來，但是環境危害的風險屬於現在，因為必須在現在就發現這些風險。從這些風險中，可以在某種程度上預測未來。從這個意義上講，環境影響評估可以視為是解決環境保護跨時空問題的法律手段。透過識別潛在風險，有效的環境影響評估可以幫助決策者確定是否必須採取預防措施，以及項目是否應該繼續進行。[143]

國際法院在紙漿廠（Pulp Mills）案中確認了一般國際法規定進行環境影響評估的義務，並指出：現在可以認為，如果擬議的工業活動有可能在跨界範圍內產生重大不利影響，尤其是對共享資源的風險情況下，那麼根據一般國際

---

[138] *Ibid*., 59; The South China Sea Arbitration Award (Merits), [979].

[139] The South China Sea Arbitration Award (Merits), [983].

[140] 參閱 Nilüfer Oral, "The South China Sea Arbitral Award, Part XII of UNCLOS, and the Protection and Preservation of the Marine Environment," pp. 233-234.

[141] 關於這個問題，參見 Nilüfer Oral, "The South China Sea Arbitral Award, Part XII of UNCLOS, and the Protection and Preservation of the Marine Environment," pp. 237-241; Yoshifumi Tanaka, "The South China Sea Arbitration: Environmental Obligations under the Law of the Sea Convention," pp. 92-94.

[142] 1991 年《跨界環境影響評估公約》（*Convention on Environmental Impact Assessment in a Transboundary Context*），即《埃斯波公約》（*Espoo Convention*）將「環境影響評估」定義為「用於評估擬議活動對環境可能產生的影響的國家程序」（第 1(vi) 條）。(1991) 30 International Law Materials 802 中的文本。1997 年 9 月 10 日生效。

[143] 環境影響評估和預防途徑可以說是相互關聯的，因為除非在擬議項目開始之前進行有效的環境影響評估，否則很難發現可能觸發預防方法應用的潛在風險。

法，就必須進行環境影響評估的要求。[144]

國際海洋法庭海底爭端分庭在其 2011 年諮詢意見中回應了國際法院的裁定。該分庭稱：「應強調指出，進行環境影響評估的義務是《公約》的直接義務，而且是習慣國際法下的一般義務。」[145]

在《公約》中，第 204、205 和 206 條規定了進行環境影響評估和監測的義務。根據第 204 條第 1 款，各國有義務在切實可行的範圍內，努力觀察、衡量、評價和分析海洋環境污染的風險或影響。第 205 條要求各國向主管國際組織發布根據第 204 條獲得的結果報告，這些報告應提供給所有國家。尤有進者，第 206 條旨在確保可以有效地控制具有潛在破壞性影響的計畫活動，並確保其他國家了解其潛在風險。[146]該條款應全文引用：

當各國有合理的理由相信在其管轄或控制下的計畫開展的活動可能對海洋環境造成重大污染或重大而有害的變化時，各國應在實際可行的範圍內，評估此類活動對海洋環境的潛在影響，並應當按照第 205 條規定的方式通報評估結果的報告。

可以說，如果一個國家的活動造成了嚴重的環境破壞，而它如果沒有進行環境影響評估，就無法以不可預見的理由否認其對盡職調查義務的違反。[147]這種觀點似乎在 2010 年紙漿廠（Pulp Mills）案的判決中得到了呼應，該判決指出：如果計畫進行可能會影響河流的狀態或其水質工程的一方沒有對這些工程的潛在影響進行環境影響評估，則就不能認為已經盡到盡職調查，以及其所暗示的保持警惕和預防的義務。[148]

南海仲裁中的一個重要問題點是中國是否履行了《公約》下進行環境影響評估的義務。中國一再聲稱已進行了徹底的環境研究。然而，根據仲裁庭的說法，無論是仲裁庭、仲裁庭任命的專家、菲律賓，還是菲律賓的專家都未能發現任何類似於《公約》第 206 條或實際上中國自身 2002 年《中華人民共和國

---

[144] Pulp Mills on the River Uruguay (Argentina v. Uruguay) [2010] ICJ Rep 14, 83, [204].

[145] Responsibilities and Obligations of States, [2011] ITLOS Rep 50, [145].

[146] The South China Sea Arbitration Award (Merits), [948].

[147] Alan E. Boyle, “Land-based Sources of Marine Pollution: Current Legal Regime,” *Marine Policy*, Vol. 16, No. 1 (1992), pp. 20, 23 (20-35); Pierre-Marie Dupuy, “Soft Law and the International Law of the Environment,” *Michigan Journal of International Law*, Vol. 12, No. 2 (1991), pp. 420, 434 (420-435), https://repository.law.umich.edu/cgi/viewcontent.cgi?article=1648&context=mjil.

[148] Pulp Mills on the River Uruguay, [2010] ICJ Rep 83, [204].

環境影響評價法》要求的環境影響評估。[149]

因此，仲裁庭不得不承認，它不能肯定地認定中國已經準備了環境影響評估，但也不能肯定地認定中國沒有這樣做。[150]

但是，為了確定違反第 206 條的行為，沒有必要得出這樣的結論。仲裁庭認為，更重要的是溝通的義務。如前所述，第 206 條規定，當國家有「合理的理由相信，在其管轄或控制下的計畫活動可能會對海洋環境造成……重大而有害的變化時，國家有義務通報關於計畫活動對海洋環境的潛在影響的評估結果報告。」。仲裁庭認為，「通報評估結果報告的義務是絕對的。」[151]尤有進者，仲裁庭認為，「中國除了認為該工程『可能會對海洋環境造成重大而有害的變化』之外，不能合理地持有任何其他信念。」[152]因此，中國有義務傳達評估結果。[153]根據《公約》第 205 條，各國有義務發布污染風險或影響監測結果的報告，或向「主管國際組織」提供此類報告。儘管仲裁庭直接要求中國提供其已準備的任何環境影響評估的副本，但中國沒有提供。據仲裁庭所知，中國迄至當時也沒有以書面形式向論壇或任何其他國際機構提供評估。因此，仲裁庭得出結論認為，中國沒有履行《公約》第 206 條規定的責任。[154]

關於本規定的解釋和適用，可以提出三點。[155]第一點涉及環境影響評估與溝通義務之間的相互聯繫。如前所述，仲裁庭認為，由於缺乏溝通，中國未履行《公約》第 206 條規定的關於環境影響評估方面的義務。[156]鑑於確定一個國家是否適當地進行環境影響評估可能較不容易，因此，仲裁庭以未履行程序性要求（即溝通）為重點的做法值得關注。[157]然而，關於溝通方式，仲裁庭總體

[149] The South China Sea Arbitration Award (Merits), [989].

[150] *Ibid.*, [991].

[151] *Ibid.*, [948].

[152] *Ibid.*, [988].

[153] *Ibid.*

[154] *Ibid.*, [991].

[155] Yoshifumi Tanaka, "The South China Sea Arbitration: Environmental Obligations under the Law of the Sea Convention," pp. 93-94.

[156] The South China Sea Arbitration Award (Merits), [991].

[157] The ICJ, in Costa Rica v. Nicaragua/Nicaragua v. Costa Rica, also linked the obligation to notify with the obligation to conduct an environmental impact assessment. Certain Activities carried out by Nicaragua in the Border Are a (Costa Rica v. Nicaragua); Construction of a Road in Costa Rica along the San Juan River (Nicaragua v. Costa Rica) ('Costa Rica v. Nicaragua/Nicaragua v. Costa Rica'), Judgment, [2015] ICJ Rep 665, 707, [104].

上表示，中國「沒有向論壇或任何其他國際機構提供書面形式的評估，就仲裁庭所知」。[158]在此聲明中，仲裁庭沒有審查應向那個組織提供環境影響評估報告的問題，也沒有審查有關在南海地區是否存在相關組織的問題。[159]如果仲裁庭能就其溝通方式提出看法，那可能會很有用。

其次，環境影響評估的質量是有問題的。仲裁庭在其關於案情裁定中審查了中國自己的立法標準，並裁定所謂的中國環境影響評估「遠不如其他國際法院和法庭審查的環境影響評估全面」。[160]在此聲明中，仲裁庭強調「全面性」是環境影響評估的重要特徵。[161]然而，仲裁庭對環境影響評估的「全面性」的含義卻沒有做出任何解釋。[162]如果仲裁庭能夠更詳細地澄清環境影響評估的具體內容，可能會有所幫助，因為《公約》第 206 條對此事項沒有任何指導。[163]

第三點涉及觸發環境影響評估的條件。根據第 206 條，進行環境影響評估的義務僅限於「國家有合理的理由相信在其管轄或控制下進行的計畫活動可能對海洋環境造成嚴重污染或重大而有害的變化」的情況。然而，此條款沒有提供關於「合理理由」標準方面進一步的精確性。與此相關的是，有必要指出的是，國際法院在哥斯大黎加訴尼加拉瓜（Costa Rica v. Nicaragua）一案中規定了雙重評估：首先，國家有義務確定是否存在會啟動進行環境影響評估（初步評估）義務的重大跨界損害風險；第二，只有在存在這種風險的情況下，才進一步要求國家進行環境影響評估。[164]就此而言，國際法院裁定，必須「在對所有相關情況進行客觀評估的基礎上」進行初步評估。[165]然而，確定「重大」跨

---

158 The South China Sea Arbitration Award (Merits), [991].

159 Zoe Scanlon and Robert Beckman, “Assessing Environmental Impact and the Duty to Cooperate: Environmental Aspects of the Philippines v. China Award,” p. 15. 就此而言，史坎倫（Zoe Scanlon）和貝克曼（Robert Beckman）認為，「如果沒有這樣的組織，則有義務『發布』報告」，參見 *ibid*., p. 16.

160 The South China Sea Arbitration Award (Merits), [990].

161 Makane Moïse Mbengue, “The South China Sea Arbitration: Innovations in Marine Environmental Fact-Finding and Due Diligence Obligations,” p. 287.

162 *Ibid.*

163 在實踐中，關於環境影響評估和監測的質量可能會出現爭議。就此而言，見 Patricia Birnie, Alan Boyle and Catherine Redgwell, *International Law and the Environment* (Oxford University Press, 2009), p. 170. 有關環境影響評估的國家之間爭端的全面分析，參見 Neil Craik, *The International Law of Environmental Impact Assessment: Process, Substance and Integration* (Cambridge: Cambridge University Press, 2008), pp. 111-120.

164 Costa Rica v. Nicaragua/Nicaragua v. Costa Rica case, [2015] ICJ Rep 720, [153].

165 *Ibid.*

界損害的證據標準仍然不明確，這是主觀評價的問題。因此，存在進行環境影響評估的義務可能不會由引起風險的國家適當啟動的風險。[166]

3. 國際合作

國際合作的義務是環境保護的關鍵。[167]國際海洋法庭在 MOX 工廠（MOX Plant）案中強調了其在海洋環境保護中的重要性：「合作責任是公約第 XII 部分和一般國際法規定的防止海洋環境污染的一項基本原則」。[168]更為一般而言，國際法院在烏拉圭河上的紙漿廠（Pulp Mills on the River Uruguay）案中強調，「只有透過合作，有關國家才能共同管理其中一個或另一個國家發起的計畫可能造成的環境破壞風險，以防止所涉及的損害。」[169]

根據《聯合國海洋法公約》，第 197 條賦予各國在全球或區域基礎上進行合作的一般義務，直接或透過主管國際組織制定和擬定符合本公約的國際規則、標準以及建議的實踐和程序，以保護和維護海洋環境，同時要考慮到區域特性。

尤有進者，第 123 條規定了封閉或半閉海接壤的國家之間進行合作的義務，包括「對關於保護和維護海洋環境方面協調它們的權利和義務落實」的義務。由於南海被視為半閉海，因此此規定的適用對南海的環境保護至關重要。然而，根據仲裁庭的說法，沒有令人信服的證據表明中國在中國的島嶼建設計畫中試圖與毗鄰南海的其他國家進行合作或協調。這種協調的缺乏與中國缺乏溝通無關。[170]事實上，中國沒有提供有關環境影響評估結果的報告。出於這些原因，仲裁庭裁定中國違反了《公約》第 123 條和第 197 條。[171]然而，仲裁庭在此問題上的推理需要進一步考慮。

首先，第 197 條規定了合作的義務，「在制定和擬定符合本公約的國際規

166 Yoshifumi Tanaka, "The South China Sea Arbitration: Environmental Obligations under the Law of the Sea Convention," p. 94.

167 關於國際合作義務的分析，見 Yoshifumi Tanaka, "Principles of International Marine Environmental Law," pp. 52-55; Yoshifumi Tanaka, "The South China Sea Arbitration: Environmental Obligations under the Law of the Sea Convention," p. 95.

168 MOX Plant case (Ireland v. United Kingdom), ITLOS Case No. 10, [2011] ITLOS Rep 110, [82]. 亦可參見 Case concerning Land Reclamation by Singapore in and around the Straits of Johor (Malaysia v. Singapore), Provisional Measures, ITLOS Case No. 12, [2003] ITLOS Rep 10, 25, [92].

169 Pulp Mills on the River Uruguay [2010] ICJ Rep 49, [77].

170 The South China Sea Arbitration Award (Merits), [986].

171 *Ibid.*, [993].

則、標準以及建議的做法和程序的同時，要考慮到區域特徵，以保護和保全海洋環境」。中國的土地建設活動對環境的破壞以及相關規則的制定和完善是兩個不同的問題。在這方面，仲裁庭似乎未能說明中國的土地建設活動是如何違反第 197 條規定的義務的。[172]

第二，第 123 條規定了各國有義務致力於「保護和維護海洋環境方面協調其權利和義務的實施」。儘管中國的土地建設活動肯定會造成環境破壞，但這並不直接導致違反第 123 條規定的協調義務。[173]

總體而言，仲裁庭似乎將第 123 條規定的義務與通知或通訊的責任相結合。[174]這一點可以從仲裁庭的聲明中推論得出：「這種協調的缺乏與中國溝通的缺乏……並沒有關係。」[175]然而，這是否是對《公約》第 123 條和第 197 條的正確解釋這一問題似乎仍有考慮的餘地。[176]無論如何，仲裁庭得出結論認為，中國違反了《海洋法公約》第 192 條、第 194 條第 1 款、第 194 條第 5 款、第 197 條、第 123 條和第 206 條。[177]

五、美濟礁的占領和建築活動

（一）法庭的管轄權

下一個問題是關於中國在美濟礁的占領和建設活動的合法性。在這方面，菲律賓在其第 12(a)、(c) 號陳述意見書中要求法庭宣布：

(12) 中國在美濟礁的占領和建築活動…… (a) 違反《公約》關於人工島、設施和構築物的規定；…… (c) 構成違反《公約》的企圖挪用（attempted appropriation）的非法行為。[178]

---

[172] Zoe Scanlon and Robert Beckman, "Assessing Environmental Impact and the Duty to Cooperate: Environmental Aspects of the Philippines v. China Award," p. 21.

[173] *Ibid.*, p. 23.

[174] *Ibid.*, p. 24.

[175] The South China Sea Arbitration Award (Merits), [986].

[176] 作為一種替代途徑，斯坎倫和貝克曼認為，仲裁庭可以直接依據國際法的一般原則或根據習慣國際法解讀的《聯合國海洋法公約》第十二部分來履行通知和協商的法律義務。Zoe Scanlon and Robert Beckman, "Assessing Environmental Impact and the Duty to Cooperate: Environmental Aspects of the Philippines v. China Award," p. 28.

[177] The South China Sea Arbitration Award (Merits), [1203] B(12) and (13).

[178] *Ibid.*, [994].

至少，據報導，中國在美濟礁的建築活動可以追溯到 1995 年 1 月。[179]根據菲律賓提供的數據顯示，截至 2015 年 11 月，中國的建築工作已在美濟礁創造了 558 萬平方公尺的新土地。[180]

在其管轄權裁決中，仲裁庭裁定，其解決這些問題的管轄權將取決於美濟礁的作為「島嶼」、「岩礁」或「低潮高地」的地位。如果仲裁庭發現美濟礁是一個「島嶼」或「岩礁」，並因此構成陸地領土，那麼仲裁庭將沒有管轄權來考慮中國的建築活動或該地形地物的合法性。此外，《公約》第 298 條第 1 款 b 項將與軍事活動有關的爭端排除在仲裁庭管轄範圍之外。仲裁庭認為，中國在美濟礁活動的具體細節以及這些活動是否具有軍事性質，最好結合案情進行評估。因此，鑑於對第 12 號陳述意見書狀的爭議可能存在的管轄權異議不具有排他性的初步性質，因此，仲裁庭保留了關於菲律賓第 12 號陳述意見書狀的管轄權的決定，以結合菲律賓主張的案情進行審議。[181]

在其案情裁決中，仲裁庭裁定美濟礁是低潮高地，因此，它沒有獲得其本身海域所有權。[182]如前所述，就《聯合國海洋法公約》第 121 條而言，南沙群島的高潮地形地物都不是充分法定權利的島嶼。因此，不存在應適用《公約》第 15 條、第 74 條和第 83 條而要求海洋劃界的法定權利重疊的情況。[183]此外，中國一再表示，其設施和島嶼建設是為了實現民用目的。[184]在這方面，仲裁庭注意到中國國家主席習近平的公開聲明，即「中國在南沙群島上進行的有關建築活動沒有針對或影響任何國家，不謀求軍事化」。[185]作為民事活動，仲裁庭認為中國的行為不屬於第 298 條第 1 款 b 項的範圍之內。因此，它得出結論認為，它有權審議菲律賓的陳述意見書狀。[186]

---

179 *Ibid.*, [996]; Memorial of the Philippines, 193-194, [6.92].

180 The South China Sea Arbitration Award (Merits), [1008]; Supplemental Documents of the Philippines, Vol. IV, Annex 782, 19 November 2015.

181 The South China Sea Arbitration Award (Jurisdiction and Admissibility), [409].

182 The South China Sea Arbitration Award (Merits), [1025].

183 *Ibid.*, [1025].

184 *Ibid.*, [1027].

185 US, The White House, Office of the Press Secretary, "Press Release: Remarks by President Obama and President Xi of the People's Republic of China in Joint Press Conference," (25 September 2015), Annex 664, Supplemental Documents of the Philippines, Vol. I, Annexes, 19 November 2015; The South China Sea Arbitration Award (Merits), [1027].

186 The South China Sea Arbitration Award (Merits), [1028].

（二）中國行動的合法性

關於中國在美濟礁的占領和建設活動，引發了兩個問題。第一個問題與他們的合法性有關。在處理這個問題時，必須指出，美濟礁是低潮高地，它只能構成專屬經濟區和大陸礁層的一部分；並且它不屬於中國聲索的任何地形地物可能產生的任何法律權利。[187]根據《海洋法公約》第 60 條，很明顯只有菲律賓才能建造或批准人工島、設施和構築物。[188]儘管如此，中國在美濟礁的活動已演變成一個人工島的創建。鑑於中國的行為是在菲律賓抗議下而發生的，同樣清楚的是，中國在未經菲律賓許可的情況下進行了行動。[189]因此，中國明顯地違反了其義務。[190]最後，仲裁庭裁定，中國在菲律賓專屬經濟區和大陸礁層的主權權利方面違反了《公約》第 60 條和第 80 條。[191]

第二個問題是關於中國侵占美濟礁的合法性。由於低潮高地是一個國家被淹沒的陸地的一部分，因此與陸地領土不同的低潮高地不能被占用。[192]由於美濟礁作為低潮高地屬於大陸礁層的法律制度，它不能被占領或以其他方式占用。[193]與此相關，仲裁庭已經認定中國在美濟礁的行動非法干涉了菲律賓對其主權權利的享有。因此，仲裁庭裁定無需處理第 12(c) 號陳述意見書狀。[194]

仲裁庭的調查結果需要兩條評論。首先，必須強調的是，海洋地形地物的法律地位不能藉由土地開墾來改變。實際上，仲裁庭明確指出，如果將原本在高潮時淹沒的礁石平臺升高到因開墾而永久暴露的島嶼，那麼「就第 60 條而言，這樣的島嶼無疑是『人造的』」。[195]這一觀點呼應了仲裁庭之前的表述，即「低潮高地或海底地區（area）不能透過人類的努力合法地轉變成一個島嶼」。[196]

第二，必須注意證據的破壞與不加重爭端義務之間的相互關係。中國透過

---

[187] *Ibid.*, [1025], [1030]. 亦可參見 Memorial of the Philippines, Vol. I, 198, [6.103].

[188] The South China Sea Arbitration Award (Merits), [1036].

[189] *Ibid.*, [1037].

[190] *Ibid.*, [1038].

[191] *Ibid.*, [1043]. 對此而言，值得回顧的是，仲裁庭認定中國透過其建築活動也違反了《聯合國海洋法公約》第 192 條、194 條第 1 項和第 5 項條規定的環境保護義務，參見 *ibid.*, [983].

[192] 參見本書第四章。

[193] The South China Sea Arbitration Award (Merits), [1040].

[194] *Ibid.*, [1042].

[195] *Ibid.*, [1037].

[196] *Ibid.*, [508].

其在美濟礁上的建築活動，永久性地破壞了海洋地形地物自然地位的證據。正如本章第三節將要討論的那樣，可以說中國的行動或許也導致違反不加劇爭端的義務。

六、以危險方式執法船的操作

（一）法庭的管轄權

最後，必須探討中國執法船行動的合法性。菲律賓在其第 13 號陳述意見書狀中要求聲明：(13) 中國違反了《公約》下的義務，以危險的方式操作其執法船，從而對在黃岩島附近航行的菲律賓船隻造成嚴重碰撞的危險。[197]

此陳述意見書狀涉及中國執法船與菲律賓海岸警衛隊和監視船在 2012 年 4 月 28 日和 2012 年 5 月 26 日之間的互動。[198]在這方面，菲律賓指控中國違反了其《海洋法公約》第 94 條和第 21 條規定的與安全航行有關的義務，以及經由危險地操作其執法船違反了 1972 年《國際海上避碰規則公約》（*Convention on the International Regulations for Preventing of Collisions at Sea*, COLREGS）的相關規定。[199]

在管轄權裁決中，仲裁庭裁定，此與主權或海洋邊界劃界無關，也不因《聯合國海洋法公約》第十五部第一節要求禁止仲裁庭審議。它還發現，第 298 條第 1 款 b 項不適用在領海，並且仲裁庭的管轄權不取決於對黃岩島主權的事先確定。因此，就所聲索的權利和所指控干涉發生在黃岩島的領海內而言，仲裁庭得出結論認為，它有權處理菲律賓第 13 號陳述意見書狀中提出的事項。[200]仲裁庭在案情裁決中確認了該結論。[201]

（二）中國行動的合法性

包括中國和菲律賓都批准了《國際海上避碰規則公約》。[202]儘管菲律賓直

[197] *Ibid.*, [1044].
[198] *Ibid.*, [1046].
[199] *Ibid.*, [1059].
[200] The South China Sea Arbitration Award (Jurisdiction and Admissibility), [410].
[201] The South China Sea Arbitration Award (Merits), [1045].
[202] Convention on the International Regulations for Preventing Collisions at Sea（1972 年 10 月 20 日通

到 2013 年才成為 1972 年公約的締約國，但根據《海洋法公約》第 94 條，仲裁庭認為《國際海上避碰規則公約》對兩國在各自船隻的行為方面具有約束力。

《公約》第 94 條第 1 款規定每個國家「有義務對懸掛其國旗的船舶有效地行使行政、技術和社會事務的管轄權和控制權」的一般性義務。第 94 條第 5 款進一步擴大了這項義務：每個國家在採取第 3 款和第 4 款所要求的措施時，被要求遵守普遍公認的國際規則、程序和實踐，並採取或許必要的步驟以確保遵守這些規定。

仲裁庭認為，第 94 條將《國際海上避碰規則公約》納入了《聯合國海洋法公約》，因為《國際海上避碰規則公約》構成了「普遍接受的國際法規」。[203] 因此，《國際海上避碰規則公約》的違反構成了對《公約》本身的違反。[204]

仲裁庭的觀點基於「參考的規則」（rules of reference）。《聯合國海洋法公約》通常將「同樣有效的」標準或「至少具有相同效力的義務」納入其相關條款中。[205]舉例而言，第 208 條第 3 款要求沿海國家採用「不得低於國際規則、標準以及建議做法和程序」的海底作業法。這些國際規則包括 1990 年《國際油污防備、應對與合作公約》（*International Convention on Oil Pollution Preparedness, Response and Cooperation*）[206]和 2000 年《公約》議定書。第 210 條第 6 款要求各國應採用「在預防、減少和控制此類污染方面，其效力不低於全球規則和標準」的傾倒法規。一般認為，此類全球性規則和標準是由 1972 年《倫敦傾銷公約》（*London Dumping Convention*）及其 1996 年《議定書》制定的。[207]同樣地，第 211 條第 2 款規定，船旗國對船舶污染的規定必須「至少與透過主管國際組織或一般外交會議制定的普遍接受的國際規則和標準相同的

過，1977 年 7 月 15 日生效）1050 UNTS 1976. 中國和菲律賓分別於 1980 年和 2013 年批准了該公約。

[203] The South China Sea Arbitration Award (Merits), [1083]. 這一觀點得到了國際海事組織的支持，參見 IMO, Implications of the United Nations Convention on the Law of the Sea for the International Maritime Organization, LEG/MISC. 8, 30 January 2014, 15 and 113. 亦可參見 Memorial of the Philippines, Vol. I, 208, [6.130].

[204] The South China Sea Arbitration Award (Merits), [1083].

[205] 與「普遍接受的國際規則和標準」相對應的法律文書清單可在國際海事組織中獲得，Circular Letter No. 2456, Implication of UNCLOS for the Organization, 17 February 2003, Annex II.

[206] (1991) 30 International Law Materials, p. 735. 1995 年 5 月 13 日生效。

[207] LA De La Fayette, "The London Convention 1972: Preparing for the Future," *International Journal of Marine and Coastal Law*, Vol. 13, No. 4 (January 1998), pp. 515, 516.

效果」。這種國際規則體現在《防止船舶污染國際公約》（*International Convention for the Prevention of Pollution from Ships*, MARPOL）中。[208]第 207 條第 1 款和第 212 條第 1 款還參考了大氣和陸地污染有關的國際商定規則和標準，儘管只是以較弱的方式。

「參考規則」的法律技術尋求在海洋環境保護方面保持國家和國際法規的統一性。透過更新「普遍接受的國際規則和標準」，也有可能根據新的情況調整《海洋法公約》的相關規則。因此，「參考規則」可以被認為是在解釋和適用現有規則和標準時考慮國際社群新需求的有用工具。[209]

在審議菲律賓提交的文件時，事實重中之重。在這方面特別有趣的是專家的角色。為了評估菲律賓的要求，仲裁庭根據《議事規則》（*Rules of Procedure*）第 24 條任命了一名獨立專家辛格達（Gurpreet S. Singhota）船長。[210]辛格達船長於 2016 年 4 月 15 日提交了報告。[211]辛格達船長在報告中得出結論，中國違反了《國際海上避碰規則公約》規則第 2、6、8、15 和 16 條規定的義務。[212]

仲裁庭指出，參與上述事件的所有懸掛中國旗幟的船隻均屬於兩個中國機構之一：中國海監總隊或中國漁業漁政管理局。隨後，遭指控事件是由直接在中國政府指揮和控制下的船隻造成的。因此，中國船隻的行為自動歸因於中國。[213]仲裁庭然後將《辛格達報告》提出的《國際海上避碰規則公約》的有關規則適用於指控的事件。仲裁庭基本上確認了《辛格達報告》的結論。[214]因此得出結論表示，中國違反了《國際海上避碰規則公約》規則第 2、6、7、8、15

[208] International Convention for the Prevention of Pollution from Ships and Its Protocol（adopted 2 November 1973 (Convention), 1978 (Protocol), 合併文書於 1983 年 10 月 2 日生效）1340 UNTS 61.

[209] Yoshifumi Tanaka, *The International Law of the Sea*, 3rd edn (Cambridge: Cambridge University Press, 2019), pp. 333-335.

[210] The South China Sea Arbitration Award (Merits), [1084]. 根據仲裁庭的說法，辛格達船長的經驗包括在國際海事組織海洋安全司（Maritime Safety Division）、航行安全小組委員會（Subcommittee on Safety of Navigation）和其他部門的二十六年服務，以及十四年的航海經驗，參見 *ibid.*

[211] Captain Gurpreet S. Singhota, Report of the International Navigational Safety Expert appointed by the Permanent Court of Arbitration, The Hague, The Netherlands (15 April 2016) (“Singhota Report”).

[212] The South China Sea Arbitration Award (Merits), [1085].

[213] *Ibid.*, [1091].

[214] *Ibid.*, [1090]-[1105].

和 16 號，因此違反了《公約》第 94 條。[215]同時，仲裁庭補充說，其在第 13 號陳述意見書狀中的裁定不涉及對黃岩島及其水域的任何主權裁定。[216]在評估中國船隻的執法行動行為時，仲裁庭高度依句《辛格達報告》（*Singhota Report*）。鑑於《國際海上避碰規則公約》規則的技術性，仲裁員們很難確定是否違反了公約。因此，正如南海仲裁所證明，由司法機構任命獨立專家是一個值得考慮的選項。鑑於國際法院或法庭很少在判例中應對違反《國際海上避碰規則公約》的問題，南海仲裁案情的裁決提供了一個重要的先例，對這一問題進行了詳細的審查。

第三節　兩造之間爭議的擴大或擴展

一、雙方之間爭端的加劇

（一）仲裁庭的管轄權

鑑於國際爭端可能會隨著時間而升級，因此有必要防止其加劇。因此，不加劇爭端的義務是至關重要。[217]這項義務可以視為國際爭端和平解決義務的必然結果。1970 年《友好關係宣言》（*Friendly Relations Declaration*）同時提到兩項義務並非巧合。事實上，《宣言》首先指出：「每個國家都應以和平方式解決其與其他國家的國際爭端，以不危害國際和平與安全與正義的方式。」[218]然後它繼續說：國際爭端當事國以及其他國家應避免採取任何可能加劇局勢，以致於危及國際和平與安全的維持，並應按照聯合國的宗旨和原則行事。[219]

1982 年的《馬尼拉宣言》（*Manila Declaration*）也同時確認了兩項義務。[220]

---

215 *Ibid.*, [1109].

216 *Ibid.*, [1108].

217 不加劇爭端的義務也稱為「克制義務」（obligation of restraint）。仲裁庭在其 2016 年的裁決中使用了「不從事可能加劇爭端的行為的義務」一詞，參見 *ibid.*, [1135].

218 UN General Assembly, Declaration on Principles of International Law Concerning Friendly Relations and Co-operation among States in accordance with the Charter of the United Nations, UN Doc A/RES/25/2625 (24 October 1970), Principle 2, [1].

219 *Ibid.*, [4].

220 UN General Assembly Resolution 37/10, Manila Declaration on Peaceful Settlement of Disputes between States, para I (8). 亦可參見 Electricity Company of Sofi a and Bulgaria (Belgium v. Bulgaria),

在南海爭端的特定背景下，1992 年《東協南海宣言》（*ASEAN Declaration on the South China Sea*）強調「必須透過和平手段而不訴諸武力解決南海有關的所有主權和管轄權問題」；並敦促「有關各方保持克制，以期為最終解決所有爭端創造積極的氣氛」。[221]東協和中國通過的《2002 年南海各方行為宣言》也強調：雙方承諾自我克制，不採取使爭端複雜化或升級、影響和平與穩定的活動，包括避免在目前無人居住的島嶼、岩礁、暗沙、珊瑚礁和其他地形地物上採取棲息行動；以建設性的方式處理他們的分歧。[222]

在此種脈絡下，需要考慮的一個問題是中國政府在南海的行為是否與自制義務背道而馳。在這方面，菲律賓在經修訂的第 14 號陳述意見書狀中要求仲裁庭宣布：「(14) 自 2013 年 1 月開始仲裁以來，中國透過以下方式非法加重和擴大了爭端：(a) 干擾仁愛礁及其附近水域中菲律賓的航行權；(b) 防止駐紮在仁愛礁的菲律賓人員的輪調和補給；(c) 危及駐紮在仁愛礁的菲律賓人員的健康和福祉；以及 (d) 在美濟礁、華陽礁、永暑礁、南薰礁、赤瓜礁、東門礁和渚碧礁進行挖泥、人工島建和建設活動。」[223]

(d) 款是後來新添加到經修訂的第 14 號意見書狀之中，而 (a) 至 (c) 款則包括在本意見書的最初表述之中。[224]此外，菲律賓提交的第 14 號意見書與南海仲裁開始後的中國活動有關。

在審議第 14 號陳述意見書狀時，仲裁庭首先需要確定它是否具有處理該意見書狀的管轄權。在管轄權裁決中，仲裁庭裁定「這不是關於主權或海洋劃界的爭端，也不是（公約）第十五部第一節的任何要求禁止仲裁庭考慮的爭端」。[225]同時，仲裁庭認為，解決這些問題的管轄權或許取決於仁愛暗沙作為「島嶼」、「岩礁」或「低潮高地」的地位。尤有進者，必須結合案情評估中國根據《公約》第 298 條在仁愛礁及其周圍地區進行的活動是否本質上是軍事的問題。由於與第 14 號陳述意見書狀所依據的爭端有關的可能管轄權異議不

Order of 5 December 1939 Request for the Indication of Interim Measures of Protection, Series A/B 79, [1939] PCIJ Rep 194, 199.

221 *ASEAN Declaration on the South China Sea*, adopted 22 July 1992, https://cil.nus.edu.sg/wp-content/uploads/2017/07/1992-ASEAN-Declaration-on-the-South-China-Sea.pdf.

222 Para 5. The text of the Declaration, http://asean.org/?static_post=declarationon-the-conduct-of-parties-in-the-south-china-sea-2.

223 The South China Sea Arbitration Award (Merits), [1110].

224 *Ibid.*, [1111].

225 The South China Sea Arbitration Award (Jurisdiction and Admissibility), [411].

具有排他性的初步性質，仲裁庭保留了關於菲律賓第 14 號陳述意見書狀的管轄權的決定，以結合菲律賓聲索的案情進行審議。[226]

如所見，仲裁庭發現仁愛暗沙是低潮高地。在仁愛暗沙的 12 海里內也沒有任何高潮地形地物。由於中國在仁愛暗沙海域沒有任何法律權利的司法基礎，因此沒有引發海洋劃界的問題。此外，由於仁愛暗沙位於菲律賓專屬經濟區，因此仲裁庭無需處理針對仁愛暗沙的主權。[227]然而，第 298 條第 1 款 b 項規定的軍事活動例外的適用還需要進一步考慮。就此而言，引發兩個問題。

第一個問題涉及被訴國是否必須具體援引第 298 條第 1 款規定的可選例外。儘管中國透過其 2006 年 8 月的宣言中啟動了此一例外，[228]但菲律賓的立場是，「依賴這些選項的決定是一個選擇問題」，[229]而且，如果中國在這些訴訟過程中沒有具體援引第 298 條第 1 款 b 項，仲裁庭就沒有必要審查該規定的適用性。[230]然而，仲裁庭沒有被菲律賓的論點所說服。仲裁庭認為，沒有任何跡象表明必須具體援引第 298 條第 1 款的規定。因此，仲裁庭認為，「根據第 298 條第 1 款做出的聲明一旦做出，就排除了聲明國就特定類別爭端進行強制解決的同意」，而且「這種聲明在修改或撤回之前一直有效。」[231]如此陳述，可以說仲裁庭澄清了第 298 條第 1 款 b 項的自動適用。

第二個問題涉及在訴訟程序開始後加劇爭端的任擇例外的適用情況。這個問題涉及第 298 條第 1 款 b 項適用的時間框架。就此而言，菲律賓認為，「第 297 條和第 298 條不適用於爭端的加劇和擴大」。[232]菲律賓的論點似乎建議，就任何不加劇爭端的義務涉及訴訟開始後的事件而言，它不單獨受制於《公約》所規定的爭端解決限制。[233]

就此而言，仲裁庭認為：如果一締約國根據公約就與軍事活動無關的爭端啟動了強制性爭端解決，如果另一方稍後開始在有關軍事活動中使用其軍隊，則第 298 條第 1 款 b 項將不適用訴訟過程中的爭議。在訴訟過程中的爭議。仲裁庭也不認為第 298 條第 1 款 b 項將限制其附屬管轄權，以規定針對與本身不

[226] *Ibid.*
[227] The South China Sea Arbitration Award (Merits), [1153].
[228] *Ibid.*, [1154].
[229] Presentation by Professor Oxman, Jurisdiction Hearing Tr (Day 2), 74.
[230] The South China Sea Arbitration Award (Merits), [1156].
[231] *Ibid.*
[232] Presentation by Professor Oxman, Merits Hearing Tr (Day 3), 84.
[233] The South China Sea Arbitration Award (Merits), [1157].

涉及軍事活動的爭端有關的軍事活動的臨時措施。[234]

對於仲裁庭而言，有必要考慮「加重聲索是否仍然取決於潛在的爭端，或者它本身是否構成可以適用軍事活動例外的獨特爭端」。[235]在這方面，仲裁庭認為，「中國在仁愛暗沙及其周圍的行動及其與駐紮的菲律賓軍隊的互動構成了一個獨特的問題，而不考慮它們在可能加劇仲裁庭審理的其他爭端方面的影響。」[236]因此，為第 298 條第 1 款 b 項的目的，仲裁庭需要考慮該爭端是否涉及軍事活動的問題。[237]仁愛暗沙的基本事實涉及菲律賓武裝部隊與中國海軍和海岸警衛隊等政府機構之間的對立。仲裁庭認為，這些事實代表了典型的軍事局勢，屬於第 298 條第 1 款 b 項規定的例外情況。[238]因此，仲裁庭得出結論認為，它沒有管轄權來審議菲律賓的第 14(a)、(b) 和 (c) 號的陳述意見書狀。[239]

就此而言，仲裁庭適用了另一項輔助測試。[240]如果加劇爭端的軍事行動是附屬於引起締約國根據《公約》強制解決爭端的非軍事行動，則第 298 條第 1 款 b 項不會限制國際法院或法庭的管轄權。因此，在決定第 298 條第 1 款 b 項的適用性時，引發國際爭端的原始行動與原始行動附屬行動之間的連續性構成關鍵要素。如果存在這種連續性，則第 298 條第 1 款 b 項的適用性就取決於引發爭端的原始行動的性質。如果不存在連續性，則該條款的適用性取決於與原始行動不同的加劇爭端行動的性質。

另一方面，中國的疏浚和建設活動本質上不屬於軍事，因為中國本身一直反對這種分類。作為平民活動，中國的行為不在第 298 條第 1 款 b 項的範圍之內。[241]因此，仲裁庭得出結論認為，它對菲律賓第 14(d) 號陳述意見書狀中提出有關的事項具有管轄權。[242]因此，仲裁庭開始審查菲律賓的第 14(d) 號陳述意見書狀。

---

234 *Ibid.*, [1158].
235 *Ibid.*, [1159].
236 *Ibid.*, [1160].
237 *Ibid.*
238 *Ibid.*, [1161].
239 *Ibid.*, [1162].
240 在決定國際的法院或法庭對同時涉及陸地和海洋問題的混合爭端的管轄權時，輔助檢驗（ancillary test）是有爭議的。參見本書第二章。
241 The South China Sea Arbitration Award (Merits), [1164].
242 *Ibid.*, [1165].

（二）中國行動的合法性

1. 不加重的義務

仲裁庭面前的關鍵問題是，如菲律賓所指控，中國是否透過其挖泥、人工造島和建築活動加劇和擴大了當事方之間的爭端。[243]在審查了四種材料之後，即 (1) 常設國際法院和國際法院關於臨時措施的判例；(2) 多邊條約和聯合國文書；(3)《公約》的規定；以及 (4) 一般國際法，仲裁庭裁定，不加重爭端的義務構成了「適用於從事此類爭端解決的國家的國際法原則」。[244]因此，根據《公約》第 293 條，該原則作為「與本公約不相牴觸的其他國際法規則」之一適用於南海案。[245]

重要的是，仲裁庭將不加劇爭端的義務視為「國際法的原則」。[246]就此而言，提及了常設國際法院[247]和國際法院[248]的判例，仲裁庭接受了一種「參與爭端解決程序的當事方有義務在和解過程未決期間避免加劇或擴大爭議或有爭議的爭端」的存在。[249]對於仲裁庭：此項責任獨立於法院或法庭關於避免加劇或擴大爭端的任何命令，並且源於解決爭端的目的和有關國家在該程序中作為當事國的地位。事實上，當法院或法庭發布臨時措施，指示當事方避免採取會加劇或擴大爭議的行動時，它並不是在當事方身上施加新的義務，而是向當事方回顧因其參與訴訟程序而已經存在的義務。[250]

在南海仲裁範圍之外，該格言可能會影響國際法院指示臨時措施的權力。法院通常會採取臨時措施的做法，以確保爭端各方不採取可能加劇或擴大法院審理的爭端的行動。這些可以稱為「不加重措施」（non-aggravation measures）。然而，評論員的意見分歧，對於法院是否具有自行指明不加重措施的權力，評論員的意見存在分歧。

根據狹義地觀點，法院無權自行指明不加重措施，除非這些措施與當事方

---

[243] *Ibid.*, [1166].
[244] *Ibid.*, [1173].
[245] *Ibid.*
[246] *Ibid.*, [1173].
[247] Electricity Company of Sofi a and Bulgaria (Belgium v. Bulgaria) [1939] PCIJ Rep 199. 藉由提及此案，菲律賓聲稱「儘管常設國際法院的意見是在其關於臨時措施的決定中陳述的，但沒有理由假定該原則不具有普遍適用性」。Memorial of the Philippines, Vol. I, 174, [646].
[248] LaGrand (Germany v. United States of America), Judgment, [2001] ICJ Rep 466, 503, [102]-[103].
[249] The South China Sea Arbitration Award (Merits), [1169].
[250] *Ibid.*, [1169].

權利的保護聯繫在一起。例如，美林（J. G. Merrills）認為，「法院根據第 41 條擁有權力的具體目的是維護訴訟中有爭議的權利，因此，只有在這種情況下，法院才有權採取行動，以防止爭端的擴大或加劇。」[251]帕爾切蒂（Paolo Palchetti）呼應了此觀點，他表示：「法院的實踐表明，在任何情況下，加重因素都必須與案件中當事各方的權利保護聯繫起來。」[252]

然而，根據一種較少限制的觀點，在這些措施與主要請求中所稱權利之間缺乏聯繫的情況下，法院可以指明不加重措施。舉例而言，蒂爾韋（Hugh Thirlway）認為，「禁止指明保全措施的存在並不一定意味法院不能指明非加重措施」。[253]在某種程度上，這一立場似乎得到法院實踐的支持。舉例而言，國際法院在喀麥隆訴奈及利亞（Cameroon v. Nigeria）一案中認為：考慮到除當事各方為維護具體權利而提出的指示臨時措施的請求之外，法院根據《規約》第 41 條有權在其認為情況需要時指示臨時措施，以期防止爭端的加重或擴大。[254]

這句話似乎表明，法院有權獨立於任何保護性措施而指明不加重措施。[255]格林伍德（Christopher Greenwood）法官在哥斯大黎加訴尼加拉瓜（Costa Rica v. Nicaragua）一案中支持這一解釋。根據法官表示：然而，法院可以公開指明與請求不同的措施，甚至可以在未提出請求的情況下自行採取行動（見《法院規則》第 75 條），但如果如此為之，它仍有義務確信它提議下令採取的措施符合上述要求，則仍然具有約束力，因為這些要求來自《規約》第 41 條的規定。唯一的例外——而且僅是部分例外——指明措施，要求當事各方避免採取

---

[251] J. G. Merrills, “Interim Measures of Protection in the Recent Jurisprudence of the International Court of Justice,” *International and Comparative Law Quarterly*, Vol. 44, No. 1 (January 1995) pp. 90, 123 (90-149).

[252] Paolo Palchetti, “The Power of the International Court of Justice to Indicate Provisional Measures to Prevent the Aggravation of a Dispute,” *Leiden Journal of International Law*, Vol. 21, No. 3 (September 2008), pp. 623, 634 (623-642), https://u-pad.unimc.it/retrieve/handle/11393/37007/275/LJLarticolo.pdf.

[253] Hugh Thirlway, *The Law and Procedure of the International Court of Justice: Fifty Years of Jurisprudence*, Vol. I (Oxford: Oxford University Press, 2013), p. 951.

[254] Land and Maritime Boundary between Cameroon and Nigeria (Cameroon v. Nigeria: Equatorial Guinea intervening), Provisional Measures, [1996] ICJ Rep 13, 22-23, [41].

[255] Thirlway, n 254, 949. 根據瑟爾威（Hugh Thirlway）的說法，法院的分庭在 1986 年邊界爭端命令（布基納法索訴馬利）的第 18 段中還暗示，它可以發現保存措施是適當的情況下，單獨指明非加重的措施，參見 *ibid.*, 949; [1986] ICJ Rep 9, [18]. 亦可參見 Separate Opinion of Judge Ajibola in Cameroon v. Nigeria [1996] ICJ Rep 53.

可能加劇或擴大爭端的行動。這些措施不僅限於維護可以將權利裁定為任何一方的權利，而是可以為更廣泛的目的服務。[256]

如果按照仲裁庭在其 2016 年裁決中所裁定的內容，不加重措施不是在「向當事方施加新的義務，而是讓當事方憶及由於其參與訴訟而已經存在的義務」，則解釋將有助於加強國際法院的能力，以表明不加重的措施。[257]

然而，不加劇爭端而獨立存在的義務並不意味著該義務與國際法中的其他義務是分開的。在這方面，必須特別注意不加劇爭端的義務，和平解決國際爭端的義務與善意原則之間的相互聯繫。仲裁庭認為，「如果任何一方的行動具有加劇或擴大爭端的效果，從而使爭端更不易解決，則爭端解決程序的真正目的就會受挫。」[258]由此可見，不加劇爭端的義務與和平解決國際爭端的義務是緊密的相關。此外，仲裁庭將國際爭端的和平解決義務與善意原則聯繫在一起。

確實，藉由提到《公約》關於國際爭端的和平解決義務的第 279 條，仲裁庭認為：在執行《公約》的爭端解決程序時，根據第 300 條，締約方還有義務「真誠地履行根據本公約承擔的義務，……以不構成濫用權利的方式行使本公約承認的權利、管轄權和自由」。[259]

仲裁庭進一步認為，不加劇爭端的義務是「善意在國家間國際法律關係中的核心角色所固有」，而且「任何一方為加重或擴大爭端而採取的行動都不符合對這些義務的承認和善意地履行」。[260]因此，和平解決國際爭端的義務、不加劇爭端的義務和善意原則是相互聯繫的。仲裁庭必須闡明此三項要素的相互

---

[256] Declaration of Judge Greenwood in Certain Activities carried out by Nicaragua in the Border Area (Costa Rica v. Nicaragua), Provisional Measures, [2011] ICJ Rep 46, 48, [8]. 亦可參見 *ibid*., 46-47, [2]. 然而，法院隨後的判例法似乎並不支持這一論斷。參見 Application of the International Convention on the Elimination of All Forms of Racial Discrimination (Qatar v. United Arab Emirates), Order, [2019] ICJ Rep, [28].

[257] 然而，必須指出的是，在國際法院的判例中，非加重處罰措施僅作為臨時保全措施的輔助措施。Case Concerning Pulp Mills on the River Uruguay (Argentina v. Uruguay), Provisional Measures, [2007] ICJ Rep 3, 16, [49]. 亦可參見 Palchetti, n 253, 635; Yoshifumi Tanaka, "A New Phase of the Temple of Preah Vihear Dispute before the International Court of Justice: Reflections on the Indication of Provisional Measures of 18 July 2011," *Chinese Journal of International Law*, Vol. 11, No. 1 (2012), pp. 191, 212-216 (191-226).

[258] The South China Sea Arbitration Award (Merits), [1171].

[259] *Ibid*., [1172].

[260] *Ibid*., [1171]-[1172].

聯繫，此點十分的重要。從而似乎可以理解，違反不加重爭端的義務也同時導致違反和平解決國際爭端的義務和誠實信用原則。

2. 判定是否違反不加重爭端義務的標準

毫無疑問，當事方有義務不加劇國際法中的爭端。然而，問題是判定違反義務的標準是什麼。就此而言，仲裁庭指定了三項違背義務的行動：(1) 在訴訟未決期間被指控侵犯另一方權利的行為，從而使所指控的侵權行為更為嚴重；(2) 會破壞潛在裁定的有效性或使當事各方執行裁決更加困難的行動；以及 (3) 會破壞爭端解決程序本身完整性的行動。[261]

此三類行動為確定是否違反不加重爭端的義務提供了標準。仲裁庭藉由適用這些標準，確定了中國政府違反義務的情況。仲裁庭的調查結果可以概括為三點。

首先，仲裁庭認為，中國透過位於菲律賓專屬經濟區內的美濟礁低潮高地上建造了一座大型人工島，有效地創造了既成事實。由於美濟礁無法恢復原來的狀太，中國的建築工程使該仲裁庭的決定難以落實。[262]

第二，根據仲裁庭的說法，中國的行動加劇了當事方之間關於美濟礁的海洋環境的爭端，並將爭端擴大到涵蓋了其他地形地物，這些地形地物在進行仲裁的過程中成為了大規模建築工作的場所。在這方面，仲裁庭指出，「在實際條件上，無論是這一決定還是任何一方可能採取的回應行動，都不能消除對南海珊瑚礁棲息地造成的永久性損害」。[263]值得注意的是，違反不加劇爭端的義務同時導致了違反不對環境造成損害的實質性義務。

第三，中國永久摧毀了南沙群島海洋地形地物自然狀態的證據。中國的行動大幅增加了對高潮時水上／水下地形地物法律地位評估的難度。因此，仲裁庭裁定，中國損害了仲裁程序的完整性，並使仲裁庭面臨的任務更加艱鉅。[264]在這方面，仲裁庭提到了中國的不出席，並強調：如何最好地代表中國的立場的裁決是中國的事情，而不是仲裁庭的事情。然而，中國不能隨意採取行動破壞這些程序的完整性或破壞仲裁庭裁決的有效性。[265]

總而言之，仲裁庭發現，在進行這些爭端解決程序訴訟期間，中國：(1)

---

[261] *Ibid*., [1176].
[262] *Ibid*., [1177].
[263] *Ibid*., [1178].
[264] *Ibid*., [1179]. 亦可參見 *ibid*., [1203] B(16).
[265] *Ibid*., [1180].

加劇了當事方關於其在美濟礁地區各自權利和法定權利的爭端；(2) 加劇了當事方關於在美濟礁海洋環境保護和維護的爭端；(3) 已將雙方關於海洋環境保護和保全的爭議範圍擴大至華陽礁、永暑礁、南薰礁、赤瓜礁、東門礁和渚碧礁；(4) 加劇了當事方關於南沙群島海域地形地物地位及其產生海域所有權能力的爭端。[266]

最後，仲裁庭宣布：中國違反了《公約》第 279 條、第 296 條和第 300 條以及一般國際法規定的義務，避免採取任何可能對所做出裁定的執行產生不利影響的措施，並且在一般在解決爭端的訴訟正在進行過程中的情況下，不允許採取任何可能在爭議解決期間加劇或擴大爭議的步驟。[267]

值得注意的是，仲裁庭在其 2016 年裁決中指定了三項標準，用於確定在訴訟程序中是否違反了不加重爭端的義務。一般而言，可以完全說，破壞證據和既成事實構成了對第二標準和／或第三標準的違反。即使如此，也可能不得不承認，這三項標準的適用是針對具體情況，違反不加重義務的行為必須在個案的基礎上確定，並要考慮到每種個案的特殊性。

二、締約方的未來行為

菲律賓的最後主張涉及當事方的未來行為。菲律賓在其第 15 號陳述意見書狀中要求仲裁庭宣布：(15) 中國應尊重《公約》所規定的菲律賓的權利和自由，應遵守《公約》所規定的責任，包括與保護和維護南海海洋環境有關的責任，而且在南海行使其權利和自由時應適當考慮菲律賓在《公約》下享有的權利與自由。[268]

在其管轄權裁決中，仲裁庭認為，它無法確定當事方之間是否存在關於《公約》的解釋或適用的爭端，也無法評估仲裁庭在這方面的管轄權範圍。因此，它指示菲律賓澄清其第 15 號陳述意見書的內容並縮小其範圍，並保留其與第 15 號意見書有關的管轄權問題，以結合菲律賓聲索的實質進行審議。[269]

隨後，菲律賓重新調整了其陳述意見書狀。仲裁庭認為，菲律賓經修正的第 15 號陳述意見書狀包含三個組成部分：

---

[266] *Ibid.*, [1181].
[267] *Ibid.*, [1203] B(16).
[268] *Ibid.*, [1182].
[269] The South China Sea Arbitration Award (Jurisdiction and Admissibility), [412].

（一）要求仲裁庭宣布中國「應尊重《公約》所規定的菲律賓的權利和自由」。

（二）要求仲裁庭宣布中國「應遵守《公約》規定的責任，包括在南海海洋環境保護有關的部分」。

（三）要求仲裁庭宣布中國「應在南海行使其權利和自由時同時適當尊重《公約》所規定的菲律賓的權利和自由」。[270]

菲律賓認為，第 15 號陳述意見書狀的重點是前瞻性的。[271]然而，仲裁庭認為，毫無疑問的是，雙方都有義務遵守《公約》並尊重其他國家在《公約》規定的權利和自由。的確，沒有任何一方爭辯此點。[272]就此而言，仲裁庭強調，「不推定惡意」（bad faith is not presumed）是國際法的一項基本原則。[273]因此，仲裁庭裁定，它沒有必要也不適當做出任何進一步的聲明。[274]

第四節　結　語

在其案情裁決中，仲裁庭審查了關於中國在南海活動合法性一系列的問題。仲裁庭在這些問題上的觀點為國際法有關規則和義務的解釋和適用提供了一些啟示。本章討論的要點可總結如下。

首先，根據仲裁庭的說法，如果存在聲明或許產生嚇阻效果的「現實前景」，則聲明本身違反了《海洋法公約》的相關規定，因為該條款存在，認為該聲明可能。仲裁庭的方法可以稱為「現實前景」測試。有人認為，「現實前景」測試被認為是一個跨時空的概念，因為它試圖預見未來的事件。在這方面，必須進一步考慮如何評估「現實前景」的存在以及未來事件的前景必須在多大程度上存在的問題。

其次，《公約》第 58 條第 3 款的關鍵要素是有義務「適當考慮權利和義務」。仲裁庭在提及 2015 年國際海洋法法庭諮詢意見時，將「適當考慮的義務」等同於「盡職調查的義務」。南中仲裁裁決（實質）表明，當一國意識到

[270] The South China Sea Arbitration Award (Merits), [1192]-[1194].
[271] Presentation by Professor Oxman, Merits Hearing Tr (Day 3), 90.
[272] The South China Sea Arbitration Award (Merits), [1201].
[273] *Ibid*., [200].
[274] *Ibid*., [1201].

其國民在另一國的專屬經濟區中進行的非法捕撈活動且未能阻止該行為時，該國即違反了盡職調查的義務。

第三，傳統的捕魚權不是國家的歷史權利，而是私人權利。透過提及厄利垂亞／葉門仲裁裁決（第二階段），仲裁庭將傳統捕魚視為手工捕魚。但是，關於確定某些捕魚活動是否屬於手工捕魚活動範圍的標準，它沒有做進一步的詳細介紹。適用於傳統捕魚權的法律依管轄的區域而異。仲裁庭認為，領海中已確立的傳統捕魚權仍受國際法保護。

第四，第 192 條所規定的關於海洋環境保護的「一般義務」既包括可延伸對海洋環境的「保護」以免受未來的損害，也可以延伸至「維護」以維持或改善其當前狀況。從這個意義上講，該規定包含一個時間要素。尤有進者，第 192 條必須在其他適用的國際法，例如《瀕危野生動植物種國際貿易公約》的背景下進行解讀。仲裁庭條約的系統性解釋方法值得特別注意。在這方面，值得注意的是，仲裁庭承認應盡職調查的義務適用於保護稀有或脆弱的生態系統和瀕危物種的棲息地。就此而言，法庭規定了盡職調查義務的兩項要求：一、採取規則和措施以防止有害行為的義務；以及二、有責任在執行這些規則和措施時保持警惕。

仲裁庭認為，要履行盡職調查的義務，僅靠國內法的立法是不夠的；還需要採取措施執行之。

第五，《公約》第 206 條規定了溝通交流的義務。仲裁庭認為，這項義務是絕對的。鑑於確定一國是否正確進行環境影響評估可能較不容易，因此，值得關注的是仲裁庭將焦點置於不履行程序要求（即溝通）的做法。儘管在第 206 條規定的義務方面還存在一些問題，但仲裁庭的裁決可能有助於鞏固環境影響評估在國際法中的規範地位。[275]

第六，根據仲裁庭，只有菲律賓可以根據《公約》第 60 條建造或批准人工島、設施和建築物，因為美濟礁是低潮高地，而且只能構成菲律賓專屬經濟區和大陸礁層的一部分。似乎可以理解的是，在第三國專屬經濟區或大陸礁層的低潮高地進行的建設活動違反《公約》，除非存在排除不法行為的有效情況。[276]由於低潮高地有別於陸地領土，不能加以播用（appropriated），因此美

---

[275] Zoe Scanlon and Robert Beckman, "Assessing Environmental Impact and the Duty to Cooperate: Environmental Aspects of the Philippines v. China Award," pp. 29-30.

[276] 亦可參見 Tara Davenport, "Island-building in the South China Sea: Legality and Limits," *Asian Journal of International Law*, Vol. 8, No. 1 (February 2018), pp. 76, 89 (76-90).

濟礁無法透過占領來利用。

第七，《國際海上避碰規則公約》作為「普遍接受的國際法規」，被認為已納入《公約》第 94 條。因此，違反《國際海上避碰規則公約》構成了對《公約》第 94 條的違反。在審查中國船隻執法行動的方式時，仲裁庭依靠的是獨立專家的報告，即《辛格達報告》（*Singhota Report*）。鑑於《國際海上避碰規則公約》規則的高度技術性，一位獨立專家的評估是特別的有用。

第八，仲裁庭認為，不加劇爭端的義務可被視為「適用於參與爭端解決之國家的國際法原則」。在這方面，仲裁庭指定了三項違背義務的行動。根據這三項行動，或許可以制定三個標準來確定是否違反義務：一、在訴訟未決期間，某行動是否侵犯了另一方的權利，以致使所指控的違法行為更加嚴重；二、一項行動是否會破壞潛在裁定的效力，或使當事各方執行該裁定的難度大幅增加；三、一項行動是否會破壞爭端解決程序本身的完整性。該標準或許提供一種對爭端不加劇義務的洞察。

第六章　越南對南海爭端提起訴訟的內容與展望

誠如第一章所述，越南與中國之間由於萬安灘（Bãi Tư Chính; Vanguard Bank；思政灘）的歸屬以及海洋活動的問題，於 2019 年再次爆發對立的情形，此事件也再度引發越南是否對中國提起國際訴訟的討論。由於菲律賓已經對中國提出訴訟且做出裁決，因此，越南在南中國海（South China Sea, SCS；以下簡稱「南海」）仲裁案的經驗上可以做出更細膩的探討，並檢討自身的適用情形。南海仲裁案 2.0 版是否出現，涉及越南如何效仿菲律賓提出案件的管轄與受理機構（第二章）；「九段線」（Nine-Dash Line, NDL）聲索否決對自身的適用（第三章）；南沙群島與西沙群島「海洋地形地物」的法律地位（第四章），以及針對中國在南海越南專屬海域的海洋活動（第五章）。然而，越南外交及相關部門似乎早已準備好仲裁資料，但慮及越中關係維繫的重要性，真正提出還需要有高度的政治意志。本章即在結合上述章節以法律與政治層面，以探討此脈絡以及對提出國際仲裁的考慮問題。

就某種參照而言，越南對菲律賓南海仲裁案最終裁決的初步反應，可以作為另一種線索。歸納而言，越南對南海仲裁的初步反應包括：越南政府反應模糊和籠統，主要原因是越南對仲裁裁決如何為己所用仍需要深入的理解。在南海仲裁案裁決之後，越南在回應仲裁庭的最終裁決時只是採取了「謹慎行事」的策略，並沒有針對任何特定行為者。儘管越南在後仲裁時期的行動與早期相較有所克制，但其行動仍然符合越南傳統的南海政策和外交政策。越南堅持支持南海爭端國際化，主張南海爭端必須按照國際法以和平方式多邊解決。在越南，影響越南外交政策的決定性因素不是領導人（國家主席或黨總書記）的個人意識型態和偏好，而是越南共產黨領導人的集體意識型態和偏好。此外，過去越南人民為獨立而不得不與中國人鬥爭的記憶使涉及中國的問題變得敏感。尤有進者，越南民眾普遍持有負面或反中的看法。這就是為什麼越南領導人在制定對中政策時必須避免社會壓力，並維護一黨政治制度的合法性。總之，領導人的意識型態和個人偏好可能會影響越南對抗中國的程度，它或許不會改變其外交政策的總體架構，尤其是南海政策。

事實上，對越南最理想的情形當然是確保自身在黃沙群島與長沙群島的主權。然而，在自身以及中國以及其他聲索方不願將主權爭議提交司法解決的情形下，越南若提起訴訟的標的轉而將「由內而外」，亦即以越南本土大陸的專屬經濟區和大陸礁層的法律權利為主，因此，本章第一節探討越南對中國南海行為的國際法指控。第二節探討越南向國際仲裁提起訴訟的獲得與損失預判。第三節探討越南提出訴訟從具有受理和管轄權機構的選定到案情內容，越南聲稱將致力透過各個問題及回答，提出最文明、最平等的爭端解決辦法之一，透過該辦法可實現阮廌（Nguyễn Trãi）[1]所言的仁義取代蠻橫，該辦法即為起訴中國。因此，第三節即為逐步檢視越南指控的問題清單。第四節討論越南自身南海政策的調整內部的決策，以及的最後第五節是結語。

第一節　前言：越南指控中國在其專屬經濟區的活動違反國際法

越南自認一向堅持採取外交手段，呼籲中國遵守國際法，維護東（南）海秩序、和平與穩定，並與國際社會共同發聲反對中國的錯誤行為，優先選擇遵守國際法，以維護在南海的合法主權。截至目前，《聯合國海洋法公約》（*United Nations Convention on the Law of the Sea*, UNCLOS；以下簡稱《公約》）是調整海洋和海域所有活動的法律架構，得到國際社會認可。在南海地區，中國、越南、馬來西亞、菲律賓、汶萊等南海主權聲索國都簽署和批准了該《公約》。

然而，越南認為中國「蠻橫」違反《公約》。越南尤其認為，中國對東（南）海毫無「歷史性權利」，中國劃設的「九段線」完全違反《公約》。中國的主權聲索基於國際海洋法沒有規定的所謂「歷史性權利」。2016 年，中國「九段線」等毫無道理的主權聲索遭到荷蘭海牙仲裁庭駁斥。但中國不承認上述裁決並以片面、非法、脅迫手段設法宣示主權。中國「海洋地質 8 號」船駛入越南思政灘即是明證。

越南認為，思政灘位於越南專屬經濟區。但中國依據所謂「九段線」聲

[1] 越南封建社會著名政治家，他輔佐黎利成功脫離中國明朝的統治，使越南取得再度獨立，是後黎朝的主要開國功臣。

稱，思政灘位於中國專屬經濟區。中國甚至出動「海洋地質 8 號」船和一些護航船阻撓越南在主權權利海域的石油開發活動。這並不是首例。2017 年和 2018 年，中國逼迫越南和越南夥伴公司停止在該地區的石油開發活動。此活動的危險在於，無視越南數十年來在主權範圍內進行的開發活動，中國依然設法將不存在爭議的海域變為爭議海域，顛倒黑白，引發地區地緣政治緊張。

《公約》規定，在專屬經濟區內開展資源勘探或海洋科學研究活動是沿海國的一項專屬權利，同時《公約》具有爭端解決機制。

越南認為，中國在南海的許多行動表明，中國嚴重違反了國際法的規定，尤其是《聯合國憲章》（*Charter of the United Nations*；以下簡稱《憲章》）、《公約》、《南海各方行為宣言》（*Declaration on the Conduct of Parties in the South China Sea*, DOC；以下簡稱《行為宣言》）以及中國與越南所簽署的雙邊協定。

一、中國違反了遵守國際承諾的原則

遵守國際承諾的原則是《憲章》第 2 條第 2 款規定的國際法基本原則之一。因此，每個國家都有義務自願和真誠地履行該國對已締結的國際條約的義務。許多其他國際條約也承認此一原則。《憲章》的序言肯定了成員國的承諾：「創造必要的條件，以確保正義並尊重國際條約以及其他來源的國際法所規定的義務」。《維也納國際條約法公約》（*Vienna Convention on the Law of Treaties*, VCLT）第 26 條還規定：「所有生效的條約對締約國均具有約束力，並必須由當事方真誠執行。」1970 年《國際法原則宣言》（*Declaration on Principles of International Law Concerning Friendly Relations and Co-operation among States in Accordance with the Charter of the United Nations*）；1975 年的《赫爾辛基最終法案》（*Helsinki Final Act*）也闡明了此一原則。

二、越南認為中國違反了《聯合國憲章》

中國不僅是聯合國成員國，同時還是聯合國安理會五個常任理事國之一，但中國並未遵守《憲章》。中國在南海的活動違反了《憲章》第 2 條第 1 款所規定的國家間主權平等的原則，中國依恃自己作為一個大國的地位，以自認自己擁有許多權利和利益。為了在不侵犯其他國家主權，主權權利和合法權益的情況下在海上進行軍事活動，以保護這些權益，違反了《憲章》第 2 條第 3 條規定的以和平手段解決國際爭端的國家原則。中國違反《憲章》第 2 條第 4 款，其中指出：「各會員國在其國際關係上不得使用威脅或武力，或以與聯合國宗旨不符之任何其他方法，侵害任何會員國或國家之領土完整或政治獨立。」中國同時違反《憲章》第 33 條的規定：「任何爭端之當事國，於爭端之繼續存在足以危及國際和平與安全之維持時，應盡先以談判、調查、調停、和解、公斷、司法解決、區域機關或區域辦法之利用，或各該國自行選擇之其他和平方法，求得解決。」然而，越南認為中國在南海的軍事化行動，完全違背了該規定。

三、中國違反《聯合國海洋法公約》

中國是《公約》的締結國，然而，越南指控中國不僅沒有認真執行《公約》的規定，而且還侵犯了《公約》規定的越南的主權和管轄權。中國也無視《公約》第 123 條關於沿海國家在行使權利和履行義務方面相互合作的責任；違反了《公約》關於所有國家在保護和維護海洋環境方面共同義務的第 129 條、第 193 條和第 196 條。違反航行自由和空中飛越自由。隨著中國推動在南海進行軍事化活動，海上和空中安全受到極大的影響，航行自由和飛越自由不受其他國家的損害，也沒有受到損害的權利。飛越自由受到限制，面臨許多風險和挑戰。

此外，越南認為中國還違反了《公約》第 87 條有關「尊重」的規定，某些國家建立人工島的權利的享有不應不合理地影響其他國家以及國際社會的權益。該原則在《公約》的有關規定中得到了明確闡述，該規定表明，當沿海國在人工島周圍建立安全區時，應確保該區域具有合理的相關性。人工島的性質和功能，還需要注意安全區的範圍。此外，「如果島嶼、人工結構和構築物及其周圍的安全區影響到國際公認海洋航路的使用，則可能無法建立」。

四、中國違反了《南海各方行為宣言》

越南認為，中國於 2002 年與東協國家簽署了《行為宣言》，但中國在南海的活動違反了《行為宣言》的第 2 段：「各方承諾根據上述原則，在平等和相互尊重的基礎上，探討建立信任的途徑。」、第 3 段：「各方重申尊重並承諾，包括 1982 年《公約》在內的公認的國際法原則所規定的在南海的航行及飛越自由。」以及第 4 段：「有關各方承諾根據公認的國際法原則，包括 1982 年《聯合國海洋法公約》，由直接有關的主權國家透過友好磋商和談判，以和平方式解決它們的領土和管轄權爭議，而不訴諸武力或以武力相威脅。」

五、中國在南海的活動違背了越中高層領導人達成的系列共識

越南認為，中國在南海的活動違背了越南與中國高層領導人在高層訪問期間所達成的共識。這些高層共識包括：越共總書記阮富仲（Nguyễn Phú Trọng）訪中期間兩國簽署的中越聯合聲明（2011 年 10 月 11 日至 15 日）、[2] 越南國家主席張晉創（Trương Tấn Sang）訪中期間的聯合聲明（2013 年 6 月 19 日至 21 日）、[3]中國總理李克強訪越簽署的《新時期深化中越全面戰略合作的聯合聲明》（2013 年 10 月 13 日至 15 日）、[4]阮富仲訪中的聯合聲明（2015 年 4 月 7 日至 10 日）、阮富仲訪中後的聯合公報（2017 年 1 月 12 日至 15 日）[5]以及中共總書記、國家主席習近平訪問越南的聯合聲明（2017 年 11 月 12 日至 13 日）。[6]

鑑於上述文件，越南指控中國違反了雙方普遍的共識：即以兩國關係大局為重，從全局與戰略高度出發，在「友好鄰國、全面合作、長久穩定、面向未來」方針，以及「好鄰居，好朋友，好同志，好夥伴」的精神指導下，堅持透過友好協商，妥善處理和解決海上問題，使南海成為一個和平，友好，合作的海域，為越南和中國之間全面戰略夥伴關係的發展和維護地區和平穩定做出貢獻。

---

2 中華人民共和國駐越南社會主義共和國大使館，《中越聯合聲明》，2011 年 10 月，http://vn.chineseembassy.org/chn/zt/sbzywj/t918246.htm。

3 中華人民共和國外交部，《中越聯合聲明》，2013 年 6 月 21 日，https://www.fmprc.gov.cn/nanhai/chn/zcfg/t1052237.htm。

4 中華人民共和國外交部，《新時期深化中越全面戰略合作的聯合聲明》，2013 年 10 月 15 日，http://www.xinhuanet.com//world/2013-10/15/c_117728865.htm。

5 中華人民共和國外交部，《中越聯合公報》，2017 年 1 月 15 日，https://www.mfa.gov.cn/nanhai/chn/zcfg/t1546353.htm。

6 中華人民共和國外交部，《中越聯合聲明》，2017 年 11 月 13 日，https://www.mfa.gov.cn/nanhai/chn/zcfg/t1510069.htm。

六、越南爭取國際社會在法律方面的支持

越南持續推動南海問題國際化過程中，以國際法為主要內容是重中之重。以「海洋地質 8 號」為例，越南爭取國際社會對中國派遣「海洋地質 8 號」考察船在越南專屬經濟區和大陸礁層內活動，令南海緊張局勢進一步升級的行為表示譴責。亞洲海事透明倡議（Asia Maritime Transparency Initiative, AMTI）表示，「……中國在馬來西亞和越南的領海實施了騷擾兩國海上油氣開採活動的行為，其中包括部署『海洋地質 8 號』地質勘測船以及護衛艦在越南大陸礁層萬安灘附近進行地質勘測活動。」亞洲海事透明倡議報告還指出，中國在馬來西亞和越南水域以外的行動表明，中國願意採取強制性措施，並威脅使用武力阻止鄰國的油氣勘探、開發活動。

美國國務院的聲明呼籲中國「停止其欺凌行為，不要進行這種挑釁和破壞穩定的活動」。時任美國國家安全顧問博爾頓（John Bolton）強調：「脅迫行為和欺凌策略威脅區域和平與安全，美國堅決支持反對脅迫行為和欺凌策略的各方」。英國、歐盟、日本、印度、澳大利亞官員……也發表聲明表示關切，譴責中國在越南水域的非法行徑，並呼籲北京遵守。遵守國際法，制止挑釁行為，侵犯另一個國家的領土，並阻止在南海進行合法的油氣勘探活動。

此外，區域和全球輿論表示，作為亞太地區的大國、聯合國安理會常任理事國和《公約》締結國，中國有責任與義務在南海地區乃至全球範圍內維護和平穩定，促進友誼合作。因此，中國必須立即從專屬經濟區和南海地區越南的大陸礁層撤出「海洋地質 8 號」考察船，以緩解當前的緊張局勢。

因此，在越南水域進行的所有外國活動都必須遵守 1982 年《公約》的有關規定和越南法律。未經越南許可，在越南水域內的所有外國活動都是無效的，侵犯了越南水域，違反了國際法和《公約》。越南的政策是：根據國際法，1982 年《公約》堅決和持久地打擊任何侵犯越南在確定水域的主權，主權權利和管轄權的行為。根據《公約》。越南非常重視和平、友誼、合作、善意和以和平手段解決爭端和分歧的意願。在此基礎上，越南在過去一段時間內同時採取和平措施解決了這一問題，努力要求尊重越南水域中越南的合法權益，不要讓任何事情使情況複雜化。越南海上力量一直以和平合法的方式行使主權、主權權利和管轄權，以保護越南水域。

第二節　越南以法律途徑解決南海爭端的獲得與損失

對河內而言，越南若以法律途徑解決南海爭端，向國際仲裁法庭狀告中國何得何失是一個很大的問題，尤其是政治層面。因此，越南採取法律途徑必須做出「政治決策」而非「法律決策」。本節就此問題進行分析。可以預見的是，如果越南採取法律途徑，似乎唯有仲裁方式，就像菲律賓 2013 年根據《公約》附件七提交的訴訟案一樣，當然，越南預判中國會反對接受訴訟案，因為中國自知南海主權聲索毫無法理依據，但此也無法定論，中國大陸內部的確有應訴的聲音。尤有進者，越南的制高點應是 2016 年 7 月 12 日仲裁庭的裁決已成為案例，越南提出的仲裁案很可能會站在「菲律賓的基礎」上獲勝。

一、越南論證自身的司法管轄權

菲律賓 2013 年進行仲裁途徑最擔憂的問題是仲裁庭是否具有司法管轄權。越南認為現在此問題已經獲得解決。一些分析專家認為，越南與中國高層領導 2011 年 10 月 12 日達成的《關於指導解決越南社會主義共和國與中華人民共和國海上問題基本原則協議》（*Agreement on the Basic Principles Guiding the Settlement of Sea-related Matters between the Socialist Republic of Viet Nam and the People's Republic of China*）的內容會影響到仲裁庭的司法管轄權。[7]越南認為，該協議的內容表示雙方同意透過談判解決海上問題，然而，該內容沒有撤銷越南選擇訴訟的可能，也不會影響仲裁庭的管轄權，只要越南準確按照訴訟進程，並正確提交適合的訴訟項目，即前述章節所討論的情形。

此類信心的原因主要為：首先，《關於指導解決越中海上問題基本原則協議》中沒有涉及到越南承諾不訴諸法律或排除國際仲裁機構的條款。其次，在《關於指導解決越中海上問題基本原則協議》中，雙方同意根據包括 1982 年《公約》在內的國際法，透過友好協商恰當處理和解決海上問題。此並未阻礙越南起訴中國，因為包括 1982 年《公約》在內的國際法視談判為依法解決問題的第一步。若談判破裂，雙方可將問題遞交國際法院或參考第三方的諮詢意見。

7　中華人民共和國外交部，《關於指導解決中越海上問題基本原則協議》，2011 年 10 月 12 日，https://www.mfa.gov.cn/nanhai/chn/zcfg/t866484.htm；越南外交部，https://www.mofa.gov.vn/en/nr040807104143/ns111013131225/view。

因此，越南認為，《關於指導解決越中海上問題基本原則協議》應該不會妨礙越南就南海問題提請國際仲裁。越南想訴諸國際海洋仲裁庭必須有數個事先鋪陳的步驟。第一，越南與中國談判解決分歧。實際上，越南與中國達成協議後已舉行數次談判，但步履維艱，至今效果甚微。另外，在歷次海洋爭端中，包括「海洋地質 8 號」船隊在萬安灘活動，越南已多次對中國進行外交交涉，發公函抗議，要求中方立即撤走船隻。中方置若罔聞，繼續違反《公約》規定的越南海域中活動。越南採取的此一步驟讓越南有足夠的條件將中國訴諸國際海洋法法庭。若越南與中國進行外交談判無濟於事，越南應有權提請國際仲裁。

《公約》附件七第 15 條中規定適用於成員國的爭端強制仲裁機制。該機制允許成員國就關於《公約》的解釋和適用問題提起訴訟，包括專屬經濟區和大陸礁層爭端。依據此一機制，即使中國不出庭，也不妨礙訴訟案的審理。越南認為，中國一直蓄意不公平地解決爭端，此一機制正好讓成員國擺脫這種「醜惡的用心」。因此，越南認為，包括萬安灘的南海事件，中國蓄意無視越南的外交努力，繼續進行侵犯活動。

越南樂觀預期，根據《公約》附件七成立的仲裁庭將會審理越南版的南海仲裁案，仲裁庭有五位仲裁員，訴訟方各選一位仲裁員，然後共同選擇其他的仲裁員。雙方因分歧而不足五位仲裁員或一方不願選擇仲裁員時，則由國際海洋法法庭庭長選擇。在菲律賓訴訟案中，菲方選擇了一位仲裁員，中方不出庭不選擇仲裁員，所以國際海洋法法庭庭長柳井俊二（Shunji Yanai）選擇了其他的四位。

根據《公約》附件七成立的仲裁庭的裁決對訴訟各方皆有約束力，因此，對訴訟方而言，仲裁即等於國際法院的裁決。舉例而言，2016 年仲裁庭的裁決對菲律賓與中國都有約束力，儘管中國不承認。但對不參加訴訟的其他國家沒有約束力。越南未參與訴訟，所以裁決對越南與中國皆無約束力。因此，越南始終有「遺憾」的聲音存在，即若越南向仲裁庭提出請求越南作為第三方參與訴訟。當時，有許多分析家認為越南錯過了以法律保護自己的權益，且不用將中國推向國際海洋法法庭的一個好機會。

二、越南可能的獲得

在南海仲裁案之後，越南若想有一個約束越南與中國的裁決，越南就必須站出來將中國訴諸仲裁庭。2016 年 7 月 12 日仲裁庭做出的裁決，雖然對越南沒有約束力，卻是對越南十分有利的案例。此乃越南較之前菲律賓占有優勢之處。南海仲裁案裁決的內容，將是未來或許發生的越中訴訟案仲裁庭裁定時參考的重要依據。

反之，越南認為中國肯定不會自願遵循裁決，就像中國不遵循受理菲中訴訟案的仲裁庭做出的裁決那樣。然而，若仲裁庭確定了「越南『對』、中國『錯』」的裁決，越南在爭取世界支持方面將十分的有利。其他國家，尤其是美國就可以名正言順地支持越南，也不會被視為袒護爭端一方。美國的支持對越南而言可謂是「重量級的支持」。

另外，對越南而言，有了 2016 年 7 月 12 日的裁決，再加上另一個裁決就能增加對一個大國、安理會常任理事國，即中國的壓力，同時越南樂觀地認為若越南的勝訴可以讓中國人民知道真理，認清北京政府欺騙輿論的真面目。北京也難以辯解說他正良好地管理和解決與小國的領土爭端，並且堅決認定區域外國家不要插手。事實上，周邊國家也可以發聲保護它們的油氣公司。

越南認為，中國侵犯越南的海域，越南不勇敢地站出來提請國際仲裁以維護自身的權益，那麼有哪個國家會出來保護越南呢？儘管中國不執行裁決，但它是越南繼續與中國鬥爭過程中得到世界承認的法律依據。

三、越南可能的損失

越南將中國訴諸國際仲裁法庭可能產生的損失也是越南必須慎重面對的問題。首先，越中關係惡化絕對無法逃避。然而，越南國內以及海外越南支持訴訟的人士認為，越中關係惡化或許只是一時，他們認為因為中國十分需要越南。支持訴訟的人士借鏡菲中關係的歷史，菲律賓起訴中國時，中國對菲律賓施加了巨大壓力，迫使菲律賓撤訴。仲裁庭做出裁決後，中國轉而安撫菲律賓。反觀越南自身，支持訴訟的人士回憶越南被包圍禁運的年代，就是在 1979 年中國進攻越南的時刻，越南依然昂然屹立。時過境遷，如今越南可以爭取國際社會的支持，包括改善與美國的關係來緩解來自中國的壓力。因此，支持訴訟的人士認為，此正好是越南「脫中」獨立自強的好時機。據訪談越南退休官員表示，越南為此在政治關係與經濟制裁兩方面做好準備，設想應對最壞的情境。

第三節　越南南海仲裁案實際操作的課題

越南對中國提出訴訟的得失是一回事，實際操作則更為嚴謹。以菲律賓仲裁案為鑑，越南就司法層面向中國提起訴訟，的確展現高度的自信，然而，實踐操作仍必須面面觀之。

一、越南訴訟中國的司法機構選擇

仲裁和司法解決最大不同，是爭端國在仲裁協定中可以規定適用的法律或原則，如果沒有規定適用的法律，依國際法規定進行爭端的仲裁。裁定結果由仲裁員多數決定。因此，解決國際爭端不外乎有和平解決或採取強制解決手段，諸如談判、斡旋、調停、調查、和解、司法解決等方式，均屬和平解決國際爭端，而仲裁也是國際間常用的和平解決國際爭端手段。

常設仲裁法院是根據 1899 年海牙「和平解決國際爭端公約」成立的政府間組織，總部設於荷蘭海牙的和平宮（Peace Palace），常設仲裁法院共有 121 個成員國。常設仲裁法院為國家、國家實體、政府間組織、私人主體間的仲裁、調解、事實調查及其他爭端提供一個解決的程序。

越南認為，《公約》第 287 條允許爭端各方發表聲明選擇裁決機構，諸如國際法院或國際海洋法法庭，但越南對中國以法律途徑解決爭端唯一可選擇的路徑是根據《公約》附件七設立的仲裁庭。仲裁庭由五名仲裁員組成，各方可指派一名仲裁員，其餘仲裁員則由各方共同指定。如果各方未能就五名仲裁員的指派達成一致或某方不參與指派，則由國際海洋法法庭庭長指派。正是如此仲裁庭受理了菲律賓訴中國仲裁案。菲律賓指派了一名仲裁員，但因中國不參與仲裁，其他四名仲裁員則由時任國際海洋法法庭庭長柳井俊二指派。

2020 年 5 月 15 日，越南提名了《公約》附件五規定的四名調解員（conciliators）和附件七規定的四名仲裁員（arbitrators）。後者包括新加坡國立大學國際法中心、海洋法與政策計畫（Ocean Law and Policy Programme）主任貝克曼（Robert Beckman）副教授、聯合國國際法委員會（International Law Commission）委員、越南外交學院（Diplomatic Academy of Viet Nam, DAV）阮洪濤（Nguyen Hong Thao）副教授、越南外交學院阮氏蘭英（Nguyen Thi Lan Anh）副教授，以及越南外交部國家邊界委員會（National Boundary

Commission）阮登勝（Nguyen Dang Thang）委員長，[8]四名皆為重要鑽研南海法律專家，似乎為未來做準備。

二、越南無法對中國起訴對西沙、南沙群島的占領

越南自認占有西沙、南沙兩個群島並行使主權的憑據，滿足實際占有原則的所有條件。首先，以國家的名義並且由國家成立各組織與行政單位，例如：從 17 世紀到 19 世紀末的三個世紀中，雖經過三個朝代，但都以大越國的資格占有黃沙和長沙群島並行使主權。由國家成立的黃沙隊擔負管轄、保衛並開發黃沙及長沙群島的任務，後來又成立北海隊，由黃沙隊領隊兼管。他們執行了從阮福嵐到阮福瓊的七代阮王的命令直到西山風潮興起。在這段歷史時期，證明了越南封建王朝有效管轄兩個群島的重要證據。當時的國家行政系統中，成立了黃沙（黃沙和長沙群島）行政單位。阮王時期，黃沙屬廣南承宣或廣義管轄，時而為府時而為鎮。「廣義府的黃沙灘」(《天南四至路圖書》，「黃沙位於廣義府坪山縣安永鄉，屬廣南官邸」(《撫邊雜錄》黎貴頓著）。西山朝時期，廣義府改稱和義府。阮朝時期，黃沙屬廣義省。

其次，捍衛和行使主權是連續與和平的。舉例而言，法國殖民主義者統治越南時期，法國殖民政府以越南外交代表的資格遵循 1884 年《李福協定》（*Convention de Li-Fournier*），依當代法律程序捍衛和管轄黃沙和長沙群島。越南暫時分成南北兩方時期，黃沙和長沙群島位於北緯 17 度線以南，屬越南南方政府管轄。越南南方政府從 1954 年到 1974 年持續管轄該群島，並藉由頒布國家行政命令、文件和實際管理，連續對兩個群島行使主權。

1975 年 4 月 13 日至 28 日，越南南方解放軍在越南南方共和臨時革命政府的領導下接管由越南共和軍隊駐守的島嶼，同時部署力量駐守長沙群島的其他一些島礁。1975 年 6 月 5 日，越南南方共和臨時革命政府外交部發言人重申越南對黃沙和長沙群島的主權。接著是越南社會主義共和國時期，越南社會主義共和國有義務和權力繼續明確地、和平地、連續有效地管轄和行使對黃沙和長沙群島的主權。

然而，若以菲律賓提出的仲裁案為鑑，越南的歷史證據也會遭到重大的挑戰，尤有進者，西沙、南沙爭端的本質是主權爭端，不屬於有關《公約》解釋

[8] Viet Nam: Nomination of Arbitrators and Conciliators under Annexes V and VII of the Convention, effected on 15 May 2020, https://treaties.un.org/doc/Publication/CN/2020/CN.168.2020-Eng.pdf.

和適用上的爭端。因此，《公約》的強制爭端解決機制不適用於解決主權爭端，即使爭端各方接受了國際法院根據《國際法院規約》（*Statute of the International Court of Justice*）第 36 條和第 37 條中提及的某一形式的管轄權，國際法院對西沙、南沙爭端也無管轄權，且目前也不具備如此的條件。因此，越南以法律途徑解決南海爭端將無法包括西沙與南沙群島的主權爭端。

三、越南訴訟中國的原因與依據

越南認為，越南起訴中國侵犯越南在其專屬經濟區及大陸礁層的主權權利和管轄權似乎最有勝算。因此，如本書第五章所示，中國在南海的行為，尤其是在越南專屬經濟區與大陸礁層的行動，推論是越南利用《公約》附件七成立仲裁庭得以裁決最明確的部分。

如前所述，越南提出訴訟的標的不再以西沙與南沙群島為重心。因此，越南的依據可能是：05、06、07、130、131、132、133、154、155、156、157 區塊和萬安灘的一部分，係位於無爭議的越南專屬經濟區之內。萬安灘其餘部分位於無爭議的越南大陸礁層之內，而非南沙群島的一部分。該等區域低於海平面，因此，沒有任何國家可以對它們聲索主權。根據陸地統治海洋原則及《公約》，無論是那個國家，最多也只是享有主權權利和管轄權（有別於主權）。這些區域不可能位於當前存在爭議的任一島礁（即南沙群島所屬各島礁）的專屬經濟區或大陸礁層內（理由是根據《公約》第 121 條第 3 款規定，沒有那個海洋地物享有專屬經濟區或大陸礁層，正如 2016 年仲裁庭所裁定的那樣）。

中國對越南專屬經濟區或大陸礁層不擁有歷史性權利。越南關注的是，2016 年仲裁庭已強調中國從未對 12 海里領海外的海域和海底享有歷史性權利。同時強調，中國不能一方面要求享有《公約》的自由，在他國專屬經濟區內進行開發作業，但另一方面又不接受《公約》約束，不允許他國在自己專屬經濟區內開發作業。而加入《公約》意謂必須放棄此兩種自由。因此，越南對這些區域完全擁有主權權利和管轄權。中國已侵犯越南主權權利和管轄權，須停止侵權行為。本部分成為越南訴訟的主要依據。

四、《公約》附件七仲裁庭裁決對當事方的約束力

越南認為，仲裁庭是根據《公約》附件七所成立，裁決對案件當事國具有

約束力，因此，對訴訟當事國家而言與國際法院的裁決是一樣的。儘管中國不予承認，越南某種程度期待擁有 2016 年南海仲裁案裁決結果對菲律賓和中國產生的約束力。但是南海仲裁案的裁決對其他國家或第三方沒有約束力。越南要獲得菲律賓仲裁的「成果」必須自己走一遍。

越南認為，由於菲律賓訴中國的裁決只對菲律賓和中國具有約束力。如果越南想獲得一個越南與中國之間存在約束力的裁決，則須對中國提起仲裁。尤有進者，越南的利益及勝訴的可能性，其中越南需要一個對「九段線」的越南否定版本。儘管 2016 年 7 月 12 日，根據《公約》附件七成立的仲裁庭裁定中國對「九段線」內海洋資源的歷史權聲索無效，然而，越南也尋求與中國之間有否定「九段線」具拘束力的裁決。

五、中國不接受出庭的情境

越南認為，《公約》第十五部分及有關附件為包括越南和中國在內的各締約國規定了爭端強制解決機制。該機制允許各締約國就有關《公約》解釋與適用上的爭端提起包括強制仲裁在內的法律程序，涉及專屬經濟區及大陸礁層的爭端也涵蓋其中。

同樣以菲律賓提起的南海仲裁為鑑，在強制仲裁機制下，儘管中國不出庭，但也無法阻止仲裁程序推進。越南支持訴訟的人士認為，中國有意不以公平方式解決爭端，強制仲裁機制的目的正是為使《公約》締約國擺脫此類行徑。強制仲裁機制雖然存在一些缺陷，例如第 297 條和第 298 條。然而，越南從 2013 年至 2016 年菲律賓南海仲裁案獲受理一事學到的教訓是，如果越南提出強制仲裁，即便中國不參與，仲裁程序也可能得以推進。

六、中國不遵守裁決結果而仲裁的意義

越南認為，中國肯定不會自行遵守裁決結果，就像他們不遵守 2016 年菲中仲裁案裁決結果一樣。然而，一個裁決「越南正確、中國錯誤」的裁決結果，會對越南爭取國際社會的支持產生非常有利的環境。其他國家，尤其是美國可以名正言順的支持越南，而不會被認作是偏袒爭端中的某一方，而且其他國家的支持也會更顯分量。中國也不可再詭辯，稱他們能與小國妥善解決和管理爭端，域外大國不應介入。其他各國從而可以發聲保護本國油氣公司的在越

南專屬經濟區的活動，中國不能要求他們撤離「爭議區」。

越南認為，中國肯定會擴大在南海的行動，如果越南未來將爭端訴諸聯合國時，手中有一份裁定「越南正確、中國錯誤」的裁決結果，越南將獲得更多聯合國的支持票。此外，在北京侵權日趨嚴峻的背景下，《公約》附件七仲裁庭的裁決，將較越南外交部發言人召開記者會，甚至派外交部長與中國政府糾纏拖延時間，更能體現出越南占有道義的制高點。

七、中國退出《公約》的可能性

事實上，菲律賓訴中國南海仲裁案期間，中國內部就討論退出《公約》的可能選項，當然，後見之明是中國並未如此為之。然而，越南認為，中國退出《公約》的可能仍是越南可能面對的重要問題。如果在越南提交陳述意見書狀之前，中國退出《公約》，仲裁法庭將無權管轄，越南也不再具備將中國訴諸仲裁庭的機制。2006 年，中國就《公約》第 298 條進行遊說，即允許他們發表聲明，退出《公約》強制爭端解決機制中的部分條款，而該部分內容與邊境劃界有關。基於這個聲明，中國搶先一步並使越南失去了起訴中國後續行動的最大機會：中國在 2007 年驅趕英國石油公司，2008 年驅趕埃克森美孚公司，2009 年抗議越南提交大陸礁層劃界有關呈文，以及其他一系列欺凌行徑。如果越南再讓中國搶先一步，越南將失去將中國訴諸法律的唯一機會。中國可能會在開啟新仲裁前實施該步驟，以實現掠奪越南海洋權益的目的。

八、越南訴訟遭遇的挑戰

越南認為，為取得自身在南海的勝訴，越南必須克服三個主要挑戰：仲裁庭是否具有管轄權（管轄權問題）；案件是否會被受理（可受理性問題）；越南的依據理由是否正確（海洋法解釋與說明問題）。此三個挑戰與菲中南海仲裁案各項原則息息相關。儘管越南發起的仲裁庭不會受制於 2016 年裁決結果一定裁決越南勝訴，但越南有較高機會的勝訴可能。

第一個挑戰與菲中南海仲裁案相同，越南提出訴訟所組成的仲裁庭也可能會認定其自身具有管轄權。支持中國的律師可能會認為，兩國將南沙群島視為一個包含各海洋地物和水域的整體，均對其聲索擁有主權，因此屬於主權爭端，仲裁庭不具有管轄權。但無論哪個國家的聲索都須遵循陸地統治海洋原則，此外，仲裁案中的各海域距離群島太遠，任何國家將這些海域作為群島的一部分而聲索對其擁有主權，此類論據將會被駁回。因此，避開此類的挑戰，越南應會避開訴訟涉及南沙群島或西沙群島的主權爭議。

第二個挑戰是越南有一個菲律賓不存在的問題，即 2011 年 10 月 11 日越南與中國簽署的《關於越中指導解決海上問題基本原則協議》，其中有一段內容是「對越中海上爭議，雙方將透過談判和友好協商加以解決」。支持中國的律師或許會以此解釋稱協議已將《公約》的強制爭端解決機制排除在外。然而，越南律師可能會以菲中南海仲裁案中，儘管有《行為宣言》的存在，仲裁庭也對管轄權裁定提出了論據，因此該解釋也可能會被駁回。

第三個挑戰涵蓋兩個部分：駁斥「專屬經濟區和大陸礁層擁有歷史性權利」的聲索，以及證明「南沙群島無專屬經濟區且不會覆蓋至仲裁案中的各區域」。2016 年仲裁庭已駁回「專屬經濟區和大陸礁層擁有歷史性權利」的聲索，越南提出的仲裁庭可能也會接受該定論。「南沙群島沒有任何島礁擁有專屬經濟區」觀點可能會面臨最多的爭議，難以保證越南提出的仲裁庭也會認同該觀點。

對越南自肘而言，即令越南提出仲裁組成的仲裁庭不認同該觀點也無影響，因巴平島（Đảo Ba Bình; Itu Aba；太平島）、市肆島（Đảo Thị Tứ; Thitu；中業島）、檳樂島（Đảo Bến Lạc; West York；西月島）三座最大的島嶼都遠離仲裁案中提及的各區域。因此，即使該等島礁被認為擁有專屬經濟區的「島嶼」，那麼它們的專屬經濟區最大也僅是覆蓋仲裁案中相關區域的一小部分。如果支持中國的律師提出南沙群島及其鄰近水域構成一個主權整體也無濟於事，因為如果是「鄰近水域」則不可能延伸至訴訟案中各區域。因此，越南將中國訴諸仲裁庭勝訴的可能性大於菲律賓。

九、越南控訴中國的政治意志

支持越南提出訴訟者認為，越南政府的政治意志與決心才是越南面臨的重要挑戰。首先，或許是越南過於膽怯，不做利益最大化的事，不充分利用各種和平手段進行自我防衛，不具備一個長遠的總體戰略，或將使越南錯失機會。值得注意的是，在菲律賓的被侵占程度還低於越南的時候，他們就已對中國提起仲裁（2013 年），而當時他們對勝負的把握並不比現在的越南多。其次，當菲律賓提起仲裁時，北京感到憤怒，但報復有限。其三，儘管菲律賓總統杜特蒂（Rodrigo Duterte）施行「親華畏華」政策，將裁決結果擱置一邊，菲律賓有選擇擱置與否的機會，但越南連此種機會都沒有。

十、越南訴訟中國的內容取向

整體而言，越南的仲裁請求勢必會借鑑菲律賓南海仲裁案的陳述意見，諸如針對中國「九段線」聲索的「歷史性權利沒有法律依據」、「南海斷續線非法無效」、「南沙群島不存在《公約》第 121 條第 2 款的『完全法律權利的島嶼』(fully entitled islands)」。另一方面，由於南海「九段線」、歷史性權利、南沙島礁法律地位在菲律賓案中已有相應的裁決，越南也會將訴訟標的聚焦於西沙群島直線基線、萬安灘的法律地位等問題之上。當然，西沙群島的直線基線與「九段線」的關係也是必須釐清的重點。雖然菲律賓仲裁案裁決的法律效力存在問題，但對當事方的確具有法律效力。因此，越南在其可能提交的國際仲裁案件中，雖然重點指向可能是西沙群島和萬安灘所涉及的《公約》解釋和適用問題，但必然無法避免中國與各方爭議的核心，即南海「九段線」的問題。

以菲律賓仲裁案為依據，越南的陳述意見可能包括的主要內容是：首先，中國在南海聲索海域的權利只能依據《公約》，且不能超出《公約》允許的範圍。其次，越南反對任何超出《公約》範圍的海域權利的聲索，包括歷史性權利的聲索，超出《公約》允許範圍的海域權利聲索沒有法律的效力，中國使用南海「九段線」聲索歷史性權利沒有任何法律依據，應當確認無效。此兩項內容是越南提請仲裁機構直接確認菲律賓訴中國南海仲裁案裁決的相關結論，但越南需要此裁決以界定自身與中國的南海權利。（本書第二章、第三章）

另一方面，涉及「中海油 981」事件與自身專屬經濟區、北部灣的封口線談判就關係到西沙群島，因此，中國不能使用《公約》第 7 條規定的直線基線或第 47 條規定的群島基線在西沙及南沙群島的周邊劃定領海基線；西沙及南沙群島沒有任何一個高潮地物可以產生 200 海里專屬經濟區和大陸礁層，西沙及南沙群島中的每一個高潮地物的海域權利，均須適用《公約》第 121 條第 3 款的規定；西沙、中沙及南沙中的低潮高地或是水下地物都不能加以占據、不能聲索領土主權、也不能產生海洋權益；西沙和南沙中的中方擴建島礁為人工島礁，不能產生海洋權益；中國頒發的《伏季休漁令》違反了《公約》第 56 條的規定，侵犯越南的主權權利和管轄權，沒有法律效力。（第四章）

1998 年，中國以群島國劃定基線的方法公布西沙群島直線基線。《公約》第四部分第 46 條的定義「群島國」是指全部由一個或多個群島構成的國家，並可包括其他島嶼。「群島」是指一群島嶼，包括若干島嶼的若干部分、相連水域或其他自然地形，彼此緊密相關以致這種島嶼、水域和其他自然地形在本質上構成一個地理、經濟、政治實體，或在歷史上被視為這種實體。第 47 條規定，群島國可劃定連接群島最外緣各島或各乾礁的最外緣各點的直線群島基線，但這種基線應包括主要的島嶼和一個區域，在該區域內，水域面積和包括環礁在內的陸地面積的比例應在 1：1 至 9：1 之間。

越南認為，《公約》第四部分沒有任何一條規定非群島國劃定群島基線的方法。因此，中國錯誤地解釋和應用《公約》第四部分的規定來劃定越南黃沙群島的基線。中國侵占南海周邊國家專屬經濟區和大陸礁層的礁灘後，也在策劃劃定越南長沙群島的基線。中國在錯誤地劃定基線後重申其有權確定南海「四沙」的「附近海域」和「相關海域」。越南指出，在《公約》中沒有「附近海域」和「相關海域」的術語。中國「玩弄」這種術語，蓄意錯誤地解釋和應用《公約》。

尤有進者，因為依據《公約》第八部分第 121 條規定：「島嶼是四面環水並在高潮時高於水面的自然形成的陸地區域」；「島嶼的領海、鄰接區、專屬經濟區和大陸礁層按照本公約適用於其他陸地領土的規定加以確定」；「不能維持人類居住或其本身的經濟生活的岩灘不應有專屬經濟區和大陸礁層」。據菲律賓對中國提告案常設仲裁庭 2016 年做出的裁決，長沙群島各原始島礁都很小，不能維持人類居住或其本身的經濟生活，所以只有領海最寬 12 海里。

因此，越南指出，離南海周邊國家海岸不超過 200 海里的礁灘不是長（南）沙群島的一部分，因為它們是被海槽隔開、距長（南）沙群島很遠的暗灘和淺灘，不能形成地理和地質實體，也不是具有歷史和經濟相連的群島實體。因此，越南也認為思政灘不是長沙群島的一部分，思政灘水域更不是長沙群島的「附近海域」或「相關海域」。

中國海警船在越南專屬經濟區開展的巡航、執法活動違反了《公約》第 56 條、第 58 條的規定，應當停止這種侵權行動；中國在萬安灘等海域進行的地質勘探和海洋科學研究活動，違反了《公約》第 56 條、第 76 條、第 77 條、第 246 條的規定，侵犯了越南的主權權利；中國自然資源部、民政部「關於公布我（中）國南海部分島礁和海底地理實體標準名稱的公告」的 55 個海底地理實體的「標準名稱」，其中部分海底地理實體距離越南領海基線不到 60 海

里，在越南專屬經濟區和大陸礁層範圍內，侵犯了越南的主權權利。（第五章）

第四節　越南政府對南海島礁定位的調整與起訴中國

自阮富仲於 2011 年上臺以來，越南南（東）海政策有新的變化。越南對南海政策的調整主要是重新將自身對南海島礁的聲索與《公約》接軌，當然，此也展示越南在南海為自身權益鬥爭當中的政策學習，此類調整也成為越南以法律途徑解決南海爭端的「一體兩面」作為。

首先，越南聲索黃沙和長沙是不適合人類居住的岩石島嶼（岩礁），因此沒有專屬經濟區和大陸礁層（1977 年，在「越南領海宣言」中關於專屬經濟區和大陸礁層方面，越南聲索它在黃沙群島和長沙群島擁有專屬經濟區和大陸礁層）；其次，越南在東（南）海的管轄權聲索中縮小其海域範圍；其三，越南致力於與在東（南）海有類似聲索的東南亞國家達成共識；其四，對於外國軍艦通過南海爭議地區，越南盡量不表明立場。

事實上，自 2013 年或更早，越南就制定了起訴中國的應急計畫。主要來自一些嚴重事件的衝擊與刺激，例如 2014 年中國將「海洋石油 981」（HYSY 981）鑽井平臺送到越南專屬經濟水域的案例，以及 2019 年對萬安（Tu Chinh 思政）灘的調查，當時越南當局顯示了起訴中國作為一種嚇阻形式。

然而，越南只能在 1982 年《公約》的解釋和濫用問題上起訴中國，而不能在主權問題上起訴中國。因為《公約》的規定並不解決主權爭端、海洋劃界或軍事活動。如果越南提起訴訟，以菲律賓為例，越南將不得不澄清其在西沙群島的權利和地形地物（島嶼、岩礁和高潮地物）的地位。正如 2016 年仲裁庭對地形地物的裁決一樣在南沙群島）。

最後，為了提起訴訟，越南需要詳細說明導致爭議的一些重大事件，這些事件無法透過與中國的雙邊協商解決。因此，在沒有重大雙邊爭端的情況下，越南起訴中國的可能性很小。然而，前述爭端的爆發可能也有「累積性」的結果，當然也可能有反作用效果。

然而，馬來西亞於 2019 年 12 月向聯合國提交對南海北部延伸大陸礁層的聲索後，[9]開啟了在聯合國參與下形成統一法律戰線的可能性。馬來西亞、菲律賓、越南和印尼（以及許多域外國家）也加入了抗議中國對南沙周圍水域的歷史性權利和管轄權的聲索。越南開啟對馬來西亞與對中國的兩條對抗線。越南政府分別於 2020 年 3 月 30 日、2020 年 4 月 10 日，先後提出第 22/HC-2020 號、[10]第 25/HC-2020 號普通照會，[11]以表達其南海主權立場。在兩份照會中，越南重申其一貫立場，即越南擁有充分的歷史證據和法律依據，得以根據國際法確認其對西沙群島和南沙群島的主權。

尤有進者，越南第 22/HC-2020 號普通照會中指出，中國嚴重侵犯了越南在南海的主權、主權權利和管轄權。再者，越南抗議中國第 CML/14/2019 號[12]及第 CML/11/2020 號兩份普通照會，[13]宣示越南南海主權立場。立場大致可歸納三點：首先，在越南和中國之間，1982 年《公約》為雙方各自在南海上法律權利提供了唯一的法律依據，並以全面法律的方式確定了兩國在南海的法律權利範圍。其次，主張按《公約》第 121 條第 3 款確定西沙群島和南沙群島中每個高潮地物的海洋權利。同時，重申各方不應透過各自島礁最外緣地物（outermost features）的最外部點（outermost points），據以繪製西沙群島和南沙群島的基線，即否決中國以西沙、南沙產生直線基線的法律效果。最後，反對南海海域內，凡踰越《公約》限制的任何海域權利主張，包括中國在南海的歷史性權利，均屬非法的主張。

另一方面，第 25/HC-2020 號普通照會，越南正式針對馬案提出外交聲明立場，內容則針對菲國第 191-2020 號及第 192-2020 號普通照會表達越南的主要立

---

[9] Malaysia, "Malaysia Partial Submission by to the Commission on the Limits of the Continental Shelf pursuant to Article 76 of the Convention, paragraph 8 of the United Nations Convention on the Law of the Sea in the South China Sea," November 2017, https://www.un.org/depts/los/clcs_new/submissions_files/mys85_2019/20171128_MYS_ES_DOC_001_secured.pdf.

[10] Permanent Mission of the Socialist Republic of Viet Nam to the United Nations, No. 22/HC-2020, New York, 30 March 2020, https://www.un.org/depts/los/clcs_new/submissions_files/mys_12_12_2019/VN20200330_ENG.pdf.

[11] Permanent Mission of the Socialist Republic of Viet Nam to the United Nations, No. 25/HC-2020, New York, 10 April 2020, https://www.un.org/Depts/los/clcs_new/submissions_files/mys_12_12_2019/vm/2020_04_10_VNM_NV_UN_003%20ENG.pdf.

[12] 中華人民共和國常駐聯合國代表團，第 CML/14/2019 號照會，紐約，2019 年 12 月 12 日，https://www.un.org/depts/los/clcs_new/submissions_files/mys85_2019/CML_14_2019_C.pdf。

[13] 中華人民共和國常駐聯合國代表團，第 CML/11/2020 號照會，紐約，2020 年 3 月 23 日，https://www.un.org/depts/los/clcs_new/submissions_files/mys_12_12_2019/China_Philippines_CHN.pdf。

場，即越南根據關於《公約》建立的海域擁有西沙、南沙領土的主權主權、主權權利和管轄權。

整體而言，越南聲明主張，越、馬雙方均為《公約》締約國身分，根據《公約》第 76 條第 10 款和附件二，聯合國大陸礁層界限委員會（UN Commission on the Limits of the Continental Shelf, CLCS）應採取的行動不應對相向或相鄰海岸國家之間的邊界劃定有關的事項有所偏見。越南重申，越、馬來西亞於 2009 年 5 月 6 日聯合提交的文件，內容涉及距基線 200 海里以內的大陸礁層界限，從該界限來測量南海南部的領海寬度及其 2009 年 5 月 7 日的部分意見書，涉及距大陸礁層 200 海里的大陸礁層界限，從該界限可以測量出南海北部的領海寬度。越南保留就距其基準線 200 海里以內的大陸礁層界限提交訊息的權利，據此可以在南海其他地區測量其領海寬度。

結合越南對馬來西亞普通照會的立場，越南對南海的立場可以進一步梳理。首先，越南堅持西沙和南沙諸島礁屬於岩礁，堅持援引專屬經濟區和大陸礁層制度聲索海洋權益的政策已改變，此乃越南此次南海政策調整的基礎。依據《公約》的相關規定，越南聲索的專屬經濟區和大陸礁層除了與菲律賓、馬來西亞、汶萊和印尼有部分重疊外，絕大部分位於九段線海域內，主要爭端對中國。而域內外各國基於《公約》作為依據，而且若支持南海仲裁裁決，均會給予越南某種程度的支持，越南正是藉此與上述各國達成了諸多默契和協調。在「九段線」被裁定為非法的情況下，堅持以專屬經濟區和大陸礁層制度作為海洋劃界的依據，既有利於越南在南海利益的最大化，又可以最大程度地削弱中國。

其次，關於如何處理超越其專屬經濟區和大陸礁層聲索管轄範圍之外所占島礁及其附近海域的主權歸屬問題，在「南海仲裁案」後，越南內部尚存爭議。越南基於爭取域外大國和東協諸國支持的目的，最大程度地壓縮中國海域的需要，接受了西沙和南沙諸島礁不能擁有專屬經濟區和大陸礁層的聲索，但並沒有放棄在已占島礁聲索領海的權利。因而越南一方面依據專屬經濟區和大陸架制度主張海洋權利，另一方面則極力證明其對南沙和西沙各島礁的歷史性主權，以確保其對上述島礁的實際控制權。

然而，南海仲裁案的結果對於越南而言利弊兼有，越南僅對仲裁結果表示歡迎，卻始終沒有承認其合法性。對於該問題，阮鴻滔等人主張嚴格依據《公約》專屬經濟區和大陸礁層制度的規定確定越南的主權水域。阮庭廉等人則主張從戰略的角度看待此問題，盡力以維持原狀為基礎解決南海問題。吳永龍等人在「仲裁案」落幕後則主張在島礁問題上與菲律賓等國協商，孤立中國，達成對越南最有利的解決方案。阮氏蘭英認為「南海仲裁」對越南不具備約束力，但越南應充分利用對其有用的部分。就目前而言，越南的反應似乎更多地參考了阮氏蘭英的主張，但未來如何演變仍有變數。

再次，越南將越中爭端訴諸國際司法或仲裁程序的可能性還是依賴「事件」的爆發與解決過程。儘管越南經常利用此議題試圖遏阻中國，但基本上只是作為與中國在南海博弈或施壓的手段，付諸實踐的可能性涉及訴訟的標的。河內認為，由於中國已就領土主權問題做出了保留，除非中國同意，國際司法或強制仲裁不適用於越中之間的領土主權爭端；即使中國同意，受禁止反言原則的限制，越南也很難贏得訴訟。雖然越南可仿效菲律賓以迂迴的途徑提請強制仲裁，但結果利弊得失複雜。菲律賓對南海仲裁的裁定對越南利弊兼有，目前越南完全可以選擇性地援引對其有利的部分，若仿效菲律賓提起強制仲裁只會強化對其不利的部分，除了為菲律賓和馬來西亞做嫁衣裳外，還將惡化與中國關係。因而，繼續選擇性地利用 「南海仲裁案」，而非起訴中國，才是越南最好的選擇。

第五節　結語：法律途徑是「兩堅」長期鬥爭的輔助工具

本書以菲律賓訴中國南海仲裁案為參考，探討越南以法律途徑解決其與中國之南海爭端，基本上是以法律途徑進行探討。南海仲裁案的結果遭到不同程度的評論甚至批評，然而，就解釋學建構主義者（hermeneutic-constructivist）的觀點而言，在將法律程序作為解釋性共同體（interpretative community），法官的決定是作為涉及解釋和敘述層面的複雜活動的結果。對案件的分析說明了法官的敘述是如何在判決做出前的各個階段篩選不同利害相關者提出的事實含義，以及在事件之間建立原因和時間的聯繫。它的目的不僅是恢復已被破壞的司法秩序或建立新的司法秩序，而且還要維護社會秩序。就此意義而言，仲裁庭的法官在南海仲裁案的裁決可以被描述為「創造性的」。

然而，一國對另一國以法律途徑解決雙方的爭端，仍是重要的政治決策，遑論越南與中國政治體制的相似，與共產主義的意識型態。因此，越南以法律途徑解決與中國的南海爭端，涉及領導階層意識型態和個人偏好。越南共產黨（Vietnam Communist Party, VCP；以下簡稱「越共」）在越南的外交政策制定過程中扮演至關重要的角色。以往，民意對越共領導人對越南外交政策的制定沒有太大的影響。儘管如此，越共領導人在決定採用或實施某些領域的外交政策問題時，尤其是那些涉及與中國雙邊關係的問題時，面臨社會的壓力則持續升高。

如果它不能在南海阻止堅定自信的中國，越南一黨政權的合法性將受到越南國內民意的嚴重挑戰。[14]終究，越南人經歷很長時間的鬥爭方獲得獨立。今天作為獨立民族國家的越南在中國王朝統治下度過了近千年（北屬千年），在法國殖民統治下度過了六十多年，以及與美國領導的聯盟交戰了大約二十年。在所有的宿敵當中，對中國感情的缺乏是越南人民最顯著和共有的特徵。此主要是由於兩者之間長期的緊張關係（在中國統治下的一千年和 1979 年的邊界戰爭）。[15]越南人民普遍理解並珍惜自由和獨立的價值。尤有進者，大多數越南人經常表現出強烈的民族主義情緒，此使越南對中國更加敏感，對南海爭端更加關注（尤其相對於菲律賓）。

在處理與中國的關係方面，越南的領導階層似乎也存在著分歧：亦即是否採用共同的社會主義意識型態為準還是以經濟、政治和國防與安全意涵為準，作為與中國打交道的基礎。無論如何，可以說越南不存在「明顯的」親中派系。[16]許多西方媒體報導認為，總書記阮富仲（Nguyễn Phú Trọng）在批評中國在南海的堅定自信時更為保守、不苛刻，尤其再次當選為越南共產黨總書記，相對而言，一般認為前任總理阮晉勇（Nguyễn Tấn Dũng）一直是中國的強烈批評者。然而，越南領導階層的更迭，似乎並沒有對越南在南海的政策產生太大的影響。越南繼續嚴格遵守其外交政策架構。[17]

---

14 Carlyle A. Thayer, "Vietnam's Foreign Policy in an Era of Rising Sino-US Competition and Increasing Domestic Political Influence," *Asian Security*, Vol. 13 (2017), p. 184.

15 此乃 1979 年的中越戰爭，在越南從柬埔寨撤軍後的一個月內，中國向越南部署了超過 30 萬的軍隊。它發動了一場以「給越南上一堂不會很快忘記的教訓」戰爭。這場武裝衝突被視為對越南對中政策及其在東南亞地區擴張的回應。參見 Feng Zhang, "Assessing China's Response to the South China Sea Arbitration Ruling," *Australian Journal of International Affairs*, Vol. 71 (2017), pp. 440-459, 851, 865, 867.

16 Carlyle A. Thayer, "Vietnam's Foreign Policy in an Era of Rising Sino-US Competition and Increasing Domestic Political Influence," *Asian Security*, Vol. 13 (2017), p. 184.

17 Tomotaka Shoji and Hideo Tomikawa, "Southeast Asia: Duterte Takes Office, South China Sea in Flux," in Shinji Hyodo, ed., *East Asian Strategic Review 2017* (Tokyo: The Japan Times, Ltd., 2017), p. 144.

總體而言，領導人們的個人意識型態和偏好可能影響了越南對中國的反應，因此可以解釋越南在仲裁前後的行動不一致。鑑於越南的外交政策是透過越共的集體意識型態決定的，其政策在整個仲裁過程中整體上是一致的。越共需要謹慎行事，尤其是在與中國的關係上，以捍衛國家利益並避開社會壓力，從而確保其一黨政治體制的合法性。與領導人的個人意識型態和偏好不同，外交政策傾向可以更好地解釋越南對仲裁庭最終裁決的反應。

然而，越南政府權衡諸多因素之後，儘管有上文說明分析對越南提起國際訴訟的優點，但可能難以抵達越南共黨決策高層。對此，越南黨政也提出某種「拉長戰線」的角度宣傳：「實踐表明，堅持團結一致是堅持與加強民族的內在力量，以便完成革命任務，使我國（越南）在革新、融入國際、發展、走向美好未來的道路上盡快且穩健邁進。維護祖國領土完整是全黨、全民、全軍的政治義務和任務。在南海形勢跌宕起伏並隱藏不確定因素，對我國主權、主權權利、安全造成直接威脅的情況下，這項任務顯得更加重要。尤其是，近期，出現了外國不顧國際法、國際慣例，尤其是《公約》、「南海各方行為宣言」悍然採取侵犯越南海域的行為。因此，比以往任何時候更迫切，我們（越南）必須經常提高警惕，主動、積極對侵犯我國（越南）主權、領土的行為做出鬥爭。越南民族從來沒有侵犯任何國家的企圖，更不用說侵略。但是也不允許任何人侵犯自己的領土主權。那就是我黨我國和人民群眾的一貫主張、原則。」

越南政府表示，「『堅決、堅持鬥爭』是統一的整體，在實施過程中不分開。堅決鬥爭就是不遷就、不猶豫、不妥協的鬥爭，但是如此還不夠，而且還要與堅持、耐心鬥爭相結合，不許著急，因為這是長期鬥爭，不可『一朝一夕』就結束。那就是我們（越南）要貫徹觀點的核心內容，以落實好新時期維護祖國的任務。」在「兩堅」且不可「一朝一夕」情形下，越中在南海爭端的爭奪中將持續，以法律途徑解決爭端只是「兩堅」的籌碼之一而已，或許是永遠也拿不出來的籌碼。

主要參考資料

中國人民共和國中央人民政府，〈楊潔篪國務委員應約同越南副總理兼外長范平明通電話〉，《中央政府門戶網站》，2014 年 5 月 7 日，http://big5.www.gov.cn/gate/big5/www.gov.cn/guowuyuan/2014-05/07/content_2673372.htm。

中國全國人民代表大會，《中華人民共和國政府關於領海的聲明》，1958 年 9 月 4 日，http://www.npc.gov.cn/wxzl/gongbao/1958-09/04/content_1480851.htm。

中國海事局，〈航警 14034（海洋石油 981 鑽井船南海鑽井作業），2014 年 5 月 5 日〉，https://world.huanqiu.com/article/9CaKrnJEVlY。

中國國際法學會，《南海仲裁案裁決之批判》（北京：外文出版社，2018 年），http://www.csil.cn/upfiles/files/%E5%8D%97%E6%B5%B7%E4%BB%B2%E8%A3%81%E6%A1%88%E8%A3%81%E5%86%B3%E4%B9%8B%E6%89%B9%E5%88%A4.pdf。

中華人民共和國，《中華人民共和國政府關於菲律賓共和國所提南海仲裁案管轄權問題的立場文件》，2014 年 12 月 7 日，[28]. https://www.mfa.gov.cn/nanhai/chn/snhwtlcwj/t1368888.htm。

中華人民共和國外交部，《關於指導解決中越海上問題基本原則協議》，2011 年 10 月 12 日，https://www.mfa.gov.cn/nanhai/chn/zcfg/t866484.htm。

中華人民共和國外交部，《中越聯合聲明》，2013 年 6 月 21 日，https://www.fmprc.gov.cn/nanhai/chn/zcfg/t1052237.htm。

中華人民共和國外交部，《新時期深化中越全面戰略合作的聯合聲明》，2013 年 10 月 15 日，http://www.xinhuanet.com//world/2013-10/15/c_117728865.htm。

中華人民共和國外交部，〈中華人民共和國政府關於菲律賓共和國所提南海仲裁案管轄權問題的立場文件摘要〉，2014 年 12 月 7 日，https://www.fmprc.gov.cn/nanhai/chn/snhwtlcwj/t1368890.htm。

中華人民共和國外交部，〈外交部發言人華春瑩就應菲律賓請求建立的南海仲裁案仲裁庭公佈管轄權問題庭審實錄答記者問〉，2015 年 8 月 24 日，

http://www.china-embassy.org/chn/fyrth/t1290725.htm。

中華人民共和國外交部，〈外交部發言人華春瑩就應菲律賓請求建立的南海仲裁案仲裁庭公佈管轄權問題庭審實錄答記者問〉，2015 年 8 月 24 日，http://www.china-embassy.org/chn/fyrth/t1290725.htm。

中華人民共和國外交部，〈外交部條法司司長徐宏就菲律賓所提南海仲裁案接受中外媒體採訪實錄〉，2016 年 5 月 12 日，https://www.fmprc.gov.cn/web/wjbxw_673019/t1362687.shtml。

中華人民共和國外交部，〈外交部發言人華春瑩就太平島有關問題答記者問〉，2016 年 6 月 3 日，https://www.fmprc.gov.cn/nanhai/chn/fyrbt/t1369175.htm。

中華人民共和國外交部，《中越聯合公報》，2017 年 1 月 15 日，https://www.mfa.gov.cn/nanhai/chn/zcfg/t1546353.htm。

中華人民共和國外交部，《中越聯合聲明》，2017 年 11 月 13 日，https://www.mfa.gov.cn/nanhai/chn/zcfg/t1510069.htm。

中華人民共和國外交部，〈2019 年 1 月 2 日外交部發言人陸慷主持例行記者會〉，https://www.fmprc.gov.cn/web/wjdt_674879/fyrbt_674889/t1626567.shtml。

《中華人民共和國專屬經濟區與大陸架法》，1998 年 6 月 26 日，http://www.npc.gov.cn/wxzl/gongbao/2000-12/05/content_5004707.htm。

中華人民共和國常駐聯合國代表團，〈第 CML/14/2019 號照會〉，紐約，2019 年 12 月 12 日，https://www.un.org/depts/los/clcs_new/submissions_files/mys85_2019/CML_14_2019_C.pdf。

中華人民共和國常駐聯合國代表團，〈第 CML/11/2020 號照會〉，紐約，2020 年 3 月 23 日，https://www.un.org/depts/los/clcs_new/submissions_files/mys_12_12_2019/China_Philippines_CHN.pdf。

中華人民共和國駐越南社會主義共和國大使館，《中越聯合聲明》，2011 年 10 月，http://vn.chineseembassy.org/chn/zt/sbzywj/t918246.htm。

中華民國外交部，〈中華民國政府重申對南海議題之立場〉，2015 年 10 月 31 日，https://www.mofa.gov.tw/News_Content.aspx?n=8742DCE7A2A28761&s=49B79D301A4D6808。

中華民國外交部，《中華民國對南海問題之立場聲明》，2015 年 7 月 7 日，https://www.mofa.gov.tw/News_Content.aspx?n=97&s=75162。

中華民國國際法學會，〈本會正式向海牙常設仲裁法院遞交南海仲裁案法庭之友意見〉，2016 年 3 月 23 日，http://csil.org.tw/home/2016/03/23/%E6%9C%AC%E6%9C%83%E6%AD%A3%E5%BC%8F%E5%90%91%E6%B5%B7%E7%89%99%E5%B8%B8%E8%A8%AD%E4%BB%B2%E8%A3%81%E6%B3%95%E9%99%A2%E9%81%9E%E4%BA%A4%E5%8D%97%E6%B5%B7%E4%BB%B2%E8%A3%81%E6%A1%88%E6%B3%95%E5%BA%AD/。

玉田大，〈フィリピン対中国事件（国連海洋法条約附属書Ⅶ仲裁裁判所）：管轄権及び受理可能性判決（2015 年 10 月 29 日）〉，《神戸法學雜誌》，第 66 卷第 2 号（2016 年），頁 125-161，http://www.lib.kobe-u.ac.jp/repository/81009616.pdf。

庄司智孝、富川英生，〈東南アジア:ドゥテルテ政権の登場と南シナ海情勢の変化〉，收錄於兵頭慎治，《東アジア戦略概観 2017》(東京：防衛研究所，2017 年），http://www.nids.mod.go.jp/publication/east-asian/pdf/eastasian2017/j05.pdf。

庄司智孝，〈ベトナムの全方位「軍事」外交――南シナ海問題への対応を中心に〉，《防衛研究所紀要》，第 18 卷第 1 号（2015 年 11 月），頁 109-129，http://www.nids.mod.go.jp/publication/kiyo/pdf/bulletin_j18_1_5.pdf。

曲波，〈國際爭端解決中貨幣黃金原則的適用〉，《當代法學》，第 4 期（2020 年），頁 151-160。

呂潔，〈WTO 爭端解決中适用嗣後慣例的三步分析〉，《公民與法》，第 6 期（2012 年），頁 49-51。

坂元茂樹，〈島の法的地位：南シナ海仲裁判決の第一二一条三項の解釈をめぐって〉，《同志社法學》，第 69 卷第 7 号（2018 年 2 月 28 日），頁 2029-2090。

宋燕輝，〈領海直線基線劃定之爭議――United States v. Alaska 一案判決之解析〉，《歐美研究》，第 33 卷第 3 期（2003 年 9 月），頁 629-683。

李禎之，〈南シナ海仲裁手続の訴訟法的含意〉，《国際法外交雑誌》，第 117 卷第 2 号（2018 年 8 月），頁 30、39-41。

秋賢、翠荷、阮芳、祥安，〈東海與東海爭端現狀（第一期）〉，《越通社》，2019 年 12 月 26 日，https://zh.vietnamplus.vn/%E4%B8%9C%E6%B5%B7%E4%B8%8E%E4%B8%9C%E6%B5%B7%E4%BA%89%E7%AB%AF%E7%8E%B0%E7%8A%B6%E7%AC%AC%E4%B8%80%E6%9C%9F/106

757.vnp。

師華，〈條約解釋的嗣後實踐研究〉，《理論與探索》，第 4 期（2018 年），頁 115-121。

徐奇，〈貨幣黃金案原則在國際司法實踐中的可適用性問題研究〉，《武大國際法評論》，第 6 期（2019 年），頁 51-71。

莊禮偉，〈揭秘越南政改〉，《共識網》，2014 年 4 月 22 日，http://www.21com.net/qqsw/qyj/article_2014042104831.html。

陳鴻瑜，〈中華民國政府繪製南海諸島範圍線之決策過程及其意涵〉，《國史館館刊》，第 47 期（2016 年 3 月），頁 91-118。

越南外交部，《關於指導解決中越海上問題基本原則協議》，2011 年 10 月 12 日，https://www.mofa.gov.vn/en/nr040807104143/ns111013131225/view。

賈宇、李明杰，〈不認可人造的「沖之鳥」〉，《瞭望東方周刊》，2004 年 5 月 27 日，http://news.sina.com.cn/c/2004-05-24/12103317063.shtml。

潘石英，《南沙群島・石油政治・國際法：萬安北 21 石油合同區位於中國管轄海域勿庸置疑》（香港：經濟導報社，1996 年）。

鄭志華、吳靜楠，〈《中國南海各島嶼圖》的國際法意義探微〉，《南海戰略態勢感知計畫》，2020 年 6 月 19 日，http://www.scspi.org/zh/dtfx/1592552860。

薛力，〈中國為何提早撤走 981 鑽井平台〉，《FT 中文網》，2014 年 7 月 21 日，http://www.ftchinese.com/story/001057353?ful=y。

1992 ASEAN Declaration on the South China Sea, adopted 22 July 1992, https://cil.nus.edu.sg/wp-content/uploads/2017/07/1992-ASEAN-Declaration-on-the-South-China-Sea.pdf.

ABS-CBN News, "Rodrigo Duterte: Pagbabago or Bust," *ABS-CBN News*, 30 January 2016, https://news.abscbn.com/focus/06/29/16/rodrigo-duterte-pagbabago-or-bust.

Aegean Sea Continental Shelf (Greece v. Turkey), Request for the Indication of Interim Measures of Protection, Order, [1976] ICJ Rep.

Agence France- Prese, "Vietnamese Protests Against China Gather Pace, Fueling Regional Tension," *The Guardian*, 11 May 2014, http://www.theguardian.com/world/2014/may/11/vietnamese-protests-against-china-gather-pace.

Agreement between the Government of the Kingdom of Thailand and the Government of the Socialist Republic of Viet Nam on the Delimitation of the Maritime Boundary between the Two Countries in the Gulf of Thailand, 9 August 1997, http://extwprlegs1.fao.org/docs/pdf/bi-22314.pdf.

Agreement between the Government of the Socialist Republic of Vietnam and the Government of the Republic of Indonesia Concerning the Delimitation of the Continental Shelf Boundary, 26 June 2003, https://treaties.un.org/Pages/showDetails.aspx?objid=080000028005e717&clang=_en.

Agreement between the Socialist Republic of Viet Nam and the People's Republic of China on the Delimitation of the Territorial Sea, Exclusive Economic Zone and Continental Shelf between the Two Countries in the Tonkin Gulf, 25 December 2000, https://treaties.un.org/Pages/showDetails.aspx?objid=080000028006ece3.

Agreement on Fishery Co-operation in the Tonkin Gulf between the Government of the People's Republic of China and the Government of the Socialist Republic of Vietnam, 25 December 2000, http://extwprlegs1.fao.org/docs/pdf/bi-51872.pdf.

Amer, Ramses, "China, Vietnam, and the South China Sea: Disputes and Dispute Management," *Ocean Development and International Law*, Vol. 45, No. 1 (2014), pp. 17-40.

Anderson, DH., "British Accession to the UN Convention on the Law of the Sea," *International and Comparative Law Quarterly*, Vol. 46, No. 4 (October 1997), pp. 761-786.

Anderson, DH., "Some Aspects of the Regime of Islands in the Law of the Sea," *International Journal of Marine and Coastal Law*, Vol. 32 (2017), pp. 316-331.

Andreas Zimmermann et al., eds., *The Statute of the International Court of Justice: A Commentary*, 2nd edn (Oxford: Oxford University Press, 2012), pp. 1234-1275.

Askandar, Kamarulzaman and Carlervin Sukim, "Making Peace over a Disputed Territory in Southeast Asia: Lessons from the Batu Puteh/Pedra Branca Case," *The Journal of Territorial and Maritime Studies*, Vol. 3, No. 1 (2016), pp. 65-85.

Assessment of the Potential Environmental Consequences of Construction Activities on Seven Reefs in the Spratly Islands in the South China Sea, 26 April 2016.

Bautista, Lowell, "The Philippines and the Arbitral Tribunal's Award: A Sombre Victory and Uncertain Times Ahead," *Contemporary Southeast Asia: A Journal of International and Strategic Affairs*, Vol. 38, No. 3 (2016), pp. 349-355.

Baviera, Aileen S. P., "Domestic Interests and Foreign Policy in China and the Philippines: Implications for the South China Sea Disputes," *Philippine Studies: Historical and Ethnographic Viewpoints*, Vol. 62, No. 1 (2014), pp. 133-143.

Baviera, Aileen S. P., "The Philippines and the South China Sea Dispute: Security Interests and Perspectives," in Ian Storey and Cheng-Yi Lin, eds., *The South China Sea Dispute: Navigating Diplomatic and Strategic Tensions* (Singapore: ISEAS–Yusof Ishak Institute, 2016).

BBC, "Vietnam in Live-Fire Drill Amid South China Sea Row," *BBC*, 13 June 2011, https://www.bbc.com/news/world-asia-pacific-13745587.

Beckman, Robert C., "The UN Convention on the Law of the Sea and the Maritime Disputes in the South China Sea," *American Journal of International Law*, Vo. 107, No. 1 (January 2013), pp. 142-163.

Beckman, Robert C. and Leonardo Bernard, "Disputed Areas in the South China Sea: Prospects for Arbitration or Advisory Opinion," paper at the Third International Workshop, South China Sea: Cooperation for Regional Security and Development, Hanoi, 2011, pp. 1-19, https://cil.nus.edu.sg/wp-content/uploads/2009/09/Beckman-Bernard-Paper-DAV-Conf-3-5-Nov-2011.pdf.

Benzing, Markus, "Evidentiary Issues," in Andreas Zimmermann et al., eds., *The Statute of the International Court of Justice: A Commentary*, 2nd edn (Oxford: Oxford University Press, 2012).

Birnie, Patricia, Alan Boyle, and Catherine Redgwell, *International Law and the Environment* (Oxford: Oxford University Press, 2009).

Borton, James., ed., *Islands and Rocks in the South China Sea: Post-Hague Ruling* (Bloomington: Xlibris, 2017).

Bouchez, Leo J., *The Regime of Bays in International Law* (Sythoff, Leyden: Sijthoff, 1964).

Bowett, Derek W., *The Legal Regime of Islands in International Law* (Dobbs Ferry: Oceana, 1979).

Boyle, Alan E., "Land-based Sources of Marine Pollution: Current Legal Regime," *Marine Policy*, Vol. 16, No. 1 (1992), pp. 20-35.

Boyle, Alan E., "Dispute Settlement and the Law of the Sea Convention: Problems of Fragmentation and Jurisdiction," *International and Comparative Law Quarterly*,

Vol. 46, No. 1 (January 1997), pp. 37-54.

Boyle, Alan E., "The Southern Bluefin Tuna Arbitration," *International and Comparative Law Quarterly*, Vol. 50, No. 2 (April 2001), pp. 447-452.

Branigan, Tania, "Vietnam Holds Live-Fire Exercises as Territorial Dispute with China Escalates," *The Guardian*, 14 June 2011, https://www.theguardian.com/world/2011/jun/14/china-vietnam-dispute-military-exercise.

Brown, E. D., "Rockall and the Limits of National Jurisdiction of the UK: Part 2," *Marine Policy*, Vol. 2, No. 4 (October 1978), pp. 275-303.

Brownlie, Ian, "The Peaceful Settlement of International Disputes," *Chinese Journal of International Law*, Vol. 8, No. 2 (July 2009), pp. 267-283.

Buga, Irina, "Territorial Sovereignty Issues in Maritime Disputes: A Jurisdictional Dilemma for Law of the Sea Tribunals," *International Journal of Marine and Coastal Law*, Vol. 27, No. 1 (January 2012), pp. 59-95.

Burke, William T., *The New International Law of Fisheries: UNCLOS 1982 and Beyond* (Oxford: Oxford University Press, 1994).

Butcher, John G., "The International Court of Justice and the Territorial Dispute between Indonesia and Malaysia in the Sulawesi Sea," *Contemporary Southeast Asia: A Journal of International and Strategic Affairs*, Vol. 35, No. 2 (2013), pp. 235-257.

Caflisch, Lucius, "Cent ans de règlement pacifique des différends interétatiques," *Académie de droit international. Recueil des cours*, Vol. 288 (2001), pp. 245-467.

Caflisch, Lucius, Les frontières, limites et dé limitations internationals: Quelle importance aujourd'hui? (Leiden; Boston: M. Nijhoff, 2014).

Caflisch, Lucius, "Les espaces marins attachés à des îles ou roches," in Mathias Forteau and Jean-Marc Thouvenin, eds., *Traité de droit international de la mer* (Paris: Pedone, 2017), pp. 445-488.

Caligiuri, Andrea, "Les conditions pour l'exercice de la function juridictionnelle par les cours et les tribunaux prevus dans la CNUDM," *Revue Generale de droit International Public*, Vol. 121, No. 4 (2017), pp. 945-979.

Calonzo, Andreo and Ditas B. Lopez, "Philippines Alarmed by Roughly 200 Chinese Ships Near Disputed Island," 1 April 2019, https://www.bloomberg.com/news/

articles/2019-04-01/china-s-200-odd-ships-near-disputed-island-spur-philippine-alarm.

Castro, Renato Cruz De, "The Duterte Administration's Foreign Policy: Unravelling the Aquino Administration's Balancing Agenda on an Emergent China," *Journal of Current Southeast Asian Affairs*, Vol. 35, No. 3 (2016), pp. 139-159.

Charney, Jonathan I., "Rocks That Cannot Sustain Human Habitation," *American Journal of International Law*, Vol. 93, No. 4 (October 1999), pp. 863-878.

Chen, Shaofeng, "Regional Responses to China's Maritime Silk Road Initiative in Southeast Asia," *Journal of Contemporary China*, Vol. 27, No. 111 (2018), pp. 344-361.

Chinese Society of International Law (CSIL), *The South China Sea Arbitration: A Critical Study* (Beijing: Foreign Languages Press, 2018).

Chinkin, Christine, "Article 62," in Andreas Zimmermann, Karin Oellers-Frahm, Christian Tomuschat, and Christian J. Tams, eds., *The Statute of the International Court of Justice: A Commentary*, 2nd edn (London: Oxford University Press, 2012).

Churchill, Rubin R., "Maritime Delimitation in the Jan Mayen Area," *Marine Policy*, Vol. 9, No. 1 (1985), pp. 16-38.

Churchill, Robin Rolf and Alan Vaughan Lowe, *The Law of the Sea*, 3rd edn (Manchester: Manchester University Press, 1999).

CNBC, "Philippines Says Dropping South China Sea Ruling from ASEAN Statement No Win for China," *CNBC*, 26 July 2016, https://www.cnbc.com/2016/07/26/philippinessays-dropping-south-china-sea-ruling-from-asean-statement-no-win-for-china.html.

Colson, David A. and Peggy Hoyle, "Satisfying the Procedural Prerequisites to the Compulsory Dispute Settlement Mechanisms of the 1982 Law of the Sea Convention: Did the Southern Bluefin Tuna Tribunal Get It Right?" *Ocean Development & International Law*, Vol. 34, No. 1 (2003), pp. 59-82.

Connelly, Aaron L., "Indonesia's New North Natuna Sea: What's in a Name?" *The Interpreter*, 19 July 2017, https://www.lowyinstitute.org/the-interpreter/indonesia-s-new-north-natuna-sea-what-s-name.

Craik, Neil, *The International Law of Environmental Impact Assessment: Process,*

Substance and Integration (Cambridge: Cambridge University Press, 2008).

Das, Krishna N., "Malaysia PM says can't provoke Beijing on South China Sea, Uighur issue," *Reuters*, 28 September 2019, https://www.reuters.com/article/us-malaysia-china/malaysia-pm-says-cant-provoke-beijing-on-south-china-sea-uighur-issue-idUSKBN1WD0BY.

Davenport, Tara, "Island-building in the South China Sea: Legality and Limits," *Asian Journal of International Law*, Vol. 8, No. 1 (February 2018), pp. 76-90.

Davenport, Tara, "Procedural Issues Arising from China's Non-participation in the South China Sea Arbitration," in S Jayakumar, Tommy Koh, Robert Beckman, Tara Davenport, and Hao Duy Phan, eds., *The South China Sea Arbitration: The Legal Dimension* (New York: Edward Elgar, 2018).

Del Mar, Katherine, "Evidence in Territorial Disputes," in Marcelo G. Kohen and Mamadou Hébité, eds., *Research Handbook on Territorial Disputes in International Law* (New York: Edward Elgar Publishing, 2018), pp. 417-436.

Delabie, Lucie, "Le fragile équilibre entre prévisibilité juridique et opportunité judiciarei en matière de délimitation maritime: l'arrêt de la Court internationale de Justice du 19 novembre 2012 dans l'affaire du Différend territorial et maritime (Nicaragua c Colombie)," *Annuaire Français de Droit International*, Vol. 58 (2012), pp. 223-252, https://www.persee.fr/doc/afdi_0066-3085_2012_num_58_1_4678.

Distefano, Giovanni, "La pratique subséquente des Etats parties à un traité," *Annuaire Français de Droit International*, Vol. 40 (1994), pp. 41-71, https://www.persee.fr/doc/afdi_0066-3085_1994_num_40_1_3182.

Distefano, Giovanni and Petros C. Mavroidis, "L'interprétation systémique: le liant de l'ordre international," in Oliver Guillod and Christopher Müller, eds., *Pour un droit équitable, engagé et chaleureux, Mélanges en l'honneur de Pierre Wessner* (Munich: Helbing Lichtenhan, 2011), https://www.helbing.ch/annot/484C567C7C393738333731393033303432317C7C504446.pdf?sq=66150&title=Pour%20un%20droit%20%E9quitable,%20engag%E9%20et%20chaleureux.

Dự án Đại Sự Ký Biển Đông, *Facebook*, 14 October 2019, https://www.facebook.com/daisukybiendong/photos/a.1072496592771035/2687350147952330/?type=3&theater.

Dundas, CW, "Middle American and Caribbean," in David A. Colson and Robert W. Smith, eds., *International Maritime Boundaries*, Vol. V (Leiden: Brill/Nijhoff, 2005), pp. 3405-3423.

Dupuy, Florian and Pierre-Marie Dupuy, "A Legal Analysis of China's Historic Rights Claim in the South China Sea," *American Journal of International Law*, Vol. 107, No. 1 (January 2013), pp. 124-141.

Dupuy, Pierre-Marie, "Soft Law and the International Law of the Environment," *Michigan Journal of International Law*, Vol. 12, No. 2 (1991), pp. 420-435, https://repository.law.umich.edu/cgi/viewcontent.cgi?article=1648&context=mjil.

Dupuy, René-Jean, "Droit de la mer et communauté international," in René-Jean Dupuy, *Dialectiques du droit international: souveraineté des Etats, communauté internationale et droits de l'humanité* (Paris: Pedone, 1999).

Dutton, Peter A., "An Analysis of China's Claim to Historic Rights in the South China Sea," in Yann Huei Song and Keyuan Zou, *Major Law and Policy Issues in the South China Sea: European and American Perspectives* (New York: Routledge, 2014), pp. 57-74.

Dutton, Peter, *Twitter*, 16 July 2019, https://twitter.com/peter_dutton/status/1150899630143660032.

Dzurek, Daniel J., "The Spratly Islands Dispute: Who's On First?" *Maritime Briefing*, Vol. 2, Series 1 (Durham: International Boundaries Research Unit, University of Durham, 1996).

Eiriksson, Guðmundur, *The International Tribunal for the Law of the Sea* (Hague, London, Boston: Martinus Nijhoff Publishers, 2000).

Elferink, Alex G. Oude, "The Islands in the South China Sea: How Does Their Presence Limit the Extent of the High Seas and the Area and the Maritime Zones of the Mainland Coasts?" *Ocean Development & International Law*, Vol. 32, No. 1 (2001), pp. 169-190.

Elferink, Alex G. Oude, "The South China Sea Arbitration's Interpretation of Article 121(3) of the UNCLOS: A Disquieting First," *The JCLOS Blog*, 7 September 2016, site.uit.no/jclos/files/2016/09/The-South-China-Sea-Arbitrations-Interpretation-of-Article-1213-of-the-UNCLOS-A-Disquieting-First.pdf.

Embassy of the People's Republic of China in the Republic of the Philippines, *Ten Questions Regarding Huangyan Island* (15 June 2012).

Esmaquel II, Paterno, "Duterte: PH Won't 'Flaunt' Sea Dispute Ruling vs China," *Rappler*, 30 June 2016, https://www.rappler.com/nation/138195-duterte-flaunt-ruling-casechina-yasay-cabinet.

Fayette, Louise De La, "The London Convention 1972: Preparing for the Future," *International Journal of Marine and Coastal Law*, Vol. 13, No. 4 (January 1998), pp. 515-536.

Fitzmaurice, Genald, *The Law and Procedure of the International Court of Justice*, vol I (Cambridge: Cambridge University Press, 1993).

Fitzmaurice, Gerald, "The Problem of the 'Non-Appearing' Defendant Government," *British Yearbook of International Law*, Vol. 51, No. 1 (1980), pp. 89-122.

Fook, Lye Liang, "Duterte wants to work with Beijing in the South China Sea, but so far has little to show for it," *South China Morning Post*, 8 October 2019, https://www.scmp.com/week-asia/opinion/article/3031865/duterte-wants-work-beijing-south-china-sea-so-far-has-little-show.

Franckx, Eric, "The Regime of Islands and Rocks" in David J. Attard, Malgosia Fitzmaurice, and Norman A. Martínex Gutiérrez, eds., *The IMLI Manual on International Maritime Law*, Vol. I: *The Law of the Sea* (Oxford: Oxford University Press, 2014), pp. 99-124.

Franckx, Eric, "The Arbitral Tribunal's Interpretation of Paragraph 3 in Article 121: A First but Important Step Forward," in Shunmugam Jayakumar et al., eds., *The South China Sea Arbitration: The Legal Dimension* (Edward Elgar, 2018), pp. 154-175.

Franckx, Erik and Marco Benatar, "Dots and Lines in the South China Sea: Insights from the Law of Map Evidence," *Asian Journal of International Law*, Vol. 2, No. 1 (January 2012), pp. 89-118.

Gao, Jianjun, "The Timor Sea Conciliation (Timor-Leste v. Australia): A Note on the Commission's Decision on Competence," *Ocean Development and International Law*, Vol. 49, No. 3 (2018), pp. 208-225.

Gao, Zhuguo and Bing Bing Jia, "The Nine-Dash Line in the South China Sea: History, Status, and Implications," *American Journal of International Law*, Vol.

107, No. 1 (January 2013), pp. 98-123.

Garrison, Jean and Marc Wall, "The Rise of Hedging and Regionalism: An Explanation and Evaluation of President Obama's China Policy," *Asian Affairs: An American Review*, Vol. 43, No. 2 (2016), pp. 47-63.

Gau, Michael Sheng-Ti, "The U-Shaped Line and a Categorization of the Ocean Disputes in the South China Sea," *Ocean Development & International Law*, Vol. 43, No. 4 (January 2012), pp. 57-69.

Gautier, Philippe, "The Settlement of Disputes," in David J. Attard, Malgosia Fitzmaurice, and Norman A. Martínez Gutiérrez, eds., *The IMLI Manual on International Maritime Law*, Vol. I: The Law of the Sea (London: Oxford University Press, 2014).

Gjetnes, Marius, "The Spratlys: Are They Rocks or Islands?" *Ocean Development & International Law*, Vol. 32, No. 2 (2001), pp. 191-204.

Granados, Ulises, "Ocean frontier expansion and the Kalayaan Islands Group claim: Philippines' postwar pragmatism in the South China Sea," *Relations of the Asia-Pacific*, Vol. 9, No. 2 (2009), pp. 267-294.

Guilfoyle, Douglas, "The South China Sea Award: How Should We Read the UN Convention on the Law of the Sea?" *Asian Journal of International Law*, Vol. 8, No. 1 (January 2018), pp. 51-63.

Guillaume, Gilbert, "Les haute-fonds découvrants en droit international," in *La mer et son droit, Mélanges offerts à Laurent Lucchini et Jean-Pierre Que'neudec* (Paris: Pedone, 2003), pp. 287-302.

Gullett, Warwick, "The South China Sea Arbitration's Contribution to the Concept of Juridical Islands," *Questions of International Law Zoom-in*, Vol. 47 (2018), pp. 5-38, http://www.qil-qdi.org/wp-content/uploads/2018/02/02_Whats-an-island_GULLET_FIN.pdf.

Gullett, Warwick and Clive Schofield, "Pushing the Limits of the Law of the Sea Convention: Australian and French Cooperative Surveillance and Enforcement in the Southern Ocean," *International Journal of Marine and Coastal Law*, Vol. 22, No. 4 (2007), pp. 545-583.

Gupta, Sourabh, "The South China Sea Arbitration Award Five Years Later," *Lawfare*, 3 August 2021, https://www.lawfareblog.com/south-china-sea-arbitration-award-five-years-later.

Guzman, Charles Joseph De, "Philippines-China Relations, 2001-2008: Dovetailing National Interests," *Asian Studies: Journal of Critical Perspectives on Asia*, Vol. 50, No. 1 (2014), pp. 71-97, https://asj.upd.edu.ph/mediabox/archive/ASJ-50-1-2014/04-Philippines-China-Relations-Dovetailing-National-Interests-de-Guzman.pdf.

Hafetz, Jonathan L., "Fostering Protection of the Marine Environment and Economic Development: Article 121(3) of the Third Law of the Sea Convention," *American University International Law Review*, Vol. 15, No. 3 (2000), pp. 583-637.

Harrison, James, "Significant International Environmental Law Cases: 2015-16," *Journal of Environmental Law*, Vol. 28, No. 3 (November 2016), pp. 533-550.

Harrison, James, *Saving the Oceans through Law: the International Legal Framework for the Protection of the Marine Environment* (Oxford: Oxford University Press, 2017).

Heydarian, Richard Javad, "Tragedy of Small Power Politics: Duterte and the Shifting Sands of Philippine Foreign Policy," *Asian Security*, Vol. 13, No. 3 (2017), pp. 220-236.

Heydarian, Richard Javad, "Mare Liberum: Aquino, Duterte, and The Philippines' Evolving Lawfare Strategy in the South China Sea," *Asian Politics and Policy*, Vol. 10, No. 2 (2018), pp. 283-299.

Hoa, Thu, "Vietnam's unchangeable sovereignty over Hoang Sa archipelago," *Voice of Vietnam*, 11 July 2014, https://vovworld.vn/en-US/current-affairs/vietnams-unchangeable-sovereignty-over-hoang-sa-archipelago-254195.vov.

Hồng, Vân, "Vài nét có bản về các khu vực biển, hải đảo của Việt Nam trên Biển đông," *CỔNG THÔNG TIN ĐIỆN TỬ SỞ THÔNG TIN VÀ TRUYỀN THÔNG BẮC GIANG*, 11 October 2018, https://stttt.bacgiang.gov.vn/chi-tiet-tin-tuc/-/asset_publisher/RcQOwn9w7wOJ/content/vai-net-co-ban-ve-cac-khu-vuc-bien-hai-ao-cua-viet-nam-tren-bien-ong.

Hugh Thirlway, *The International Court of Justice* (Oxford: Oxford University Press, 2016).

Hutt, David, "Vietnam may soon sue China on South China Sea," *The Asia Times*, 7

May 2020, https://asiatimes.com/2020/05/vietnam-may-soon-sue-china-on-south-china-sea/.

Ikeshima, Taisaku, "China's Dashed Line in the South China Sea: Legal Limits and Future Prospects," *Waseda Global Forum*, No. 10 (2013), pp. 17-50, https://core.ac.uk/download/pdf/144455129.pdf.

Kanehara, Atsuko, "Validity of International Law over Historic Rights: The Arbitral Award (Merits) on the South China Sea Dispute," *Sophia Law Review*, Vol. 61, No. 1-2 (2017) (Jochi Hogaku Ronshu), pp. 27-76.

Karagiannis, Syméon, "Les rochers qui ne se prêtent pas à l'habitation humaine ou à une vie économique Propre et le droit de la mer," *Revue belge de droit international* (1996), pp. 559-624, http://rbdi.bruylant.be/public/modele/rbdi/content/files/RBDI%201996/RBDI%201996-2/Etudes/RBDI%201996.2%20-%20pp.%20559%20%C3%A0%20624%20-%20Symeon%20Karagianis.pdf.

Kaye, Stuart, "Jurisdiction in the South China Sea Arbitration: Application of the Monetary Gold Principle," in Shunmugam Jayakumar et al., eds., *The South China Sea Arbitration: The Legal Dimension* (New York: Edward Elgar, 2018), pp. 45-64.

Keck, Zachary, "Vietnam Threatens Legal Action Against China," *The Diplomat*, 2 June 2014, https://thediplomat.com/2014/06/vietnam-threatens-legal-action-against-china/.

Keyuan Zou, "Navigation in the South China Sea: Why Still an Issue?" *IJMCL*, Vol. 32 (2017), pp. 243-267.

Klein, Natalie, "Islands and Rocks after the South China Sea Arbitration," *Australian Year Book of International Law*, Vol. 34 (2016), pp. 21-29.

Kojima, Chie, "South China Sea Arbitration and the Protection of the Marine Environment: Evolution of UNCLOS Part XII Through Interpretation and the Duty to Cooperate," *Asian Yearbook of International Law*, Vol. 21 (2015), pp. 166-180, https://brill.com/view/book/edcoll/9789004344556/B9789004344556_010.xml.

Kolb, Robert, "L'interprétation de l'article 121, paragraph 3, de la Convention de Montego Bay sur le droit de la mer: les 'roches qui ne se prêtent pas à l'habitation humaine ou à une vie économique propre ...'," *Annuaire Français de Droit International*, Vol. 40 (Année 1994), pp. 876-909.

Kopela, Sophia, "Historic Titles and Historic Rights in the Law of the Sea in the Light of the South China Sea Arbitration," *Ocean Development & International Law*, Vol. 48, No. 2 (2017), pp. 181-207, https://eprints.lancs.ac.uk/id/eprint/84981/1/Historic_titles_and_historic_rights_ODIL.pdf.

Kraska, James, "Vietnam Benefits from the South China Sea Arbitration," *National Bureau of Asian Research*, 30 August 2016, https://www.nbr.org/publication/vietnam-benefits-from-the-south-china-sea-arbitration/.

Kwiatkowska, Barbara and Alfred H.A. Soons, "Entitlement to Maritime Areas of Rocks Which Cannot Sustain Human Habitation or Economic Life of Their Own," *The Netherlands Yearbook of International Law*, Vol. 21 (December 1990), pp. 139-181.

Le, Hoai Trung, "Keynote Address of Deputy Minister of Foreign Affairs of Vietnam at the Opening Session of the 11th South China Sea International Conference," Hanoi, 6 November 2019, https://scsc12.dav.edu.vn/blogs/news/key-points-in-the-keynote-address-of-deputy-minister-of-foreign-affairs-of-vietnam-le-hoai-trung-morning-06-11.

Letts, David, Rob McLaughlin, and Hitoshi Nasu, "Maritime Law Enforcement and the Aggravation of the South China Sea Dispute: Implications for Australia," *Australian Yearbook of International Law*, Vol. 34 (2016), pp. 53-63.

Li, Junming and Li Dexia, "The Dotted Line on the Chinese Map of the South China Sea: A Note," *Ocean Development & International Law*, Vol. 34, No. 3-4 (2003), pp. 287-295.

Liu, Zhen, "China and Vietnam in stand-off over Chinese survey ship mission to disputed reef in South China Sea," *South China Morning Post*, 12 July 2019, https://www.scmp.com/news/china/diplomacy/article/3018332/beijing-and-hanoi-stand-over-chinese-survey-ship-mission.

Lo, Chi-kin, *China's Policy Towards Territorial Disputes: The Case of the South China Sea Islands* (London: Routledge, 1989).

Locke, John, *Two Treaties of Government* (1764), https://oll.libertyfund.org/titles/locke-the-two-treatises-of-civil-government-hollis-ed.

Lyons, Youna et al., "Managing Giant Clams in the South China Sea," *IJMCL*, Vol.

33 (2018), pp. 467-494.

Lyons, Youna, Luu Quang Hung, and Pavel Tkalich, "Determining High-tide Features (or Islands) in the South China Sea under Article 121(1): a Legal and Oceanography Perspective," in Shunmugam Jayakumar et al., eds., *The South China Sea Arbitration: The Legal Dimension* (New York: Edward Elgar, 2018), pp. 128-153.

Ma, Xinmin, "Merits Award Relating to Historic Rights in the South China Sea Arbitration: An Appraisal," *Asian Journal of International Law*, Vol. 8, No. 2 (January 2018), pp. 12-23.

Malaysia, "Malaysia Partial Submission by to the Commission on the Limits of the Continental Shelf pursuant to Article 76 of the Convention, paragraph 8 of the United Nations Convention on the Law of the Sea in the South China Sea," November 2017, https://www.un.org/depts/los/clcs_new/submissions_files/mys85_2019/20171128_MYS_ES_DOC_001_secured.pdf.

Martin-Bidou, P., "Le principe de précaution en droit international de l'environnement," *RGDIP*, Vol. 103 (1999), p. 631.

Mbengue, Makane Moïse, "The South China Sea Arbitration: Innovations in Marine Environmental Fact-Finding and Due Diligence Obligations," *American Journal of International Law Unbound*, Vol. 110 (2016), pp. 285-289.

McDorman, Ted L., "Rights and Jurisdiction over Resources in the South China Sea: UNCLOS and the 'Nine-dash Line'," in S Jayakumar, T Koh and RC Beckman, eds., *South China Sea Disputes and Law of the Sea* (Edward Elgar, 2014), pp. 144-163.

McDorman, Ted L., "An International Law Perspective on Insular Features (Islands) and Low-tide Elevations in the South China Sea," *International Journal of Marine and Coastal Law*, Vol. 32, No. 2 (June 2017), pp. 298-315.

McDorman, Ted L., "The Law of the Sea Convention and the U-Shaped Line: Some Comments," in Shicun Wu and Keyuan Zou, eds., *Arbitration Concerning the South China Sea: Philippines versus China* (New York: Routledge, 2017), pp. 147-156.

McDorman, Ted L., "The South China Sea Tribunal Awards: A Dispute Resolution Perspective," *Asia-Pacific Journal of Ocean Law and Policy*, Vol. 3, No. 2

(2018), pp. 134-145.

McManus, John W., "Offshore Oral Reef Damage, Overfishing, and Paths to Peace in the South China Sea," *International Journal of Marine and Coastal Law*, Vol. 32 (2017), pp. 199-237.

Merkouris, Panos, *Article 31(3)(c) VCLT and the Principle of Systemic Integration: Normative Shadows in Plato's Cave* (Leiden; Boston: Brill/Nijhoff, 2015).

Merrills, J.G., "Interim Measures of Protection in the Recent Jurisprudence of the International Court of Justice," *International and Comparative Law Quarterly*, Vol. 44, No. 1 (January 1995) pp. 90-149.

Ministry of Foreign Affairs of Vietnam, "Statement of the Ministry of Foreign Affairs of The Socialist Republic of Vietnam Transmitted to the Arbitral Tribunal in the Proceedings between the Republic of the Philippines and the People's Republic of China," 2014, https://iuscogen.files.word-press.com/2018/03/statement-of-mofa-of-vietnam-to-the-tribunal.pdf.

Ministry of Foreign Affairs of Vietnam, "Remarks of the Spokesperson of the Ministry of Foreign Affairs of Viet Nam on Viet Nam's Reaction to the Issuance of the Award by the Tribunal Constituted under Annex VII to the United Nations Convention on the Law of the Sea in the Arbitration between the Philippines and China," 12 July 2016, http://www.mofa.gov.vn/en/tt_bao-chi/pbnfn/ns160712211059.

Miyoshi, Masahiro, "China's 'U-Shaped Line' Claim in the South China Sea: Any Validity Under International Law?" *Ocean Development & International Law*, Vol. 43, No. 1 (2012), pp. 1-17.

Mollengarden Zachary and Noam Zamir, "The Monetary Gold Principle: Back to Basics," *American Journal of International Law*, Vol. 115, No. 1 (January 2021), pp. 41-77.

Moore, Cameron, "The Arbitral Award in the Matter of the South China Sea between the Philippines and China: What are the Implications for Freedom of Navigation and the Use of Force?" *Asia-Pacific Journal of Ocean Law and Policy*, Vol. 2, No. 4 (2017), pp. 117-139.

Mossop, Joanna, "Can the South China Sea Tribunal's Conclusions on Traditional Fishing Rights Lead to Cooperative Fishing Arrangements in the Region?" *Asia-*

Pacific Journal of Ocean Law and Policy, Vol. 3, No. 2 (2018), pp. 210-231, https://doi.org/10.1163/24519391-00302004.

Murphy, Sean D., "International Law Relating to Islands," *Recueil des cours de l'Académie de Droit International de la Haye/Collected courses of The Hague Academy of International Law*, Vol. 386 (2017).

Nguyen, Lan Ngoc, "The Chagos Marine Protected Area Arbitration: Has the Scope of LOSC Compulsory Jurisdiction Being Clarified?" *International Journal of Marine Coastal Law*, Vol. 31, No. 1 (February 2016), pp. 120-143.

Nguyen, Manh Hung, "The Permanent Court of Arbitration's Award on the South China Sea Dispute between the Philippines and China: Views from America," in J. Borton, ed., *Islands and Rocks in the South China Sea: Post-Hague Ruling* (Bloomington, IN: Xlibris US, 2017), pp. 116-128.

Nguyen, Minh Quang, "Negotiating an effective China–ASEAN South China Sea Code of Conduct," *East Asia Forum*, 31 July 2019, https://www.eastasiaforum.org/2019/07/31/negotiating-an-effective-china-asean-south-china-sea-code-of-conduct/.

Nolte, George, "Jurisprudence of the International Court of Justice and Arbitral Tribunals of Ad Hoc Jurisdiction Relating to Subsequent Agreements and Subsequent Practice: Introductory Report for the ILC Study Group on Treaties over Time," in George Nolte, ed., *Treaties and Subsequent Practice* (Oxford: Oxford University Press, 2013).

Nordquist, Myron H., "Textual Interpretation of Article 121 in the UN Convention on the Law of the Sea," in Holger P. Hestermeyer et al., eds., *Coexistence, Cooperation and Solidarity: Liber Amicorum Rüdiger Wolfrum*, Vol I (Leiden: Njihoff, 2012), pp. 991-1036.

Nordquist, Myron H., "UNCLOS Article 121 and Itu Aba in the South China Sea Final Award: A Correct Interpretation?" in S Jayakumar et al., eds., *The South China Sea Arbitration: The Legal Dimension* (Cheltenham: Edward Elgar, 2018), pp. 176-204.

Nordquist, Myron H. and William G. Phalen, "Interpretation of UNCLOS Article 121 and Itu Aba (Taiping) in the South China Sea Arbitration Award," in Myron H. Nordquist, John N. Moore, and Ronán Long, eds., *International Marine*

Economy: Law and Policy (Leiden: Brill/Nijhoff, 2017), pp. 30-78.

Nordquist, Myron H., Satay Rosenne, and Louis B. Sohn, *United Nations Convention on the Law of the Sea 1982: A Commentary*, Vol. V (Leiden: Dordrecht, Nijhoff, 1989).

O'Connell, Daniel Patrick, *The International Law of the Sea*, Vol I, ed IA Shearer (London: Clarendon Press, 1982).

Oda, Shigeru, "Fisheries Under the United Nations Convention on the Law of the Sea," *American Journal of International Law*, Vol. 77, No. 4 (October 1983), pp. 739-755.

Oral, Nilüfer, "The South China Sea Arbitral Award: Casting Light on Article 121 of UNCLOS," *The Law and Practice of International Courts and Tribunals*, Vol. 16 (2017), pp. 354-364.

Oral, Nilüfer, "The South China Sea Arbitral Award, Part XII of UNCLOS, and the Protection and Preservation of the Marine Environment," in Shunmugam Jayakumar et al., eds., *The South China Sea Arbitration: The Legal Dimension* (Cheltenham: Edward Elgar, 2018), pp. 223-246.

Ordaniel, Jeffrey, *Twitter*, 22 May 2020, https://twitter.com/JeffreyOrdaniel/status/1263794565057703937.

Oude Elferink, Alex G., "The Islands in the South China Sea: How Does Their Presence Limit the Extent of the High Seas and the Area and the maritime Zones of the Mainland Coasts?" *Ocean Development and International Law*, Vol. 32, No. 2 (2011), pp. 169-190.

Oude Elferink, Alex G., "Arguing International Law in the South China Sea Disputes: The *Haiyang Shiyou 981* and *USS Lassen* Incidents and the *Philippines* v *China* Arbitration," *International Journal of Marine and Coastal Law*, Vol. 31, No. 2 (April 2016), pp. 205-241.

Oude Elferink, Alex G., "The South China Sea Arbitration's Interpretation of Article 121(3) of the UNCLOS: A Disquieting First," *The NCLOS Blog*, 7 September 2016, https://site.uit.no/nclos/2016/09/07/the-south-china-sea-arbitrations-interpretation-of-article-1213-of-the-losc-a-disquieting-first/.

Oxman, Bernald H., "Complementary Agreements and Compulsory Jurisdiction," *American Journal of International Law*, Vol. 95 (2001), pp. 277-312, https://

repository.law.miami.edu/cgi/viewcontent.cgi?article=1406&context=fac_articles.

Palchetti, Paolo, "The Power of the International Court of Justice to Indicate Provisional Measures to Prevent the Aggravation of a Dispute," *Leiden Journal of International Law*, Vol. 21, No. 3 (September 2008), pp. 623-642, https://u-pad.unimc.it/retrieve/handle/11393/37007/275/LJLarticolo.pdf.

Papanicolopulu, Irini, "The Land Dominates the Sea (Dominates the Land Dominates the Sea)," *Questions of International Law Zoom-in*, Vol. 47 (2018), pp. 39-48, http://www.qil-qdi.org/wp-content/uploads/2018/02/03_Whats-an-island_PAPANICOLOPULU_FIN.pdf.

Park, Choo-Ho, "The Changeable Legal Status of Islands and 'Non-Islands' in the Law of the Sea: Some Instances in the Asia-Pacific Region," in David D. Caron and Harry N. Scheiber, eds., *Bringing New Law to Ocean Waters* (Leiden: Nijhoff, 2004).

PCA, *Award on Jurisdiction and Admissibility*, https://www.pcacases.com/web/sendAttach/1506.

Pearson, James, "Exclusive: As Rosneft's Vietnam unit drills in disputed area of South China Sea," *Beijing issues warning*, 17 May 2018, https://www.reuters.com/article/us-rosneft-vietnam-southchinasea-exclusv/exclusive-as-rosnefts-vietnam-unit-drills-in-disputed-area-of-south-china-sea-beijing-issues-warning-idUSKCN1II09H.

Pedersen, Torbjørn, "Denmark's Policies Toward the Svalbard Area," *Ocean Development and International Law*,Vol. 40, No. 4 (November 2009), pp. 319-332.

Pereira, Elianna Silva, "Islands and Rocks Recent Developments by South China Sea Arbitral Award," in Tafsir Malick Ndyiaye and Rodrigo Fernandes More, eds., *Prospects of Evolution of the Law of the Sea, Environmental Law and the Practice of ITLOS: New Challenges and Emerging Regimes* (Rio de Janeiro: SaG Serv, 2018), pp. 213-232, http://www.ibdmar.org/wp-content/uploads/2019/07/b984b7_a836b5aee2414f259afe388b2f489380.pdf.

Prescott, Victor and Clive H. Schofield, *The Maritime Political Boundaries of the World*, 2nd edn (Leiden: Brill/Njihoff, 2005).

Prölss, Alexander, "Article 58," in Alexander Prölss, ed., *United Nations Convention on the Law of the Sea: A Commentary* (Munich: Beck/Hart Publishing/Nomos, 2017).

Psaki, Jen, "Daily Pres Briefing," *US State Department, Washington, D.C.*, 6 May 2014, http://www.state.gov/r/pa/prs/dpb/2014/05/225687.htm.

Rajagopalan, Rajeswari Pillai, "Vietnam Confronts China, Alone," *The Diplomat*, 26 September 2019, https://thediplomat.com/2019/09/vietnam-confronts-china-alone/.

Rao, P. Chandrasekhara, "Delimitation Disputes under the United Nations Convention on the Law of the Sea: Settlement Procedures," in Chie Kojima, Thomas A Mensah, Tafsir Malick Ndiaye, and Rüdiger Wolfrum, eds., *Law of the Sea, Environmental Law and Settlement of Disputes, Liber Amicorum Judge Thomas A Mensah* (Boston: Martinus Nijhoff, 2007).

Rao, P. Chandrasekhara and P Gautier, *The International Tribunal for the Law of the Sea: Law, Practice and Procedure* (London: Edward Elgar, 2018).

Riddell, Anna and Brendan Plant, *Evidence before the International Court of Justice* (London: British Institute of International and Comparative Law, 2009).

Roach, J. Ashley, "Offshore Archipelagos Enclosed by Straight Baselines: An Excessive Claim?" *Ocean Development & International Law*, Vol. 49, No. 2 (April 2018), pp. 1-27.

Roach, J. Ashley, "Rocks versus Islands: Implications for Protection of the Marine Environment," in Shunmugam Jayakumar et al., eds., *The South China Sea Arbitration: The Legal Dimension* (Edward Elgar, 2018), pp. 247-275.

Roach, J. Ashley and Robert W. Smith, *Excessive Maritime Claims*, 3rd edn (Leiden: Brill/Nijhoff, 2012).

Romano, Cesare, "The Southern Bluefin Tuna Dispute: Hints of a World to Come … Like it or Not," *Ocean Development & International Law*, Vol. 32, No. 4 (November 2001), pp. 313-348.

Rosenne, Shabtai, *League of Nations: Conference for the Codification of International Law 1930*, Vol. II (New York: Oceana, 1975).

Saunders, Imogen, "The *South China Sea Award*, Artificial Islands and Territory," *Australian Yearbook of International Law*, Vol. 34 (2016), pp. 31-39.

Scanlon, Zoe and Robert Beckman, "Assessing Environmental Impact and the Duty to Cooperate: Environmental Aspects of the Philippines v. China Award," *Asia-Pacific Journal of Ocean Law and Policy*, Vol. 3, No. 1 (2018), pp. 5-30, https://daisukybiendong.files.wordpress.com/2018/08/zoe-scanlon-robert-beckman-2018-assessing-environmental-impact-and-the-duty-to-cooperate.pdf.

Schofield, Clive, "The Trouble with Islands: The Definition and Role of Islands and Rocks in Maritime Boundary Delimitation," in Seoung-Yong Hong and Jon M. Van Dyke, eds., *Maritime Boundary Disputes, Settlement Processes, and the Law of the Sea* (Leiden; Boston: Martinus Nijhoff Publishers, 2009), pp. 19-37.

Serdy, Andrew, "Article 281," in Alexander Prölss, ed., *The United Nations Convention on the Law of the Sea: A Commentary* (London: Hart Publishing, 2017).

Sheng-ti Gau, Michael, "The Interpretation of Article 121(3) of UNCLOS by the Tribunal for the South China Sea Arbitration: A Critique," *Ocean Development & International Law*, Vol. 50, No. 1 (2019), pp. 49-69, https://doi.org/10.1080/00908320.2018.1511083.

Singhota, Gurpreet S., Report of the International Navigational Safety Expert appointed by the Permanent Court of Arbitration, The Hague, The Netherlands (15 April 2016) ("Singhota Report").

Song, Yann-huei, "Okinotorishima: A 'Rock' or an 'Island'? Recent Maritime Boundary Controversy between Japan and Taiwan/China," in Seoung-Yong Hong and Jon M. Van Dyke, eds., *Maritime Boundary Disputes, Settlement Processes, and the Law of the Sea* (Leiden; Boston: Martinus Nijhoff Publishers, 2009).

Song, Yann-huei, "The Application of Article 121 of the Law of the Sea Convention to the Selected Geographical Features Situated in the Pacific Ocean," *Chinese Journal of International Law*, Vol. 9, No. 4 (2010), pp. 663-698.

Song, Yann-huei, "Article 121(3) of the Law of the Sea Convention and the Disputed Offshore Islands in East Asia: A Tribute to Judge Choon-Ho Park," in Jon M. van Dyke, Sherry P. Broder, Seokwoo Lee, and Jin-Hyun Paik, eds., *Governing Ocean Resources* (New Challenges and Emerging Regimes: A Tribute to Judge Choon-Ho Park) (Leiden: Brill/Nijhoff, 2013).

Song, Yann-huei and Peter Kien-hong Yu, "China's 'Historic Water' in the South

China Sea: An Analysis from Taiwan, ROC," *American Asian Review*, Vol. 12, No. 4 (Winter 1994), pp. 83-101.

Sorel Jean-Marc and Valerie Bore-Eveno, "1969 Vienna Convention Article 31," in Olivier Corten and Pierre Klein, eds., *The Vienna Conventions on the Law of Treaties: A Commentary*, Vol. I (Oxford: Oxford University Press, 2011).

Southgate, Laura and Nicholas Khoo, "Enter the Vanguard State: Reinterpreting ASEAN's Response to the South China Sea Issue," *Journal of Asian Security and International Affairs*, Vol. 3, No. 2 (2016), pp. 221-244.

Stephens, Tim, "The Collateral Damage from China's 'Great Wall of Sand': The Environmental Dimensions of the *South China Sea* Case," *Australian Yearbook of International Law*, Vol. 34 (2016), pp. 41-52.

Storey, Ian, "Assessing Responses to the Arbitral Tribunal's Ruling on the South China Sea," *ISEAS Perspective*,Vol. 43 (Singapore: Yusof Ishak Institute, 2016)

Storey, Ian, "Rising Tensions in the South China Sea: Southeast Asian Responses," in Ian Storey and Cheng-Yi Lin, eds., *The South China Sea Dispute: Navigating Diplomatic and Strategic Tensions* (Singapore: ISEAS – Yusof Ishak Institute, 2016), pp. 134-160.

Stubbs, Matthew T. and Dale Stephens, "Dredge Your Way to China? The Legal Significance of Chinese Reclamation and Construction in the South China Sea," *Asia-Pacific Journal of Ocean Law and Policy*, Vol. 2 (2017), pp. 25-51, https://poseidon01.ssrn.com/delivery.php?ID=879069123085014126090067088122000089002048019033051075102064104004002068105024099096019100018115060113111022098015070125098008121090086001023003098092003117005126036021041097075098007116110081119121083066067120088080023107086113115066027084083102086&EXT=pdf&INDEX=TRUE.

Symmons, Clive R., *The Maritime Zones of Islands in International Law* (Leiden: Nijhoff, 1979).

Symmons, Clive R., "Some Problems Relating to the Definition of 'Insular Formations' in International Law: Islands and Low-Tide Elevations," *Maritime Briefing* 1 No. 5 (International Boundaries Research Unit, 1995).

Symmons, Clive R., *Historic Waters in the Law of the Sea: A Modern Re-appraisal* (Leiden: Brill/Nijhoff, 2008).

Symmons, Clive R., "Historic Waters and Historic Rights in the South China Sea: A Critical Appraisal," in Shicun Wu, Mark Valencia, and Nong Hong, eds., *UN Convention on the Law of the Sea and the South China Sea* (Ashgate: Routledge, 2015), pp. 191-238.

Symmons, Clive R., "Rights and Jurisdiction over Resources and Obligations of Coastal States," in Tran Truong Thuy and Le Thuy Trang, eds., *Power, Law, and Maritime Order in the South China Sea* (Lanham: Lexington Books, 2015).

Symmons, Clive R., "First Reactions to the Philippines v China Arbitration Award Concerning the Supposed Historic Claims of China in the South China Sea," *Asia-Pacific Journal of Ocean Law and Policy*, Vol. 1 (2016), pp. 260-267, https://maritimearchives.files.wordpress.com/2017/01/first-reactions-to-the-philippines-v-china-arbitration-award-concerning-the-supposed-historic-claims-of-china-in-the-south-china-sea.pdf.

Symmons, Clive R., "Historic Rights in the Light of the Award in the South China Sea Arbitration: What Remains of the Doctrine Now?" in Shunmugam Jayakumar et al., eds., *The South China Sea Arbitration: The Legal Dimension* (Leiden; Boston: Edward Elgar, 2018), pp. 101-127.

Talmon, Stefan, "The Chagos Marine Protected Area Arbitration: Expansion of the Jurisdiction of UNCLOS Part XV Courts and Tribunals," *International & Comparative Law Quarterly*, Vol. 65, No. 4 (October 2016), pp. 927-951.

Tanaka, Yoshifumi, "Low-tide Elevations in International Law of the Sea: Selected Issues," *Ocean Yearbook*, Vol. 20 (2006), pp. 189-219.

Tanaka, Yoshifumi, "Passing of Sovereignty: the Malaysia/Singapore Territorial Dispute before the ICJ," *Hague Justice Journal*, Vol. 3 (2008), pp. 5, 11.

Tanaka, Yoshifumi, "A New Phase of the Temple of Preah Vihear Dispute before the International Court of Justice: Reflections on the Indication of Provisional Measures of 18 July 2011," *Chinese Journal of International Law*, Vol. 11, No. 1 (2012), pp. 191-226.

Tanaka, Yoshifumi, "A Note on the M/V 'Louisa' Case," *ODIL*, Vol. 45 (2014), pp. 205-220.

Tanaka, Yoshifumi, "Reflections on the Territorial and Maritime Dispute between Nicaragua and Colombia before the International Court of Justice," *Leiden*

Journal of International Law, Vol. 26, No. 4 (November 2013), pp. 909-931.

Tanaka, Yoshifumi, "Reflections on Time Elements in the International Law of the Environment," *ZaoRV*, Vol. 73 (2013), pp. 139-175.

Tanaka, Yoshifumi, "Principles of International Marine Environmental Law," in Rosemary Rayfuse, ed., *Research Handbook on International Marine Environmental Law* (Cheltenham: Edward Elgar, 2015), pp. 31-56.

Tanaka, Yoshifumi, "Costa Rica v. Nicaragua and Nicaragua v. Costa Rica (ICJ 2015): Some Reflections on the Obligation to Conduct an Environmental Impact Assessment," *Review of European, Comparative and International Environmental Law*, Vol. 26, No. 1 (2017), pp. 91-97, https://static-curis.ku.dk/portal/files/187041632/Tanaka_2017_Review_of_European_Comparative_International_Environmental_Law.pdf.

Tanaka, Yoshifumi, "Reflections on Historic Rights in the South China Sea Arbitration (Merits)," *The International Journal of Marine and Coastal Law*, Vol. 32, No. 3 (September 2017), pp. 458-483.

Tanaka, Yoshifumi, "The South China Sea Arbitration: Environmental Obligations under the Law of the Sea Convention," *Review of European Community & International Environmental Law*, Vol. 27, No. 1 (April 2018), pp. 90-96.

Tanaka, Yoshifumi, "The *South China Sea* Arbitration (Merits, 12 July 2016): Environmental Obligations under the UN Convention on the Law of the Sea," *Review of European, Comparative and International Environmental Law*, Vol. 28 (2018), p. 90.

Tanaka, Yoshifumi, "Maritime Boundary Delimitation by Conciliation," *Australian Year Book of International Law*, Vol. 36 (2019), pp. 69-82.

Tanaka, Yoshifumi, *The International Law of the Sea*, 3rd edn (Cambridge: Cambridge University Press, 2019).

Tanaka, Yoshifumi, *The* South China Sea Arbitration*: Toward an International Legal Order in the Oceans* (Oxford: Hart Publishing, 2021).

Thanh, Phương, "Biển Đông : Việt Nam tố cáo Trung Quốc biến nơi không tranh chấp thành tranh chấp," *RFI*, 30 September 2019, http://vi.rfi.fr/viet-nam/20190930-bien-dong-viet-nam-to-cao-trung-quoc-bien-noi-khong-tranh-chap-thanh-tranh-chap.

Thayer, Carl, “4 Reasons China Removed Oil Rig HYSY-981 Sooner than Planned,” *The Diplomat*, 22 July 2014, http://thediplomat.com/2014/07/4-reseon-china-removed-oil-rig-hysy-981-sooner-than.planed/.

Thayer, Carlyle A.,“Chinese Assertiveness in the South China Sea and Southeast Asian Responses,” *Journal of Current Southeast Asian Affairs*, Vol. 30, No. 2 (2011), pp. 77-104.

Thayer, Carlyle A., “Vietnam’s Strategy of ‘Cooperating and Struggling’ with China over Maritime Disputes in the South China Sea,” *Journal of Asian Security and International Affairs*, Vol. 3, No. 2, pp. 200-220.

Thayer, Carlyle A., “Dead in the Water: The South China Sea Arbitral Award, One Year Later,” *The Diplomat*, 28 June 2017, https://thediplomat.com/2017/06/dead-in-the-wa-ter-the-south-china-sea-arbitral-award-one-year-later/.

Thayer, Carlyle A., “Vietnam’s Foreign Policy in an Era of Rising Sino-US Competition and Increasing Domestic Political Influence,” *Asian Security*, Vol. 13 No. 3 (2017), pp. 183-199.

Thirlway, Hugh, *The Law and Procedure of the International Court of Justice: Fifty Years of Jurisprudence*, Vol II (London: Oxford University Press, 2013).

Thirlway, Hugh, *The International Court of Justice* (London: Oxford University Press, 2016).

Thirlway, Hugh, “Territorial Disputes and Their Resolution in the Recent Jurisprudence of the International Court of Justice,” *Leiden Journal of International Law*, Vol. 31, No. 1 (March 2018), pp. 117-146.

Tønnesson, Stein, “The South China Sea in the Age of European Decline,” *Modern Asian Studies*, Vol. 40, No. 1 (February 2006), pp. 1-57.

Tran, Truong Thuy, “Vietnam’s Relations with China and the US and the Role of ASEAN,” in *Security Outlook of the Asia Pacific Countries and Its Implications for the Defense Sector* (Tokyo: The National Institute for Defense Studies, 2016), pp. 87-96.

Tran, Yen Hoang, “The South China Sea Arbitral Award: Legal Implications for Fisheries Management and Cooperation in the South China Sea,” *Cambridge International Law Journal*, Vol. 6, No. 1 (2017), pp. 87-94.

Treves, Tullio, “What have the United Nations Convention and the International

Tribunal for the Law of the Sea to Offer as Regards Maritime Delimitation Disputes?" in Rainer Lagoni and Daniel Vignes, eds., Maritime Delimitation (Boston: Martinus Nijhoff: Leiden, 2006).

Trindade, Antônio Aususto Cançando, *International Law for Humankind: Towards a New Jus Gentium* (Leiden; Boston: Martinus Nijhoff Publishers, 2010).

Ulfstein, Geir, "Jan Mayen," in Rüdiger Wolfrum, ed., *Max Planck Encyclopedia of Public International Law* (Oxford: Oxford University Press, 2009).

United States Department of State, *Limits in the Seas No. 143 China: Maritime Claims in the South China Sea*, 5 December 2014, https://www.state.gov/wp-content/uploads/2019/10/LIS-143.pdf.

Van Asselt, Harro, *The Fragmentation of Global Climate Governance: Consequences and Management of Regime Interactions* (Cheltenham: Edward Elgar Publishing 2014).

Van Dyke, Jon M., "The Romania-Ukraine Decision and Its Effect on East Asian Maritime Delimitation," in Seoung-Yong Hong and JM Van Dyke, eds., *Governing Ocean Resources: New Challenges and Emerging Regimes, A Tribute to Judge Choon-Ho Park* (Leiden; Boston: Martinus Nijhoff Publishers, 2013).

Van Dyke, Jon M. and Dale L. Bennett, "Islands and the Delimitation of Ocean Space in the South China Sea," *Ocean Yearbook*, Vol. 10, No. 1 (1993), pp. 54-89.

Van Dyke, Jon M. and Robert A. Brooks, "Uninhabited Islands: Their Impact on the Ownership of the Oceans' Resources," *Ocean Development & International Law*, Vol. 12, No. 3-4 (1983), pp. 265-300.

Van Dyke, Jon M., Joseph Morgan, and Jonathan Gurish, "The Exclusive Economic Zone of the Northwestern Hawaiian Islands: When Do Uninhabited islands Generate an EEZ?" *San Diego Law Review*, Vol. 25, No. 3 (1988), pp. 425-494, https://digital.sandiego.edu/cgi/viewcontent.cgi?article=1479&context=sdlr.

Van Overbeek, W., "Article 121(3) UNCLOS in Mexican State Practice in the Pacific," *International Journal for Estuarine and Coastal Law*, Vol. 4, No. 4 (1989), pp. 252-282.

Vietnam Embassy in Germany, "Prime Minister Nguyen Tan Dung Answers to Associated Press on 21 May," 22 May 2014, http://www.vietnambotschaft.org/

prime-minister-nguyen-tan-dung-answers-to-associated-press-on-21-may/.

Vnexpress, "Đội tàu ngầm Kilo [The Kilo Submarines]," *Vnexpress*, 3 August 2017, https://vnexpress.net/interactive/2017/suc-manh-6-tau-ngam-kilo-viet-nam.

Von Mangoldt, Hans and Andreas Zimmermann, "Article 53," in Andreas Zimmermann et al., eds., *The Statute of the International Court of Justice: A Commentary*, 2nd edn (London: Oxford University Press, 2012).

Vu, Truong Minh and Thanh Trung Nguyen, "Vietnam's Foreign Policy after the South China Sea Ruling," *Thinking ASEAN*, No. 20 (February 2017), pp. 8-13.

Wolfrum, Rüdiger, "The Settlement of Disputes Before the International Tribunal for the Law of the Sea: A Progressive Development of International Law or Relying on Traditional Mechanisms?" *Japanese Yearbook of International Law*, Vol. 51 (2008), pp. 140-163.

Wolfrum, Rüdiger and Nele Matz, *Conflicts in International Environmental Law* (New York: Springer, 2003), https://books.google.co.uk/books?id=br0SGSdkCv4C&printsec=frontcover&source=gbs_ge_summary_r&cad=0#v=onepage&q&f=false.

Wu, Shicun, "South China Sea arbitral award should be buried at dustbin of history," *Global Times*, 12 July 2021, https://www.globaltimes.cn/page/202107/1228468.shtml.

Xue, Guifang, "How Much Can A Rock Get? A Reflection from the Okinotorishima Rocks," in Myron H. Nordquist et al., eds., *The Law of the Sea Convention: US Accession and Globalization* (Leiden; Boston: M. Brill/Nijhoff, 2012).

Yasay, Perfecto R., "Come, Let Us Reason Together: Remarks of the Hon. Perfecto R. Yasay, Jr. Secretary of Foreign Affairs at the Second Manila Conference on the South China Sea," 3 August 2016, https://www.dfa.gov.ph/speeches-and-statements/10079-come-let-us-reason-together.

Yee, Sienho, "Intervention in an Arbitral proceeding under Annex VII to the UNCLOS?" *Chinese Journal of International Law*, Vol. 14, No. 1 (March 2015), pp. 79-98.

Yen Hoang Tran, "The South China Sea Arbitral Award: Legal Implications for Fisheries Management and Cooperation in the South China Sea," *Cambridge International Law Journal*, Vol. 6 (2017), pp. 87-94.

Zha, Daojiong and Mark J. Valencia, "Mischief Reef: Geopolitics and Implications," *Journal of Contemporary Asia*, Vol. 31, No. 1 (2001), pp. 86-103.

Zha, Wen, "Personalized Foreign Policy Decision-Making and Economic Dependence: A Comparative Study of Thailand and the Philippines' China Policies," *Contemporary Southeast Asia: A Journal of International and Strategic Affairs*, Vol. 37, No. 2 (2015), pp. 242-268.

Zhang, Feng, "Assessing China's Response to the South China Sea Arbitration Ruling," *Australian Journal of International Affairs*, Vol. 71, No. 4 (2017), pp. 440-459.

Zou, Keyuan, "China's U-Shaped Line in the South China Sea Revisited," *Ocean Development & International Law*, Vol. 43 (2012), pp. 18-34.

Zou, Keyuan, "Historic Rights in the South China Sea," in Shicun Wu, Mark Valencia, and Nong Hong, eds., *UN Convention on the Law of the Sea and the South China Sea* (Farnham: Ashgate, 2015), pp. 239-250.

Zou, Keyuan, "Navigation in the South China Sea: Why Still an Issue?" *International Journal of Marine and Coastal Law*, Vol. 32, No. 2 (June 2017), pp. 243-267.

Zou, Keyuan and Liu Xinchang, "The U-Shaped Line and Historic Rights in the Philippines v China Arbitration Case," in Shicun Wu and Keyuan Zou, eds., *Arbitration Concerning the South China Sea: Philippines Versus China* (London: Routledge, 2016).

Zunes, Stephen, "Implications of the U.S. Reaction to the World Court Ruling against Israel's 'Separation Barrier'," *Middle East Policy*, Vol. IX, No. 4 (2004), pp. 72-85.

附錄：越南海洋法

第一章　總　則

第 1 條　（適用範圍）

本法是關於隸屬於越南國家主權、國家主權權利、國家管轄權範圍內的領海基線、內水、領海、鄰接區、專屬經濟區、大陸礁層、黃沙群島、長沙群島和其他群島的各個島嶼；在越南海域內從事發展海洋經濟的活動；管理和保護海洋、島嶼活動的規定。

第 2 條　（適用法律）

1. 一旦出現本法關於越南海域的主權、管理制度的規定與其他法律的規定矛盾的情形則適用本法的規定。
2. 一旦出現本法與越南社會主義共和國作為其成員國締結或者參與的國際條約不同的情形則適用於國際條約的規定。

第 3 條　（術語解釋）

在本法中，下列詞彙的含義理解如下：

1. 越南海域：包括隸屬於越南國家主權、國家主權權利、國家管轄權、依照越南法律、越南社會主義共和國作為其成員國締結，或者參與的關於領土邊境的國際條約，以及與 1982 年《聯合國海洋法公約》相符合的國際公約予以確定的內水、領海、鄰接區、專屬經濟區和大陸礁層。
2. 國際海域：是指位於越南和其他各個國家專屬經濟區以外的所有全部海域，但不包括海床和底土。
3. 船舶：是指在海上或者海底從事活動的設備，包括艦、船和其他安裝或未安裝發動機的各類設備。
4. 軍用船舶：是指隸屬於一國的武裝力量，並且在船體外面清楚地標明該國國籍、由在該國海軍服役的一名海軍軍官指揮，該指揮官名列軍官名冊或者類似的一份文件之中、依照各類軍事紀律條例調遣乘員組活動的船舶。
5. 公務船舶：是指專用於履行國家各種公務活動而非商業貿易目的船舶。

6. 資源：包括隸屬於海域、海床和底土的各類生物資源和非生物資源。
7. 等（水）深線：是指與位於海洋同一深度各個點的連接線。

第4條　（海洋管理與保護原則）

1. 對於海洋的管理與保護依照越南法律的規定統一執行、並且與《聯合國憲章》和越南社會主義共和國作為其成員國締結或者參與的其他各類國際條約相符合。
2. 越南的各個機關、組織和所有公民均具有捍衛各個海域、島嶼和群島上國家主權、國家主權權利、國家管轄權、保護海洋資源和環境的職責。
3. 國家透過符合 1982 年《聯合國海洋法公約》、國際法和實踐的各種和平方式解決與其他各國涉及海洋、島嶼方面的各種爭端。

第5條　（海洋管理與保護的政策）

1. 發揮全民族的力量和採取各種措施捍衛各個海域、島嶼和群島上的國家主權、國家主權權利、國家管轄權，保護海洋資源和環境，發展海洋經濟。
2. 堅定不移地制定和實施各個海域、島嶼和群島的管理、使用、開發、保護戰略、規劃、計劃，為實現建設、發展經濟社會、國防、安全目標服務。
3. 鼓勵組織、個人投入工作力、物資、資金及在應用科技、工藝方面投資於使用、開發、發展海洋經濟，保護海洋資源和環境，穩步發展各個海域，使其與各個海域的條件和保障國防安全的需求逐步相符；在海洋潛力、政策、法律方面強化資訊公開、普及的程度。
4. 鼓勵和保護漁民在各個海域從事水產活動，保護越南組織、公民在越南所屬的各個海域以外的、與越南社會主義共和國作為其成員國締結或者參與的其他各類國際條約、國際法、相關各個沿海國家法律相符合的各個海域活動。
5. 加強投入、確保各類執行海上巡查、檢查力量的行動，升級後勤基地為從事海上、島嶼和群島各類活動、發展海洋人力資源提供服務。
6. 對於在島嶼和群島上生活的人民群眾實行各種優惠政策；對於參與各個海域、島嶼和群島管理和保護的各種力量實行優待制度。

第6條　（海洋國際合作）

1. 國家在尊重國際法、尊重獨立、主權和領土完整、平等、各方互利共贏的基礎上，加強與各個國家、各種國際和地區組織在海洋方面的國際合作。
2. 海洋方面的國際合作內容包括：

3. (1) 從事海洋、大洋調查、研究；運用科學、技術和工藝；(2) 應對氣候變化，預防和預報自然災害；(3) 保護海洋生物多樣性和海洋生態體系；(4) 防止海洋環境污染，處理從海洋經濟活動中產生的廢棄物，應對突發的溢油污染事故；(5) 海上搜尋、救助；(6) 預防、打擊海上犯罪；(7) 穩步開發海洋資源、發展海洋旅遊。

第 7 條 （關於海洋的國家管理）

1. 政府代表國家對全國範圍內的海洋實行統一管理。
2. 各部、部級機關、沿海各省、中央直轄市人民委員會在自身職權範圍內代表國家行使對於海洋的管理。

第二章 越南海域

第 8 條 （確定領海基準線）

用於測算越南領海寬度的領海基準線是指政府已經公布的垂直基準線。經過國會常務委員會審議批准，由政府予以確定和公布沒有領海基準線海域的領海基準線。

第 9 條 （內水）

內水是指與海岸線鄰接的海域，位於領海基準線方向一側，並且是越南領土的一部分。

第 10 條 （內水的管理制度）

像對陸地領土一樣，國家對內水海域完全、絕對和充分行使主權。

第 11 條 （領海）

領海是指從領海基準線以外向海洋方向延伸 12 海里海域。領海的外部界線為越南海洋上的國家邊境線。

第 12 條 （領海的法理制度）

1. 對符合 1982 年《聯合國海洋法公約》的領海和領海的上空、領海的海床及其底土由國家充分和完整行使主權。
2. 各個國家所有的船舶均享有無害通過越南領海的權利。外國軍用船舶無害通過越南領海必須提前向越南的主管部門報告。

3. 外國船舶無害通過必須在尊重和平、獨立、主權，遵守越南法律和越南社會主義共和國作為其成員國締結或者參與的國際條約的基礎上予以實施。
4. 外國的各類飛行器嚴禁進入越南領海的上空，徵得越南政府同意或者依照越南社會主義共和國作為其成員國締結或者參與的國際條約予以實施的情形除外。
5. 國家對於越南領海以內的所有的考古文物、歷史文物擁有主權。

第 13 條　（領海鄰接區）

領海鄰接區是指位於越南領海以外並鄰接領海的一帶海域，從領海的外部界線處測算寬度為 12 海里。

第 14 條　（領海鄰接區的法理制度）

1. 國家對領海鄰接區行使本法第十六條規定的國家主權、國家主權權利、國家管轄權和其他各種權利。
2. 國家在領海鄰接區範圍內行使檢查權，旨在防範和懲處發生在越南領土上或者領海上的違反海關、稅務、衛生、出入境法律、法規的違法行為。

第 15 條　（專屬經濟區）

專屬經濟區是指位於越南領海以外並鄰接領海的一帶海域，從領海基準線處測算寬度為 200 海里、與領海重疊成一片的海域。

第 16 條　（專屬經濟區的法理制度）

1. 在專屬經濟區範圍內，由國家行使：(1) 在勘查、開發、管理和保護隸屬於海底、海底以上和海底海床海域的資源方面行使主權權利；為了經濟目的而從事的旨在勘查、開發該海域的其他各種活動的權利；(2) 在安裝、建造和使用人工島嶼、海上設施和工程、海洋科學研究、保護和維護海洋環境方面行使國家管轄權；(3) 符合國際法的其他各種權利和義務。
2. 依照本法的規定和依照越南社會主義共和國作為其成員國締結或者參與的國際條約，在不危害越南海上國家主權權利、國家管轄權和國家利益的前提下，國家尊重其他各個國家在越南專屬經濟區範圍內的航海自由權、航空自由權、鋪設海底電纜、管道的權利和其他合法使用海洋的權利。鋪設海底電纜、管道必須徵得越南國家主管部門的書面同意。
3. 在越南社會主義共和國作為其成員國締結或者參與的各種國際條約，以及依照越南法律規定簽訂契約或者徵得越南政府同意、符合相關國際法的基礎上，外國組織、個人可以在越南的專屬經濟區範圍內參與勘查、使用、開發資源，從事海洋科研活動，安裝、建造各種設施和工程。

4. 本條款規定的與海床和底土相關的各種權利可以依照本法第十七條和第十八條的規定執行。

第 17 條　（大陸礁層）

大陸礁層是指鄰接並且位於越南領海以外，依越南領土、各個島嶼和群島的全部自然延伸到大陸邊外緣的海床和底土海域。在大陸邊外緣距離測算領海寬度的領海基準線不足 200 海里的情形下，則該地的大陸礁層從測算領海寬度的領海基準線處延伸、擴展至 200 海里。在大陸邊外緣距離測算領海寬度的領海基準線超過 200 海里的情形下，則該地的大陸礁層從測算領海寬度的領海基準線處延伸、擴展不超過 350 海里，或者從 2,500 公尺等（水）深五線處測算不超過 100 海里。

第 18 條　（大陸礁層的法理制度）

1. 對於在大陸礁層從事資源勘查、開發則由國家行使主權權利。
2. 本條第一款規定的主權權利具有特權性質，如果未徵得越南政府的同意，任何人均無權在大陸礁層從事勘查活動或者開發大陸礁層的資源。
3. 國家對於大陸礁層擁有無論出於任何目的開發海床底土、允許和規定勘查的權利。
4. 依照本法和越南社會主義共和國作為其成員國締結或者參與的國際條約的規定，在不危害越南海上國家主權權利、國家管轄權和國家利益的前提下，國家尊重其他各個國家在越南大陸礁層鋪設海底電纜、管道的權利和其他合法使用海洋的權利。鋪設海底電纜、管道必須徵得越南國家主管部門的書面同意。
5. 在越南社會主義共和國作為其成員國締結或者參與的各種國際條約，以及依照越南法律規定簽訂契約或者徵得越南政府同意的基礎上，外國組織、個人可以在越南的大陸礁層參與勘查、使用、開發資源，從事海洋科研活動，安裝、建造各種設施和工程。

第 19 條　（島嶼、群島）

1. 島嶼是指周圍有水環繞的一片陸地區域，一旦海水漲潮這片陸地區域仍然佇立在水面上。群島是指各種島嶼的一個集合體，包括所有各個島嶼、鄰接海域的全部和相互密切關聯的各類自然成分。
2. 屬於越南主權的島嶼、群島是越南領土不可分割的一部分。

第 20 條 （島嶼、群島的內水、領海、領海鄰接區、專屬經濟區和大陸礁層）
1. 適合人類生存或者適合一種特種經濟生存的島嶼則有內水、領海、領海鄰接區、專屬經濟區和大陸礁層。
2. 不適合人類生存或者不適合一種特種經濟生存的島嶼則沒有專屬經濟區和大陸礁層。
3. 各個島嶼、群島的內水、領海、領海鄰接區、專屬經濟區和大陸礁層依照本法第九條、第十一條、第十三條、第十五條和第十七條的規定予以確定，並且在由政府公布的海圖、地理座標示意圖上予以標註。

第 21 條 （島嶼、群島的法理制度）
1. 越南島嶼、群島上的主權由國家行使。
2. 對於各個島嶼、群島的內水、領海、領海鄰接區、專屬經濟區和大陸礁層的法理制度依照本法第十條、第十二條、第十四條、第十六條和第十八條的規定執行。

第三章 越南海域內的活動

第 22 條 （總則）
1. 在越南海域內從事活動的組織、個人必須尊重越南的國家主權、領土完整、主權權利、國家管轄權和國家利益，遵守越南法律和相關國際法的規定。
2. 國家尊重和保護符合越南法律和越南社會主義共和國作為其成員國締結或者參與的國際條約規定的，在越南海域內從事活動的船舶、組織、個人的合法權益。

第 23 條 （無害通過領海）
1. 通過領海是指外國船舶通過越南領海旨在實現下列各種目的之一：(1) 橫穿航行通過但是未駛入越南內水、未停泊在一個港口、一個碼頭設施內，或者停泊地位於越南內水以外；(2) 駛入或者駛離越南內水，或停泊、駛離一個港口、一個碼頭設施內，或者停泊地位於越南內水以外。

2. 通過領海必須連續不斷和迅速通過，遭遇航行事故、不可抗力事故、遭遇災難或者因為必須對正在遭遇災難的人員、艦艇或者飛機實施救助的情形除外。
3. 在領海上無害通過不得對越南的和平、國防、安全、海上安全秩序造成危害。如果通過越南領海的外國船舶實施了下列任何一種行為，則這些船舶將被視為是給越南的和平、國防、安全造成危害：(1) 威脅或者使用武力顛覆越南的獨立、主權和領土完整；(2) 威脅或者使用武力顛覆其他國家的獨立、主權和領土完整；實施與《聯合國憲章》中規定的國際法各項基本原則相違背的各種行為；(3) 不論在任何背景下、以任何武器和形式進行的演練或者演習；(4) 收集給越南的國防、安全造成危害的資訊；(5) 旨在對越南的國防、安全造成危害的宣傳；(6) 發射、接收或者裝置飛行器到船舶；(7) 發射、接收或者裝置軍用飛行器到船舶；(8) 違反越南法律、法規關於海關、稅務、衛生或者出入境法的規定，非法裝卸貨物、錢幣或者非法運送人員上下船舶；(9) 故意造成海洋環境嚴重污染；(10) 非法捕撈海產；(11) 非法從事科研、調查、勘查活動；(12) 對越南的通信聯絡系統、設備或者其他設施的正常運轉造成影響；(13) 從事與無害通過無直接關係的其他活動。

第 24 條　（行使無害通過權時的義務）

1. 在行使無害通過越南領海權利時，外國組織、個人具有遵守越南法律關於下列內容規定的義務：(1) 保障航海安全和分道調節海上交通、航行線和交通分流；(2) 保護保障航海的設施和系統、其他設備或設施；(3) 保護海底電纜和管道；(4) 保護海洋生物資源；(5) 從事海產捕撈、開發和養殖活動；(6) 保護海洋環境，防範、限制和控制海洋環境污染；(7) 進行海洋科學研究和水文監測；(8) 遵守有關海關、稅務、衛生、出入境法律、法規的規定。
2. 外國核動力船舶船長或者專門載運核物質、有毒物質或者危險物質的船舶在通過越南領海時具有下列義務：(1) 隨身攜帶齊全與船舶和船上貨物相關的技術資料、強制民事保險方面的資料；(2) 隨時向越南國家主管部門提供與船舶技術參數乃至與船上貨物相關的全部資料；(3) 針對這一類船舶必須嚴格依照越南法律和越南社會主義共和國作為其成員國締結或者參與的各類國際條約的規定，充分採取各種特別的預防措施；(4) 遵守越南主管部門有關適用特別預防措施的決定，包括在有跡象或者證據清楚表明有可能造成滲漏或者造成污染環境的情形下，禁止通過越南領海或者必須強迫立即駛離越南領海。

第 25 條 （爲無害通過提供服務的領海以內的航行線和分道調節交通線）

1. 由政府規定為無害通過提供服務的領海以內的航行線和分道調節交通線旨在維護航行安全。
2. 載運油料或者核動力船舶或者專門載運核物質、有毒物質或者危險物質的外國船舶，在無害通過越南領海時可能會被強制沿著針對各種情形具體規定的航行線行駛。

第 26 條 （領海禁區和限制活動區域）

1. 為了捍衛國家主權、國防、安全和國家利益或者維護航行安全，保護海洋資源、海洋生態，防止污染，避免事故、海洋環境災難，防止疫病蔓延擴散，政府在越南領海上設立臨時禁區或者限制活動區域。
2. 依照本條第一款的規定在越南領海設立臨時禁區或者限制活動區域事宜，必須通過「航海通報」在國內和國際上進行廣泛的公告，依照國際航海慣例，最遲於適用之前十五日進行公告，或者在緊急情況下一旦適用必須立即公告。

第 27 條 （抵達越南的外國軍用船舶和公務船舶）

1. 外國的軍用船舶和公務船舶只能駛入內水，停泊在一個港口、一個碼頭設施內或者內水以內的停泊地或者港口、碼頭設施內，或者按照越南政府的邀請停泊在位於越南內水以外的越南的停泊地，或者按照越南主管部門與船旗國達成的協定。
2. 位於內水以內、港口、碼頭設施內或者內水以內停泊地或者各個港口、碼頭設施內或者位於越南內水以外的越南停泊地的外國的軍用船舶和公務船舶，必須遵守本法的規定和越南相關法律的規定，越南社會主義共和國作為其成員國締結或者參與的國際條約有其他規定的情形除外，並且必須從事符合越南政府的邀請或者與越南主管部門達成協定的活動。

第 28 條 （位於越南海域的外國軍用船舶和公務船舶的責任）

外國的軍用船舶一旦在越南海域活動時，如果發生違犯越南法律的行為，則越南的海上巡查、檢查力量有權要求這些船舶立即停止違法行為，如果船舶正位於越南領海則必須立即駛離越南領海。違法船舶必須服從越南海上巡查、檢查力量的要求、命令。在越南海域從事活動的外國軍用船舶、公務船舶如果發生違犯越南法律或者相關國際法行為的情形，則船旗國必須承擔全部損失責任或者由於這艘船舶給越南造成損害的責任。

第 29 條 （外國潛艇和其他水下航行器在越南內水和領海的運行）

位於越南內水、領海上的外國潛艇和其他各種潛水器的活動在越南內水、領海上，外國潛艇和其他各種潛水器必須在海面上活動而且必須懸掛國旗，經過越南政府批准或者依照越南政府和船旗國政府之間達成協定的情形除外。

第 30 條 （針對外國船舶的刑事管轄權）

1. 海上巡查、檢查力量在自身職權範圍內有權採取各種措施，以便一旦外國船舶駛離越南內水和航行在越南海域時，針對發生在外國船舶上的犯罪對罪犯實施抓捕、調查。
2. 針對發生在正航行在越南領海的外國船舶但不是在駛離越南內水時的犯罪，在下列情節下，海上巡查、檢查力量有權實施抓捕、調查：(1) 犯罪的後果給越南造成了影響；(2) 犯罪具有破壞越南和平或者越南領海秩序的性質；(3) 船長或一名外交人員或者船旗國的領事人員要求越南主管部門提供說明；(4) 為了阻止販賣人口和販賣、儲藏、非法運輸毒品的行為。
3. 如果一艘外國船舶從一個外國港口出發且只是通過越南領海而未駛入越南內水，海上巡查、檢查力量不得對航行在越南領海上的外國船舶採取無論任何措施扣留人員，或者調查在這艘船舶駛入越南領海之前已發生的犯罪情形，需要防範、防治海洋環境污染或者為了行使本法第十六條第一款第二項規定的國家管轄權的情形除外。
4. 採取刑事訴訟措施必須符合越南法律和越南社會主義共和國作為其成員國締結參與的國際條約的規定。

第 31 條 （針對外國船舶的民事管轄權）

1. 如果僅僅是為了針對正乘坐在一艘外國船舶上的個人行使民事管轄權，則海上巡查、檢查力量不得強迫正航行在領海上的外國船舶必須停泊下來或者改變行程。
2. 對於正航行在越南海域的外國船舶，海上巡查、檢查力量不得針對民事方面採取扣留或者處理的措施，但船舶為了能夠通過越南海域而承諾的義務或必須承擔的民事責任除外。
3. 在外國船舶駛離越南內水以後，如果這艘船舶正停泊在越南領海或者通過越南領海，為了達到行使民事仲裁權的目的，海上巡查、檢查力量可以採取各種措施扣留或者處理外國船舶。

第 32 條　（在越南港口、碼頭或者停泊地的通信聯絡）

組織、個人和船舶一旦位於港口、碼頭內或者內水以內的停泊地或者港口、碼頭設施內或者位於越南內水以外的越南的停泊地，只能嚴格依照越南法律和相關國際法的各項規定從事通信聯絡。

第 33 條　（搜尋、救助和救援）

1. 在人員、船舶或者飛行器遭遇災難或者遭遇海上危險需要救助的情形下，必須按照規定發出急救信號，一旦條件允許必須立即向越南航海港務或航海搜尋、救助配合中心或者距事發地最近的地方當局報告，讓其知曉以便獲得必要的幫助、指導。
2. 一旦獲悉人員、船舶遇難或者遭遇危險的情況或者收到遇難人員、船舶或者遭遇危險需要救助的求助信號，如果實際條件允許且不會危及到船舶自身、正在船舶上的人的人身安全，其他的所有個人、船舶必須採用一切方法對遇難或者遭遇危險的人員、船舶實施救助，並及時告知相關個人、組織知曉。
3. 國家依照越南法律、相關國際法的規定和本著人道主義的精神，保證提供必需的說明以便迅速地搜尋、救助海上遇難或者遭遇危險的人員和船舶，避免事故的發生。
4. 在越南內水、領海範圍內，在實施各種搜尋、救助活動和海上遇難或者遭遇危險的人員和船舶需要救助的活動中，國家擁有特殊權力。
5. 如果實際條件允許且不會危及到這些個人、船舶的安全，主管機關的力量有權調動正在越南海域內從事活動的個人、船舶參與搜尋、救助。本款規定的調動和要求事項只能在緊急情況下實施，並只在需要開展搜尋、救助工作的時間內實施。
6. 航行救援可以依照參與救援的船舶船長或船主與遇難船舶船長或船主之間達成的、符合越南法律和相關國際法各項規定的協定，在簽訂航行救援合同的基礎上予以實施。
7. 駛入越南海域的外國船舶按照越南主管部門的建議實施搜尋、救助、避免發生事故、災難事宜，必須遵守越南法律和越南社會主義共和國作為其成員國締結或者參與的國際條約的各項規定。

第 34 條　（海上人工島嶼、設備、設施）

1. 海上人工島嶼、設備、設施包括：(1) 各類海上鑽井平臺以及保障各類鑽井平臺或者用於勘探、開發和使用海洋的各類專用設備正常和連續運轉的其他全部輔助部分；(2) 各類航行信號；(3) 在海洋安裝和使用的其他各類設備、設施。

2. 國家對於位於越南專屬經濟區內和大陸礁層內、海上各種人工島嶼和設備、設施擁有仲裁權，包括依照海關、稅務、衛生、安全和出入境法律、法規規定的所有仲裁權。
3. 海上各類人工島嶼、設備、設施及其各類附屬設施或者 500 公尺安全地帶（從突出點至島嶼的最遠點測算）、設備、設施或者該部分的附屬部分，但沒有領海和特殊海域。
4. 在有可能會給公認的國際航行造成阻礙和帶來威脅的地方，不修建海上人工島嶼，不安裝海上設備、設施，乃至海上人工島嶼、設備、設施周圍不設立安全地帶。
5. 一旦使用期限結束以後，海上設備、設施必須予以拆除、撤離越南海域，徵得主管部門批准的除外。對於海上設備、設施的餘留部分，因為技術或者批准延期的原因未及時完全拆除，則必須清楚明白地通告位置、尺寸、形狀、深度，並且必須安裝各種航行信號、通報器和相應的危險警示。
6. 與設立海上人工島嶼、安裝海上設備、設施相關的資訊，在周圍設立安全地帶與部分或全部拆除海上設備、設施相關的資訊，最遲必須於開始設立或者開始拆除海上人工島嶼、設備、設施之前十五日提供給越南國家主管部門，並在國內和國際上廣泛公告。

第 35 條 （維護、保護海洋資源和環境）

1. 船舶、組織、個人在越南海域內從事活動時必須遵守越南法律和與維護、保護海洋資源和海洋環境相關的國際法的一切規定。
2. 在運輸、裝卸各類貨物、設備有可能對資源、人類的生活造成危害和對海洋環境造成危害時，船舶、組織、個人必須按照規定使用專用設備和採取各種措施，以便最大限度地防止和限制可能發生的給人類、海洋資源和海洋環境造成的危害。
3. 船舶、組織、個人不得在越南海域內排洩、淹埋或者掩蓋各類工業廢料、核廢料或其他各類有毒廢料。
4. 船舶、組織、個人違反越南法律和相關國際法的規定給越南海域內、海港、碼頭或者停泊地海洋資源和海洋環境造成不利的影響，將依照越南法律和越南社會主義共和國作為其成員國締結或者參與的各項國際條約的規定予以處罰；如果造成損失則必須清理乾淨、重新恢復環境並且依法予以賠償。

5. 在越南各個海域從事活動的組織、個人具有依照越南法律和越南社會主義共和國作為其成員國締結或者參與的國際條約規定的納稅、繳費、繳納手續費和履行用於保護海洋環境的各種捐款的義務。

第 36 條　（**海洋科學研究**）

1. 在越南海域內從事科學研究的外國船舶、組織、個人必須持有越南國家主管部門頒發的許可證，保證越南科學家能夠參與，並且必須向越南方面提供各種資料、原始標本和各種相關的科研成果。
2. 在越南海域內從事科學研究時，船舶、組織、個人必須遵守下列規定：(1) 具有和平目的；(2) 使用相應的、符合越南法律和相關國際法規定的方式和設備從事科研活動；(3) 對依照越南法律和相關國際法規定在海上從事的各種合法活動不能造成妨礙；(4) 越南國家有權參與在越南海域內從事的科學研究活動，並且有權分享從這些科研、考察活動中獲得的各種資料、原始標本，使用和開發各項科研成果。

第 37 條　（**越南專屬經濟區和大陸礁層的禁止規定**）

在越南專屬經濟區內和大陸礁層內行使航行自由權、航空自由權時，組織、個人不得從事下列各種活動：

1. 使越南的主權、國防、安全受到威脅。
2. 非法開發生物資源，非法捕撈海產。
3. 非法開發水流、風能和其他非生物資源。
4. 非法修建、安裝、使用人工島嶼上的各種設備、設施。
5. 非法鑽探、挖掘。
6. 非法從事科學研究。
7. 造成海洋環境污染。
8. 海盜、武裝搶劫。
9. 從事越南法律和國際法規定的其他不合法的各種活動。

第 38 條　（**嚴禁非法儲藏、使用、買賣武器、爆炸物品、有毒有害物質**）

在越南海域內從事活動時，船舶、組織、個人不得非法儲藏、使用、買賣武器或者爆炸物品、有毒有害物質乃至可能會對人身、資源造成危害和污染海洋環境的其他各類工具、設備。

第 39 條　（嚴禁販賣人口、非法買賣、運輸、儲藏毒品）

1. 在越南海域內從事活動時，船舶、組織、個人不得販賣人口、非法買賣、運輸、儲藏毒品。
2. 一旦有證據表明船舶、組織、個人正在從事販賣人口的交易或者非法運輸、儲藏、買賣各種毒品，則越南的海上巡查、檢查力量有權進行搜查、檢查、扣留、押解返回越南的各個港口、碼頭或者停泊地，或者依照越南法律和越南社會主義共和國作為其成員國締結或者參與的國際條約的規定押解、移交給外國的港口、碼頭或者停泊地以便進行處罰。

第 40 條　（嚴禁非法發射電波在越南海域內）

從事活動時，船舶、組織、個人不得非法發射電波或者進行宣傳，對越南的國防、安全造成干擾。

第 41 條　（對外國船舶行使緊追權）

1. 如果外國船舶正位於越南內水、領海內和領海鄰接區內時，海上巡查、檢查力量有權對違反越南法律各項規定的外國船舶行使緊追權。在海上巡查、檢查力量發出了信號要求違法船舶或者有違法跡象的船舶停泊下來以便進行檢查，但該船舶拒不執行的情形下，則可以行使緊追權。如果連續行使、沒有中斷，在越南領海的邊界以外或者越南領海的鄰接區可以繼續行使緊追權。
2. 對於違犯越南國家主權、仲裁權的違法行為、違犯越南專屬經濟區內和大陸礁層內安全地帶和海上各個人工島嶼、海上設備、設施範圍內的違法行為同樣適用緊追權。
3. 一旦被追逐的船舶駛入其他國家的領海時，越南巡查、檢查力量的追逐終止。

第四章　發展海洋經濟

第 42 條　（海洋經濟發展原則）

發展海洋經濟的原則按照下列各項原則穩步、有效地發展海洋經濟：

1. 為國家經濟社會的建設和發展提供服務。
2. 與捍衛國家主權、國防、安全和海上安全秩序的事業相銜接。
3. 符合管理海洋資源和保護海洋環境的要求。

4. 與沿海和海島各地方經濟社會的發展相銜接。

第 43 條　（發展各種海洋經濟）

國家優先集中發展下列各種海洋經濟：

1. 海洋石油、天然氣和各類海洋資源、海洋礦產調查、勘探、開發、加工。
2. 海洋運輸、海港、新造和修繕出海船舶、工具以及其他各種航海服務。
3. 海洋旅遊和島嶼經濟。
4. 海產開發、養殖、加工。
5. 發展、研究、應用和轉讓涉及開發和發展海洋經濟方面的科技、工藝。
6. 培養和發展海洋人力資源。

第 44 條　（海洋經濟發展規劃）

1. 編製海洋經濟發展規劃的依據包括：(1) 全國經濟社會發展戰略、總體規劃；國家環境保護戰略；(2) 確定穩步發展戰略和海洋戰略方向；(3) 各個海區、沿海區和海島的特點、地理位置、自然規律；(4) 海洋資源和海洋環境方面的基本調查結果；全國、海區和沿海各省、中央直轄市開發、利用海洋資源需求和海洋環境保護的現狀及其預報；(5) 海洋資源價值和海洋環境容易受傷的程度；(6) 用於實現規劃的人力資源。
2. 海洋經濟發展規劃內容包括：(1) 對自然、經濟社會條件和海洋開發、利用現狀進行分析、評估；(2) 確定方向、目標和確定合理利用海洋資源和海洋環境保護的方向；(3) 為了經濟社會、國防、安全發展的各種目的從而劃分海洋功能區；確定禁止開發的各種區域、具備條件的各種開發區、出於國防、安全、環境保護和保護海上生態體系和海上人工島嶼、各種設備、設施的目的需要特別保護的區域；(4) 確定各個海上、海底、島嶼功能區的位置、面積並且在地圖上予以標註；(5) 具體確定容易受損的各個海岸區如沙洲、侵蝕海岸區、防護林、水淹區、沿海沙區，確定緩衝區並且採取各種相應的管理、保護措施；(6) 實施規劃的措施和進度。
3. 政府制定本法第四十三條規定的各種海洋經濟總體發展方案，組織實施編製全國使用海洋規劃、計劃呈報國會審議、決定。

第 45 條　（建設和發展海洋經濟）

1. 國家根據規劃出臺投資建設與發展各種經濟區、沿海工業群、各個島嶼縣經濟的政策，確保海洋經濟有效、穩步地發展。

2. 劃分出一定的海域承包給組織、個人開發，海洋資源的利用按照政府的規定予以執行。

第46條　（對於投資發展各個島嶼上的經濟和從事海上活動給予鼓勵、優惠）

1. 國家優先投資建設海洋基礎設施、海洋後勤網路，發展各個島嶼縣的經濟；制定優惠政策以便提高生活在各個島嶼上的居民的物質、精神生活。
2. 國家在稅收、資金方面予以鼓勵、優惠，為組織、個人投資開發各個島嶼發展的潛能和優勢創造便利的條件。
3. 國家在稅收、資金方面予以鼓勵、優惠，為組織、個人加強從事漁業活動和海上、島嶼上其他各種活動創造便利的條件；保護海上、島嶼上人民群眾的活動。
4. 本條款由政府制定施行細則。

第五章　海上巡查、檢查

第47條　（海上巡查、檢查力量）

1. 海上巡查、檢查力量包括：隸屬於人民軍隊、人民公安的具有執法權的各種力量、其他各種專業巡查、檢查力量。
2. 沿海各省、中央直轄市的民兵自衛隊力量、駐沿海組織、機關的保衛力量，以及一旦主管機關調動具有參與巡查、檢查職責的其他各種力量。

第48條　（海上巡查、檢查的任務和職責範圍）

1. 海上巡查、檢查力量擔負下列任務：(1) 在越南的各個海區、島嶼上捍衛國家主權、主權權利、仲裁權和國家利益；(2) 保證遵守越南法律和越南社會主義共和國作為其成員國締結或者參與的各項國際條約；(3) 保護國家財產、海洋資源和海洋環境；(4) 對在越南各個海域、島嶼上從事活動的人員、船舶提供保護、說明、搜尋和救助；(5) 依照越南法律的規定對發生在越南各個海區、島嶼上的違法行為進行處罰。
2. 海上各種巡查、檢查力量的具體職責範圍按照法律的各種規定予以執行。
3. 國家保障必需的條件以便海上各種巡查、檢查力量完成賦予的任務。

第49條　（旗幟、制服和標誌）

在執行任務時，隸屬於海上巡查、檢查力量的船舶必須裝備齊全越南國旗、編號、信號旗；隸屬於海上巡查、檢查力量的個人必須裝備齊全專業的軍裝、服裝以及法律規定的其他各種特徵標誌。

第六章　違法處理

第50條　（違法處理的押解及地點）

1. 依照法律的規定，海上巡查、檢查力量依據違法的性質、程度就地下達處理決定，或者將違法人員、船舶押解到海岸，或者要求船旗國、船舶所在國國家的相關部門前來進行違法處理。
2. 在押解到海岸以便進行處理時，違法的人員和船舶必須押解回港口、碼頭，或者距離越南主管部門依照法律的規定已公布的目錄中列出的港口、碼頭或者停泊地最近的停泊地。在因為要求保障船上人員生命、財產安全的情形下，海上巡查、檢查力量可以依照法律的規定決定將這些違法的人員和船舶押解到港口、碼頭或者越南或外國最近的停泊地。

第51條　（防範措施）

1. 個人違法可能被處以逮捕、拘留、羈押；利用船舶實施違法行為的船舶可能被處　（以扣留，旨在防範違法行為或者為了保證依法處理。
2. 逮捕、拘留、羈押違法人員及扣留船舶必須依照法律的規定執行。

第52條　（向外交部通報

一旦對違法人員實施逮捕、拘留、羈押或者扣留外國船舶，海上巡查、檢查力量或者國家主管部門有責任立即向外交部通報以便配合處理。

第53條　（違法處罰）

機關、組織、個人違犯本法的各項規定則視違法的性質、程度給予紀律處分、行政處罰，如果造成損失則必須依法予以賠償；個人違犯可能依法追究刑事責任。

第七章　附　則

第 54 條　（施行效力）

本法自 2013 年 1 月 1 日起生效。

第 55 條　（施行說明）

政府規定本法的實施細則和施行說明。2012 年 6 月 21 日越南社會主義共和國第十三屆國會第三次會議通過了本法。

國家圖書館出版品預行編目資料

論越南以法律途徑解決南海爭端之探討/ 孫國祥著；—初版. —臺北市：五南, 2021.10
面； 公分.
ISBN 978-986-317-370-5（平裝）

1.南海問題 2.法律 3.越南

578.193 110018870

4P88

論越南以法律途徑解決南海爭端之探討

作　　者 — 孫國祥
發 行 人 — 楊榮川
總 經 理 — 楊士清
總 編 輯 — 楊秀麗
副總編輯 — 劉靜芬
責任編輯 — 黃郁婷、李孝怡
封面設計 — 王麗娟
出 版 者 — 五南圖書出版股份有限公司
地　　址：106 台北市大安區和平東路二段 339 號
電　　話：(02)2705-5066　　傳　　真：(02)2706
網　　址：https://www.wunan.com.tw
電子郵件：wunan@wunan.com.tw
劃撥帳號：0 1 0 6 8 9 5 3
戶　　名：五南圖書出版股份有限公司

法律顧問　林勝安律師事務所　林勝安律師

出版日期　2021 年 10 月初版一刷
定　　價　新臺幣 380 元